I0412729

مجازات نازائی

سیمین آران

Order this book online at www.trafford.com
or email orders@trafford.com

Most Trafford titles are also available at major online book retailers.

© Copyright 2012 Simin Aran.
All rights reserved. No part of this publication may be reproduced, stored in a retrieval
system, or transmitted, in any form or by any means, electronic, mechanical, photocopying,
recording, or otherwise, without the written prior permission of the author.

Printed in the United States of America.

ISBN: 978-1-4669-1971-6 (sc)
ISBN: 978-1-4669-1970-9 (hc)
ISBN: 978-1-4669-2004-0 (e)

Library of Congress Control Number: 2012904184

Trafford rev. 08/20/2012

Trafford
PUBLISHING® **www.trafford.com**

North America & international
toll-free: 1 888 232 4444 (USA & Canada)
phone: 250 383 6864 ♦ fax: 812 355 4082

عنوان کتاب : مجازات نازائی

چاپ اول

نویسنده : سیمین آران

ویراستار: ف ‐ م

تیراژ: 5000 جلد

کلیه حقوق مادی ومعنوی برای نویسنده محفوظ میباشد .

www.simin-aran.com

پیش گفتار:

درسالهای گذشته ، خصوصا دردودهه ی اخیر، آثاری از نویسندکان (گمنامی) انتشاریافته ، که هرکدام ، درسبک وروال خود، اثری ماندگاربوده اند وچه بسا، تعدادی ازآنها بسیارخوش درخشیده اند . باید تاکید کنم ، که درآفرینش این گونه آثار، زنان نقش پربارتری بدوش داشته اند، که اکثرآثارآنها، درخارج ازکشوربه چاپ رسیده است . متن وچهارچوب این آثار، عموما انعکاس مسائل اجتماعی وفرهنگی جامعه ی ایران ودرارتباط با زن ایرانی بوده است .

تا آنجائیکه اطلاع دارم ، نویسنده کتاب حاضر(سیمین آران) قبلا درزمینه های مختلف هنری (آشپزی بین المللی ، شیرینی پزی بین المللی ،تزئینات میوه ها وسبزیجات ، گل آرایی و...) بطورحرفه ای آثاری را انتشارداده است وازاین بابت چهره ونامی است آشنا .
اما اودرپهنه ی ادبیات وخلق آثارادبی ویا نقد ومقالات مختلف بطورجدی ورسمی وحرفه ای فعال نبوده وطبعا خود اوهم چنین ادعایی نداشته وندارد .

واین کتاب (مجازات نازایی)اولین اثروتجربه ای است که خود آزمونی است درزمینه ی مسائل قلم ونهایتا قضاوت وارزیابی آن به خوانندگان همین اثربرخواهد گشت .
کتاب حاضراولین تلاش نویسنده درارائه ی داستانی است گیرا وجذاب که خاطرات زنی را بازگومی کند، که قربانی نافرجامی های زندگی اجتماعی وسنتی جامعه ای است که مسئله ی (نازایی) اورا برنمی تابد وبدون محاکمه وبهمین جرم درچهارچوب ساختارفرهنگی همان جامعه ، مجبوربه تسلیم می کند . با اینکه او تسلیم نمی شود ومبارزه ی بی امانی را آغاز می کند، ولی (او) بناچار، نتیجه ی تلخ کامی های یک زندگی زخمی است ، که بشدت وبیرحمانه باوتحمیل شده است .
کتاب نثری دارد بسیارساده وروان وپاک که زلالی تک تک واژه ها را خواننده بدرستی تماشاگراست . اشاره کردم که نثری ساده وروان ، چرا که تنها (حقیقت) نقش وچهره دارد .
وجذابیت همین حقیقی بودن خاطرات است که خواننده را تا پایان کتاب همراهی میکند .
نویسنده درخلق نوشته ها ویا برای آفریدن واژه ویا کلامی ، هیچ کوششی نکرده است ، خودش را درسرتاسرداستان تسلیم جریان ذهنش کرده است .
دستش را واگذاشته ، که آنچه درسرش جریان یافته ، برقلمش جاری شود ، او درتمام خطوط جملات ، همیشه آبستن پیامی است که هنگام تولدش فرا رسیده است . نویسنده ، آدمهایی را تصویرمیکند که گویی درفضا معلق اند ، زمین زیرپایشان نیست ، ازپیوند واقعی زندگانی دورافتاده اند . او شما را به مسلخ پنهان انسانهای بی شماری میکشاند که سربریدن ها را نمی بینید ، اما با وحشت وهراس نظاره گرآنهائید که همه فقط با تن هایشان راه میروند .
نویسنده کوشیده است که درنوشته ها ، مضمون های جاودانه ی عشق ، مرگ پیوند ، هجران ، هستی ، اندوه واضطراب را که بی محابا برقلمش جاری شده ، تک تک آنها را قاب کند وهرکدام را درجای مخصوص خودشان به دیوارزندگی آویزان کند .
کتاب تا پایان ، خاطرات همان زن دردمندی است که با جسارت چهره های مسخ شده ی انسانها را نشان میدهد، وقاحت آدمها را به تصویرمیکشاند ، بغض ، کینه ، عداوت وحسادت را درانسانها برمی شمرد .
همین زن بارها ، زیربارخشونت های نامرئی شکسته میشود ودوباره ، قد، راست میکند .
او زنی است که چشمان خود را به روی جهان غم انگیزخویش بازنگاه داشته وبارها فرا روی بلندترین کوه ، درازترین آوارگی خود را به تماشا ایستاده . او زنی است که با دست های تهی، یک سربالایی بی پایان را پیموده است ودوباره سقوط را تجربه می کند ، اما ازپا ننشسته تا دوباره جاده ی دیگری را بیآزماید .

او بارها شاهد فروریختن سقف بلند آرزوهای نجیب خود بوده است . اما همه اینها یک روی سکه بوده است ، روی دیگرسکه (اعتقادی) است پایدارکه مایه ی ادامه ی باقی زندگی او میشود .

اویقین دارد که هرآنچه درزندگی بکاریم ، همان را درومیکنیم ، اومعتقد است که باید فقط (خوبی) بکاریم وخوب یعنی (خدا) .

این ترجمه ی نهایی خداست درذهنیت او .

درپایان شاهد زنی هستیم که رها شده وازتنگنای سلطه ودغدغه های حقیرزندگی خصوص اش بیرون آمده .

گوئی پروازی را آغاز کرده جاودانه ، درپهنه ی آسمان ، سکوت ، آرامش ومدارا .....

ف - م

فصل اول

آخرین روزهای تجرد

هنوزبحران وهیجان انقلاب فروکش نکرده بود، اما ریزش وفروریختن غم باز تاریخ را باچشم هایت میدیدی،ابهام ودشواریهای گوناگون رادرذهنیت آدمها حس میکردی ، بدرستی معلوم نبود، فردا درکجای جهان ایستاده ای ، یکسال ازخون وفریاد گذشته بود، دلت میخواست بوی آزادی ودموکراسی راحس کنی ، اما حس گرمای سال 58 بیشترروی پوست تنت تنت می لغزید، این بود که باتفاق مادرم ودوتن ازدوستانم تصمیم گرفتیم برای استفاده ازمرخصی سالیانه به کانادا (تورنتو) برویم . مادربزرگ ، خاله ها وپسرخاله هایم یکسال قبل ازانقلاب اسلامی به کانادا رفته بودند . مدتها بود آنها را ندیده بودیم واین فرصتی بود ات بتوانیم آنها را بخصوص مادربزرگم را در سالهای کهولت وپیری بسر میبرد ببینیم . ضمنا اگرموفق به دریافت ویزای کشورامریکا می شدیم به دیدن برادرم وهمسروفرزندانش هم که ده سالی بود درلس آنجلس زندگی میکرد ند، برویم . دوستم هم برادری درامریکا داشت که مایل بود ند اورا ببینید .

درآن زمان، وضعیت انقلاب ایران وگروگان گیری کارکنان سفارت امریکا درتهران توسط دولت جمهوری اسلامی، باعث شده بود سفارتخانه های کشورهای مختلف به ایرانیها ویزا ندهند ویا خیلی سخت ویزا بدهند ، ما هم مثل تمام افرادی که قصد سفرداشتند امید چندانی به گرفتن ویزا برای کانادا وامریکا نداشتیم . با دردست داشتن دعوت نامه ای که خاله ام برای من ومادرم فرستاده بود به سفارت کانادا درتهران مراجعه کردیم . بدوستانم ومادرم به راحتی ویزا دادند، ولی بمن گفتند : تومجرد هستی وتصمیم داری بروی ودرآنجا بمانی وبهمین وبهمین دلیل بتوویزا نداده ایم . درحالی که ناراحتی ام رامخفی میکردم ،توضیح دادم که عاشق کشورم وکارم هستم وبهیچ عنوان قصد اقامت درکانادا را ندارم ،که حقیقتا هم همینطوربود وبهیچ عنوان قصد اقامت درآن کشورم را نداشتم،آنها برای اثبات گفته ام خواستند تا نامه ای ازمحل کارم که یک سازمان دولتی بود، مبنی براینکه درآن سازمان شاغل هستم وبرای استفاده ازایام مرخصی ام قصد سفردارم به آنها ارائه دهم . خب به نظرمیرسید که راه امیدی بازهم بودوتهیه ی چنین نامه ای برای من بسیارساده بود . واقعا با عشقی که به وطنم داشتم بهیچ عنوان حاضرنبودم حتی اگرتمامی کانادا ویا امریکا را مجانأ بمن بدهند آن را ترک کنم . البته این دومین باری بود که بخارج ازکشورسفرمیکردم . ازسفراول که باتفاق خاله می می وپسرشش ساله اش به شهرپاریس داشتم ،خاطرات زیادی درذهنم باقی مانده است . اقامت درهتل نیکو ، پاریس که روبروی رود سن بود ،برای دختر جوانی که برای اولین باربه خارج ازکشوررفته بود، میتوانست بسیاررویایی وباشکوه باشد . خریدهای فراوان ازخیابان شانزه لیزه ،با دلار هفت تومان وپنج ریال باعث شده بود دوهفته ای را مثل شاهزاده ها زندگی کنیم. ازآنجا هم به نیویورک رفته بودیم ودرمنطقه وست پورت ،درویلای رویایی دوستان خاله ام دوهفته ای را خوش گذرانده بودیم . بعد هم یکماهی درلس آنجلس با برادرم وخانم وبچه هایش بودیم .مسافرت را خیلی دوست داشتم ، ولی اقامت درایران را ترجیح میدادم وهیچ انگیزه ای برای مهاجرت به کشوردیگری را نداشتم . بعد ازتهیه وارائه تمامی مدارکی که سفارت کانادا خواسته بود گفتند،درصورت ارائه مبلغ سه هزاردلارامریکایی که درآن زمان به هرمسافرمیدادند، میتوانم ویزایم را بگیرم. با ذوق وشوقی وصف نشدنی چهارصبح روزبعد باتفاق مادرم ودوستانم برای گرفتن ارزبه بانک مرکزی مراجعه کردیم، ودرصف طویلی که درجلوی بانک مرکزی تشکیل شده بود ایستادیم . توسط یک نفرکه ازداخل صف انتخاب شده بود ثبت نام کردیم. بانک راس ساعت هشت صبح بازشد، وما حدود ظهربه گیشه پرداخت ارزرسیدیم وخوش وخوشحال دلارهای کذایی را گرفتیم وروزبعد به طرف سفارت کانادا

حرکت کردیم وبعدش هم ویزای یکماهه کانادا را گرفتم . تقریبا درروزهای آخرخردادماه
هزاروسیصد وپنجاه وهشت بود که راهی کانادا شدیم . وقتی بعد ازحدود شش ساعت پروازبه
فرودگاه هیترولندن رسیدیم، با اعتصاب کارکنان فرودگاه که برای افزایش حقوقشان دست
ازکارکشیده بودند مواجه شدیم . تمامی پروازها به مقصدهای مختلف دنیا قطع شده بود و هیچ
پروازی انجام نمیشد . ازقرارمعلوم، بایستی چهارروزی میهمان هواپیمایی ایران ایردرلندن
میماندیم تَ وضعیت بحالت عادی برگردد، واعتصاب کارکنان فرودگاه تمام شود . بعضی
ازمسافران که برای این سفرعجله داشتند خیلی ناراحت وعصبانی شده بودند ،ولی منومادرم
ودوستانمان خیلی خوشحال بودیم که شهرزیبا ومه گرفته ی لندن را هم مجانی وبدون پرداخت
هزینه ی هتل وغذا خواهیم دید ، ازفرودگاه ،ما را به هتل بسیارشیکی که با ایران ایرقرارداد
داشت ، بردند ، وقتی به رستوران هتل رفتیم ، بغیرازمشروبات الکلی،اجازه داشتیم هرغذایی
را که میل داشتیم ،انتخاب کنیم وبهرمیزان هم که میخواهیم بخوریم، خیلی جالب بود وَقایانی
که درجمع ما بودند میگفتند، ازقسمت قیمت ها غذاها را انتخاب کنید !ولی ما هرآنچه را که
دوست داشتیم ، میخوردیم وبا قیمت آنهاهم کاری نداشتیم وبرای پرداختش هم نگرانش نداشتیم .
چهارروز، فرصت خوبی بود که ما شهرمه گرفته لندن را هم ببینیم . درآن چهارروزمثل
لردها زندگی کردیم ومرتبا با تاکسی اجاره ای به جاهای دیدنی لندن میرفتیم وکلی عکسهای
یادگاری میگرفتیم . برای راننده تاکسی لندن این سنوال پیش آمده بود که ما کی هستیم که با
تاکسی به گردش میرویم واورا نگه میداریم تا کارمان تمام شود وبرگردیم ! خب ما هزینه
تاکسی وگشت وگذاررا تقسیم برچهارمیکردیم، وبهمین دلیل با دلار هفت ونیم تومان هم خیلی
زیاد نمیشد .. خلاصه بعد ازپایان چهارروزازطرف خط هواپیمایی ایران ایر، مجددا اتوبوسی
به هتل آمد تا ما را برای پروازبه نیویورک به فرودگاه هیترو ببرد . وقتی به فرودگاه
رسیدیم، بعد ازانجام مراحل قانونی پرواز، سوارهواپیما شدیم وپروازطولانی را به مقصد
نیویورک شروع کردیم . ما ابتدا بایستی به نیویورک میرفتیم وازآنجا مجددا هواپیمایمان را به
مقصد تورنتوعوض میکردیم . درآن زمان خط هوایی ایران ایرفقط تا مقصد نیویورک
پروازداشت . درطول سفربا دوستانم نقشه میکشیدیم که چطور،وکی به سفارت امریکا برویم،
وبعد ازگرفتن ویزا به کدام ایالات برویم ودر هرشهرچند روزبمانیم و...آنقدرکه برای رفتن به
کشورامریکا مشتاق بودیم ،برای اقامت درکانادا که ویزایش درپاسپورتهایمان بود ، خوشحال
نبودیم . متاسفانه این ایراد ما انسانهاست که برای چیزهایی که داریم خوشحال نیستیم وخدا را
شکرنمیکنیم ، بلکه همیشه به نیمه ی خالی لیوان نگاه میکنیم وبرای چیزهایی که نداریم ،
فکرمیکنیم ونقشه میکشیم ویا غصه میخوریم ! بعد ازحدود هشت ساعت، وقتی هواپیما
درفرودگاه جان اف کندی نیویورک به زمین نشست، دربهای هواپیما را که بازکردند، متوجه
شدیم چند نفرپلیس اداره اقامت امریکا پشت دربهای هواپیما منتظرمسافران ایرانی بودند که
بایستی برای پروازبه مقصد بعدی به سالن ترانزیت فرودگاه میرفتند . آنها ، ما وبقیه مسافرانی
را که ازتعداد انگشتان دستها هم کمتربودند به سالنی هدایت کردند که بایستی بمدت
چهارساعت برای پروازبعدی به مقصد تورنتودرآنجا منتظرمیماندیم ، وقرنطینه میشدیم .
درتمام طول آن زمان،دوپلیس مواظب ما بودند که مبادا دست ازپا خطا کنیم وقصد
فرارووارد شدن بخاک امریکا را داشته باشیم. حتی اگرکسی احتیاج به توالت داشت، یکی از
آنها با اومیرفت وپشت درب منتظرمیماند...شایداین رفتارها وسختگیریها ازطرف
پلیس امریکا، بدلیل گروگانگیری همزمان کارکنان سفارت امریکا درتهران بود که آنها هم به
تلافی با این مسئله ، برخورد خوبی با ایرانیها نداشتند وایرانی ها را به چشم تروریست نگاه
میکردند . بالاخره چهارساعت زجرکشیدن وانتظاردرسالن ترانزیت تمام شد . مجددا باتفاق
پلیس ها به طرف سالن خروجی ،هدایت شدیم وباتفاق آنها وارد هواپیما گردیدیم . تا زمانی که
خلبان اعلام کرد، هواپیما قصد بلند شدن دارد وکارکنان زمینی بایستی ازداخل هواپیما خارج
شوند، پلیس ها همچنان داخل هواپیما بودند. درطول سفربسیارخسته وکمی هم عصبانی

9

ازرفتارهای خشونت باروبی ادبانه ی پلیس ها ناچاراً چرتی هم زدیم تا به مقصد تورنتورسیدیم.. .
مادرم ازاینکه بعد ازسالها میتوانست مادروخواهرها وخواهرزاده هایش را ببیند، بسیارخوشحال بود ودرلحظه های پایانی پروازمان ازفرط خوشحالی درپوست خودش نمی گنجید وبرای دیدن آنها ثانیه شماری میکرد ،هرگزمادرم را تا این حد خوشحال ندیده بودم .
ضمنا اوهم مثل ما آرزوی رفتن به امریکا ودیدن برادرم وبچه هایش را داشت ومن ازاینکه باعث وبانی این سفرشده بودم، ازخوشحالی آنها خوشحال بودم .
درفرودگاه تورنتوخاله خانم وشوهرخاله ی، بسیارپولدارم به پیشوازما آمده بودند . من دوستانم را به آنها معرفی کردم وگفتم، که ما ضمن همکاربودن سالهاست که دوستان بسیارصمیمی هستیم ومعاشرت خانوادگی هم داریم . رفتاروبرخورد بسیارخشک ونامهربانه آنها که با فیس وافاده هم همراه بود، باعث تعجب دوستانم ومن شده بود ، شاید حق با آنها بود وشرایط انقلابی ایران، فرارشان ومصادره ی تمامی اموالشان باعث شده بود تا به هیچ ایرانی ناشناسی اعتماد نکنند، وازریسمان سفید وسیاه هم بترسند . درحقیقت مقصرواقعی ، من بودم که بدلیل جوانی وبی تجربگی ام، درحد اقرارآمیزی ازآنها ومحبتهایشان تعریف وتمجید کرده بودم . با خودم فکرمیکردم ،آیا گذشت زمان کوتاهی توانسته است ازآنها انسانهای بی تفاوت وغرب زده ساخته باشد ؟ آیا اشتباه ازمن بوده است که ازاین تغییرات بی اطلاع بوده ا م ؟ شاید اگرمن ازآنها برای خودم ودوستانم ، فرشته های بی بال آسمانی نساخته بودم، تا این حد باعث ناراحتی وتعجب همه ما نشده بود . خیلی سریع متوجه اشتباهم شده بودم ،که نبایستی ازطرف دیگران به دوستانم وعده ووعید خوش آمد گویی ، وقول حداقل پذیرایی ،چند ساعته ویا حداقل کمک برای پیدا کردن هتل میدادم . درهمین افکاربودم که درکمال تعجب دوستانم ومن، شوهرخاله ی میلیارد رم دستش را درجیب مبارکشان کردند، ویک دلارپول خرد به شوهردوستم دادند وبا تکبروتبخترگفتند : این را بگیرید برای تلفن شما لازم میشود، میتوانید ازکتابچه تلفن (یلوپیجز) هم استفاده کنید وبه هتل زنگ بزنید وتاکسی بگیرید وبروید، بعد هم گفت ،خداحافظ .
بعد به منومادرم گفتند، خب برویم .از شدت ناراحتی وعصبانیت گریه ام گرفته بود، مجالی پیدا نکرده بودم که بگویم ای بابا ،درسته که هردوی آنها فوق لیسانس روانشناسی دارند ،ولی انگلیسی بلد نیستند که تلفن بزنند ویا بدانند که کتاب یلوپیجزچه هست ! ترا بخدا به آنها کمک کنید ،اگربه خانه تان دعوتشان نمی کنید، لااقل رسم ایرانی بودن را بجا آورید وبعنوان یک ایرانی به آنها، برای پیدا کردن هتل کمک کنید . اگرقدرتی داشتم ویا ازطرف مادرم اجازه میداشتم، به آنها میگفتم : خب ، من هم با دوستانم به هتل میروم وروزبعد به دیدن شما میایم. شاید هم هرگزبمنزل آنها نمیرفتم .
وقتی وارد خانه ی خاله شدیم، ازشکوه وجلال آنجا که بیشترشبیه قصرهای فیلمهای هالیوودی بود ،دهانم بازمانده بود ! خاله خانم که زن زیبا وفوق العاده هنرمند وباسلیقه ای بود، ازهیچ چیزکم نگذاشته بود وبقدری قصرشان را زیبا دکورکرده بود که نظرهربیننده ای را بخودش جلب میکرد ، با اینکه درایران هم بهترین خانه را داشتند، ولی ما نمیدانستیم تا این حد پولدارهستند، که توانسته اند چنین کاخ مجللی بنا کنند! برای دیدن آنجا حداقل چهار، پنج ساعت وقت لازم بود تا بتوان همه چیزرا دید. بسیارزیبا وشیک ! بلافاصله بیاد کاخ شاه وفرح افتادم که بعد ازانقلاب به موزه تبدیل شده بود . بدون هیچگونه غلوی میتوانم بگویم کاخ خاله می می،مجللترازکاخ نیاوران بود . بیچاره شاه وفرح اسمشان بد دررفته بود ومطمئن بودم،خاله وشوهرخاله ی من ،تنها ایرانی هایی نبودند که درچنین کاخی زندگی میکردند ، کم کم داشتم متوجه میشدم که چرا آنها دوستان مرا تحویل نگرفته بودند ؟!
صبح روزبعد، دوستم تلفن کرد وشماره تلفن وآدرس هتلشان را بمن داد ومن برای دیدن آنها به هتلشان رفتم ،آنها خیلی غمگین وافسرده شده بودند . تعریف کردند که شب قبل حدود دوساعتی

درفرودگاه تورنتو، بعدازیک سفرطولانی با یک بچه ی کوچک سرگردان مانده بودند، تا بالاخره توانسته بودند با زبان بین المللی ، ایما واشاره هتلی برای اقامتشان پیدا کنند . درواقع این من بودم که برای آنها تصورات واهی ساخته بودم ، وآنها منتظرچنین استقبالی نبودند . بالاخره این موضوع را به دست فراموشی سپردیم وتصمیم گرفتیم ، برای تماشای جاهای دیدنی به بیرون ازهتل برویم ، طبق معمول ، اول ازفروشگاهها وخرید کردن شروع کردیم وبه یک فروشگاه غول پیکربنام (ایتن سنتر) که تازه ساخته بودند ومیگفتند : صاحبش دوبرادرکلیمی ایرانی بودند، رفتیم ، مثل آدمهای ذوق زده ازهمان روزاول ازهرفروشگاهی یک لباس خریدیم، تا غروب درخیابانها گشتیم وبعد خداحافظی کردیم وآنها به هتل برگشتند ومن هم مجددا با متروبه قصرخاله خانم برگشتم . این برنامه ی ، هرروزما شده بود که من به هتل آنها بروم وباتفاق دوستانم برای گردش به داخل شهربرویم ویا خرید کنیم ونهاری بخوریم، وبعدهم نحود،نخود، هرکس رود خانه خود. بعد ازچند روزکه ازاقامت ما میگذشت، برادردوستم ازامریکا آمد که با آنها باشد وضمنا برای گرفتن ویزای آمریکا هم به ما کمک کند. یک هفته بعد، تصمیم گرفتیم ، برای گرفتن ویزا به سفارت آمریکا برویم ،وقتی به سفارت امریکا رفتیم، بعدازماندن درصف یک کیلومتری وتحمل بدرفتاریهای مامورین سفارت، بالاخره توانستیم بداخل سفارت برویم . بعدازدوساعت ، وقتی نوبت مصاحبه ی ما شد به پشت گیشه ای که اسم مان را صدا کرده بودند ،هدایت شدیم . با کمال بی ادبی وبی احترامی ، آنها پاسپورتهایمان را گرفتند ومهرردی داخل آنها زدند وگفتند بفرمائید .

خب ، ما کم وبیش حدس زده بودیم که اینطورخواهد شد . بیشترازهمه دلم برای مادرم میسوخت که به عشق دیدن برادرم به کانادا آمده بود ، وحالا با بغض ،بایستی سفارت امریکا را ترک میکرد ، ما که همگی کارمندان دولت بودیم ومرخصی محدودی داشتیم ،تصمیم گرفتیم، دوهفته بعد به ایران برگردیم . مادرم ازقبل تصمیم گرفته بود که اگرموفق به گرفتن ویزا نشدیم ، چند ماه بیشتردرکانادا بماند، تا شاید برادرم بدیدنش بیاید . خلاصه بعدازیکماه ازفامیل خداحافظی کردیم وراهی ایران شدیم، مجددا بایستی توقفی چهارساعته درفرودگاه ، جان اف کندی نیویورک میداشتیم، وازآنجا پروازمان راعوض میکردیم وبا ایران ایربه مقصد تهران میرفتیم . ما که با پرواز، فرست کلاس ، یکی ازایرلاینها به نیویورک رسیده بودیم، اولین گروهی بودیم که ازهواپیما پیاده شدیم، ولی انگارمأمورین اداره اقامت گمان نمیکردند، دریک پروازکانادایی مسافرایرانی هم باشد، که بایستی کنترل ومراقبت شود .ازآنجائیکه راه را بلد نبودیم وسواد خواندن تابلوها را هم نداشتیم ، مسیررا اشتباها رفتیم وازسالنی که مستقبلین برای استقبال مسافرانشان آمده بودند سردرآوردیم . من قبلا به آمریکا مسافرت کرده بودم، وفرودگاه جان اف کندی برایم خیلی ناشناس نبود ، بهمین دلیل توانستم سریع تشخیص دهم که ازخطر، بازدید وکنترل ویزا جسته ایم وخارج ازسالن ترانزیت هستیم . درواقع میتوانم بگویم، اشتباها وناخواسته داخل خاک امریکا شده بودیم. خودمان هم نمیتوانستیم بفهمیم چطوری این اتفاق افتاده بود ، شاید این اولین باری بود که نداشتن سواد انگلیسی بما کمک کرده بود وناخواسته وارد خاک امریکا شده بودیم . وقتی دوستانم متوجه مسئله شدند باورشان نمیشد، ومرتبا ازمن سئوال میکردند، آخرمگرمیشود؟ گفتم : نمیدانم، برویم وبه برادرم تلفن کنیم وازاوسئوال کنیم که بایستی چکارکنیم ؟ سرگردان به این طرف وآن طرف میرفتیم ونمیدانستیم چکارکنیم ،ازطرفی هم شدیدا دچارترس ودلهره بودیم، که مبادا پلیس بما شک کند ودستگیرمان نماید . البته درآن زمان ، دوربین های مداربسته ، هنوزدرجاهای عمومی وجود نداشت ، وشاید بهمین دلیل هم بود که ما ازخطرجسته بودیم . درهمین موقع، آقایی به طرف ما آمد وسئوال کرد، آیا شما ایرانی هستید ؟! ما ازشدت هیجان، وحشت زده پرسیدیم بله ! چطورمگه ؟ اوگفت، من گاه گداری برای کمک به ایرانی هایی که زبان انگلیسی بلد نیستند، به فرودگاه می آیم .میگفت : ازدورمتوجه شما شده بودم واحساس کردم شاید به کمک نیازداشته باشید. ما که اصلا باورمان نمیشد چه اتفاقی افتاده است، با خوشحالی به اوگفتیم : بله

ما چنین مسئله ای داریم ومطمئن نیستیم درست فکرمیکنیم . اوتصدیق کرد که ما وارد خاک امریکا شده ایم ومیتوانیم ازفرودگاه برویم بیرون، خیلی وحشت کرده بودیم . وقتی ابهت پلیس امریکا را درزمان رفتنمان به کانادا بیاد می آوردیم ، بیشترمیترسیدیم ، اوکه اسمش شارخ بود گفت : نترسید، بیائید من برای شما بلیط میگیرم تا به لس آنجلس بروید . میگفت ، سالهاست ایران نبوده ودلش برای ایران خیلی تنگ شده است . میگفت: به فرودگاه می آید که ایرانیها را ببیند وبه یاد ایران چند لحظه ای ویا ساعتی را با آنها گپی بزند وخوش باشد ، وازاوضاع واحوال ایران جویا شود. درهمین موقع بیاد رفتارخاله وشوهرخاله ام، درفردودگاه تورنتوبا دوستانم افتادم ودردلم شارخ را تحسین کردم که بعد ازگذشت سالها ، زندگی درامریکا هنوزایرانی مانده بود ، اوبسیارانسان شریف وبا معرفتی به نظرمی آمد. شارخ ما را برای خرید بلیط به شعبه پان امریکن که درآن زمان هنوزکارمیکرد برد ومطلع شد ، که پروازچارتری دراین مسیرگذاشته اند که ما میتوانیم بلیطها یمان را هم زیرنصف قیمت خریداری کنیم ! عجب شانسی ! ما مطمئن بودیم که اگرآن روزلاتاری هم میخریدیم، برنده میشدیم . عجیب روی خط شانس بودیم ، طفلکی مادرم که با ما نیامده بود . بعد ازخرید بلیط ها، یکدفعه بیاد چمدانها یمان افتادیم، که آنها را ازتورنتومستقیما به مقصد تهران فرستاده بودیم. بنابراین درزمان غیاب ما ،درفرودگاه مهرآباد تهران ، حتما گم خواهند شد ، وقتی مسئله را با آقای شارخ درمیان گذاشتیم ،اوگفت : به خط هوایی که ازآن آمده اید برویم وازآنها کمک بگیریم . بطرف آن ایرلاین حرکت کردیم، وقبل ازسئوال ازمسئولین ایرلاین، شارخ مسئله را با یک باربرسیاه پوستی که آنجا ایستاده بود،درمیان گذاشت . باربرسیاه گفت، من ده دلارمیگیرم واین خانم کوچولورا بداخل باند نزدیک هواپیمایی که با آن به نیویورک آمده اند ودرحال تخلیه چمدانها ازداخل هواپیما هست، میبرم تا چمدانهایشان را بمن نشان دهد . انگاربازقرعه به نام من اصابت کرده بود وبایستی قربانی این ریسک میشدم ، ولی خب جوانی است وشهامت های بیجا ! درسن وسال بیست ودوسه سالگی، حتی یک لحظه هم فکرنکردم که چه خطری ممکن است درهنگام انجام این ریسک برای من پیش بیاید ، درحالی که اوحامل یک عدد ترولی ودوعدد چمدان بود، گفت : بیا برویم داخل آسانسور، وقتی ما بداخل آسانسوررفتیم، مرا بین دوعدد چمدان نشاند ویک عدد کت که همراهش داشت برروی من انداخت که دیده نشوم . شدیدا دچارتپش قلب شده بودم . صدای قلبم رامی شنیدم . ازترس داشتم سنگ کوب میکردم . ولی آرزوی رفتن مجدد به امریکا ، مرا به انجام هرریسکی میکشاند .
همانطورکه اوگفته بود ،مرا به نزدیک هواپیمایی که با آن ازتورنتوآمده بودیم ، برد وچمدانها را بمن نشان داد وگفت ،کدام چمدانها متعلق به شماست ؟!
ازآنجائیکه ما با پروازفرست کلاس آمده بودیم وچمدانهایمان آخرین چمدانهایی بود که ازداخل هواپیما تخلیه شده بود ،بالای تمامی چمدانها قرارداشت ومن براحتی آنها را پیدا کردم وبه آن مرد باربر، نشانشان دادم ، اوبا بیرحمی، چمدانهایی را که درترولی داشت، روی باند رها کرد وچمدانها ی ما را روی ترولی گذاشت . درهمان لحظه دردلم گفتم،همین طور،چمدانهای مردم درسفرهایشان گم میشود . مجددا بروش قبل به داخل آسانسوررفتیم ووقتی به طبقه ای که دوستانم درانتظارما بودند ، با ایما واشاره گفت، بیا بیرون ،ومن که انگلیسی نمیدانستم،ازحرف زدنهایش بیشتردچاروحشت میشدم وآرزومیکردم، اصلاحرف نزند . شکرخدا، مثل اینکه ماموریت من بخوبی تمام شده بود وتا آنجا همه چیزبه خیرگذشته بود . آقای شارخ ودوستانم نزدیک آسانسورمنتظرمن بودند ، وقتی مرا خندان دیدند، ازخوشحالی گریه شان گرفته بود . ما ازشدت خوشحالی به آقای شارخ گفتیم ،به اوپنجاه دلار بدهد ، وقتی اوپول را به باربرداد، خیلی خوشحال شده بود . میگفت : این خیلی پوله .. باورش نمیشد یک نفرداخل امریکا پنجاه دلارپول نقد همرا ه داشته باشد وباوانعام بدهد . بهرترتیب ما که بلیطها راتهیه کرده بودیم ، بایستی دوساعت بعد به مقصد لس آنجلس پروازمیکردیم ، یکدفعه یادمان افتاد که به برادرم اطلاع نداده ایم وآدرس منزلش را هم نمیدانیم ، با کمک شارخ خیلی سریع به برادرم تلفن

کردیم وازشارخ جدا شدیم . ازبس هیجان زده بودیم، فراموش کردیم شماره تلفنی ازاوبگیریم،تا بعداً مجددا ازاوتشکرکنیم، یا وقتی به ایران رفتیم ،کادویی برایش بفرستیم . بعدها هروقت که آن خاطرات را مرورمیکردیم، افسوس میخوردیم که درآن مورد کوتاهی کرده بودیم . درطول سفرطولانی به لس آنجلس ،نفسمان درسینه حبس شده بود ، ودرمورد حوادثی که پیش آمده بود، صحبت میکردیم وباورمان نمیشد که اینها را درعالم بیداری دیده ایم ،مثل قصه بودند . فکرنمیکنم قبلا چنین اتفاقی برای کسی افتاده باشد ، ازاینکه مادرم با ما نبود، غصه میخوردیم. طفلکی خیلی دلش برای برادرم وبچه هایش تنگ شده بود ودوتا ازدخترهای برادرم را اصلا ندیده بود . وقتی به لس آنجلس رسیدیم، برادرم به استقبال ما آمده بود وما را به منزلش برد . وقتی به آنجا رسیدیم، به مادرم تلفن کردیم وماجرا را برایشان تعریف کردیم ،اوبسیارعصبانی شده بود وگمان میکرد ما به اوکلک زده ایم، وعمدا اورا با خودمان نبرده ایم ، بهیچ عنوان باورنکرده بود که همه چیز همانطوربوده که برایش میگفتیم .

بعدها هرکس هم که این داستان را می شنید باورنمیکرد . دوستان برادرم به دیدن ما می آمدند وکلی ما را سین جین میکردند که چنین چیزی محال است، واطلاعات دقیق میخواستند که ازاین راه بتوانند عزیزانشان را به امریکا بیاورند . میگفتند : درتاریخ امریکا احتمالا اولین باراست که چنین چیزی اتفاق افتاده است . بهرترتیب باورآنها برای ما مهم نبود، مهم این بود که ما توانسته بودیم به امریکا برویم . وقتی خداوند بخواهد کاری انجام شود،هیچکس قادرنیست جلوی انجام آن را بگیرد . دربی را که خداوند، برروی زمین بازکند ،هیچکس نمیتواند آنرا ببندد، ودربی را که او ببندد، هیچکس نمیتواند بازکند ... بعد از ورودمان به لس آنجلس، حدود یکماه منزل برادرم بودیم ، واوانصافا دراین مدت برایمان سنگ تمام گذاشت . هرچقدردوستانم درکانادا مورد بی محلی خاله وشوهرخاله ام قرارگرفته بودند ، برادرم آنها را جبران کرد ه بود . جلوی دوستانم کلی سربلند شده بودم ، انصافا هم خیلی خوش گذشت . خانم برادرم بما خیلی محبت میکرد، تقریبا ، یکماهی را که درلس آنجلس بودیم ، تمامی جاهای دیدنی را بما نشان دادند، حتی برادرم با ماشین خودش ما را به لاس وگاس برد وچند شبی هم درآنجا مهمن او بودیم وخیلی خیلی خوش گذشت ...

یادم می آید: یک روزکه به تماشای باغ وحش سندی اگو که گویا بزرگترین باغ وحش دنیا است ، رفته بودیم ، درقسمت قفس شیشه ای که خطرناکترین وعجیب ترین مارهای دنیا را گذاشته بودند ، من یک عدد مارپلاستیکی که خیلی خیلی واقعی می نمود، خریداری کرده بودم. وقتی به منزل برادرم رسیدیم، من ودوستم آن مارپلاستیکی را درداخل کفش شوهرش مخفی کردیم . روزبعد ، وقتی اوقصد داشت کفشش را بپوشد ،یکمرتبه متوجه یک ماردرداخل کفشش شد . بیچاره فریاد بلندی کشید ودرحالی که فرارمیکرد فریاد میکشید مار.. انگارشب قبل تا صبح با رویای مارخوابیده بود ، ما که با این شوخی احمقانه، اورا وحشتزده کرده بودیم، می خندیدیم . با دوستانم تصمیم گرفتیم که به سانفرانسیسکوونیویورک هم برویم . ما گمان میکردیم ، شاید این اولین وآخرین باری باشد که به آمریکا آمده ایم، وباید حداکثراستفاده را بکنیم ، زبرادرم خواستیم که ما را برای تهیه ی بلیط هواپیما به یک آژانس ببرد . بعد ازتهیه بلیطها عازم سانفرانسیسکوونیویورک شدیم . وقتی به فرودگاه سانفرانسیسکورسیدیم، با تاکسی به هتل هیلتون رفتیم ، چون این تنها هتلی بود، که درتهران شناخته شده وبسیارمعروف است . بهمین دلیل ریسک رفتن به هتلی را که نمی شناختیم، با توجه به وحشتی که ازامریکا همیشه دردلمان ایجاد کرده بودند ، وندانستن زبان انگلیسی برایمان کمی دشواربود . بعد ازمستقرشدن درهتل ، تصمیم گرفتیم که وقت را تلف نکنیم ، تورگرفتیم وبرای تماشای جاهای توریستی ودیدنی سانفرانسیسکوعازم شدیم ، شهربسیار، بسیارزیبایی بود . هرکجا که میرفتیم، تعدادی عکسهای یادگاری هم میگرفتیم ، پل زیبای گلدن گیت برایمان بسیار تازگی داشت، جذاب وباورنکردنی . مینی بوسهایی که پرازمسافربودند وازدرب ودیوارآن بالا میکشیدند، نظرما را بخودشان جلب کرده بودند . یکی دیگراززیبایی های این شهر،زیبایی خیابانهایش

بود، که دارای پستی وبلندیهای فراوان بود ، طوریکه راننده بدلیل وجود شیبهای بسیارتند خیابانها، قادرنبود ماشینی را که از روبرویش می آمد ببیند . پل زیبای گلدن گیت بسیارهیجان انگیزبود .. همه چیزدرابعاد غول آسا به نظرم می آمد وفوق تصورات آنزمانم بود ..
بعدازاقامت پنج روزه درهتل هیلتون درسانفرانسیسکو، راهی نیویورک شدیم . مجددا با تاکسی به هتل هیلتون رفتیم وازآنجا توری خریدیم ، وبرای تماشای جاهای دیدنی نیویورک به گشت وگذاررفتیم . درکنارمجسمه آزادی ، سازمان ملل ، ساختمان امپایراستیت وبقیه جاهای زیبای نیویورک عکس های یادگاری گرفتیم. درداخل مجسمه آزادی ، پله های باریک وآهنی وجود داشت که تا داخل تاج مجسمه ادامه میداشت . وقتی شروع به بالا رفتن ازپله ها کردیم ، فقط توانستیم، تا داخل مشعلی که دردست مجسمه وجود داشت برویم .ازآنجا هم منظره ی زیبای اقیانوس وشهرنیویورک را با دوربینهایی که برای همین کاردرآنجا تعبیه شده بود تماشا کردیم وکلی لذت بردیم . انگارکلا فراموش کرده بودیم که بصورت غیرقانونی وبدون ویزا مشغول امریکا گردی شده ایم . ازجاهای دیدنی امریکا که نظرم را خیلی بخود ش جذب کرده بود، کلیساهای تاریخی وبسیارزیبا یش بود، که روح خداوند را کاملا درآنها احساس میکردم وبیاد خوابی که دربچگی دیده بودم ، می افتادم وهیجان زده بودم که برای اولین باردرعمرم، ساختمان کلیسا را میدیدم . حس دیدن کلیسا وشورشوقی که وجودم رافرامیگرفت ، غیرعادی وماورائی بود، من ازشهرنیویورک خیلی خوشم آمده بود وبدوستانم میگفتم : اگرقرارباشد یک روزازایران به بیرون مهاجرت کنم ، حتما نیویورک را برای زندگی ام انتخاب خواهم کرد.
بما گفته بودند : تا وقتی که خلافی انجام ندهید وپلیس شما را نگیرد ، بهیچ عنوان مسئله ای برای بی ویزایی شما پیش نخواهد آمد . ما میتوانستیم بدون داشتن اقامت وویزا سالیان درازدر امریکا زندگی کنیم . میگفتند، فقط وارد شدن به امریکا مهم است . وقتی وارد شدی، مشکلی برای اقامت نخواهی داشت . البته هیچکدام ازما چنین تصمیمی نداشتیم . بعد ازگذشت یکماه ونیم که در امریکا بودیم تازه نگران برگشتن به ایران ، مشکلات فرودگاه، خروج ومرخصی مان که تمام شده بود افتاده بودیم . برادرم به ما میگفت نترسید : چون هرکس غیرقانونی به امریکا آمده باشد اورا که اعدام نمی کنند حداکثرجریمه نقدی پرداخت میکند وبعد هم اخراجش میکنند . شما هم که خودتان عازم رفتن هستید ،بنابراین نبایستی مشکلی برایتان پیش بیاید.
خلاصه روزموعود فرارسید، ازترس داشتیم قالب تهی میکردیم . وقتی به قسمت خروج ازامریکا رسیدیم، خوشبختانه تمامی کارکنان فارسی زبان وایرانی خط ایران ایرنشسته بودند وبدون پرسیدن هیچگونه سئوالی فقط یک مهرخروج درپاسپورتهایمان زدند وگفتند بروید . باین ترتیب قصه ی غیرقانونی وارد شدن به امریکا تمام شده بود وما تازه نفسی براحتی کشیدیم.
درتمام طول پروازصحبت میکردیم که چطورشد ؟ اگرمیدانستیم بهمین راحتی میتوانیم وارد امریکا شویم، شاید هرگزبه سفارتش مراجعه نکرده بودیم . درهمان زمان هم فکرمیکردم تا مشیعت الهی نباشد برگی ازدرخت نیفتد. پاسپورتی که ازآنزمان بیادگاری حفظ کرده ام، مهرورود وویزا ندارد، ولی مهرخروج ازامریکا را دارد!! سفرپرماجرای ما ، مثل سفرهای گالیورشده بود که غیرازیک مشت خاطره وعکس های یادگاری چیزی ازش باقی نمانده بود .
صبح روزبعد ازورودمان به تهران ، مطابق معمول هرروزه ، رهسپاراداره شدیم . وقتی برای رئیسم که دکتری تحصیل کرده امریکا بود ، ماجرا را تعریف کردم اصلاً باورش نمیشدومیگفت، این یک اتفاق عادی نبوده ودستی فراترازاین حرفها شما را هدایت میکرده است ... من درآن روزنفهمیدم منظورش ازاین حرفها چیه ... اوراست میگفت : مثل اینکه کل سفرما ازآسمان برنامه ریزی شده بود، ولی با چه مقصودی ؟!
سفرامریکا تمام شد . ولی خاطراتش هرگزتمام نخواهد شد وتا پایان عمرم بعنوان یک داستان باورنکردنی ، ویکی ازبهترین خاطرات زندگی ام ازآن یاد خواهم کرد .

شاید خداوند موقعیتی برای من فراهم کرده بود که درامریکا بمانم وبه تحصیلاتم ادامه دهم، ولی من هرگزآرزونداشتم ازایران خارج شوم ویا درکشوردیگری که پدرومادرم با من نباشند زندگی کنم . زندگی درخانه پدری با تمامی کم وکاستی هایش برایم مطلوب وبهترین گزینه بود. درآن زمان درایران انقلاب فرهنگی شده بود ودانشگاه ها را بسته بودند وکسی نمیتوانست به دانشگاه برود . شاید این بهانه ای بودبرای بچه های تنبلی مثل من که علاقه ی چندانی هم به ادامه تحصیل نداشتند . روحیه من ازبچگی روحیه خدمت بود ودوست داشتم کارکنم تا بتوانم با کمک کردن به اطرافیانم وپدرومادرم نقش بهتری را ایفا نمایم .عاشق مادرم بودم . وتنها یک مادر برایم نبود ، دردرجه اول یک دوست خوب و با سواد بود .اوزنی بی نظیر، مادری فداکاروانسانی وارسته بود . اکثرنصایح اودرقالب ضرب المثل بود . با یک ضرب المثل یک کتابرا برایم توصیف میکرد ، شاید بتوانم بگویم بغیرازمن هیچکدام ازدوخواهروچهاربرادری که داشتم اورا درک نکرده بودند . آنها قدرش را نمیدانستند واوهم احساسی متقابل نسبت بمن داشت . مادرم روی من خیلی حساب میکرد ومرا مثل یک مرد با معرفت ووفادارمی دید. اومیگفت : برای دوران پیری ام توتنها کسی هستی که بمن کمک خواهی کرد ، شاید هم درست میگفت . درسالهای آخرعمرش تنها کسی که درکناراووپدرم بود من بودم ، تمامی خواهروبرادرها یم بنوعی یا ازایران رفته بودند ویا شاید مشغول گرفتاریهای زندگی خودشان بودند وفرصتی نداشتند که به آنها خدمتی کنند، یا اینکه نمیخواستند فرصتی داشته باشند تا به پدرومادرپیرونا توانشان ، که درمشکلات سنی خودشان بودند، کمکی ویا محبتی خشک وخالی داشته باشند . میدیدم که دوران پیری دوران بسیارسخت وبدی است،بخصوص اگرتنها باشی، ویا احساس تنهایی بکنی . خدا را شکرمیکنم که باعث شده بودم مادرم چنین احساسی نداشته باشد، ودرکنارش با اعتماد به نفس بالایی ایستاده بودم وازش مواظبت میکردم، وعاشقانه دوستش داشتم . پدرم هم مرا خیلی دوست میداشت، ومن آخرین فرزند آنها بودم که باهاشون زندگی میکردم . دوران زندگی من با پدرومادرم ازبقیه خواهروبرادرهایم طولانی تربود ، من که عاشقانه هردوی آنها را دوست داشتم، به این مسئله افتخارمیکردم وتظاهری هم ازاین بابت نداشتم ، بودن با آنها برایم غنیمت بود . درسته که آنها هم مثل تمامی زن وشوهرها گاها با هم اختلافات عقیدتی، سلیقه ای داشتند وخب مثل همه زن وشوهرها بگومگوهایی هم میکردند ، ولی این مسائل هرگزنمی توانست احساسات مرا نسبت به آنها تخفیف دهد ویا خدای ناکرده کمرنگ نماید.

هرگزنمیتو نستم بگویم کدامشان را بیشتردوست دارم ، ولی مثل همه ی دخترها ،مادرم را بخاطر زن بودنش وهمجنس خودم بودنش خیلی دوست داشتم وبهش خیلی خیلی نزدیک بودم . اوهم مرا خیلی لوس میکرد ومیگفت : ازتمامی بچه هایم بیشتردوستت دارم . خب ، شاید این یک شوخی بود ، چون گمان نمیکنم بین عشق فرزندان بتوان تفاوتی قائل شد . مادرم همیشه میگفت،که هربچه ای که به والدینش بیشتراحترام بگذارد وبیشترمطیع آنها باشد، پدرومادراورا بیشتردوست خواهند داشت، خب ، این میتواند طبیعی باشد .

برادربزرگم با خانمش ودخترکوچولوی چندماهه اش درطبقه بالای منزل ما زندگی میکردند . من با خانم برادرم روابط بسیارخوب وصمیمی داشتم ، درحقیقت اوهم مدرسه ای وهم سن وسال من بود که با برادرم ازدواج کرده بود . به عشق، بازی کردن با یگانه ، بعد ازکارم بخانه برمیگشتم ، دخترکوچولوی اوبسیارتوپولی وزیبا بود . میگویند: عمه برادرزاده را خیلی دوست دارد . خاطره ای که ازآن ایام دارم این است که یکروزوقتی ازسرکارم برگشته بودم، مستقیم رفته بودم اطاق بچه وداشتم با خانم برادرم صحبت میکردم ، درهمین موقع مامان چندین بارپشت سرهم مرا صدا کردند ! من که گرم صحبت بودم ونمیخواستم حرفم را قطع کنم، گفتم ، دستشویی هستم مامان جون .. مامان گفتند، ببخشید پس من کجا هستم ؟! خنده امانم را نداد ودوان ،دوان بطرف دستشویی رفتم .. توله سگ طلایی، فرانسوی (پودل) باسم فانتی داشتم که خیلی دوستش میداشتم ، هفته ای یکروزاورا حمام میکردم وبا سشوارموهایش را

خشک میکردم . مادرم میگفتند، نزدیک آمدنم بخونه که میشده اومیرفته پشت درب حیاط ومدام دمبش را تکان میداد تا من درب را بازکنم ، این حیوان بقدری با هوش ووفاداروعاشق بود که ازشب تا صبح پشت درب اطاقم میخوابید وراس ساعت هفت صبح با پنجه هایش بدرب اطاقم میکشید ومرا بیدارمیکرد که بروم سرکار..زمانی که برادرم با دخترکوچک ، دوساله اش وخانمش به ایران آمده بودند، دختراووقتی مرغ میخورد ، یک گازخودش میزد ویک گازهم به فانتی میداد .. سالها فانتی را داشتم، تا اینکه تصادف کرد وکشته شد، کشته شدن فانتی، اثربسیاربدی درروحیه جوانی ام گذاشته بود، که بعد ازآن هرگزدوست ندارم هیچ حیوانی را نگهداری کنم واین را کارخوبی نمیدانم . بهرترتیب حتی اگرحیوانات را مرتبا به دکترببریم ومواظب نظافت آنها باشیم ،نهایتا حیوان است وآلودگی هایی دارد که ما هنوزهم ازآنها بیخبریم. شاید اتفاقی که بعد ازسالها درمورد سلامتی من افتاد، یکی ازآنها باشد . موی سگ ویا موی گربه وارد خونم شده بود وسرنوشتم را کلا تغییرداد ..! زمانی که برادرم به ایران آمده بود ،زخم معده اش عود کرده بود وبا خونریزی شدید به بیمارستا ن پارس ، تهران منتقلش کردیم . اوسالیان طولانی بود که ازاین بیماری رنج میبرد، ولی همیشه بخاطرترس ازعمل جراحی ، تحمل درد ورنج این بیماری را ترجیح میداد، من که درآنزمان پست بسیارخوبی دروزارت بهداری داشتم، ازرئیسم که یکی ازبهترین جراحهای ایران بود ،خواستم که اجازه ندهد اورا ازبیمارستان مرخص کنند، وعملش نماید ، اوهم بعد ازبررسیهای کامل به برادرم گفته بود ، بایستی جراحی شوی ،درغیراینصورت دراین بیمارستان زندانی خواهی شد !! برادرم که سالها درامریکا زندگی میکرد، بیمه ی ایران را نداشت ، با موقعیت شغلی که دروزات بهداری داشتم ، توانستم برایش دفترچه بیمه بگیرم ، واوبتواند باهزینه ی بسیارکمتر، دربیمارستان پارس که یکی ازبهترین بیمارستانهای آن زمان بود جراحی نماید . ضمن اینکه دکترخدا بیامرزهم اورا رایگان عمل کرد . خب ، من بسیارخوشحال شده بودم که برادرم بالاخره با لطف خداوند توانسته بود، ازآن بیماری وخونریزیهای مکررنجات پیدا کند وشفا بیابد . ازوقتی خیلی کوچک بودم روحیه خدمت داشتم وازاینکه بتوانم برای دیگران کارمثبتی انجام دهم ، عمیقا خوشحال میشدم . یادم می آید یک روزوقتی فقط بیست سال سن داشتم ، منتظراتوبوس بودم که به سرکارم بروم، دخترخانمی ،هم سن وسال خودم را درصف اتوبوس دیدم ، که او شروع کرد با من به صحبت کردن وباهم دوست شدیم . بعدازچند جلسه ،بمن گفت: مدرک فوق دیپلم آزمایشگاه گرفته است وبایستی بخاطرتعهدی که به دولت داده است ، به شهرستان دورافتاده ای برای خدمت دوساله اش برود، اوکه پدرش سرهنگ بود وبسیارسخت گیر،خوشحال نبود که دخترش به شهرستان برود ، من بدون اینکه اطلاعاتی دراین زمینه داشته باشم ، به اوگفتم ، من با وزیربهداری صحبت میکنم وازاومیخواهم که دستوردهد ترا به شهرستان نفرستند!! بعد ازاینکه این قول را به اودادم، احساس کردم که این قول انگارازربان من درنیامده بود ! روزبعد به اوخبرخوش دادم که موافقت شده واوبایستی یک تقاضا نامه به وزیربنویسد وبه من بدهد ، تا دستورش را روی تقاضانامه اش ، ازوزیربگیرم !!! نه ،خودم باورم میشد ونه او!! باین ترتیب اوتوانست دربیمارستان شفا یحیائیان تهران استخدام شود، وبعد ازمدتی هم با همسرش درآنجا آشنا شد وازدواج کردند . حالا سالها است که ازآن تاریخ میگذرد ،وما هنوزدوستی بسیارعمیقی با هم داریم وبارها این خاطرات را برای دختروپسرش که هم اکنون پزشک ومهندس پزشکی هستند ، تعریف کرده است . همیشه احساس میکردم ، قدرتی دروجودم دارم که قادرهستم کارهایی انجام دهم که برای همه کس مقدورنمی باشد .

همه میگفتند: دلیلش اینست که قلبی رئوف داری !! نمیدانم چه بود، ولی نیروی خدمت به بنده گان خدا ، درزندگی ام همیشه حرف اول را میزد . بیش ازنصف حقوقم را صرف امورخیریه میکردم وازاین بابت خیلی احساس رضایت داشتم . همیشه مثبت حرف میزدم وهرآنچه را که میگفتم انجام میشد . ازهفت سالگی ام بخاطردارم که خوابهای روحانی میدیدم ومطمئن بودم خدا با من است . یک شب وقتی فقط هفت سالم بود، خواب عیسی مسیح را دیدم که برتخت

سلطنت نشسته بود واطرافش پرازنوری بود که چشمانم را میزد . اوازمن پرسید : دخترم چه چیزی میخواهی که برایت انجام دهم ؟! با ترس ، دستان کوچکم را جلوآوردم وعلامت دورا با انگشتان دست راستم نشان دادم وگفتم دوتا چیز..! یکی اینکه پدرومادرم همیشه زنده باشند، ویکی اینکه همیشه درامتحاناتم قبول شوم !!

هرگزنمیتوانم این خواب را فراموش کنم ،وقتی بیادم می آید بخودم میگویم ایکاش که چیزهای بزرگترازاوطلب کرده بودم .. خدا را شکرمیکنم که همیشه درامتحانات سخت زندگی ام قبول شده ام . به سختی ازمشکلات زندگی عبورکرده ام ، ولی نهایتا با کمک اوعبورنموده ام .

شبی هم وقتی کمترازده سال داشتم ، خواب دیدم جایی نشسته ام وسرم را روی زانوهایم گذاشته ام وگریه میکنم ! درهمین لحظه متوجه شدم که دوازده نفرکه همگی شالهای سبزرنگ بدورکمرهایشان بسته بودند ونورآنها را احاطه کرده بود ، دستهایشان را بهم زنجیرکرده بودند وبصورت یک دایره دورم را گرفته بودند وقصه ی عموزنجیرباف را برایم میخواندند!!!

همینطورکه بزرگ وبزرگترمیشدم پاکی وخلوصی دردرونم احساس میکردم که خودم را با دیگران متفاوت میدیدم . بهیچ عنوان ازکسی بدی نمیگفتم وبرای همه آرزوی سعادت وسلامتی میکردم . ازهمان عالم بچگی، بدون اینکه کسی بمن یاد داده باشد، وقتی میخواستم بخوابم برای تمامی اطرافیانم با ذکرنام آنها دعا میکردم ! دعاهایم مخصوص خودم بود وبسیارمتفاوت با دعاهای دیگران ،خودم آنها را میساختم . مثلا خوب یادم می آید که میگفتم : خدایا همه ملوک خانمها را نگهدار، ملوک خانم ما را هم نگهدار.. وقتی بزرگترشده بودم،نمازم را سعی میکردم بخوانم . بعد ازسالها هم که گذشته بود ، نمازشب هم میخواندم، طوری که به نمازصبحم می پیوست . با وجودیکه هرگزشرایط ظاهری ام ایمانم را نشان نمیداد ، ولی برایم ارتباط با خدا مهم بود وتظاهربه دینداری نمیکردم .. شاید حتی خیلی ها هرگزفکرنمیکردند که من ایمانی بسیارقوی دارم . کلا انسان متظاهری نبودم ومکنونات قلبی ام همان بود که نشان میدادم. انسان را کوچکترازآن میدیدم که بخواهم برای جلب رضایت او بدروغ متوسل شوم . همه را دوست داشتم ودرحقیقت چون خالق، آنها را دوست میداشتم تلاش میکردم هرکاری که ازدستان ناتوانم برای کسی برمی آید ،انجام دهم . غم وغصه ی دیگران آزارم میداد واگربانداز ه ی خودشان غصه نمیخوردم کمترهم نبود . تلاش میکردم که وجدانی آسوده وراحت داشته باشم . آنقدرکه خدمت به دیگران خوشحالم میکرد ،خوشحال نمیشدم که کسی بمن خدمت کند . بعناوین مختلف، مثل روزمادرویا روزپدر، برای آنها کادومیخریدم . به بهانه های مختلف ، برای مادرم خرید میکردم تا شاید باین نحوتوانسته باشم ، باری ازدوشهای خسته وناتوان ودستهای خالی پدرم را که دوران بازنشستگی اش را میگذراند بردارم . ازوضعیت موجود بسیارخرسند بودم وگاها بوجود خودم افتخارمیکردم . حقیقتا هیچگونه کمبود ویا عقده ای نسبت به هیچ چیزوهیچ کس نداشتم . خودم را یکی ازخوشبخترین دخترهای هم سن وسالم می شناختم . هیچ اصراروتعجیلی هم برای ازدواج کردن نداشتم وبرای خودم معیارهایی برای انتخاب همسرآینده ام درنظرداشتم که به نظربعضی ها شاید ازاستانداردهایی که من داشتم خیلی بالاتربود ، ولی حاضرنبودم بهیچ عنوان تخفیفی دهم وازآنها، ویا ازجزیی ازآنها، انصراف دهم . نظرم براین بود که یا معیارهای خودم ویا هیچ ! مادروپدرم هم با من خیلی موافق بودند، ولی خواهرها یم شاید بدلیل حسادتی که نسبت بمن داشتند، یا اینکه چون خودشان خیلی زود ازدواج کرده بودند وخواسته هایشان برآورده نشده بود، تلاش میکردند که من به اصطلاح ، به هرکس وناکسی بله را بگویم وآنها را به آرزوهایشان برسانم .

هرگزباکسی جنگ قدرت ویا رقابت ویا حسادت نداشته ام . به خدایی توکل داشتم که برایم بالاتراززمین وآسمان بود . خدایی که خالق کل کائنات بود وفوق تصورات ذهنی من است .

خدایی که قادرمتعال بود . خدایی که هست وبود وخواهد بود . مطمئن بودم که بهترینها را برای من درنظرگرفته ومرا به تمامی آرزوهایم خواهد رسانید ، بنابراین اظهارنظردیگران برایم پشیزی ارزش نداشت ومنتظرخواست خدا بودم .

فصل دوم

غریب آشنا

چه بازی شگرفی دارد، این تقدیر، این سرنوشت وچه زیباست رقص آدمها که با این سازبه پیچ وتابی افسون کننده می پردازند، با اینکه یقین دارم وسخت معتقدم که سرنوشت را ما خودمان تاحدی میتوانیم تغییردهیم ،اماگاهی شگفت زده میشوم ازچیزی که ماهیچکدام درآن نقشی نداریم . یکماهی بود که ازسفرخارج برگشته بودم ودراوج زیبایی ، وغروربیست وسه سالگی طبق معمول ، پنج سال گذشته که دبیرستان را تمام کرده بودم ، کارمیکردم . آخر درآنزمان انقلاب فرهنگی شده بود وکلیه دانشگاه ها را تعطیل کرده بودند ،من هم چاره ای جزکارکردن نداشتم . درآن زمان ، بدلیل ارتباطات فامیلی که دروزارتخانه ای که کارمیکردم داشتم، استخدام شده بودم وپست بسیارخوبی هم بمن داده بودند که بهرکسی با مدرک تحصیلی دیپلم وسن وسال کم درایران نمی دادند . درحقیقت بعنوان کارمند دفتری استخدام شده بودم، ولی درمدت بسیارکوتاهی با پشتکارولیاقت وپارتی قوی که درآن وزارت خانه داشتم ، سمت کمک کارشناس مسئول را اخذ نموده بودم . بعد ازمدت کمترازدوسال هم ، پست سرپرستی، یک قسمت بسیارکلیدی ومهم را بعهده گرفتم که باتفاق دونفرمددکاراجتماعی، یک نفرحسابدار، یک مستخدم ویک رئیس که تمامی کارهایش را بمن محول کرده بود ، آن واحد را به بهترین نحو، اداره میکردم . رئیس قسمت، بدلیل شغل پزشگی اش که برایش مهمتربود ، فقط هفته ای یکباربرای شرکت درجلسه های پزشگی به اداره می آمد . معمولا کارها را تلفنی ازاوسئوال میکردم ودستورات لازم را هم برای انجام آنها میگرفتم . ضمنا با دخترش که همسن وسالم بود هم رفاقتی داشتم . دکتر، بدلیل ارتباط دوستانه اش با وزیرومعاونینش این شغل را تصاحب کرده بود . درپیش ازانقلاب هم معمولاً پستهای کلیدی واداری بین فامیل ودوستان تقسیم میشد، واکثرمردم بدون داشتن پارتی ، حتی با داشتن مدارک علمی بالا ، متاسفانه ازآنها بی بهره بودند وانصاف رعایت نمیشد .. خب یکی ازاین پستها را هم به بنده ی حقیرداده بودند !

هرروزه بایستی تقاضا نامه های بیماران صعب الاعلاج ، ویا چکهای صادرشده را به وسیله ی نامه رسان به بیمارستانی که آقای رئیس ، مشغول عملهای جراحی اش بود ،میفرستادم وایشان امضاء میکردند . تمامی مسئولیتهای آن اداره که با ارباب رجوع بیمار، سروکارداشت برعهده من بود ، وبایستی روزانه ده ساعت کارمیکردم وبعد ازاتمام وقت اداری هم، باقیمانده ی کارهای تمام نشده را بخانه میبردم، تا پاسی ازشب مشغول انجامشان باشم . خب ،طبیعی بود که درازای این همه فداکاری شغلی ، اضافه کارفیکس هشتادوپنج ساعت درماه را داشتم، واکثرمواقع هم ازماشین اداره، برای ایاب وذهابم استفاده میکردم ...آقای رئیس هم ماهیانه مبلغ هفت هزارتومان حقوق میگرفت که فقط امضاء کند وهفته ای یک جلسه هم درروزهای سه شنبه برای شرکت درجلسه ی پزشگی به آن وزارت خانه تشریف فرما شود . اوحتی برای گرفتن چک حقوقی اش هم فرصت نمیکرد به اداره بیاید، وبایستی آنرا برایش میفرستادم .

واحدی ، که درآن کارمیکردم ، مستقیما با جان، یک عده بیماردرارتباط بود، که گاها زندگی آنها بستگی به سرعت کارمن داشت ، بهمین دلیل آقای رئیس که فقط هفته ای یکی، دوبارآن هم فقط حداکثربرای یکساعت به اداره میآمدند، بمن اجازه داده بودند که برای تسریع درکاربیماران، نامه ها وگاها چکها را ازطرف ایشان امضا کنم .. شب وروز، بدون اغراق بجای پنج نفرکارمیکردم وبیش ازچند ساعت نمیخوابیدم ...عاشق کارم بودم ووقتی سرم را برروی بالش میگذاشتم، با وجود خستگی بینهایت ، فقط احساس رضایت روحی بود که تسکینم

میداد ،خداوند را شکرمیکردم که توانسته بودم خدمتی انجام دهم . تنها یادگاریهایی که ازآنزمان برایم بجا باقیمانده است ،چندین تشویق نامه است که باعث دلخوشی ام میشد .
بالاخره درسال۱۳۵۷انقلاب جمهوری اسلامی شد وهمه چیزتغییرکرد . آقای وزیروآقای رئیس را گرفتند وبه زندان انداختند. تعدادی ازمعاونین آنها هم که پاسپورتهای امریکایی داشتند، فرارکردند. ازآنجائیکه عاشق کارم بودم وخدمت به مردم را خیلی دوست داشتم، زیرنظرمعاون ، وزیرجدید کماکان بکارم ادامه میدادم . کم کم تعداد بیشتری درواحد ما استخدام شدند وکاری را که من به تنهایی انجام میدادم ، بین چهارنفرتقسیم شده بود . سرعت کارها با وجود افزودن تعداد پرسنل، بسیارکم شده بود ونامه نگاریها ودست به دست شدن، پرونده های بیماران ،بین این گروه ، سرعت عمل را گرفته بود وطبعا مثل سابق احساس رضایت وسرخوشی نمیکردم . کاری را که قبلا کمترازیک هفته انجام میدادم گاها ماه ها بطول میکشید واین باعث اعتراض ونارضایتی بیمارانی شده بود که با مرگ دست وپنجه نرم میکردند، وزمان برایشان خیلی مهم بود . تلاش میکردم با خریدن هدیه برای پدرومادرم واطرافیانم ، به نوعی آنها را خوشحال کنم وبدینوسیله بخشی از زحماتی را که برایم کشیده بودند جبران نمایم ، مستقیما مسئولیت پرداخت بعضی از هزینه های زندگی را بعهده گرفته بودم وازاین بابت احساس رضایت میکردم . ازهمان دوران کودکی وجوانی ام یاد گرفته بودم که بایستی مسئولیت پذیرباشم ، شاید همین مسئله باعث شده بود که ازعهده کارپرحجم شغلی ام با موفقیت برآیم . پذیرش مسئولیت، درقبال اطرافیانم جزیی ازذات وشخصیت من بود که آن را وظیفه خودم میدانستم، وبغیرازاین بودن را خلاف انسانیت میدانستم . خدمت ، جزیی ازوجودم بود، وبه انگیزه ای برای بیشترکارکردنم تبدیل شده بود . همیشه مورد شماتت اطرافیانم قرارمیگرفتم ، که آدم ولخرجی هستم وقدرپولم را نمیدانم وبفکرآینده وتهیه جهیزیه نیستم ، میگفتند: آخرمگرفقط لباس، میخواهی بعنوان جهیزیه به منزل شوهرت ببری ؟ همیشه به این طرزتفکرمی خندیدم . خدایی را که من می شناختم، با خدای آنها بسیارمتفاوت بود، ومطمئن بودم اوبهترینها را برایم تهیه خواهد کرد ومردی را برایم میفرستد که نیازی به جهیزیه وپول من نخواهد داشت . با ایمان کامل به خداوند، منتظرمردی ،تحصیلکرده ،پولدارومهربان بودم که تمامی کمبودهایم را جبران کند . اطرافیانم که به نوعی به لیاقتهای من حسادت میکردند، مرامسخره میکردند که به همین خیال باش ویک کوزه هم سفارش بده که وقتی ترشیدی، تورادرآن بیاندازیم .
میگفتند: آخه این مردی که تومنتظرش هستی ، نمی آید تورابگیرد! آنقدردخترهای خوشگلتر، پولدارترهستند که دکترویا مهندس پولدار، سراغ تونخواهدآمد !...ولی من با اعتماد به نفس عالی، خودم را همیشه یک سروگردن ازبقیه دخترها ی هم سن وسا لم بالاترمیدیدم وبا اطمینان کامل بخداوند، میگفتم : اگراینطورکه شما میگوئید بشود، اصراری به ازدواج کردن ندارم . درخانه ی پدری خوشحال وراضی هستم ... علاوه برحقوق ماهیانه ام ،مبلغ دویست تومان هم بن کارمندی داشتیم که هرماهه میتوانستم وسائل بهداشتی ،چای ، وده ها رقم دیگرازوسائلی را که مادرم احتیاج داشت ، برایش ازفروشگاه اداره خریداری کنم . آنها بقدری ارزان وزیاد بودند که اضافاتش را مادرم به دیگران می بخشید . زندگی راحت وخوب خانه ی پدری را حاضرنبودم با هیچ جای دیگری عوض کنم ، مگراینکه مرد رویاهایم با اسب سفیدش ازپنجره اطاق خوابم بیاید داخل ..!!
عاشق پدرومادرم بودم . دوخواهروچهاربرادرداشتم که همگی دنبال کاروزندگی خودشان بودند . من وبرادرکوچکم که دوران سربازی اش را طی میکرد ، با پدرومادرم خوش بودیم وزندگی آرام وقشنگی را درکنارهم میگذراندیم . برادرم که سه سال ازمن کوچکتراست قراربود برای ادامه دوران خدمتش درنظام وظیفه ، به شهرستان منتقل شود ، نامه ای ازوزیرگرفتم وبه پادگان نیروی زمینی رفتم وخواستم که تیمساررا ببینم !! وقتی ازهفت خان رستم گذشتم، مقاماتی که با آنها برخورد کرده بودم، تا پشت درب اطاق تیمساربرسم ، میدیدند

که یک دخترخانم بیست وسه ،چهارساله ، محکم واستوارمشتاق، ملاقات با تیمسار است. متعجبانه سئوال میکردند: با ایشان چکاردارید ؟ به چه دلیلی میخواهید ایشان را ملاقات کنید؟ من هم با قدرت ومحکم میگفتم، ازوزیر... برایشان نامه دارم ، بدون اینکه، درمورد مندرجات نامه حرفی زده باشم . وقتی بحضورتیمساررسیدم ،ازابهت ولباس واطاق وتشریفاتی که داخل آنجا بود، برای لحظه ای پشتم لرزید ! ولی خیلی سریع ،خودم را جمع وجورکردم وعریضه ام ونامه ی وزیررا خدمتشان تقدیم نمودم .. ایشان هم همانطورکه من درحضورشان ایستاده بودم، دستورات لازم را صادرفرمودند ومن برای انجام بقیه مراحل اداری اطاق را ترک کردم .. این چنین بود که برادرم دوران سربازی اش را به شهرستان نرفت ودرتهران ماند. !! هرروزصبح، مادرم میزصبحانه ام را با نان تازه ی داغ وپنیروگردو، یا تخم مرغ آماده میکرد، تا مبادا گرسنه به محل کارم روانه شوم . اوزن بسیارمهربانی بود که تمامی تلاشش را برای خوشبختی خانواده اش انجام میداد . پدرم همیشه به شوخی میگفت : ترا هرگزشوهرنمی دهم، تودخترخودم هستی وباید همیشه درکنارمن ومادرت بمانی، من هم همیشه میگفتم من فقط زن مردی میشوم که با اسب سفید بیاید وچنان وچنین باشد ... هرکس هم که اسم خواستگاررا می آورد میگفتم نه . دلم نمیخواست والدینم را تنها بگذارم . احساس میکردم آنها به وجود من خیلی نیازدارند . من هم نیازی به ازدواج کردنم نمی دیدم، درکنارآنها خوشحال وراضی بودم . هیچگونه کمبودی درزندگیم احساس نمیکردم . خداوند را همیشه برای موقعیت حساس کاری ام شکرمیکردم . احساس مفید بودن میکردم . ارباب رجوع هایی که داشتم ، مرا خیلی دوست داشتند واغلب آنها وقتی متوجه تلاش بی وقفه ی من برای انجام کارهایشان میشدند، بنوعی تشکرمیکردند . همیشه مورد تشویق نیازمندان واطرافیانشان قرارمیگرفتم .

رضایت خداوند، برایم ملاک بود و برای آن تلاش میکردم ، برایم فرقی هم نمیکرد که کمک وحمایت ازخانواده ام باشد ویا ارباب رجوع اداره ام . توجه ام جای دیگری بود، وبا معیارهای خاصی زندگی میکردم، محبت بیش ازاندازه ی پدرومادرم بمن ، باعث حسادت خواهرهایم شده بود. خواهرم با گله میگفت ، هروقت ازمامان میخواهم که شب درمنزل ما بماند ، با دلخوری میگوید نه! فلانی ازسرکارمی آید وشام میخواهد !.. اومیگفت، اول وآخرحرف مامان وبابا اسم توست واین مسئله آزارش میداد ونا خود آگاه نسبت بمن دشمنی خاصی پیدا کرده بود. مغروروازخود راضی،به تمامی خواستگارانم جواب رد میدادم . منتظر بودم که پسرشاه پریان با اسب سفید ازآسمان بیاید وازمن خواستگاری کند . آنوقت تازه ، شاید بگویم بله ....با وجود متلکهای اطرافیانم تعجیلی برای ازدواج کردن نداشتم ومعیارهایی که برای انتخاب همسرم درنظرگرفته بودم، حرف اول را میزدند . خواهرم همیشه با نیش وکنایه میگفت، این کسی که تومنتظرش هستی، باید سفارش بدهی ، اگرهم وجود خارجی داشته باشد، به خواستگاری تونخواهد آمد .

من هم میگفتم: کسی برایش دعوتنامه نفرستاده است ، من اینم، میخواهد بیاید، نمی خواهد ، نیآید. خواهرم بارها وبارها قلب مرا شکسته بود، ولی من همیشه درقلبم اورا می بخشیدم . اوتلاش میکرد که مرتبا پشت سرمن بدیگران بدی بگوید وازمن یک غول بی شاخ ودمب بسازد. گرچه هرگزهم موفق نمیشد، ولی تلاش بی وقفه میکرد . اگرروزی خبرمرگ مرا بهش میدادند، مطمئن بودم که خیلی خوشحال میشد!! هفت ونیم صبح یکی ازروزهای تابستان تهران بود ، گرما نفس های آخرراميکشيد، هنوزپائیزبیدارنشده بود، تهران که خواب ندارد، زندگی صبح شروع شده بود، بازشلوغی وازدحام ، دلم برای پائیزتنگ شده بود، با رنگ درختان درپائیزانسان مبهوت وحیرت زده می ماند ،این چه شکوهی است ؟ فکرم وذهنم بدنبال پائیزبود، پائیزتهران مثل تابستان وزمستانش واقعی است ، حال دیگری دارم . توی حال وهوای پائیز بودم وخیابان فاطمی را تا نیمه پشت سرگذاشته بودم، ایستادم ودرانتظارتاکسی بودم تا به سرکارم بروم ، مثل همیشه با لباسی مرتب وشیک درأوج جوانی ، درآن زمان که فقط یکسال ازانقلاب میگذشت ،هنوزحجاب اسلامی اجباری نشده بود. من هم مثل تمامی

خانمهای دیگربدون حجاب اسلامی بودم . هبترمکی یک ماشین بی ام وی مدل 320 جلوی پایم ترمزکرد . پسری بسیارخوش قیافه ومودب، پشت فرمان آن بود که بی شباهت به عمرشریف نبود، شیشه اتومبیلش را پائین کشید وگفت : همان مسیری را میروم که شما میروید! میخواهید شما را برسانم ؟ اعتنایی نکردم وازکنارماشینش رد شدم ، کمی جلوتررفتم ومجددا جلوی تاکسی ها را میگرفتم ومقصدم را میگفتم . خیلی بی اعتنا بدنبال تاکسی میگشتم وگمان میکردم مسئله تمام شده واویک مزاحم خیابانی بوده ، حرفی زده ورفته است . اما حدود پنج دقیقه بعد، درکما ل تعجب دیدم که دورزده وبرگشته وباردیگرتوقف کرد وگفت : خواهش میکنم اجازه بدهید، شما را برسانم من مزاحم نیستم !... مجدداً نگاهی به اوانداختم وچیزی نگفتم وازکنارش گذشتم ... خنده داربود اگرمزاحم نیستی ، پس چه کسی هستی ؟ آن روزنمیدانم چرا تاکسی ها هم به مقصد من نمی رفتند وکم کم داشت دیرم میشد . ماشینهای سواری هم درآن زمان مسافرکشی نمی کردند، اگرهم کارمیکردند کسی سوارنمیشد، خیلی بد بود اگرخانمی سوارماشین یک غریبه میشد . تصمیم گرفتم کمی پیاده بروم، شاید بخت تاکسی پیدا کردنم بازشود . همانطورکه راه میرفتم ، فکرمیکردم ، شاید کسی اورا فرستاده که مرا تعقیب کند ، فکرمیکردم ، نکند اویک شانس باشد ؟ تا آن روزهرگزبرایم پیش نیامده بود که ماشینی برایم ترمزکند . بنابراین برایم کمی عجیب بود ، نمی توانستم باورکنم درآن ساعت صبح، یک نفردرخیابان دنبال اذیت وآزاروایجاد مزاحمت باشد . خودش هم گفته بود، من مزاحم نیستم ! کنجکاو شده بودم که بدانم چه کسی میتواند باشد . با خودم فکرمیکردم، اگریکباردیگربیآ ید سوارمیشوم .

من دختریاک وبسیارنجیبی بودم که با وجود داشتن چهاربرادرغیرتی ، هرگزدست ازپا خطا نکرده بودم ، ذاتاً هم خطاکارنبودم ، برای خودم خیلی ارزش قائل بودم وهمیشه فکرمیکردم هیچ مردی ارزش ولیاقت آن را ندارد که من روزی بازیچه ی دست اوباشم .

قوی وبا ایمان حرکت میکردم . خداوند را شکرمیکردم که مرا ازهرنوع آلودگی حفظ کرده بود وسرم بکارخودم گرم بود . آنقدرکارم را دوست داشتم ومرا مشغول کرده بود، که واقعا ساعت فراغت ویا فکرکردن به حاشیه های زندگی را نداشتم .

بغیرازکاروخانه ویا رفتن بمنزل خاله ومادربزرگ وخواهروبرادرهایم تفریح دیگری نداشتم .

هرکجا که میرفتم با مادرم میرفتم ، هرگزبه یادم نمی آید، به میهمانی های دوستانم رفته باشم .

نجابتم تنها چیزی بود که همیشه به آن افتخارمیکردم ونمیخواستم آنرا زیرسئوال ببرم .

بهترین دوستم مادرم بود ، همینطورکه مشغول افکارخودم بودم وبا آنها کلنجارمیرفتم . دوباره سروکله اش پیدا شد وترمزکرد، وگفت : باورکنید، من مزاحم نیستم ، اجازه بدهید شما را برسانم ، من که تصمیم خودم را ازقبل گرفته بودم وشیطان حسابی وسوسه ام کرده بود، سوارشدم وتشکر کردم . اوگفت : من دراین ساعت صبح آمده بودم ازداروخانه ای که نزدیک منزلم است دارو بخرم، وقتی شما را دیدم ، مدتی است که منتظرتاکسی هستید ، خواستم کمکتان کنم . اوگفت : مهندس معمارهستم وامروزشنیدم که عراق به ایران حمله کرده است .

قصد دارم بجبهه جنگ بروم ، به غرورملی ام خیلی برخورده که عراق بخودش اجازه داده ،به کشورایران حمله هوایی کند . صدام حسین را چه به این غلط ها . برای همین هم دوست داشتم شما را سوار کنم ونظرتان را دراین زمینه سئوال کنم ! اوگفت : من فارغ التحصیل دانشکده ی افسری هم هستم ، رسته ام درارتش تخریب بوده است ، وظیفه خودم میدانم که به جبهه جنگ بروم و به وطنم خدمت کنم . من نمیدانم چرا ازاونپرسیدم این همه آدم درخیابان است چرا شما برای گرفتن جواب سئوالتان مرا انتخاب کرده اید ؟! اصولا خیلی آدم حاضرجوابی نبودم . او که به نظرمیرسید بسیارهم انقلابی باشد گفت : فرمان امام خمینی است، و من باید به جبهه بروم !

نگاهی به اوانداختم وگفتم : حیف شما نیست که به جبهه بروید وکشته شوید ؟ حیف این همه تحصیلات نیست ؟ خارج ازجبهه هم میتوانید به وطنتان خدمت کنید ، شاید بیشتروبهتر... مگر حتما همه بایستی به جبهه بروند ؟!
اوخندید وگفت : تا قسمت چی باشد ! شما هم درست میگوئید، شاید بتوانم به نوع دیگری هم درپشت جبهه خدمت کنم ، بعد ادامه داد که : من امام خمینی را خیلی دوست دارم وبا شاه هم خیلی مخالف بودم ، من که اصلا معنی حرفهای اورا نمی فهمیدم ، گفتم، من سیاسی نیستم واصلا نمیتوانم تشخیص دهم چه کسی بد است وچه کسی خوب است ، اصلا متوجه نمیشوم شاه چرا بد بوده ویا امام خمینی چرا خوب است . باوگفتم : من درخانواده ای سیاسی بزرگ نشده ام که این چیزها را بلد باشم . این اولین باری است که یک نفردرمورد شاه ویا سیاست بامن صحبت میکند . ازمن پرسید: حتما شما دراین ساعت صبح سرکارمیروید ؟ گفتم، بله من دراداره ... کارمیکنم . شغلم رئیس قسمت ... است . اوگفت : عجب اتفاقی! من برادری دارم که درآلمان تحصیل میکند وفوق لیسانس ذوب فلزات میخواند ، یک مشکل پزشگی دارد که اداره شما بایستی به آن رسیدگی کند تا بتواند معا فی سربازی بگیرد ...
امکان دارد که شماره تلفن تان را بمن بدهید که من با شما تماس بگیرم ومدارک لازم را برایتان بیاروم ؟ من که دیگه به اداره ام رسیده بودم، به اوگفتم : من باید اینجا پیاده شوم وشما اگرنیازی دیدید میتوانید شماره اداره مرا ازسازمان 118 بگیرید . وقتی شماره را گرفتید تلفن بزنید واسم منوکه ... است ،به تلفنچی بگوئید ، تلفن را به من وصل خواهند کرد . وقتی به اداره رسیدم ، مثل آدمهای گیج ومنگ بودم که این چه کسی میتوانست باشد؟ صبح زود درخیابان چکارمیکرد ؟ به من چه ارتباطی داشت که میخواهد به جبهه ی جنگ برود ! آدم بدی به نظرنمی رسید، انگارراست میگفت که مهندس است . به نظرآدم حسابی می آمد ...
تمام روزرا به اوفکرمیکردم . تعجب کرده بودم چرا یک غریبه فکرمنوبه خودش مشغول کرده است .! آیا تلفن میکند ؟ آیا راست میگفت مشکلی برای برادرش هست که حل آن مربوط به اداره ما میشود ؟ آیا خودش است ؟ آیا مرد رویاهای من است ؟ که با اسب سفید آمده بود ؟ آیا این یک برخورد، اتفاقی بود ؟ آیا اوازقبل منومی شناخت ؟ آیا کسی اورا سرراه من گذاشته بود؟ به شوهردوستم که اتفاقا همکارم بود ودرقسمت کارشناسی ارشد اداره ما کارمیکرد، ماجرا را گفتم . ازآنجائیکه اوفوق لیسانس روانشناسی داشت وادعا میکرد که میتواند راهنمای خوبی برای دیگران باشد ، فکرکردم میتواند مرا راهنمایی کند . اوشوهرهمان دوستم بود ، که همگی باهم به کانادا رفته بودیم . دراکثرمواقع ، دررابطه با مشکلاتی که برایم پیش می آمد، با اوویا همسر، روانشنا سش مشورت میکردم . اووقتی همه چیزرا گوش کرد، خندید وگفت : اولا چرا سوارماشین یک غریبه شد ه ای ؟ نترسیدی که کسی تورا ببیند ویا اینکه اوآدم بدی باشد ومسئله ای برایت پیش بیاید ؟!ازحرفهایی که زده بود ، تازه دچاروحشت شده بودم .
عجب ! چه خطری میتوانسته ازسرمن گذشته باشد ؟ دچارعذاب وجدان شده بودم وبخودم میگفتم، تونباید اینکاررا میکردی، انگاربخشی ازنجابتم زیرسئوال رفته بود . گفت : دوم اینکه چرا به این مسئله اهمیت میدهی ؟ یک اتفاق بوده وتمام شده است . اصرارکردم که گمان نمیکنم این فقط یک اتفاق باشد، اصرارداشتم که به اوثابت کنم دراعماق قلبم احساس میکنم این مسئله فراترازیک اتفاق است، ازطرفی هم نمیدانم چرا احساس ترس ونگرانی میکردم .
نهایتا اوگفت : بسیارخوب ، اگراینطورفکرمیکنی، اگربه بهانه ی کاربرادرش به اینجا آمد، مرا خبرکن که بیآیم واورا ببینم .! من نمیدانم چرامطمئن بودم که اوحتما به من تلفن خواهد کرد . باورم نمیشد که یک آدم غریبه بتواند تا این حد فکروذکرمنوبخودش مشغول کند . دوست داشتم که به او فکرکنم . شاید عاشق ماشینش شده بودم، بالای سقف ماشینش باربند اسکی داشت ، پس باید اسکی برف هم بازی کند، چقدرقشنگ وصحیح صحبت میکرد، چه صدای زیبایی داشت ، صدایش مثل هنرپیشه های فیلم های هالیودی بود! چقدردرآن برخورد کوتاه ، مودب وبا کلاس بود . چقدر خوش قیافه ودوست داشتنی بود ... اگرتلفن کند چه خواهد گفت ؟

من چه باید بگویم ؟ اگرمنوبه بیرون دعوت کند، چکارکنم ؟ قبول کنم ؟ قبول نکنم ؟ به ادا واطوارهای معمولی دخترانه تن دردهم؟ دعوتش را فورا قبول کنم ؟ میشود تلفن کند ؟ میشود یکباردیگراورا ببینم ؟ آیا ممکن است اومرد رویاهایم باشد که با اسب سفیدش ازآسمان آمده بود تا مرا با خودش به ابرها ببرد ؟ آیا میشود اوهمان مردی باشد که من میتوانم عاشقش شوم ؟ خیلی دوست داشتم عاشق شوم . درحقیقت عاشق هم بودم ، عاشق مرد رویاهایم بودم ونمیخواستم اورا با هیچ مرد دیگری عوض کنم . آیا اوهمان عشق گم شده ی من بود که بیست وچهارسال ،پوزش را داده بودم ؟ وروی ابرها بدنبالش میگشتم وحالا اورا درخیابان دکترفاطمی پیدا کرده بودم ؟!

یک هفته گذشت وخبری ازاونشد . کم کم داشتم فکرمیکردم، حق با دوستم است وفقط یک حادثه بوده وتمام شده است ، ولی دوست داشتم بخودم دروغ بگویم که این فقط یک حادثه نبوده واوخود ، گم شده اش میباشد .

سعی میکردم فراموش کنم، تا اینکه یک روزصبح ، تلفن زنگ زد واوبا صدایی بسیارزیبا و رویایی،گفت : ببخشید آیا مرا بخاطردارید؟ اگرزودترازاین نتوانستم تلفن کنم معذرت میخواهم، واقعیتش من مشهدی هستم وبرای دیدن خانواده ام به آنجا رفته بودم ، انگاراومیدانست که من منتظرتلفنش بوده ام .

اودرمورد برادرش که درآلمان تحصیل میکرد، یک سری سئوال کرد که به اداره ی ما ربطی نداشت وبایستی به اداره ی مشابه ای درارتش تلفن میکرد ، ازاین بابت بسیارعصبانی شده بودم ، چون گمان میکردم بعد ازاین بهانه ی دیگری نخواهد داشت که دوباره تلفن کند ..

خدا حافظی کرد ومکالمه ما تمام شد . گوشی تلفن را که گذاشتم ، نمیدانم عصبانی بودم ؟ خوشحال بودم؟ احساس غریبی داشتم ، یک چیزی مثل عذاب وجدان بود ، تشخیصش برایم ساده نبود . ازاینکه سوارماشین یک غریبه شده بودم خودم را نمی بخشیدم . احساس میکردم به خانواده ام خیانت کرده بودم ، ولی ازطرفی فکرکردن به اورا هم نمیتوانستم متوقف کنم . آیا بعد ازاین، بهانه ای دارد که بامن مجددا تماس بگیرد ؟ دوستانم میگفتند : ما برای توناراحت هستیم ، چرا اینقدرساده لوحانه با مسئله برخورد میکنی ؟ چرا فکرمیکنی که این یک مسئله ی جدی است ؟ چرا مدام دوست داری درموردش فکرکنی وحرف بزنی ؟ این کاردرستی نیست. تومثل دختربچه های چهارساله فکرمیکنی ، بابا جون یک آدم به تولطف کرده وبهت سواری داده وحالا توعاشقش شده ای؟ عاشق کسی که حتی اسمش را هم نمیدانی ؟!

آره مثل اینکه عاشق شده بودم . دوست داشتم که عاشق شده باشم ، دوست داشتم که باو فکرکنم، روزی ده بار، ازاول ، تا آخردیدارمان را مرورمیکردم . هرکاری میکردم نمیتوانستم بهش فکرنکنم ، انگارمیخواستم که بهش فکرکنم ، ازفکرکردن به اولذت میبردم . مثالی هست که میگویند: وصف العیش ، نصف العیش . با فکراوصبحم شروع میشد وشب را هم با فکراوبخواب میرفتم ، آیا اوحتی یک بارهم به من فکرمیکند ؟ خلاصه یک هفته دیگرهم گذشت ، ودوباره تلفن کرد وچند سئوال درمورد برادرش پرسید . بعد شماره تلفن محل کارش را داد وگفت : من یک شرکت تولیدی دارم ودرطبقه پائین شرکتم هم نمایشگاه مبلمان وسرویس خواب میفروشیم ،اگرکاری داشتید حتما زنگ بزنید، درخدمت شما خواهم بود، آدرس شرکتش وشماره تلفنش را هم داد . آنجا یکی، دوخیا بان با محلی که روزاول ملاقاتمان اورا دیده بودم، فاصله داشت . پس تا اینجا راست گفته بود . چند روزی با خودم مبارزه میکردم که به چه بهانه ای باید تلفن کنم . قبل ازهرچیز، مسئله را با مادرم وبرادرکوچکم درمیان گذاشتم تا نظرآنها را هم دراینمورد بدانم .

وقتی برای مادرم تعریف کردم، احساس سبکی داشتم ، انگارباری ازدوشم برداشته شده بود، مادرم خیلی خوشحال شد وگفت : خیلی مواظب باش اگرقرارشد که بروید بیرون ، حتماً ما را درجریان بگذار. چند روزبعد، به اوتلفن کردم ، دخترخانمی منشی، تلفن را جواب داد ،گفتم: با مدیرشرکت، آقای ... میخواهم صحبت کنم ،اوگفت تشریف ندارند ،ازاینکه متوجه شده بودم

رئیس شرکت است، بنوعی مطمئن شده بودم که قصدش سوء استفاده نیست که بخواهد با دروغ وتقلب نظرمرا بخودش جلب کند . اوبا اعتماد به نفس بالایی حرف میزد که مطمئن بودم هرچه میگوید، عین حقیقت است . بهیچ عنوان نمیخواستم شک کنم که قصد سوء استفاده ویا دوست بازی دارد .

مادرم به من این اجازه را داده بود که با مردی که ممکن است همسرآینده ام باشد ، معاشرت سالم وخوبی برای شناخت همدیگرداشته باشیم . اوبمن تلفن کرد وحدود یکساعتی صحبت کردیم، گفت : من سی وشش ساله هستم وقصد ازدواج کردن دارم ، راستش تا بحال نتوانسته ام دختردلخواهم را پیدا کنم ، اگرشما مشخصاتی را که من برای همسرآینده ام در نظردارم، داشته باشید، حتما باهاتون ازدواج خواهم کرد . با خنده ازاوپرسیدم، مشخصات زن ایده آل شما چیه ؟ اوخندید و گفت : مشخصات اولیه اش را شما دارید، تا ببینیم خدا چه می خواهد ، با شنیدن این حرف قلبم ریخت واحساس گرما کردم .

گفت: آنقدرگرفتارکارش هست که فرصت وقت تلف کردن ندارد ، وبایستی خیلی سریع تصمیم به ازدواج کردن بگیرد . گفت : اگرمن دارای آن مشخصات نباشم، اوخیلی سریع قطع رابطه خواهد کرد . عقیده اش این بود که باندازه کافی ارتباطات مختلف داشته است وحالا زمان تصمیم گیری برای ازدواجش رسیده است . وقتی برادرم را درجریان صحبتهای اوگذاشتم، گفت:همین که برای دیدن توعجله ندارد وبلافاصله دردومین تلفن با توقرارملاقات نگذاشته است ، معلومه که نمیتواند آدمی باشد که قصد سوء استفاده دارد ،همانطورهم که خودش گفته دنبال وقت تلف کردن نیست .

خب ، من نمیدانم چرا صداقت اورا باورکرده بودم وبه نظرم میرسید انسان خوبی است. درحرفهایش ناراستی احساس نمیکردم ،البته من خیلی بی تجربه بودم واین مسائل را روحاً احساس میکردم . بنظرم آدم صالحی آمده بود . ارتباط تلفنی ما درپایان هرروزساعتها ادامه داشت وازهردری سخنی میگفتیم ، کم کم صحبتها نامی رنگ وبوی جدی تری بخودش گرفته بود ودرمورد مسائل زندگی مشترک ودیدگاه های همدیگرصحبت میکردیم .

دوماه ازدیداراولیه ی ما میگذشت که ازمن سئوال کرد ، آیا دوست داری با برادرت جایی برویم ومجدداً همدیگررا ببینیم ؟ من ازاین پیشنهاد بسیارخوشحال شدم وخدا را شکرکردم .اولاً برای اینکه بعد ازدوماه که ازاولین وتنها دیدارمان میگذشت، باردیگرمیتوانستم اورا ببینم . دوماً ازفهم وشعوراوخوشحال بودم که این تشخیص را داده بود، من با بقیه دخترهایی که تا آن روزدرزندگی اش دیده بود، متفاوت هستم وبه اصا لتم واصول خانوادگی پایبند میباشم وبایستی ارتباط ومعاشرت با اورا تحت نظارت وبا اجازه ی خانواده ام داشته باشم . با برادرم ومادرم درمورد پیشنهادش صحبت کردم وقرارشد، باتفاق برادرم ، به یکی ازرستورانهای خیابان ولیعصرتهران برویم وبرای آشنایی بیشترچند ساعتی را هم حضورا با هم گپی بزنیم .

درروزموعود ، برای دیدن اوثانیه شماری میکردم ،صدای تپش قلبم را می شنیدم . وقتی اوزنگ خانه ما را زد، دلم فروریخت ، احساس عجیبی داشتم که هرگزآنرا تجربه نکرده بودم. بلافاصله بابرادرم رفتیم وسوارماشینش شدیم وباتفاق ، بطرف خیابان ولیعصرحرکت کردیم. گمان میکردم ، حتی اوکه درجلوی ماشین نشسته بود، میتوانست صدای ضربان قلب مرا بشنود ، قلبم داشت ازقفسه سینه ام بیرون می آمد ، آهنگ صدای او، قشنگترین ملودی بود که درطول زندگی ام شنیده بودم .انگارسالها بود که اورا می شناختم ،چهره ی خندان ودوست داشتنی اش مرا به یاد عمرشریف می انداخت . بسیارمتین وموقر، بسیارمتواضع ، بسیاربا سواد ودوست داشتنی بود ، انگارهمان مردی بود که اززمانهای پیش درآرزویش،بخداوند، سفارشش را داده بودم . واقعاً مثل اینکه عاشقش شده بودم ، وقتی به رستوران رسیدیم وسفارش بستنی وچای داد اینطورشروع کرد : بعد ازگرفتن دیپلم درمشهد به تهران آمدم، ودرامتحان کنکورهمان سال نفرسیزدهم شدم . آنطورکه تعریف میکرد، بصورت همزمان درچند رشته خوب قبول شده بوده که معماری را انتخاب میکند . میگفت: بعدازگرفتن

لیسانسش بخاطرمادربزرگش که همیشه آرزوداشته او را درلباس افسری ببیند ، به دانشکده ی افسری هم میرود وموفق به گرفتن لیسانس ازآنجا هم میشود، بعد هم مجدداً فوق لیسانس معماریش را ازدانشگاه ملی آنزمان میگیرد... البته داستان رفتن به دانشگاه ملی وازارتش بیرون رفتنش را وقتی برایم تعریف میکرد که چگونه وقتی شاه ، ازآنها سان میدیده است ، خودش مستقیما با شاه صحبت میکند ومیگوید که میخواهد ادامه ی تحصیل بدهد ولی ارتش موافقت نمیکند . اومیگفت بخاطرهمین گستاخی اش ، با وجودیکه شاه با ادامه ی تحصیلش موافقت کرده بود ، مدتی را دربازداشتگاه زندانی میشود . کاملاً درست میگفت ومشخص بود که فرد تحصیلکرده ای است . ندایی دردرونم میگفت که خودش است . همان مرد رویاهایم که آمده بود تا مرا به ابرها ببرد ... این مسئله ای بود که ازاولین برخورد با اومیشد متوجه شد، تحصیلات دانشگاهی همسرآینده ام، اولین فاکتوری بود که برایش درنظرگرفته بودم. من درحضوربرادرم سخنی برای گفتن با اونداشتم وخودش هم این مسئله را بخوبی درک کرده بود که خجالت میکشیدم . بهمین دلیل سعی میکرد، بیشترصحبت کند وما شنونده باشیم . با تیز هوش اش . بدون چشم چرانی ، کاملاً حرکات ورفتارهای مرا درنظرداشت وبعد ها میگفت: اولین نشستی را که با هم داشتیم هرگزفراموش نمیکند ، اوبرخلاف من که به تحصیلات دانشگاهی همسرآینده ام خیلی اهمیت میدادم، علاقه ای به داشتن همسری، با تحصیلات عالیه نداشت ، ومیگفت: زن ، بایستی دردرجه اول نجیب وبعد هم کدبانو ومادرخوبی باشد ، معتقد بود برای کسب این امتیازات ، لازم نیست ، حتماً به دانشگاه رفته باشد . اوعقیده داشت که زنان با تحصیلات عالیه ی دانشگاهی ، مغرورمیشوند وزیربارحرف مرد نخواهند رفت وخیلی زود زندگیشان ازهم پاشیده خواهد شد . بعد ازظهرخیلی خوبی با هم داشتیم ووقتی ما را بمنزلمان رساند ، به برادرم گفت: بهتون تبریک میگویم که چنین خواهرخوبی دارید . بعدازآن روزبا برادرم ومادرم خیلی صحبت کردیم ،نظرآنها هم درمورد آن آشنایی مثبت بود وبرای من خیلی خوشحال بودند که با مرد نجیبی آشنا شده ام که قصدش سوء استفاده نیست، وهدفش ازدواج کردن است . آنها بمن گفتند: میتوانم با اوبیشترمعاشرت کنم، ولی نبایستی دعوتش را به خانه اش قبول کنم . دیگرمطمئن شده بودم که عاشق شده ا م ، اکثرمواقع اومرا به محل کارم میبرد ومی آورد . من اسمش را (توتو) گذاشته بودم . ساعات رفت وآمد، منو به محل کارم ومنزل کنترل میکرد ودرواقع برایم کارت حضوروغیاب میزد . کم کم جرات نداشتم ،بدون اجازه ی توتو، به جایی بروم و یا به کسی تلفن کنم . رابطه ی ما طوری شده بود که اودیگه به تنها دوست من هم حسادت میکرد . خیلی هم خوشش نمی آمد که من با آنها ارتباط داشته باشم ، ازاین ارتباط تعجب میکرد ومیگفت : من دوست ندارم بعد ازاین مشاورداشته باشی ، تنها مشاورتومن خواهم بود وتوحق نداری با آنها حتی صحبت کنی، چه برسد که درمورد مسائل بین خودمان به آنها گزارش دهی .

اومیدانست که تنها دوستان من ،آنها هستند که درجریان همه چیزقراردارند واین طبیعی بود که نمیخواست آنها مرا راهنمایی کنند . کم کم اوحاکم برهمه چیزمن شده بود، درحدی که حتی از فکرکردن به غیرازاومیترسیدم که مبادا باعث دلخوریش گردد . به نظردوستانم اومرد شکاک ومتعصبی می آمد که بایستی خیلی مواظب میبودم تا بعدها درزندگی با اودچاردرد سرنشوم . برای من، توتو، با تعصباتش خواستنی بود . من مرد سالاری را دوست داشتم ، بخصوص که اوحدود دوازده سال ازمن بزرگتربود وشایستگی سالاری را هم داشت. اونه تنها میتوانست سالارمن باشد، بلکه این قدرت را داشت که بتواند سالاری یک لشگررا هم داشته باشد . درحین خشونتهای مردانه، بسیاررئوف ومهربان بود،مهربانیهایش مرا اسیرخودش کرده بود . اوخودش را نه تنها درمقابل من بسیارمسئول می دید، بلکه نسبت به تمام اطرافیانش احساس مسئولیت میکرد . وقتی ازرابطه اش با خانواده اش برایم تعریف میکرد ، غرق حسرت میشدم که خوشا بحالتان ، مگرمیشود یک انسان تا این حد بتواند درمقابل خواهرودوبرادرناتنی اش مسئول ونگران باشد؟! قبل ازآشنایی با اوفکرمیکردم من فرزند خوبی برای پدرومادرم هستم ،

ولی متاسفانه وقتی روابط اورا درمورد مادرش وخانواده اش میدیدم ، احساس خجالت ازخودم وخانواده ام میکردم ودرمقابل اوکم می آوردم ، اوبرایم تعریف کرده بود قبل ازبدنیا آمدنش، پدرش ، مادرنوزده ساله اش را ول میکند وبه شمال میرود وبعدهم ازهمدیگرجدا میشوند . میگفت، وقتی فقط پانزده سال داشته وخبرمرگ پدرش را ازشمال میشنود، باتفاق دایی بزرگش ومادرش به خانه ی پدرش میرود ، وسهم ارثش را با سعه ی صدر، به خواهروبرادرهای ناتنی اش که ازاوکوچکتربوده اند ، می بخشد، بعد هم با این کارش مورد خشم وعصبانیت مادرودایی اش قرارمیگیرد...اوازدوران نوجوانی اش با معرفت بوده ودرمقابل اطرافیانش احساس مسئولیت میکرده است ، اودرهمان سن اعلام میکند که من بزرگ هستم ومیتوانم کارکنم ، ولی این بچه ها کوچک هستند وبیشترازمن نیازبه این پول دارند. اودوبرادرناتنی اش را برای ادامه تحصیل به خارج ازایران فرستاده بود ویکی ازآنها داشت دکترای معماری میگرفت ویکی دیگرفوق لیسانس ذوب فلزات !! برادرناتنی دیگری هم ازپدرش داشت که اورا هم برای ادامه تحصیل به آلمان فرستاده بود .. خیلی باغیرت بود واین همه غیرت وقبول مسئولیت پذیریش مرا شیفته ی مرامش کرده بود . تابحال انسانی را مثل اومسئول وخودساخته وبا شعور، درزندگی ام ندیده ام . کسی بود که بخاطرمرامش وطرزفکرش ، حتی میتوانستم کلفتی اش را بکنم وتا آخرعمرم مریدش باشم . انسان والا وبی نظیری بود که نمونه اش را حتی تا کنون ندیده ام ! هرچقدرکه اورا بیشترمی شناختم ، بیشتردرعشقش غرق میشدم .. صحبت کردن با اوبرایم کلاس درس اخلاق بود . آرزومیکردم روزی بتوانم زن اوباشم وازنصایح وتجربیاتش استفاده کنم . موردی نبود که ازاوسئوال کنم وبگوید نمیدانم . همیشه هم درست میگفت . همانطورکه بارها بخودش گفته بودم مثل یک دائره المعارف سیاربود . صداقت ومهربانیهای اودرحدی بود که منهم به همان شکل باهاش برخورد میکردم وکوچکترین مسئله را ازگذشته وحال با جزئیاتش برایش شرح میدادم . کاملاً براین باوربودم که اوهمسرآینده من است که میتواند، درکنارش برایم پدری کند . ازاینکه خداوند چنین هدیه ای بمن داده بود، اورا شکرمیکردم وبجایی رسیده بودم که برایم مهم نبود حتماً زن او باشم، اورا داشتن ، بهرشکلی برایم دلچسب وافتخاربود. عاشقش بودم وبا تمام سلولهای بدنم اورا میپرستیدم وباورش داشتم .

اوهمان مردی بود که با اسب سفید ازآسمان آمده بود وقصد داشت مرا با خودش به آسمان رویاهایم ببرد . بعضی ازروزهای تعطیل ازمادرم میخواستم که برایش غذا بپزد ، تا برایش ببرم ویا اینکه تلفن کنم که بیاید وآنرا بگیرد ،غذاهایش را به بهترین شکل تزئین وبسته بندی میکردم . وقتی آنها را میگرفت، میگفت: تو شیک پوش ترین وبا سلیقه ترین دختری هستی که تا بحال دیده ام واین یکی ازفاکتورهای زن آینده ی من است ... خب اگرحمل برخودستایی نباشد درست میگفت، واین اولین باری نبود که این حرف را می شنیدم ،تمامی اطرافیانم نظرشان همین بود، ولی مادرم همیشه با خنده بهمه میگفت، تنها هنرش این است . فقط تزئینات، آشپزی اش صفراست . وقتی نظرمادرم را به توتومیگفتم ،می خندید ومیگفت، اگرزن خودم شدی که مخلصت هم هستم وبه بهترین کلاسهای آشپزی میفرستمت تا یکی ازبهترین آشپزهای دنیا شوی ... اوکارگاه تولید ی داشت که اولین درایران بود وبا دوشریک کلیمی اش بسیارموفق بودند ، که البته بیشترین سهم را اوگذاشته بود . توتو، یک ساختمان کلنگی سه طبقه داشت که درطبقه پائین آن مبلمان وتختخواب میفروختند ودرطبقه دوم، کارهای تولیدی خودشان ودرطبقه سوم، اطاق کارش وشریکهایش بود، ویک اطاق قفل شده که درآن زندگی میکرد .

برای من جای سئوال بود که چرا درآن شرایط بغرنج درمحل کارش زندگی میکند؟! اومیگفت، برای اینکه نمیخواهم آپارتمانی بگیرم که پاتوق دوستان مجردم شود . ضمن اینکه میخواهم سختی بکشم که بالاخره درسی وشش سالگی ، فکرازدواج وزن وبچه بیافتم... خب شاید هم حق با او بود . بارها مرا به شرکت دعوت کرده بود ومن ازنزدیک همه چیزرا دیده بودم، ولی

هرگزمرا به کارکنانش نشان نمیداد ومیگفت، دلم نمیخواهد همسرآینده مرا آنها ببینند وفکرکنند مثل بقیه دخترهاست . .. ولی یکی ازشریکهایش ما را بمنزلش دعوت کرده بود وغیرمستقیم تائیدیه اورا هم گرفته بود . ضمناً یکی ازدوستانش که پزشگ ارتش بود وهمبازی اسکی برف اوهم بود، مرتباً مرا درپیست اسکی دیزین با اومیدید . البته بعد ها متوجه شدم که توتوبا اینکارش میخواسته تائیدیه ی آقای دکتررا هم بگیرد، ودرحقیقت غیرمستقیم من زیرذربین اوهم قرارداشتم . توتوهمیشه بمن میگفت ، ما بایستی خیلی سریع بچه دارشویم ، چون سن من بالاست وحداقل پنج تا بچه میخواهم داشته باشیم . میگفت : زن من بایستی مثل توباهوش باشد وتاریخ واکسیناسیون بچه هایمان را بخاطرداشته باشد تا مبادا خدای ناکرده مشکلی برای بچه ها پیش آید . میگفت : توبایستی مادرخوبی برای بچه های من باشی . میگفت ،بایستی قبل ازآمدن بچه ها ، اسکی بازخوبی شوی وهمچنین شنا کردن راخوب یاد بگیری که بچه ها بتوانند پدرومادری ورزشکارداشته باشند وتشویق به ورزش کردن شوند . آنها زمینی دراطراف مشهد داشتند به اسم کلاته ! میگفت : چند تا اسب میخریم وبا بچه هایمان درکلاته اسب سواری میکنیم ..با حرفهایش مرا به اوج رویاهایم میبرد وبا بیان شیرینش میتوانستم صحنه ها را مجسم کنم . دراولین سالروزتولدش، با پرداخت یکماه حقوقم یک فندک کارتیه طلابه قیمت چهارهزارتومان برایش خریدم،اوازاین کاربسیارمتعجب شده بود وضمن خوشحالی فراوان میگفت : تابحال ازهیچکس هدیه ای، تا این حد گران وزیبا وبا سلیقه دریافت نکرده است . بخنده میگفت : توخوب بلدی منوخرکنی البته به شوخی میگفت (خوب بلتی)...ولی من قصدم خرکردنش نبود، بلکه بهترینهای دنیا را برایش میخواستم . عاشقش بودم وزندگی کردن بدون اوبرایم جهنم بود . بخنده میگفت: توماهی ، سری را که ازدست همه دررفته بود، توانسته ای دمبش را دردستت بگیری ! بارها وبارها تلاش کرده بود ، بعوض فندکی که برایش خریده بودم ، کادوی گران قیمتی مثل گردن بند وغیره برایم بخرد، ولی من اجازه ی چنین کاری را به اونمیدادم وواقعاً برایم برخورنده بود که دراین مرحله که هنوز ازدواج نکرده ایم کادویی ازاودریافت کنم .

من نمیخواستم اوفکرکند بخاطرگرفتن کادودوستش دارم ، خودش را دوست داشتم که بهترین کادویی بود که خداوند بمن داده بود . زندگی من رنگ وروح دیگری گرفته بود وزمان برایم معنی پیدا کرده بود. ازهمه مهمترکه اومرد رویاهایم بود ومیتوانستم به آنهایی که میگفتند، محاله بتوانی اورا روی زمین پیدا کنی بگویم اینه !! بالاخره پیدایش کردم ...

یکی ازروزها به بهانه خرید وسائل اسکی برای خودش مرا به فروشگاه لوازم ورزشی برد، وکفش اسکی ، کلاه ، عینک وچوب وباتوم اسکی برف با سلیقه من خریداری کرد . بعد وقتی مرا به خانه رساندازماشینش پیاده شد وگفت : اینها را امانت بگیر،تا بعداً درموردش باهات صحبت کنم ! اوخوب میدانست که اگرغیرازاین عمل میکرد هرگز آنها را ازش نمی پذیرفتم .

بعد ازچند ساعت که کارش تمام شده بود،تلفن کرد وگفت : آنها را برای توخریدم ،که درمنزل تمرین اسکی برف کنی تا بدنت فرم پیدا کند، تا بتوانی بازی اسکی برف را با من شروع کنی! ازشدت خوشحالی نمیدانستم چه بگویم، خیلی تشکرکردم وپرسیدم مگرمیشود روی فرش تمرین اسکی برف کرد؟ گفت ،آره اولین جمعه که به دیزین رفتیم ، بهت یاد میدهم که چکارکنی . خب بعد ازاولین جمعه که آموزش تمرین اسکی برف را روی فرش یاد گرفته بودم، تمریناتم را شروع کردم که باعث خنده ی پدر، مادروبرادرم شده بود .

یک روزجمعه به تله کابین توچال رفتیم وازفروشگاه ورزشی که درآنجا بود، یک دست لباس اسکی نارنجی وسرمه ای که با وسائلم هماهنگ بود، برایم خریداری کرد وجمعه ی بعد برای شروع تمرین به پیست آبعلی رفتیم . بایستی اعتراف کنم که اولین باری که روی برف قرارگرفتم ، بقدری بدنم آماده شده بود که توتو وآقای دکترتعجب کرده بودند . اودرهمان روز برایم معلم اسکی گرفت . وقتی برای اولین بارسوارتله سی یژ شدم وبدون افتادن بالا رفتم ، آنها ومعلمم تعجب کرده بودند. توتوبا خوشحالی میگفت : این فقط بدلیل تمرینات روی فرش

بوده است که بدنت آماده شده است . اوخودش ورزشکاربود وسالیان طولانی بود که اسکی برف، اسکی آب وشنا میکرد. هرچه توتومیگفت : کاملادرست بود ومن دربست قبول میکردم. کلام اوبرایم آخرین کلام بود. اوتلفنی ساعتها برایم حرف میزد ومن لذت میبردم که مثل یک پدردلسوز، مثل یک برادرمهربان، مثل یک یاروفادار اطلاعاتش را دراختیارم میگذارد وبرای آینده ی زندگیمان مرا نصیحت میکند . حرفهایی که اودرزمینه های مختلف میزد من هرگزنشنیده بودم وبرایم خیلی جالب بود ونه تنها عاشقش شده بودم، بلکه ازپند واندرزهایش لذت میبردم وگوش میکردم .

هرچقدرروابط عاطفی ما بیشترمیشد، سختگیریهای توتوهم بیشترمیشد وگاهاً شکل حسادت وبدبینی بخودش میگرفت که شدیداً باعث دل شکستگی من میشد . مثلاً یکی ازروزها وقت نهاربدون اینکه باوتلفن بکنم ،برای خرید ساندویچ به روبروی اداره ام رفته بودم ، درآن فاصله تلفن کرده بود ووقتی متوجه شده بود من نیستم، پیغام گذاشته بود که خیلی سریع باوتلفن بکنم . ازشنیدن این پیغام پشتم لرزید، چون میدانستم که چه جنجالی درانتظارم خواهد بود .

وقتی باو تلفن کردم ، با اخم وتندی پرسید کجا بودی ؟ گفتم که برای خرید ساندویچ به بیرون رفته بودم وکمترازنیم ساعت هم طول کشید . سئوال کرد چرا بمن نگفتی ؟ چطورباورکنم که راست میگویی ؟! درحالی که بغض گلویم را گرفته بود گفتم: میتوانی بیایی ازمادام (فروشنده ساندویچ فروشی) سئوال کنی . گفت: این کافی نیست وبایستی راه دیگری برای اثبات حرفت پیدا کنی، والا همه چیزبین ما تمام خواهد شد . ای بابا ، چطورمن بایستی ثابت میکردم که راست میگویم ؟ بقیه ساعات کاریم کوفتم شد ونمیدانستم بایستی چکارکنم ! ناچاراً بخانه رفتم وبرای مادرم تعریف کردم، اوگفت، اگرتوعادتهای اورامیدانی وقصدازدواج کردن داری بایستی رعایت کنی که مسائل بی اهمیت باعث اختلاف نشود .

ازمادرم پرسیدم : منظورش چیه؟ یعنی چی ؟ مگرکجا میتوانستم رفته باشم که مجبورباشم از اومخفی کنم؟ مادرم گفت : منظورش این نیست که تودروغ میگویی، بلکه منظورش این است که به تو تفهیم کند، بایستی مطیع اوباشی . اوترا به مرگ گرفته که به تب راضی شوی .

اومنظورش، بعد ازاین است ، منظورش درطول زندگی مشترک است . منظورش تصمیمات مهمتراست . منظورش این است که همه چیز بایستی تحت کنترل ونظارت اودرخانه اش انجام شود . منظورش این است که نبایستی هیچگونه مسئله ای نامفهوم برایش باقی بماند .

مادرم وقتی گریه وزاری مرا دید که گمان میکردم همه چیز تمام شده است . خندید وگفت :اولا که هنوزچیزی شروع نشده که تمام شود . دوما : اگراوقصد ازدواج با تورا داشته باشد، با این اختلاف نظرها منصرف نخواهد شد ، این قبیل مسائل قابل بررسی وصحبت کردن است ، تا این قبیل مسائل ومشکلات پیش نیاید ، نسبت بهمدیگرشناخت پیدا نخواهید کرد .

مادرم زن بسیاربا فرهنگ وفهمیده ای بود ، اوهمه ی نصایحش را درقا لب ضرب المثل میگفت که هرکدام یک دنیا معنی ومفهوم داشت . حرفهای مادرم تا حدودی مرا قانع وراضی کرده بود. منتظربودم که خودش تلفن بزند ولی مثل اینکه اومغرورترازاین حرفها بود .

فکرکردم ، بهتراست خودم به اوتلفن بزنم وبگویم اشتباه کرده ام وقول میدهم ازاین به بعد کاری نکنم که باعث تیرگی روابطمان ویا دلخوری وناراحتی توشود . بعد ازنیم ساعت صحبت تلفنی ، بالاخره اورضایت داد وکوتاه آمد ، ولی بعدها متوجه شدم که اوبا سیا ست به آنجا رفته وهمه چیزرا اززیرزبان مادام کشیده بوده است . برای مادرم که همیشه با پدرم اختلاف عقیده وسلیقه واختلاف فرهنگی داشت ،اطاعت اززورگویی های یک مرد بسیارعادی بود . اومعتقد بود وقتی بله ازدواج را گفتی ، بایستی هزاربلا را بپذیری .اومیگفت : یک عمرکتک خوردم وساختم، چون مرد همین است . مادرم عقیده داشت که زن بایستی بارتحملش را بالا ببرد . اومتعلق به نسلی بود که همیشه مورد ظلم وستم، ازطرف مرد قرارگرفته بود. او نمیتوانست فکرکند که حقوق زن ومردهم میتواند مساوی باشد. وقتی من ازتساوی حقوق زن ومرد برایش میگفتم، می خندید ومیگفت : ای دخترجون ، پس خیلی مانده تا بتوانی مردها را

بشناسی ویا حداقل بدانی دراین کشور، تساوی حقوق زن ومرد وجود ندارد ؟! میگفت : ازتوبزرگترها نتوانستند تساوی حقوقشان را ثابت کنند ...مادرم میگفت : وقتی با لباس سفید بخانه بخت میروی بایستی با لباس سفیدهم که لباس مردن است ، ازخانه اوبیرون بروی. اومیگفت : یا ازدواج نکن وهمین جا بمان تا بترشی یا اگرازدواج کردی، هرگزنبایستی به این خانه برگردی، میگفت : نظرپدرت هم همین است.
فکرمیکردم میتوانم مرد زندگیم را بنا برمیلم تغییردهم ویا بسازم ،چه اشتباه بزرگی میکردم .
یک روزبعد ازظهر، وقتی توتو، بدنبالم آمده بود که مرا بخانه برساند . یک برگه امتحانی بمن داد که درآن تعدادی سئوالات معلومات عمومی طراحی شده بود ومن بایستی به آنها پاسخ میدادم . این هم امتحان سنجش میزان سواد م بود ، من که اکثرآنها را نمیتوانستم جواب دهم ازهمکارانم کمک خواستم که متأسفانه آنها هم نمیدانستند . بنابراین با کمک خودش با استفاده ازاطلس جعرافیا توانستم ، جواب سئوالات را پیدا کنم وبرگه را به اوبرگردانم . خیلی جالبه اومیگفت: مهم نیست که تا به امروزاین سئوالات را نمیدانستی، ولی من باعث شدم که یاد بگیری . اوبه همه چیزتوجه داشت وبرایش مهم بود که شریک زندگی اش هم مثل خودش باهوش ، با سواد وورزشکارباشد، اوبا من کارمیکرد تا هرآنچه را که لازم است بدانم، توسط خودش آموزش ببینم . اودلسوزی اش نسبت به من مثل دلسوزی یک پدرمهربان نسبت به دخترش بود. منهم ازاین بابت خیلی خوشحال بودم وخدا را شکرمیکردم.
هرچقدربیشترازآشنائیمان میگذشت ، بیشترمرید ش میشدم . اویک مرد فوق العاده وکامل بود .
اواهل شهرستان مشهد بود ومیخواست برای دیدن خانواده اش به آنجا برود ، درفاصله سه روزی که قراربود درتهران نباشد، برایم مامورمخفی گذاشته بود تا درفاصله غیبتش هرروز به یک بهانه زنگ خانه ما را بزند وپیغامی ازجانب او بیاورد ویا اینکه سئوالی بپرسد وبه این وسیله حضوروغیاب مرا چک کند . ازاینکه اوتا این حد بمن اهمیت میداد، خیلی خوشحال بودم وبدم نمی آمد ، مرتباً مورد آزمایشات مختلف قراربگیرم، تاوقتی مهرتائید را زد باخیال راحت بتوانیم سالهای سال درکنارهمدیگرزندگی خوبی داشته باشیم .گاهاً فکرمیکردم این همه کنترل برای چیه ؟ مگراوبه من اعتماد ندارد ؟ مادرم میگفت : اینها به خاطرنوع آشنا یی شماست . یک روزمقداری پارچه وقرقره ویک کت که متعلق به دوستش بود برای من آورد وگفت : من این کت تابستانی را خیلی دوست دارم، میشود عین همین را برای من بدوزی ؟ گفتم، ولی من خیاطی بلد نیستم ! گفت : سعی خودت را بکن ، ببینم چکارمیکنی ، من که تا آن تاریخ قیچی بدستم نگرفته بودم ، نشستم وعینا مثل کت نمونه را با راهنمایی های مادرم برایش دوختم ، خودم تعجب کرده بودم که چطورتوانسته بودم آن را بدوزم ! این قدرت عشق بود که توانسته بود چنین شهامت ومهارتی ازخودش نشان دهد .اومرد بسیارفهمیده وجالبی بود، همان کسی بود که من درابرها بدنبالش میگشتم وحالا درروی زمین پیدایش کرده بودم ، خیلی به من توجه داشت ،مطمئن بودم اگربا اوازدواج کنم حتما خوشبخت خواهم شد . سرنوشت چه بازیهایی دارد! آدم را به خیابان میکشاند تا مسیرش را عوض کند . فکرمیکردم اگربا اوازدواج کنم ، میتوانم خوشبخت ترین زن دنیا باشم . روزبروزبیشتروبیشتردرعشق اوغرق میشدم .همه چیزم، اوبود اوفداکارانه وبا عشق تلاش میکرد ازمن زنی بسازد که میخواهد .
بقول معروف سعی داشت گربه را دم حجله بکشد ! من هم بدم نمی آمد . وقتی میگفت با چه سختی توانسته بود با استفاده ازکمک هزینه تحصیلی اش برای خواهرش که آرزوی داشتن چرخ خیاطی داشته است آنرا مهیا کند ، ازشدت هیجان وتحسینش نفسم بند می آمد ، باورم نمیشد یک انسان بتواند تا این حد ازخود گذشتگی وایثارداشته باشد. مهربانی هایش مراشیفته خودش کرده بود ومطمئن بودم قطعاً درمورد زن وبچه هایش ،صدها برابربیشترمیتواند عشق ومحبت داشته باشد. بالاخره تصمیم گرفت کتی را که برایش دوخته بودم با باقیمانده ی قرقره ها وخرده پارچه ها برایش ببرم ، هدفش این بود که مطمئن شود راست میگویم وخودم آنرا دوخته ام . با دیدن کت بقدری ابرازاحساسات کرد که خودم هم باورم شده بود کاربردرد بخوری

انجام داده ام. اوهمیشه عا دت به تشویق کردن اطرافیانش بخصوص من داشت وبا اینکارش باعث میشد قدرت پیدا کنم کارهایی را که دوست دارد، برایش با اشتیاق بیشترانجام دهم .اولین باری که منوبه استادیوم ورزشی آزادی تهران برد تا دردریاچه ی آنجا شنا کند ، داشتم ازوحشت قا لب تهی میکردم . مرتبا میگفتم ، اینجا هیچکس نیست اگرخدای ناخواسته غرق شوی من چکارکنم؟ ولی بی اعتنا به ترس ونگرانیهای من ، با اعتماد به شناگری خودش با خنده وارد دریاچه شد. هرگزعادت به تعریف کردن ازخودش نداشت ومن درطول معاشرتمان تلاش میکردم عملاً او را بشناسم ، درطول شش باری که عرض دریاچه را بدون توقف شنا میکرد ازوحشت گریه ام گرفته بود ، برای اینکه خسته نشود شنای قورباغه ، شنای کرال را بسیارحرفه ای انجام میداد ، درآن روزبود که برایم تعریف کرد ، غواسی هم میداند وشناگرماهری است . میگفت : همسرمن بایستی تمام اینها را یاد بگیرد که با هم بازی کنیم .
یک روزکه خیلی ازاطلاعات عمومی اش تعریف کرده بودم به من روزنامه کیهانی را نشا ن داد که درکنکور، سیزده رشته تاپ قبول شده بود وشاگرد سوم کنکورسال خودش بود .
ازخط من متنفربود ومیگفت : بایستی تمرین خطاطی کنی ومن هم ازروی کتابی که برایم خریده بود، مشغول تمرین خوش خطی بودم، ولی نتوانسته بودم دراین مورداستعدادی ازخودم نشان دهم . روزی مرا به یک طلا فروشی درمیدان محسنی برد واصرارمیکرد که بایستی یک گردن بند ویا هرچیزدیگری که دوست داری برداری ، درحالی که ازخجالت داشتم می مردم.
گفتم که تا وقتی همسرت نشده ام لطفا نه برای من چیزی بخرونه اینکه دراین مورد صحبتی کن ،ازاینکه اومیخواست برایم کادوبخرد خجالت میکشیدم وفکرمیکردم خیلی بد است وبا اینکاربه اومدیون میشوم ، ولی بالاخره، او با اصراریک شیشه عطرکریستین دیورکه معروف به دیورسیمون بود وبوی عطرگلهای یاس رامیداد، برایم خریداری کرد که شیشه خالی آنرا سالهای سال یادگاری نگهداشته بودم ...ما ، درروزچندین باربا هم تماس تلفنی داشتیم ، درپایان روزهم وقتی کارش تمام میشد وبه اطاق خودش میرفت تلفنهایمان شروع میشد ، درحالی که یا کاهو میخورد ویا درحال مسواک زدن بود، حدود یکساعت وبعضی وقتها بیشترباهم صحبت میکردیم. گاهی میگفت: آیا مردی که امروزپنجاه هزارتومان درآمد داشته است بایستی نان خشک وکاهو بخورد ؟ ازغذای رستوران خسته شده بود، ترجیح میداد غذا نخورد، ولی به رستوران هم نرود . بعضی ازروزهای تعطیل مادرم برایش غذا می پخت ومن آنها را بسته بندی میکردم وبرایش میبردم . مادرم مرتبا بمن میگفت، الهی بمیرم مادروخواهرش اینجا نیستند که برایش غذاهای دلخواهش را بپزند ، ازاوسئوال کن اگرهوس غذایی را کرده است من بپزم برایش ببری، اوهم علاقه ی خاصی بمادرم پیدا کرده بود . یک روزوقتی با تاکسی ازمحل کارم عازم منزل بودم، ناگهان دختری را درکنارش درماشینش دیدم که بسرعت ازجلوی تاکسی من گذشتند ! یک مرتبه تمامی بدنم سست شد ، رعشه به اندامم افتاد ،یک لحظه فکرکردم به نظرم آمده ویا خواب می بینم ! اوچه کسی بود ؟! مگرزن ویا دختردیگری هم درزندگی اوهست ؟! ازشدت ناراحتی بغض گلویم را گرفته بود ونمیتوانستم نفس بکشم، احساس میکردم که گول خورده ام ، احساس میکردم بمن دروغ گفته وکاسه ای زیرنیم کاسه است ، مگرمیشود اوبه من خیانت کند؟ پس خودش دوست دختردارد که به من شک میکرد؟ بمحض رسیدن بخانه بهش تلفن کردم ، وقتی سئوال کرد آیا راحت رسیدی ؟ یک مرتبه زدم زیرگریه ، با تعجب پرسید چی شده ، چرا گریه میکنی ؟! گفتم توخودت بهترمیدانی که چرا گریه میکنم ، ولی اواظهاربی اطلاعی کرد وگفت اگرتوبمن نگفته ای چطورباید بدانم ؟! بعد ماجرا را به اوگفتم ، خندید وگفت : ای بابا ! خانم دوستم را درخیابان دیده بودم وتعارفش کردم که اورا بمنزلشان برسانم .
من هم با سادگی باورکردم وادامه ندادم ، نمیخواستم مثل خودش بگویم بایستی ثابت کنی و...
حدود یکسالی بود که ازمعاشرت ما میگذشت . یک روزبه من تلفن کرد وگفت : ببین من باید تو را ببینم ویک مطلب خیلی مهم را که بهت دروغ گفته ام توضیح بدهم .

من خیلی تعجب کرده بودم که چه مطلبی را میتواند بمن دروغ گفته باشد ؟ یکمرتبه بیاد آن زن افتادم که درماشینش دیده بودم ، نکند زن دارد وتا بحال ازمن مخفی کرده است ؟! تا وقتی اوبدنبال من آمد، تقریبا نصف جان شده بودم ،گفت بهتره درماشین صحبت کنیم . بعد اینطورشروع کرد : میخواستم بتوبگویم که من نه مهندس هستم ونه شرکتی دارم . تمامی اینها را هم بتودروغ گفته بودم . ضمنا ماشینم هم متعلق به برادرم است . اوفراموش کرده بود که روزنامه ی قبولی کنکورش را بمن نشان داده بود، حرفهای اوبرایم مثل جوک بود واصلا باورنکرده بودم که راست میگوید . هزاران دلیل بود که میدانستم نه تحصیلاتش، نه ثروت وشرکت ومعلومات او،هیچکدام برایم اهمیتی خاص نداشتند، دیگربرای این حرفها خیلی دیرشده بود ومن عاشق شده بودم . دردریایی که غرق شده بودم ، نه توان شناکردن داشتم ونه فکری واندیشه ای که سرانجام به نجاتم بیانجامد .

گفتم : توآنقدربا هوش وبا استعداد هستی که میتوانی بهترازاینها را بدست بیاوری برای من هم مال دنیا اصلاً ارزشی ندارد. بهرترتیب خیال من هم راحت شده بود که پای زن دیگری درمیان نیست . یک هفته بعد آمد وکلی مدرک آورد که ببین این اساسنامه شرکت واین هم بقیه ی مدارک که بارآخرفقط برای اینکه امتحانت کنم بهت دروغ گفتم، ومیخواستم طرزفکرت وبرخوردت را ارزیابی کنم . خنده ام گرفته بود که آیا تمام دخترها که میخواهند ازدواج کنند بایستی هفت خان رستم را پشت سربگذارند ؟ هزاربارامتحان بدهند ؟! هرروزقبل ازخروجم ازمنزل بایستی اول به اوتلفن میکردم . گاهی هم میگفت: پیاده بیا پائین من تورا خواهم رساند . وقتی سرپائینی خیابان کاج را میرفتم وازدورشاخهای رخش را (باربند اسکی) روی ماشینش را می دیدم روحم تازه میشد. البته بخاطرگرفتاریهایی که داشت ،هیچوقت بموقع سرقرارش حاضرنمیشد وگاها من بایستی بیش ازنیم ساعت قدم میزدم تا آقا تشریف می آوردند . وقتی مرا عصبانی میدید ،میگفت: ساعت ماشین را نگاه کن ، من به موقع آمده ام بعد هم می خندید ومیگفت ،آخه ساعت خراب است .

گاها وقتی با برادرم درمورد اوصحبت میکردم، میگفت : تومطمئن باش که اودنبال یک بره میگردد که پیدا کرده است . پس حتما باهات ازدواج خواهد کرد ، ازحرف برادرم خوشحال نمیشدم ،چون من دوست داشتم که بره ی اوباشم . اومرا طوری عادت داده بود که حتی زمانی هم که میخواستم حمام بروم بایستی تلفنی اورا درجریان میگذاشتم . باندازه کافی ازاختلافات پدرومادرم ذله شده بودم وازهرنوع جنگ ودعوا گریزان بودم . بدنبال آرامش روح وجان میگشتم . تمامی تلاشم این بود که بهانه ای برای شروع جروبحث باوندهم . من خاطرات بسیارتلخی ازدوران کودکی ونوجوانی ام داشتم . وقتی پدرم عصبانی میشد دوان ، دوان تمامی اشیایی را که میتوانست تا چند دقیقه بعد به هوا پرتاب شود ازجلوی دست آنها برمیداشتم ومخفی میکردم . خوب بخاطردارم که با سن کمی که داشتم تلاش میکردم مادرم را تنها نگذارم .همیشه نگران مادرم بودم که دریکی ازاین خشونتهای خانگی کشته شود . دلم برای مادرم خیلی میسوخت.اوزن زجرکشیده ای بود که درطول زندگی اش بخاطرطرزفکرش وعقیده اش مورد ظلم اطرافیانش قرارگرفته بود . من دلائل زیادی داشتم تا بدنبا ل آرامش ومحبت باشم ، آنها چیزهایی بود که من ازکودکی ازش محروم بوده ام . گمشده ام را پیدا کرده بودم ، وهمه چیزرا دروجود اوجستجومیکردم تا شاید به آرامشی که بدنبا لش بودم برسم .

میگفت : ما باید تمام کارهایی را که پدرومادرهایمان برایمان انجام نداده اند برای بچه هایمان انجام دهیم . بچه های ما بایستی بهترین بچه های دنیا باشند. باهوشترین ،هنرمندترین وبالاخره درهمه چیزبهترین باشند ، من هم که بچه ها را خیلی دوست داشتم مثل اینکه قند دردلم آب میکردند . شب وروزبا رویای مادرشدن ومادری کردن روزگارم را سپری میکردم .اوتلاش داشت ازمن یک همسرخوب برای خودش، ویک مادرخوب هم برای بچه هایش بسازد . بچه هایی که هنوزوجود خارجی نداشتند برای اوخیلی مهم بودند .خیلی بچه ،بچه میکرد ومیگفت:

فقط بخاطربچه دارشدن قصد ازدواج کردن دارد . وقتی به منزل شریکش میرفتیم، مرتبا با دوبچه ی آنها بازی میکرد .عاشقانه بچه ها را دوست داشت .
خوب یادم می آید وقتی بچه بودم اگرمیهمانی ، بمنزل ما می آمد و بچه ای داشت، تا زمانیکه ازما خداحافظی میکردند ومیرفتند، خیالشان راحت بود که من ازبچه ی آنها مراقبت خواهم کرد. مادرم همیشه میگفت ، تویا بدون بچه خواهی ماند ، ویا خدا ، آنقدربهت بچه خواهد داد که نتوانی آنها را جمع کنی. مادرم برایم تعریف میکرد : ازوقتی که خیلی بچه بودم برای عروسکهایم مادرمیشدم ، به آنها شیرمیدادم ،غذا میدادم ، آنها را میخواباندم وبرایشان قصه میگفتم .
مادرم میگفت : دربازیهایت همیشه نقش مادررا داشتی وحاضرنبودی نقش دیگری بهت بدهند.
یک مثالی است که میگویند : خدا نجارنیست ولی درب وتخته را خوب بهم چفت میکند .
هردوی ما بایستی ،عاشق بچه می بودیم تا بتوانیم صاحب فرزندان زیادی شویم . بیست وپنجمین سالگرد ازدواج خاله ی بزرگم بود که ازاهوازآمده بودند تا یک روزرا درگراند هتل تهران با همسرش بمانند وبعد هم بمنزل ما بیایند . بهمین دلیل ازمامان ومن دعوت کرده بودند که برای دیدنشان به آنجا برویم وچند ساعتی را باهم باشیم . روابط بسیارصمیمانه ای با خاله ام داشتم ، وتصمیم گرفتم حتماً جریان توتورا برایش تعریف کنم . قبل ازرفتن به هتل بایستی به توتوتلفن میکردم واجازه میگرفتم . بعدازکلی سین وجین کردن گفت: یک ربع دیگربه تاکسی تلفنی زنگ بزن !من هم بره وارقبول کردم وبعد به هتل رفتیم .
آنها زن وشوهرنمونه ای بودند، که با وجود داشتن پنج بچه ،همیشه زندگی وعشق وعلاقه به یکدیگردردرجه اول اهمیت برایشان قرارداشت. آنها معتقد بودند ، بچه ها بزرگ میشوند وبدنبال کاروزندگی وهمسران خودشان خواهند رفت . آنکسی که برای ما می ماند ، همسرمان خواهد بود که بایستی تلاش کنیم خوب وسالم وسرحال باشد .
هردوی آنها این را یک اصل درزندگیشان میدانستند . من آنها را خیلی خیلی دوست داشتم، این خاله ام ، که تقریبا هفت سال ازمادرم کوچکتربود خیلی مهربان بود .
اوزن بسیارحساسی بود که وقتی تحت تأثیرمطلبی قرارمیگرفت ، فورا گریه میکرد... با من خیلی دوست بود ومیگفت : وقتی توبدنیا آمده بودی ، اسمت را من انتخاب کرده بود م .
خاله ام زن بسیارباتجربه وفهمیده ای بود که اکثراً با اومشورت میکردم . بنابراین تصمیم گرفته بودم که حتما قبل ازازدواجم دراینمورد با اوصحبت کنم . وقتی تمامی ماوقع را برایش تعریف کردم ، ازمن خواست که به اطاقش برویم وبه توتوتلفن بزنیم واورا هم به هتل دعوت کنیم،من هم پذیرفتم وبه اطاق آنها رفتیم . تلفن توتورا گرفتم ، وقتی منشی اش تلفن را به اووصل کرد واوروی خط آمد ،غش ،غش می خندید .اواکثرمواقع می خندید وبه نظرمی آمد که خیلی خوشحال است . بلافاصله گفت : عجب لباس زرشگی خوش رنگی پوشید ه ای ! من یک دفعه ترسیدم که مبادا اوجنه ! چطوری لباس منوازپشت تلفن می بیند ؟!اوگفت : شوهرخاله وخاله ی با کلاسی هم داری ، من بیشترتعجب کرده بودم که اوچه میگوید واین اطلاعات را ازکجا آورده است !؟ هرچقدرخواهش کردم که بگوید چطوراینها را میداند ! نگفت، ولی گفت یک روزبرایت تعریف میکنم .
وقتی به خاله ام گفتم ، اوهم خیلی تعجب کرد وگفت : حتما فالگیری میکند وپیشگویی بلده ، ولی اینها نبود ، یک چیزی بالاترازاینها وجود داشت که من هم نمیدانستم ،خلاصه بعد ازنیم ساعت ، اوکه دعوت خاله ام را پذیرفته بود با یک سبد گل ارکیده که تعداد بیست وپنج شاخه گل بمناسبت بیست وپنجمین سال ازدواجشان روی آن بود ویک بطری شراب به هتل آمد .
خاله وشوهرخاله ام ازاوخیلی خوششان آمده بود وازگل بسیارگران وزیبایی که اوبرایشان تهیه کرده بود بسیارتشکرکردند ، ولی درمورد پذیرش شراب عذرخواهی کردند که بهیچ عنوان برایشان مورد استفاده نمیباشد . بعدازساعتی گپ زدن ،توتو، منوبا مادرم بمنزلمان رسانید.
روزبعد وقتی خاله وشوهرخاله ام بمنزل ما آمدند، دسته گل ارکیده را هم با خودشان آورده

بودند وما با آن عکسهای یادگاری انداختیم که مطمئن هستم آن عکسها را هنوزهم نگهداشته است ، بعد درمورد اوخیلی صحبت کردیم ، آنها معتقد بودند که پسرتحصیلکرده وبا شخصیتی است که تراهم خیلی خیلی دوست دارد . البته اوهرگزبمن نگفته بود که منودوست دارد ،ولی متوجه شده بودم که اوهم گرفتارعشق شده است . اوهمیشه میگفت، من بتونمیگویم دوستت دارم، تو بایستی ازاعمال ورفتارمن متوجه شوی .
بعد ازیک هفته خاله وشوهرخاله ام تصمیم گرفتند با اتوبوس به اهوازبرگردند . من به توتو تلفن کردم واورا درجریان رفتن آنها واینکه مایل هستم به ایستگاه اتوبوس بروم گذاشتم . او ازمن خواست که باتفاق آنها منتظرباشیم تا اوبیاید وما را به ایستگاه ببرد ، اوخیلی فهمیده بود. خب همانطورکه قول داده بود سروقت بمنزل ما آمد وهمگی به ایستگاه اتوبوس رفتیم . وقتی خاله وشوهرخاله ام میخواستند سواراتوبوس شوند، اویک جعبه به آنها داد که شبیه یک جعبه ی بزرگ شیرینی بود . ما اول خیال کردیم برای سرراهی آنها شیرینی تهیه کرده است ، ولی وقتی خاله ام با رعایت ادب جعبه را بازکرد که خوشحالی خود را ازمحتویات داخل جعبه ابراز کند ، همگی دیدیم که چند نوع میوه ی درجه یک ، شسته شده وتمیزبا فاصله ، بسیارزیبا تزئین کرده وداخل جعبه چیده بود . آنها ازاین عمل اومجددا هیجان زده شده بودند ومیگفتند: عجب پسرفهمیده وعاقلی است که آداب معاشرت را هم خیلی خوب بلد است .همینطوربود که آنها میگفتند، اوبسیارآداب دان بود وبه تعدا موهای سرش دوست ورفیق داشت .
مراسم افتتاح نمایشگاه های بین المللی نزدیک بود واوهم مثل سالهای گذشته غرفه ای برای ارائه تولیداتش، درنمایشگاه گرفته بود . ازمن وبرادرم خواست که درتزئینات آنجا به اوکمک کنیم . بعد مقداری یونولیت برای ما آورد که اسم شرکتش را به صورت حروف لاتین برروی آنها بریده بودند وما بایستی آنها را رنگ میکردیم ، این یکی ازکارهایی بو د که من وبرادرم قراربود برای نمایشگاه اوانجام دهیم . وقتی نمایشگاه افتتاح شد، برای بازدید ازغرفه ی خودش مرا به آنجا برد و با غرورمرا به کارمندانش معرفی میکرد . غرفه ی بسیارزیبایی بود که بازدید کنندگان بسیاری هم داشت . اوتولید کننده ی کالای منحصربفردی بود که قالبهای آنها را ازکشوردانمارک کپی کرده بودند که فروش فوق العاده ای هم داشت واولین درایران بودند .
خلاصه یکسال ونیم ، دوسال ازآشنایی ما میگذشت . همدیگررا خیلی دوست داشتیم البته من بیشتر، دیگه بدون او، زندگی برایم سخت وغیرممکن شده بود . به کارهایش عادت کرده بودم وفکرمیکردم وقتی ازدواج کنیم وبه این نتیجه برسد که من زن خوبی هستم دیگر اینقدرسخت گیری نخواهد کرد .
یک روز، بهاری به دیزین رفته بودیم وتعدادی عکس دونفره انداخته بودیم ، آنها را نگهداشته بود که اگربه مشهد رفت بخانواده اش نشان دهد . یک روزوقتی مرا خیلی ناراحت کرده بود ازاوخواستم عکسهایم را پس بدهد وهمه چیزرا تمام کند . اوگفت : اشکالی ندارد بیا آنها را بگیر، به این بهانه میخواست مرا ببیند ودلخوری را حل کند ، ولی من اصرارداشتم که دیگر همه چیزتمام شده وآنها را برایم پست کن . بالاخره وادارم کرد که بروم وعکسهایم را پس بگیرم . وقتی بخانه برگشتم وپاکتی که عکسها داخل آن بود را بازکردم ،متوجه شدم که رنگ دوتا ازعکسها با بقیه فرق میکند ، باوتلفن کردم وگفتم، توچرا ازروی این عکسها چاپ کرده ای ؟ باید آنها را هم بمن پس بدهی ، اوازاین توجه وهوش من بوجد آمده بود، ومیگفت، این توجه وتشخیصت باعث شد که باهات آشتی کنم ویکباردیگرمتوجه شوم که خیلی دقیق وباهوش هستی . میگفت : من عمدا این کاررا نکردم ، ولی اتفاق خوبی بود که تورا بهتربشناسم وببینم که حواست خیلی جمع است . بقول خودش بازم یک پوئن مثبت گرفته بودم . همیشه میگفت، تو خیلی تیزی ..روزهای پایانی سال 1359 تلفن کرد وبا صدای غمگینی گفت، بیا میخواهم باهات آخرین حرفهایم را بزنم . گمان کردم حتما تصمیمش را برای ازدواج با من گرفته است، ولی چرا با غم وغصه این حرف را میزد ؟!

بعد ازظهرجمعه بود وتمامی خیابانها خلوت وسوت وکوربود ند . وقتی به شرکتش رسیدم مرا دعوت کرد تا درقسمت نمایشگاه مبل که پشت شیشه بود بنشینم . تعجب کرده بودم که چرا تقریبا مرا نزدیک درب خروجی نشانده است! دوما ،چرا اینقدرمضطرب وناراحت به نظرمیرسد. چه اتفاقی میتوانست افتاده باشد که اورا تا این حد ناراحت کرده است ! نکند بازهم دنبال بهانه گرفتن است که چند روزی را قهرکند ومن هم نازش را بکشم ؟
اواینطورشروع کرد : ببین تودخترخوشگل وخیلی خیلی خوبی هستی . خیلی نجیب ، خیلی سربه زیر، اصیل و... من هم تورا خیلی دوست دارم ومید انم که اگربا توازدواج میکردم تو مادرخوبی برای بچه هایم ، وزن خوبی هم برای خودم می بودی . من که سرم داشت گیج میرفت، تعجب کرده بودم که درمورد چی صحبت میکند ؟! چرا میگوید اگربا توازدواج میکردم ؟ مگرقراره ازدواج نکند ؟ سراپا گوش بودم ونمیتوانستم درک کنم درمورد چه مطلبی قصد صحبت کردن دارد ! چه اتفاقی افتاده ؟ ازهفته پیش تا بحال چه چیزی ویا چه چیزهایی تغییرکرده است ؟ گفتم میشود اصل مطلب را بگوئی واینقدرحاشیه نروی ؟ من دارم دیوانه میشوم، ادامه داد : امیدوارم مرا درک کنی وناراحت نشوی ،من خیلی تلاش کردم که بتوانم با توازدواج کنم ولی متاسفانه امکانش نیست .
گفت : دایی بسیارپولداری دارم که صاحب یکی ازهتل های مشهد است ، اسم ورسمی هم در آنجا دارد . اودختری دارد که همیشه دلش میخواسته اورا بمن بدهد وحالا هم خانواده ام برایم تصمیم گرفته اند که با اوازدواج کنم ! اودرحال حاضردرفرانسه تحصیل میکند ، ولی قصد دارد برای ازدواج با من به ایران بیاید ،من هم به مشهد خواهم رفت ودرآنجا مراسم ازدواجمان را جشن خواهیم گرفت ...
البته بتوبگویم که مدتهاست با این مسئله مبارزه میکنم که چنین اتفاقی نیافتد ،ولی متاسفانه آنها پیروز شده اند ومن بایستی اینکاررا بنا برخواست آنها انجام دهم ، ولی بدان که توهمیشه در قلب من خواهی ماند وترا خیلی دوست دارم .
نمایشگاه دورسرم می چرخید، عجب ؟! باورم نمیشد . قلبم داشت ازکارمی ایستاد . حالت تهوع پیدا کرده بودم . گریه ام گرفته بود، ولی غرورم اجازه نمیداد ،آنقدرلپ هایم را گازگرفته بودم که زخم شده بود وخون می آمد، نمیخواستم گریه کنم، فقط بلند شدم وگفتم : باشد امیدوارم که خوشبخت شوید حالا من باید بروم، اودستم را گرفت وگفت، کجا با این عجله ؟ این آخرین دیدارماست بنشین بیشترصحبت کنیم، گفتم ،مگرصحبت دیگری هم مانده است ؟!
چه صحبتی ؟ دوباره بلند شدم وگفتم ، خواهش میکنم بگذارکه بروم . ما یک هفته بودکه از خیابان یوسف آباد بالا به خیابان پاسداران نزدیک پارک نیاوران اسباب کشی کرده بودیم .
خانه ی بسیاربزرگی بود که دوتا درب اصلی داشت که هرکدامش دریکی ازخیابانهای پاسداران بازمیشد، منظورم این است که منزلی به این بزرگی رامادرم به تنهایی نمیتوانست، تمیزومرتب کند وباو قول داده بودم که خیلی سریع به خانه برگردم .
گفتم، خواهش میکنم اجازه بده بروم ، بیشترازاین هم دلم نمیخواهد به حرفهای شما وازدواجتان با دختردایی پولدارتون گوش کنم . ضمن اینکه شما تصمیم خودتان راگرفته اید ومن هم بهیچ عنوان نه قصد دارم ونه مایل هستم که چیزی را بزورویا با التماس عوض کنم ،آرزودارم خوشبخت شوید ،کیفم را برداشتم وبطرف درب ورودی حرکت کردم که اوصدایم زد وگفت: صبرکن من ترا میرسانم ، فقط اجازه بده که یک تلفن به مادرم بزنم ودرمورد عروسی ام با دخترداِئیم ، چیزی را به آنها بگویم ، مثل اینکه عمدا تلاش داشت مرا عصبانی کند .
گفتم ،چه لزومی دارد که من اینجا باشم ؟ بمن چه ارتباطی دارد شما میخواهید ازدواج کنید !
باورم نمیشد که یک انسان بتواند تا اینقدرازخود راضی وغیرمنطقی باشد وتا آخرین لحظه بخواهد مرا زجردهد ،گمان میکردم فقط یک انسان بیمارمیتواند این کارهای غیراصولی را انجام دهد ودیگرآزاری کند ! هرکاری میکردم باورم نمیشد ،کسی که تا آن حد بمن علاقمند بود ومحبت میکرد، یکمرتبه سیصد وشصت درجه تغییرکرده باشد وبیک خونخوارتبدیل شده

باشد . اورا اینطورنمی شناختم ! گیج شده بودم ،می خندید ومیگفت: بخاطرمن بیا برویم اطاق کارم تا تلفن کنم ، من که احساس میکردم کابوس می بینم، بازهم بره وارگوش کردم وبخودم گفتم ، دلش را نشکنم. حتی اگراودل مرا شکسته است ، نباید پا روی خواسته هایش بگذارم . به اطاقش رفتیم ،تلفن مادرش را گرفت وگفت : خیلی خب من آماده ام وامشب یکی ازدوستانم را میفرستم تا با ماشینش بیآید وشما را به تهران بیا ورد . میگفت : نه لازم نیست که شما حلقه بیاورید ، بعداً میرویم همین جا می خریم ، درطول اقامتتان درتهران ازدواج میکنیم ،من که گمان میکردم این چیزها را درخواب می بینم ، سرم گیج میرفت وفکرمیکردم عجب آدم بدی است ، چرا قصد زجر دادن مرا دارد ؟ چرا آنها بایستی به تهران بیایند ؟ مگراونگفته بود که میخواهد به مشهد برود ؟ مات ومبهوت به اینطرف وآنطرف نگاه میکردم!

باورم نمیشد که تا این حد نزول اخلاقی کرده باشد ! باورم نمیشد آدمی که تا دیروزعاشق بود وعاشقش بودم ، بتواند یک مرتبه مثل جادو زده ها تصمیم بگیرد .کارهای اوهمیشه با حساب و کتاب بود وازقبل نقشه وبرنامه ریزی میکرد شطرنج باز خوبی بود ...هیچ کاری را بدون برنامه ریزی قبلی انجام نمیداد . حتما بایستی تمامی جوانب کارهایش را می سنجید وبعد تصمیم میگرفت . چطورممکن است یک شبه چنین تصمیم مهمی را گرفته باشد؟ نه اوحتما ازقبل میدانسته چه هدفی دارد، و مرا هم به بازی گرفته بوده است، نمیدانم خداوند به من رحم کند، تلفنش که تمام شد گفت: خب حالا برویم تا ترا برای آخرین باربه منزلتان برسانم، بنظرمیرسید بسیارخوشحال وراضی است ،اصلاً هم برای من ناراحت نبود ،بغض وسرگیجه وایست قلبی مرا هم نمیخواست ببیند ...

چرا مرا حدود دوسال بازیچه ی خودش کرده بود ؟ چرا با بیرحمی مرتبا درمورد آینده ی خودش ومن صحبت میکرد ؟ چرا با احساسات من بازی کرد ؟ چرا با آبروی من بازی کرد ؟ چرا فکرنکرد من هم انسان هستم ونبایستی چنین صدمه ی بزرگی درزندگی ام بخورم !

فکرمیکردم شاید کاری کرده ام که ازنظراوافتاده ام ! نمیدانم ! بالاخره اوتصمیم خودش را گرفته بود وبنظرنمیرسید که درسی وشش سالگی ، خانواده اش بتوانند برای اوتصمیم بگیرند. اوآدمی نبود که کسی بتواند برایش تصمیم بگیرد ، کسی که همسرآینده اش را بایستی ازهفت خان رستم میگذراند وهزارامتحان کتبی وعملی ازاومیکرد، چطورممکن است با دختری ازدواج کند که سالیان درازدرفرانسه زندگی میکند واورا نمیشناسد ؟!هزاران چرا واما وجود داشت وکسی نبود به آنها پاسخی دهد ، بجزذهن خسته خودم،حال، بسیارعجیبی داشتم . هیچ کس نمیتوانست لحظاتی را که من میگذراندم درک کند، تا کسی درآن شرایط قرارنگرفته باشد، نمیتواند بفهمد من چی کشیده ام وچه میگویم .

کاخ آرزوهایم خراب شده بود . بمباران روحی شده بودم . نفس کشیدن برایم سخت شده بود . چشمانم تارشده بود وهمه چیزرا تاریک ومبهم میدیدم . ایکاش همین جا زندگی ام تمام میشد ومی مردم . کاش آنروزلعنتی هرگزدرخیابان نبودم تا امروز شاهد رفتنش باشم . احساس خستگی وکوفتگی شدیدی میکردم . باورم نمیشد مردی که رویش حساب میکردم تا اینقدرسنگ دل وبیرحم شده باشد . چطورمیتوانست چنین نقشی را حدود دوسال بازی کند؟ واقعا چرا؟!

فصل سوم

خواستگاری وازدواج

ازشدت ناراحتی تمام بدنم میلرزید . درطی راه مدام می خندید وبیشترباعث عصبانیت من میشد، خیلی تعجب میکردم که چرا می خندد، آخرکجای کارهایی که انجام داده خنده داراست؟ شاید ازابله بودن من می خندید . نمی فهمیدم چه اندیشه ای دارد، هیچ سئوالی ازاونکردم که چرا اینطورشد ؟ چرا وچرا؟.. سه روزبه عید نوروزهزاروسیصد وشصت مانده بود ونمیدانستم به مادروبرادرم چه بگویم! دلم برای مادرم می سوخت که با چه اشتیاقی همیشه میگفت: این مرد، زندگی تواست وحتما با توازدواج خواهد کرد . درخیابان پاسداران نزدیک یک قنادی ایستاد وگفت: بیا برویم شیرینی عید بخریم، گفتم: نه ،متشکرم پدرم خودشون میخرند،اصرارکرد که باید بیایی ، خلاصه رفتیم واوکلی شیرینی ونقل خرید، فکرمیکردم برای عروسی اش با دختر دایی اش این شیرینی ها را میخرد ، نزدیک منزل ما که شدیم بهش گفتم، همین جا نگهدارازماشین پیاده شوم، چون ممکنه پدرم بیرون باشند وما را با هم ببینند .

او همچنان خنده کنان به طرف منزل ما گازمیداد ومیرفت ، فقط وقتی میخواست نزدیک کوچه ما شود، گفت: راهت به اداره ات خیلی دورشده است نه ؟ گفتم ،بله ولی مهم نیست باید بروم ، گفت: ولی تودیگه بعدازتعطیلات عید به سرکار، نخواهی رفت ،چون من نمیخواهم بروی ! ازتعجب مغزم سوت کشید، گفتم : یعنی چی شما ازاین به بعد باید مسئول زندگی دخترداِئی پولدارتان باشید نه من ، خندید وگفت: آخه توزن من میشوی نه دختردائیم ...هاهاها

یعنی چی ؟! مثل اینکه شما دیوانه شده اید ویا میخواهید مرا دیوانه کنید ، معلومه چه میگوئید؟

گفت : بله خوب معلومه ، من دارم میایم ازپدرت خواستگاریت کنم ،بعد پیچید داخل کوچه وجلوی منزل ما پارک کرد ، درحالی که مثل مستها تلوتلومیخوردم ، اصلاً سردرنمی آوردم که چه میگوید! چکارمیکند وچی میخواهد ؟! چرا اینکارها را میکند ؟

خواستگاری که این مدلی نیست !خلاصه ماشینش را پارک کرد وجعبه های شیرینی ها را برداشت وگفت : زنگ بزن! گفتم، آخه اینطوری که درست نیست ،پدرومادرم الان با لباس توی خونه ای هستند ، ما تازه اسباب کشی کرده ایم وآنها آمادگی دیدن ترا ندارند ، گفت : اتفاقا همین طوردرسته ... زندگی باید کاملاً طبیعی باشد ،احساس بی وزنی میکردم ، یعنی به آرزویم رسیده بودم ؟! ولی چرا این مدلی ؟! مامان درب را بازکردند ، ازتعجب وخوشحالی ویا ناراحتی ، که جواب بابا را چه بدهم، مادرم گفت بفرمائید، توتوگفت، سلام مامان جون من آمده ام خواستگاری دخترتون ، مامان ازجلوی درب رفتند کناروگفتند، خوش آمدید، آقا با جعبه های شیرینی وارد شدند وبابا هم که ازهمه جا بی خبربودند تعارف کردند وآقا هم نشستند . بعد گفت : بابا جون من مدتی است که دخترتون را تعقیب کرده ام ، اودخترنجیب ، خوب وبا شخصیتی است که من آمده ام خواستگاری اش ، بابا خندیدند وگفتند: خب مبارکه ،من راضی هستم به رضایت خدا وخودش ، اوگفت : خودش راضی است ورضایت شما را میخواهد .

بابا دوباره خندیدند وگفتند: مبارکه، ولی پدرومادرشما کجاهستند ؟ گفت : امشب ازشهرستان حرکت میکنند ودرچند شب آینده ما تلفن میکنیم وباتفاق آنها رسما با اجازه شما به خواستگاری خواهیم آمد .. ما درمورد مهریه با هم صحبت کرده بودیم،من همیشه معتقد بودم ، زن که کالا نیست بخواهند روی آن قیمت بگذارند ، اوهم مثل اکثرآقایان که به نفعشان نیست مهریه کنند با

آن مخالف بود . بعد ازاینکه اورفت همگی ما گیج بودیم وازهمدیگرمیپرسیدیم این دیگه چه مدل خواستگاری رفتن است ؟ مامان گفتند: دخترجون چرا قبلاً خبرنداده بودی که من آمادگی داشته باشم واینقدرخجالت نکشم ،هیچ چیزدرخانه نداشتیم که ازایشان پذیرایی کنم . بعد من ماجرا را برایشان توضیح دادم . روزبعد، مادرم به بقیه خواهروبرادرهایم خبردادند وآماده شدند، برای دوروزبعد که قراربود باتفاق خانواده اش به خواستگاری من بیایند . روزبعد وقتی اورا دیدم سئوال کردم که جریان چه بود ؟ چرا اینقدرمنواذیت کردی؟ گفت : این آخرین امتحان توبود میخواستم ببینم وقتی مسئله ای برخلاف میلت اتفاق بیافتد ،بازهم خانمی وشخصیت خودت را حفظ میکنی ! یا شروع میکنی به داد وفریاد وگریه وزاری وبد وبیراه گفتن،ولی توبا وقاروبمتانتی که احتمالاً ازمادرت به ارث برده ای ،با این مسئله که برخلاف میلت بود برخورد کردی ومن مطمئن شدم ،درهرحالتی آرام وبا وقاربرخورد خواهی کرد . حتی اگرمسئله ای بروفق مرادت نباشد . بعد ادامه داد که اگربرخلاف این رفتارمیکردی ممکن نبود باهات ازدواج کنم ، درحالی که نواری ازایرج مهدیان درماشین پخش میشدکه میگفت : (ای قایقران ..) تعریف کرد که : درتمام مدت آشنایی مان موتورسوارشرکت با دوربین درتعقیب توبوده است ورفت وآمدهای تورا به من گزارش میداده است ... میگفت : تلفنچی اداره ات راهم خریده بودم که تلفنهایت را کنترل کند ، گفت : درشبی که برای دیدن خاله ات رفته بودی هتل ،خودم با ماشین دوستم وکلاه گیسی که برسرگذاشته بودم به تعقیب شما آمده بودم، تا ببینم راست میگویی یا نه ! میگفت: حتی به همان شکل با کلاه گیس وریش مصنوعی هم داخل هتل شدم وکنترل کردم که شما به ملاقات چه کسی رفته بودید !حالا که تودرامتحانات قبول شده ای وثابت کرده ای که درطول اینمدت با من صادق بوده ای، تصمیم گرفته ام با هات ازدواج کنم .

اوآدم با تجربه وسیاست مداری بود،با این کارها فرصت مطالعه را ازمن گرفته بود ومن همیشه حالت دفاعی داشتم ، فقط خداوند با من بود که بد شانسی نیاورده بودم . خداوند خودش همه چیزرا می دید و برای من تحقیق میکرد .

خواهرهایم زاینکه قبلاً آنها را درجریان قرارنداده بودیم ازمادرم گله مند شده بودند وکلی بحث ومجادله بین آنها پیش آمده بود که چرا مادرم مخفی کاری کرده است ؟درشب خواستگاری فقط یکی ازبرادرهای بزرگم وخانمش که دوست خوبی هم برای من بود ، آمده بودند وبقیه هم باصطلاح قهرکرده بودند ویا شاید، زمان تسویه حساب بود وبایستی بنوعی مرا نزد همسرم وخانواده اش خراب میکردند . با ازدواج من، دشمنی های نهفته ی خواهروبرادرهایم آشکارتر شده بود . آنها که منتظرفرصتی بودند تا به من ضربه بزنند، این فرصت برایشان مهیا شده بود. آنها فکرمیکردند اگربه جلسه خواستگاری من نیایند همه چیزبهم میخورد ،غافل ازاینکه من با شوهرم بسیاررفیق بودم وهمه چیزرا درزمان معاشرتمان به اوگفته بودم .

خاله منیرمیگفت: تومانند مروارید غلطانی هستی که درمرداب پیدا شده است ،البته اوبمن لطف داشت وچون مراخیلی دوست داشت چنین اظهارنظری میکرد، ولی خودم هم تفاوت هایی را دراعماق وجودم احساس میکردم . به نظرمن غرابت خواهروبرادری فقط درشناسنامه ها است ،هیچ ارتباط روحی بین آنها وجود ندارد . ذات وروح آدمها را خداوند به آنها میدهد وبا هم فرق میکند . همانطورکه اثرانگشت دونفرمثل هم نمیشود ، ذات وروح انسانها با هم متفاوت است . روحیات افراد با هم متفاوت است وخواهروبرادری نمیتواند آنها را تغییردهد .

به نظرمن خواهروبرادرها دشمنانی هستند که زیریک سقف بزرگ میشوند ،بهرترتیب من همیشه مطمئن بودم که نقشه خداوند برای من متفاوت است ،حتما کاری نیکو برای من انجام خواهدداد. وقتی درخلوت خودم گریه میکردم ازخداوند میخواستم که شوهرخوب وتحصیلکرده واصیلی بمن بدهد تا اوبتواند سختیهایی را که دردوران کودکی ونوجوانی ام کشیده ام جبران کند . تنها امیدم زندگی آینده ام با یک مرد خوب وفهمیده وتحصیلکرده بود تا شاید بتواند مرحمی برای دردهای پنهانم باشد . نامهربانیهای خواهرم گاهاً درحد دشمنی برعلیه من بود .

بعناوین مختلف سعی درتحقیرکردنم میکرد، شوهرش چشم دیدن مرا نداشت وتلاش میکرد روابط خراب من وخواهرم را خرابتر کند ،خواهرم مرتبا پشت سرمن حرف میزد وتهمت میزد وگاها حرف هم درمیآورد!! همیشه این سئوال برایم مطرح بود که آخرچرا؟! شوهرخواهرم ظاهرا وانمود میکرد نقشی درخراب شدن این ارتباط ندارد، ولی بعدها متوجه شدیم که بزرگترین نقش را دربدترشدن ارتباطات فامیلی ما، اوداشته است . وقتی ازمادرم شنیده بودند که شوهرم کیست، بیشترحسادتشان تحریک شده بود وتلاش کرد ه بودند، تا مرا خراب کنند . آنها ازاینکه متوجه شده بودند درآسمان، زندگی ام ستاره ای شروع بدرخشیدن کرده ،عمیقا ناراحت شده بودند واین را با اعمالشان نشان میدادند .آنها خیلی حرفها پشت سرمن زده بودند که تمامی اش لایق خودشان بود ودرمن وشوهرم کوچکترین تاثیری نمیتوانست داشته باشد.مادرشوهروخواهرشوهرم به اتفاق همسر،شوهرخواهرم ودخترکوچکشان ،برای مراسم خواستگاری آمده بودند . درآنشب لباس خیلی خیلی شیک ومارک داری پوشیده بودم که باعث تحسینشان شده بود . آنها به بهانه بوسیدنم دهانم را بومیکردند وبمن دست میزدند که آیا به اندازه کافی چاق هستم یا نه ! آنها درمورد مهریه شروع کردند به صحبت کردن وپدرم گفتند : قبلا دراین مورد با من صحبت کرده اند ونظرمرا می دانند ولی مایل هستند که نظرآقای داماد را بشنوند، توتوگفت: یک عدد یک ،بنویسید وتا بینهایت صفرجلوی آن بگذارید . همانطورکه قبلاً هم گفتم ، اوبسیاربا سیاست بود وسعی میکرد دل همه را به نوعی بدست آورد. البته همه خوب میدانستند که این فقط یک تعارف بود ونظراصلی ایشان نظرمن بود . ما قبلاً درمورد مهریه با هم صحبت کرده بودیم واوهم بهیچ عنوان با داشتن مهریه موافق نبود ومیگفت : حتی ممکن است ازدواجش را بخاطرمهریه بهم بزند . بقول خودش آدمی نبود که زیربارمهریه برود، ولی بقول خودش حفظ ظاهرمیکرد. طبق رسم ورسوم آنها بایستی باتفاق مادروخواهرش برای خرید حلقه ها وجواهرات عروسی به بازارمیرفتیم ، ولی ما ازقبل خون‌امد همه چیزرا ا نتخاب کرده بودیم . ناگفته نماند که فقط پول حلقه ها را پرداخت کرده بودیم وبقیه را قراربود ازدوست طلا فروشمان ، بصورت امانت بگیریم .! البته قراربراین بود که بغیرازمن وخودش هیچ کس ازاین رازمطلع نشود ..وضع مالی همسرم خوب بود ،ولی هرچه داشت بصورت جنس بود ونقد ینگی نداشت که بتواند عروسی مفصل بگیرد ویا جواهرات برای من بخرد . ضمن اینکه با رفتن شرکایش، تمامی سهم آنها را خریداری کرده بود واین مسئله مزیت برعلت شده بود . اوبمن قول داده بود که دراولین فرصتی که برایش مهیا شود ، هرچه بخواهم برایم خریداری خواهد کرد . تنها چیزی که برای من اهمیت داشت ازدواج کردن با اوبود ومطمئن بودم هرلحظه زندگی کردن با اومیتواند بیشترازخرید،هرجواهری باعث خوشحالی ورضایت من باشد ، ضمن اینکه وضعیت اورا کاملا درک میکردم وکمکش میکردم تا همه چیزبه بهترین شکل ممکن وبا آبرومندی برقرارشود .حتی برای اینکه خرج اضافه درست نکنم ،به آرایشگاه نرفتم وخودم کارهای آرایش صورتم وموها یم را انجام دادم وتاج قشنگی که یک طرف آن یک عدد گل ارکیده بود ودرجلویش یک تورزیبا که روی صورتم می آمد، برسرم گذاشتم ومثل دسته گل شدم .

لباس ساده ای که ازپارچه ابریشم شکری رنگ توسط دایی، خانم برادرم دوخته شده بود پوشیده بودم ، کفش ودستکش شکری رنگی که ازکانادا آورده بودم، لباسم را تکمیل میکرد . همه چیزدرنهایت سادگی وزیبایی خودش بود وباعث تحسین میهمانان شده بود .توتوهم یک دست ،کت وشلوارمشکی بسیارشیک با پیراهن سفید وپاپیون مشکی وکفشهای مشکی تهیه کرده بود که درشب عقد کنان پوشیده بود . اوازمن خواسته بود که به خانواده ام بگویم این جشن عقدکنان ما است وبعدا عروسی میگیریم واگرمیخواهند کسی را دعوت کنند، بگذارند برای مراسم جشن عروسی که درتابستان خواهیم گرفت ،وقتی این مسئله را به پدرومادرم گفته بودم ،نظرپدرم این بود که هیچ لزومی ندارد دوباره متحمل هزینه شوید وجشن بگیرید ،همین کافی است . پدرم مرد با تجربه وعاقلی بود که خوب میدانست هدف ما هم همین است . بهمین

دلیل هم به بهانه اینکه مخارج مراسم عقد کنان با خانواده عروس است قرارشد، کلیه مخارج سفره عقد وشام را من بدهم . مادرشوهرم به نظرمیرسید ازاینکه پسرش با دختری که اوبرایش انتخاب نکرده است ،ازدواج میکند بسیارعصبانی بود وچندین بارهم این مسئله را بزبان آورد که آرزوداشتم عروسم را خودم انتخاب کنم ! اوچشمهایش را بسته بود وفداکاریهای مرا نمی دید که چگونه بدون پرداخت هیچگونه مخارجی، این عروسی را سروسامان داده بودم .
روز،دهم فروردین هزاروسیصدوشصت، ساعت ۲/۳۰ بعد ازظهرمراسم عقدکنان ما درمنزل پدرم انجام شدکه فقط خانواده من ومادروخواهراوباتفاق شوهرخواهرش بودند ، چون کل فامیل من درکانادا وامریکا بودند وفامیل اوهم درمشهد .. خب طبیعی بود که مقداری هم کادو به ما داده شد ! توسط راننده شرکتش تمامی خانه ما ،غرق گل وشکوفه های سفید ی شده بود، که آنها را از باغات اطراف تهران کنده بودند . توتوهم یک سبد گل بسیاربزرگ وزیبا برایم آورده بود که زینت بخش سفره عقدمان بود . سفره عقد م را خانم برادرم با نهایت سلیقه وصرفه جویی تهیه وتدارک دیده بود . خرید میوه ها را خواهرهای بزرگم دررودربایستی ازاوانجام داده بودند که بعد هم شنیدم ،درغیاب من کلی با مادرطفلکم دعوا کرده بودند ،که چرا ما را درجریان نگذاشته ای که اودوست پسردارد!! خب مادرم هم گفته بود که خودش نخواسته بود شما درجریان باشید، چون نگران بود که اگراین عروسی سرنگیرد، شما تا آخرعمرش برایش نام وننگ درست خواهیدکرد ! خب البته دقیقا هم همینطوربود وآنها حتماکاری میکردند که این عروسی انجام نشود.. دوخواهرم هم سرسفره ی عقدم هیچ کادویی برایم نیاورده بودند، حتی دریغ ازدوشاخه گل!! من هم که ازقبل انگارمیدانستم که قصدشان ضربه زدن به من است، برای هرکدام کادویی تهیه کرده بودم وبهشون دادم که بمن بدهند تا نقشه آنها نقش برآب شود .
آنها هم درآن لحظات روحانی تحت تاثیرمحیط ، آنهارا ازمن پذیرفتند وبمن دادند !! البته شوهرم درجریان همه چیزبود ومیگفت : عزیزم توغصه نخور، بهت قول میدهم که درطول زندگی، کاری کنم که خوشبخت ترین زن دنیا باشی وتمام آزاروادیتهایی که آنها کرده اند فراموش کنی، اوخیلی مرد خوبی بود ومرا خیلی خوب درک میکرد ،یکی ازدلائلی که عاشقش بودم همین بود ..
بعدازدوساعت ،میهمانان که بیشترآنها دوستان اوبودند، آمدند ویکی ازدوستان شوهرم بعنوان کادوی ازدواجما ن دوخواننده بنام های وفا وبرادرگلپایگانی را به مراسم عقد کنان ما دعوت کرده بود که با این کارقشنگش ، همگی سورپرایزشده بودیم . شام بسیارعالی وشیک به رستوران صدف درنیاوران سفارش داده بودیم که درنهایت، کلی هم اضافه آمده بود .
طفلکی خواهرشوهرم درحین جوانی وزیبایی شوهری روانی داشت که گویا بیماری اوتمام زندگی آنها را تحت تاثیرقرارداده بود . آنها یک دختردوساله خیلی خوشگل داشتند که تمام مدت درطول عروسی ما میرقصید ونظرهمه میهمانها را بخودش جلب کرده بود .
بعد ازمراسم عروسی ، شوهرم وخانواده اش به هتل رفتند ومن درمنزل مادروپدرم ماندم وتا نزدیکهای صبح کارکردیم . خدا را شکرهمه چیزبه خوبی وخوشی تمام شده بود وبهمگی خیلی خوش گذشته بود . صبح روزبعد، شوهرم بدنبال من آمد تا درکنارخانواده اش بتوانیم روزرا سپری کنیم، درطول راه متوجه شدم که اوقاتش خیلی تلخ است وتک مضرابهایی میزد که بقول مادرم خانواده ات چرا آنها را امروزدعوت نکرده اند ؟ چرا آنها بایستی به هتل بروند ؟ بقول مادرم جهیزیه چی قراره بیاری ؟...ازتعجب شاخ درآورده بودم ! این چه سئوالاتی است که روزبعد ازمراسم عروسی ازمن میپرسد؟ هنوزنه به داره ، نه به باره ،مادرشوهربازی درآوردن را شروع کرده ؟! خب، با یک خانه ای که همه چیزش بخاطرمراسم عروسی بهم ریخته ، چطورمادرم میتواند ازچهارنفردیگرهم میهمانداری کند ؟! بابا جون چند روزصبرکنید اگرمادرم شما را دعوت نکرد، آنوقت گله گذاری را شروع کنید ! ضمن اینکه مادروپدرمن با آنها آشنایی وصمیمیت قبلی که نداشته اند تا روحیاتشان را بشناسند،وبنا برآن برنامه ریزی کنند ! همه چیزبا عجله پیش آمده وحتی خود من سورپرایزهستم وباورم نمیشود ازدواج کرده

ام ! خیلی ناراحت شده بودم واین حرفها شدیداً توی ذوقم زده بود ودردلم فکرمیکردم حرفهای قشنگتری بود که دیشب بعد ازمراسم عروسی میتوانستند بزنند، زحماتی که خانواده ی من متحمل شده بودند، نداشتن مهریه ، نخریدن جواهرات ،نرفتن به آرایشگاه ، صرفه جویی درهمه چیز،پرداخت هزینه شام توسط من، هماهنگی وبرنامه ریزی مراسم ، اینها جا ی تشکروتعریف وتمجید نداشت ؟ بروی خودم نیاوردم که ناراحت شدم ، درحالی که بغض گلویم را گرفته بود به شرکت شوهرم رفتیم وآنها رادرآنجا دیدم . مادرشوهروخواهرشوهرم با کنجکاوی وبراندازکردن ،ازسرتا پای من سین وجین کردنها را شروع کردند ... برای صرف نهاربه رستورانی رفتیم وآنها قرارشد که روزبعد به مشهد برگردند ،ازهمانجا به مادرم تلفن کردم واوآنها را برای نهارروزبعد دعوت کرد، طفلکی مادرم که فرصت رفتن به بازاررا پیدا نکرده بود، یک پیراهن زرشکی بسیارشیک وگران قیمتی را که خواهرش ازکانادا برایش فرستاده بود، بعنوان کادوبه خواهرشوهرم داد ...بالاخره آنها به مشهد برگشتند وچند روزبعد شوهرم بمن گفت،مادرم گفته ما رسم داریم که خانواده عروس بایستی به تمامی خانواده ی داماد کادومیدادند! برای خانمهای فامیل داماد، چادروپارچه وبرای مردهای فامیل داماد، پارچه کت وشلواری ! من که دلم ازقبل پربود گفتم، ازقول من به مادرت بگوما چنین رسمی نداریم ودوتاخواهرودوتا زن برادردارم که هیچکدامشان بعد ازعروسی حتی یک شاخه گل هم بما نداده اند ! واین اولین باری است که من چنین چیزی میشنوم، آیا این رسم درمورد خواهرت هم اجرا شده است ؟ گفتم: ایکاش توکه رسم ورسوم خودتان را میدانستی ازقبل برای عروسی تهیه وتدارک میدیدی ومن را درجریان میگذاشتی تا مطابق رسم ورسوم شما اقدام کنم .. نه رسم ورسوم خودمان !خب به این ترتیب مادروخواهرش خیلی زودترازموقع وظیفه ی نیش وکنایه زدنشان را شروع کرده بودند . خدا بدادم برسد ، انگارقبل ازازدواج بایستی چند سا لی هم با آنها معاشرت میکردم!خواهرشوهرم که ازوضعیت بیماری شوهرش زجرمیکشید، بعدها با گله مندی میگفت: قبل ازازدواجشان شوهرش دوست صمیمی وهمخانه ی توتو، بوده وگویا با اصراروفشاراو،این ازدواج انجام شده است. خواهرشوهرم همیشه ازاین بابت ازشوهرم طلبکار بود وبدبختی هایش را بگردن همسرم می انداخت ومیگفت: داداش جان با اصرارشما بود که من ناچاراً تن به این ازدواج نکبتی دادم ، البته قبلاً هم شوهرم بارها گفته بود که یک فامیل ازدست مادرم درعذاب هستند!توتوبرایم گفته بود، سالها پیش با دختری که خیلی دوستش داشته وبرای ادامه تحصیلش، درپاکستان خیلی هزینه کرده بوده وسالها باهم روابط خیلی نزدیکی داشته اند، قصد ازدواج داشته است ، ولی گویا نقشه های مادرش باعث جدایی آنها میگردد .

آنها بقدری با هم دوست وصمیمی بوده اند، که توتو، ملک کلنگی شرکت را به اسم دخترک میخرد، البته ناگفته نماند ، که درازای آن، یک دسته چک سفید امضاء ازاومیگیرد تا اگرقصد خوردن ملکش را داشت ازحلقومش بیرون بکشد!

برای من جای سئوال بود که اگراعتماد نداشته ای چرا به اسمش خریده بودی ؟ اومیگفت: درآنزمان با هزینه ارتش درس خوانده بودم وبرای استعفاء دادن بایستی تسویه حساب میکردم واگرملکی به اسمم بود ....! پس بقول معروف ازعشق علی نبوده ،بلکه ازبغض معاویه بوده ! شاید اگربه اسم مادروخواهرش میخرید، نمی توانست ازآنها دسته چک سفید امضاء بگیرد!

دخترک بیچاره که گویا دکترداروسازبوده، بدلیل شکست خوردن درعشقش سرنوشت شومی نصیبش میشود ! ازشنیدن قصه ی زندگی آن دختربیچاره غمگین وافسرده شدم ، ولی هرچه بوده تمام شده وبمن ارتباطی نداشته است . قراربراین شده بود که بعد ازازدواجمان من کارم را ترک کنم ، خیلی خوشحال نبودم که چنین قراری گذاشته بودیم ، ولی عشق او، وزندگی مشترکم با اورا به همه چیزترجیح میدادم . گفته بود،اگرنگران ازدست رفتن حقوقت هستی آن راهرماهه بهت پرداخت میکنم ، نام به آن نشان که هرگزچنین کاری نکرد ، اوحتی اجازه نداد که یکباردیگربه اداره ام بروم وخودم را بازخرید کنم، تا بتوانم مبلغ صدهزارتومانی را که

بابت بازخرید کردنم بمن تعلق میگرفت را بگیرم ! خواسته بود که بهیچ کس هم نگویم قبلاً کارمیکرده ام مثل اینکه عارداشت کسی بداند همسراوقبلاً حقوق بگیردولت بوده است !خب اخلاقهای خاص خودش را داشت که گاهاً برای من ایجاد سئوال میکرد واین را ازقبل هم میدانستم ... به نظرمی آمد که اومرد بسیار، بسیاردهن بینی است وخیلی زیاد ،تحت تاثیرخانواده اش قراردارد . ازآن به بعد مادرشوهروخواهرشوهرم هرروزتلفن میکردند، ویک چیزجدید یادش میدادند ، ونمیدانستند که اوباندازه کافی بلده وصد تا مثل آنها راهم درس میدهد واحتیاج به یادگیری ندارد، آنها نگران منافع مالی شان بودند که فکرمیکردند ،بعد ازاین ممکن است بخطربیافتد ،غافل ازاینکه اودرآمد مشخصی نداشت که بوسیله من قابل کنترل باشد. بنابراین مطمئناً اومیتوانست بدون اطلاع من کمکهایش را ادامه دهد . ضمن اینکه من کسی نبودم که بخواهم مانع کمکهای مالی اوبخانواده اش شوم . اومثل یک پدردلسوز،برای من دلسوزی میکرد ومرا به کلاس رانندگی فرستاد تا قبل ازهرکاردیگری رانندگی یاد بگیرم . او(بی ،ام ، و) خودش را دراختیارمن گذاشته بود که با برادرم تمرین رانندگی کنم .

یک روزوقتی داشتم پارک میکردم، ماشینش را ازپشت محکم به تیرچراغ برق کوبیدم . وسط ماشین حدود سی سانت فرورفته بود، گمان میکردم عصبانی خواهد شد ومنبعد ماشینش را نخواهد داد، ولی درکمال تعجبم وقتی مطلع شد ،خندید وگفت : اشکالی ندارد آنقدربایستی به درب و دیواروتیرهای چراغ برق بزنی تا راننده شوی ، خدا را شکر که خودت طوری نشدی.

روزی که امتحان رانندگی داشتم اوهم آمد . افسررانندگی به من گفت : بنشین پشت فرمان و حرکت کن ، هنوزیک مترهم نرفته بودم که گفت دوربزن .. وسط دورزدن گفت : همین جا بایست ،خیلی ترسیده بودم ، فکرمیکردم رد شده ام ، ولی افسرگفت : بسیارخوب بود پیاده شو ، قبول شدی . همسرم میگفت : آفرین عالی بود . وقتی بچه دارشدی برا یت یک ماشین (رنه گید) میخرم ،بعد ازقبولی ام درامتحان رانندگی اونمی گذاشت رانندگی کنم ومیگفت : گواهینامه نگرفته ای که رانندگی کنی، این فقط برای این بوده که وقتی بچه دارشدی، بتوانی رانندگی کنی، اگرزن بدون بچه رانندگی کند ، دنبا لش می افتند، صحیح نیست بدون بچه رانندگی کنی!

نام به آن نشان که هرگزاجازه نداد رانندگی کنم ،میگفت : اگرقبل ازازدواجمان ماشین داشتی هرگزباهات ازدواج نمیکردم ! دختری که ماشین داره به هرسوراخی سرمیکشد ... ونمیتواند آدم سالمی باشد ،اینم استدلال آقای مهندس بود ، ولی من میگفتم،چرا پس خواهرت درشهرستان رانندگی میکند ؟ میگفت، اوخواهرم است ،زنم که نیست !!

مدت شش ماه درمنزل پدرومادرم درپاسداران زندگی میکردیم تا بتوانیم جایی را برای خودمان بخریم و یا اجاره کنیم ، دراین اقامت اجباری ،سفارش میکرد، تمرین آشپزی کنم تا وقتی بخانه ی خودمان رفتیم، مشکل آشپزی کردن نداشته باشم ،کتاب هنرآشپزی وشیرینی پزی ،خانم رزا منتظمی را برایم خریده بود وموادی راهم که لازم داشتم، برایم تهیه میکرد تا بتوانم تحت نظارت مادرم که آشپزماهری بود، روزانه چند مدل غذا بپزم وبا یک تیردو،نشان را بزنم ، هم سرگرم شوم وهم تمرین آشپزی وشیرینی پزی کنم . ضمنا همیشه متلکهایش هم براه بود ،که این من نیستم که بایستی به تودرس آشپزی بدهم وامکاناتش را برایت فراهم کنم ، بقول مادرم دخترهای مشهدی هرکدام قبل ازاینکه بخانه بخت بروند، تمامی کلاس های آشپزی، شیرینی پزی وخیاطی را درمنزل پدرشان میروند ، ولی شما دخترهای تهرانی فقط ادعا دارید،مثل طبل های توخالی هستید، شما دخترهای تهرانی بی عرضه هستید، فقط بلد هستید به قر،وفرتان برسید . میگفت : بقول مامانم وبقول خواهرم... چنین وچنان . خب دستشان درد نکند خوب به پیشوازعروسشان آمده بودند . توتوکاملا عوض شده بود، نگذاشته بود که مهرعقدنامه مان خشک شود . من عروس اول آنها بودم وتمام عقده ها یشان را سرم خالی میکردند،هربلایی که درزندگی برسرشان آورده بودند انتقامش را ازمن میگرفتند . ازهمسرم که مرد تحصیلکرده ای بود ،تعجب میکردم چطوراجازه میداد، آنها با دخالتهای بیمورد وخاله زنک بازیهایشان زندگی

ما را حتی ازراه دور،بتوانند متشنج کنند !یکماهی ازازدواجمان میگذشت که به مشهد رفتیم . حاج دایی وخانمش،دایی با ، وخواهرشوهرم به فرودگاه آمده بودند ،وقتی به منزل مادرشوهرم وارد شدیم، گوسفندی را که آماده کرده بودندودرجلوی پای ما سربریدند. مادرشوهرم خیلی زحمت کشیده بود وکلی غذاهای خوشمزه پخته بود وچلوکباب هم ازبیرون سفارش داده بودند. تمامی فامیل درآنجا جمع بودند وباصطلاح ما را پا گشا کرده بودند...هرکدامشان دوعدد النگوی قشنگ طلا به دست من کردند که کلا یک ست کامل شش تایی میشد. خواهرشوهرم گردنبند قشنگی به گردنم انداخت که یک نگین برلیان روی آن بود . چند روزی را درآنجا ماندیم وبه خانه های دایی ها دعوت شدیم وکلی خوش گذشت. دایی(با) یک زمین خیلی بزرگ دردل کوهها داشتند که به آن کلاته میگفتند، به آنجا رفتیم وکلی توت خوردیم وخوش گذشت . همسرم ازقبل ازازدواجمان همیشه درمورد کلاته با من صحبت کرده بود که آرزودارد اسب بخرد ودرآنجا با هم اسب سواری کنیم . به باغ میوه ی دایی با ، رفتیم وکلی توت های شیرین وخوشمزه خوردیم . چند روزی درمشهد ماندیم وبعد به تهران برگشتیم . کلا خانواده ی خوب وبسیارمهربانی داشت . دوبرادرشوهرهم داشتم که یکی ازآنها درایتالیا معماری ودیگری درآلمان ذوب فلزات میخواند، با آنها تلفنی صحبت کردم ، به نظرمیرسید بچه های بسیارمهربان وخوبی هستند. کلاً ازازدواجم خیلی راضی وخوشحال بودم ، ازاینکه توانسته بودم خواهروبرادرهای جدید پیدا کنم، خیلی خوشحال بودم وهمه ی آنها را خیلی دوست داشتم. همسرم تصمیم گرفته بود، آپارتمان یکی ازشرکایش را که میخواستند به امریکا بروند بخرد ، ازمن خواست که با فروش طلاهایی که درسرسفره ی عقد گرفته بودم، وطلاهایی که درطول مدت کارکردم، خریده بودم، همراه با یک دستبند ویک گردنبند مادرم را بفروشم . البته بمن قول داد که به نرخ روزهروقت که مامان بخواهند پول طلاهایش را به اوخواهد داد. درحقیقت من این طلاها را فروخته بودم،که بتوانم جهیزیه بخرم ، ولی اوترجیح داد که آپارتمان بخریم وخودش وسائل خانه را تهیه کند ، مقداری هم خودش تهیه کرده بود ونهایتا توانستیم با پرداخت کلا مبلغ نود هزارتومان به شریکش، آپارتمان آنها را که یکصدوبیست مترزیربنا داشت ، بقیمت پانصد هزارتومان خرید اری کنیم . نا گفته نماند که مابه التفاوت قیمت آپارتمان قسط بانک بود که بایستی ماهیانه پرداخت میکردیم. البته بعد ازسالها که ازفروش طلاهای مادرم میگذشت ،به قیمت روز، پول طلاهایش را به اوپس دادیم . ازتوتو،خواستم که اجازه دهد برای بازخرید کردن خودم ازخدمت دولتی که داشتم به اداره ام بروم ومبلغی را که حدود یکصد هزارتومان میشدبگیرم،ولی اوموافقت نمیکرد ومیگفت، لزومی ندارد برای گرفتن این پول به آن اداره ی کوفتی بروی، اوعجیب ازدوستان من بدش می آمد، واجازه نداد که آنها را حتی برای عروسی ام دعوت کنم ، من هم ازترسم که مبادا درشروع زندگی ام مشکلی پیش آید، تمامی عکسهای یادگاری راکه درسفرکانادا وآمریکا با آنها انداخته بودیم، از بین برده بودم . واقعا دلم نمیخواست هیچگونه نقطه ضعفی به اوبدهم که باعث کدورت ویا ناراحتی اش شود وبرروی زندگیمان تاثیرمنفی بگذارد . مادروخواهرش ، باندازه کافی مشغول موش دواندن بودند !

به این ترتیب خاطرات قشنگ ترین سالهای جوانی ام ، وعکسهای آن ازبین رفته بود ومن ازآن دوران سنی ام ،هیچ عکسی نداشتم وحتی اجازه نداشتم ازآن دوران کلمه ای حرف بزنم . ازاینکه توانسته بودیم ،آپارتمان بخریم خیلی خوشحال بودم . اوقول داده بود هرچه زودتربخانه ای بزرگ خواهیم رفت، ازمستاجربودن متنفربودم وگمان میکردم ، یکی ازبدترین دردها ی زندگی است . معتقد بودم خسارت هردوباراسباب کشی، مساوی است بایک دزدی ویا آتش سوزی . ازروزی که ازدواج کرده بودیم ،طبق اعتراف خودش برکت خداوند، به زندگیش سرازیرشده بود وهرروزبا خبرهای خوب می آمد که امروزفروش خیلی خوبی داشته ایم و ...

اوبا خوشحالی میگفت :توخیلی خوش قدم هستی وخدا را برای میمون بودن قدم من درزندگیش خیلی شکرمیکرد . خب ،من هم به قدم خیلی اعتقاد داشتم وپدرم هم همیشه میگفتند، وقتی توبدنیا آمدی، برکت پشت برکت برندگی ما میبارید .

مادرش ازاینکه خانه خریده بودیم ،خیلی خوشحال شده بود ومرتبا تلفنی با ما در ارتباط بود . آنها مستاجربودن را درشهرستان مشهد بصورت یک ننگ نگاه میکردند ومیگفتند ،خیلی بده که کسی ازخودش خانه نداشته باشد ، وبهرترتیبی که شده بایستی صاحب خانه میشدند ...بهمین دلیل هم اکثرمردم ، بومی درآنجا صاحب خانه بودند .

فصل چهارم

خانه ی بخت

اندوه ، شادی ،درد،زیبایی وزشتی بطوراضداد ، درکنارهم زندگی را معنا میکنند،درحالی که خوب میدانیم ،همه ی این پدیده ها زودگذراست ، اماجریان دارد وجاری بودن آنها را حس میکنیم، میدانستم که بزودی باید با خانه ی پدری وداع کنم ، کودکی وهمه ی خاطرات نوجوانی را درذهنم تلنبارکنم وآنها را باخود به زندگی وخانه ی جدید ببرم . میدانم که چقدرسخت است ، چون همه ی ریشه های من درخاک این خانه فرورفته وپنجه زده ، چراغ دلم دراین خانه روشنایی داشته ، همه ی تصویرلبخندهایم روی درودیوارهمین خانه ماسیده ، نانم را ازسفره ی آنها برداشته ام ، جای پای ، دویدن هایم ، ردواثرزمین خوردن هایم ، هنوز محو نشده ، چگونه میتوانم یکسره جابجا شوم ، چگونه ،همه ی یادگارهایم را توی چمدان کوچکم جا بدهم وبا خودم ببرم ،اصلا کجا میروم خانه ی همسر، خانه ی عشق ؟ آیا این آپارتمان ، مرا بآغوش خواهد کشید؟ محبت ومهردرگلدانهایش کاشته شده ؟ نفس گرمی را حس خواهم کرد و.. نخواستم باورکنم که همه ی این اندیشه ها دربیداری است دلم میخواست ، خیال کنم که همه یکسره خواب بوده ام .

بعد ازخرید آپارتمان دوستش،ازاینکه ناچارنشده بودیم اجاره نشینی کنیم خدا را شکرمیکردیم.
من آرزوی داشتن یک خانه ی بزرگ را داشتم، ولی آنجا فقط یکصد وبیست متربود . شوهرم بمن قول داده بود که بزودی یک خانه ی بزرگ برایم خواهد خرید ، من مطمئن بودم با پشتکاری که اوداشت قادرخواهد بود اینکاررا انجام دهد .

زمانی که آپارتمان را تحویل گرفتیم، بایستی برای نظافت کردن به آنجا میرفتیم ،ازشوهرم خواستم کسی را برای کمک کردن برایم بگیرد ، ولی اومخالفت کرد وگفت: خودت کم کم قادرخواهی بود این کاررا انجام دهی ونیازهم بکمک کسی نخواهی داشت ، آپارتمان فوق العاده کثیف بود وبه تنهایی قادربه تمیزکردن آن نبودم، ولی همسرم میگفت :کم کم اینکاررا شروع کن ،اوهدفش این بود که بعد ازاین مستقل شوم ومثل یک کدبانوزندگی ام را اداره کنم .

میگفت:من دوست ندارم برای کمک کردن درکارهای خانه بتو،کسی بیآیدوبه محیط خصوصی ما وارد شود ، توبایستی یاد بگیری که یک کدبانوبه تمام معنا باشی، بنظراوکلفتی معنی اش کدبانوگری بود ،ولی چون عاشقش بودم ،زورگویی هایش را هم تحمل میکردم، وتلاش میکردم همه چیزبروقف مراد اوباشد ،حتی اگربمن سخت بگذرد .

تلاش میکرد که مرا عادت دهد که حرف اول وآخررا بایستی اوبزند ! خانه ی خیلی کثیفی بود، یکهفته دست تنها آنجا را می شستم وتمیزمیکردم ، ناچارا ازبرادربزرگترم تقاضا کرده بودم برای یک سری ،تعمیرات فنی که اومتخصص آنها بود به ما کمک کند.

وضع مالی برادرم خیلی خوب بود، اوصاحب یک مغازه ی بزرگ ،الکترونیک درخیابان لاله زارویک خانه ی بزرگ وپنج خوابه درخیابان آریا شهرتهران بود . دودخترخیلی خوشگل و نازنین داشت که آنها را خیلی دوست داشتم ، درحقیقت خانم برادرم ، هم شاگردیم بود ومن باعث این وصلت شده بودم ،حالانوبت اوبود که بمن کمک کند واوهم برای انجام این کارراضی بود. اوزن بسیارمهربانی بود که مادرش را هم با خودش بخانه برادرم آورده بود، مادراو، زن بسیارمهربان ودوست داشتنی بود که ازدوران جوانی اش بیوه شده بود وهمیشه با دخترش زندگی میکرد ، وبعد ازازدواجشان هم برادرم اجازه نداد که آن زن نازنین آواره شود..

درواقع وجود نازنین اوباعث برکت خانه ی آنها بود ، بچه های برادرم را نگهداری میکرد تا خانم برادرم بتواند هم شبانه درس بخواند وهم درکارهای بیرون با برادرم همکاری کند.
آنها کمکهای معنوی فراوانی درراه اندازی مراسم ازدواج وآماده سازی خانه ی ما کردند که واقعا قابل قدردانی بود .
یادم می آید که یک دست مبلمان استیل بسیارقشنگ به قیمت سی وپنج هزارتومان ویک دست سرویس خواب به قیمت ده هزارتومان ازفروشگاه معروف وزیبای پیکاسو، درخیابان جاده قدیم شمیران خریداری کرده بودیم . به فروشگاه توفان درخیابان ولیعصرمراجعه کردیم وکلیه لوسترها وآباژورهایم راازآنجا خریدیم . واقعا هردوی ما تمامی تلاشمان را برای داشتن یک زندگی گرم وزیبا میکردیم . یک روزقبل ازمراسم ازدواجمان، دوقطعه قالیچه نود وپنج رج قم وتمام ابریشم را به همسرم نشان داده بودم وگفته بودم که عاشق فرش هستم ودلم میخواهد وقتی ازدواج کردیم، اینها را برایم بخری . وقتی به آپارتمان خودمان نقل مکان کردیم، اومرا به همان قالی فروشی برد وآن دوقالیچه را هم برایم خرید، اتفاقا درآن روزمبلغ دوهزارمارک آلمان خریده بود تا برای برادرش که درآلمان زندگی میکرد ودانشجوبود بفرستد، ولی متأسفانه کیف پولش را درمغازه فرش فروشی جا گذاشت وفراموش کرد که آن را بردارد ،وقتی بخانه برگشتیم ، بعد ازگذشت دو، سه ساعت یکمرتبه یادش افتاد که مبلغ دوهزارمارک درکیفش بوده ودرمغازه فرش فروشی جا گذاشته است ! بلافاصله به فرش فروشی برگشتیم ، به محض اینکه فروشنده ما را دید ،خندیدوگفت، حتما برای پس گرفتن کیف پولتان برگشته اید؟ ما هم خوشحال شدیم وکیف را ازاوگرفتیم ومجددا بخانه برگشتیم . اومیگفت: مطمئن باش مال زحمت کشیده هرگزگم نمیشود . فروش نمایشگاه شرکت خیلی خوب شده بود . همسرم میگفت ، درعمرکاری ام، فروشی به این خوبی نداشته ام وخدا ازآسمان برای تومی باراند ، ازشنیدن این حرفها خداوند را شکرمیکردم که برای من جهیزیه ام را ازآسمان میفرستاد واوکسی جزپدرآسمانی من نبود که همه چیزرا برای من تدارک دیده بود ومن اورا نمی شناختم . ماه بعد، یک فرش بزرگ نود وپنج رج تبریزبا گلهای ابریشمی بمبلغ صدهزارتومان برایم خرید، خیلی خوشحال بودم . تمام آرزوهایم یکی بعد ازدیگری داشت عملی میشد وبا دمبم برای این همه برکت ونعمت که ازطرف خداوند، مهربان به زندگی ما سرازیرشده بود ،گردومی شکستم وخوشحال وراضی بودم. عاشق تجملات زندگی بودم . خاله ی پولداری داشتم که همیشه دوست داشتم زندگی ام مثل آنها زیبا ومجلل شود . وقتی خیلی بچه بودم وبیش ازچهار، پنج سا ل نداشتم ، بیشتراوقات خاله ام که بچه نداشت ، مرا بخانه خودشان میبرد وبا آنها میماندم ، ازهمان ایام بچگی، زیبائیها را تشخیص میدادم وفرق بین فقروثروت را میتوانستم عملا ببینم . من درخانواده ی متوسطی بزرگ شده بودم که مادرم درمقایسه با خواهرمیلیونرش بسیارفقیربود .
مادرم، زنی بود با سعه صدروبسیارقانع وبدون عقده ،هرگزندیده بودم به زندگی خواهرش حسد ورزد ویا حسرت بخورد ،اوخواهرش را عاشقانه دوست داشت . مادرم برایم تعریف کرده بود که وقتی خیلی بچه بودم شوهرخاله وخاله ام ازپدرومادرم که هفت بچه داشتند خواسته بودند مرا بعنوان فرزند خوانده به آنها بدهند ، ولی پدرم با این مسئله مخالفت کرده بود وگفته بود، حتی اگربجای هفت بچه، هفتا د بچه هم میداشتم ،محال بود که یکی ازآنها را بکسی بدهم ... خب این هم عقیده اوبود . بالاخره من هم باخرده ریزه هایی که درطول سفرهایم بخارج ازکشورجمع کرده بودم ازقبیل مجسمه وکریستال وغیره ، توانسته بودم آپارتمانی شیک وزیبا تزئین کنم ،توتوازاین بابت خیلی خوشحال وراضی بود ومیگفت: توخیلی خیلی با سلیقه هستی ،اودرست میگفت: من بسیاربا سلیقه بودم وسلیقه ام را هم ازخاله ام به ارث برده بودم . اوفقط پولدارنبود، بلکه زنی تحصیلکرده وبا هنرهم بود ومن توانسته بودم خیلی چیزها ازاویاد بگیرم . با برادرم هوشنگ به پرده فروشی سامان درخیابان ولیعصررفتیم وبرای کل پنجره های آپارتمانم، پارچه ی پرده ای بسیارزیبایی به مبلغ شانزده هزارتومان خریداری کردیم . همه ی آنها را خودم دوخته بودم وروتختی را با پرده ی اطاق خواب هماهنگ کرده بودم .

آپارتمان ما به یک قصرکوچک وزیبا تبدیل شده بود که انگار، یک دکوراتورفرنگی برای تزئینات داخلی آن بما کمک کرده بود . شوهرم مهندس معماربود وصاحب سلیقه، اوهمه چیزرا تحسین میکرد ومن هم ازاین بابت بخودم می بالیدم . وقتی تقریبا کار، دکورکردن آپارتمان تمام شده بود، تصمیم گرفتیم ،میهمانی بدهیم وخانواده ودوستانمان را درگروههای جداگانه دعوت کنیم .

اولین گروهی را که دعوت کرده بودیم، خانواده ی من بودند ، برایشان سنگ تمام گذاشته بودم،یادم می آید بوقلمون درسته ، ماهی درسته، باقلاپلوبا ماهیچه ، چندنوع دسرخوشمزه ، سالادهای خوشمزه وزیبا ،غذاهایی بودند که برای آنها پخته بودم، این اولین تجربه ی میهمانداری ام بود، البته ازشب قبل هم میزشام را با رومیزی زیبا وظرفهای زیباتر،تزئین کرده بودم، بشقابهای سفید دورطلایی با قاشق وچنگالهای طلایی بسیارزیبا ، ولیوانهای پایه بلند کریستا ل ، زینت بخش میزشامم شده بودند ،میزجداگانه ای هم برای نوشابه ها تهیه وتدارک دیده بودم که بنوع خودش بسیارزیبا شده بود .

اولین باری بود که خانواده ام به منزل ما می آمدند و تصورش را نمیکردند که با چنین صحنه ای روبروشوند. وقتی وارد شدند، نمیدانستند کجا را نگاه کنند ، باورشان نمیشد که همه چیزرا شخصاً تزئین کرده باشم . باورشان نمیشد ،غذاها را خودم پخته باشم ، میگفتند : آخه توهیچ کاری بلد نبودی وما فکر میکردیم چطورمیخواهی شوهرداری وخانه داری کنی ، راستش خودم هم تعجب کرده بودم وکم کم داشت باورم نمیشد که این من هستم که این کارها را انجام داده بودم ،درواقع این قدرت عشق بود که اینکارها را انجام داده بود. عشق قدرت عظیمی دارد که میتواند کوه بیستون را توسط فرهاد بکند....! مادرم اعلام آمادگی کرده بود تا به کمکم بیاید، ولی من ترجیح داده بودم که تمامی کارها را خودم انجام دهم . همسرم گفته بود : این باید برایت دست گرمی وتمرین باشد که بتوانی ازعهده میهمانی های بعدی برآیی، اوبسیاررفیق بازبود ومیگفت : تا سی وشش سالگی مجرد بوده ام وهمیشه به میهمانی دوستانم رفته ام وحالا که زن وزندگی دارم ، میخواهم جبران کنم وبعد ازاین دوستانم به خانه ی ما بیایند. ازهیچ چیزبرای فراگیری ام دریغ نمیکرد ،همه چیزبرایم میخرید ومیگفت: توفقط تمرین کن، اگرهم خراب شد ند ، ناراحت نباش وآنها را بریزبیرون ودوباره شروع کن . طرزفکراوبمن قوت قلب میداد ، که با اعتماد به نفس بیشتری ، شروع به آشپزی وشیرینی پزی میکردم . اوبقدری با فکروبا سیاست بود که باورم نمیشد، کارگربسیارخوبی داشت که موتورسوارشرکت بود وهمیشه بخانه ی ما می آمد ولیست خریدهای منومیگرفت وبه بازاربهجب آباد که بهترین بازارگوشت ومیوه ی تهران بود وهرچه میخواستی درآنجا میتوانستی پیدا کنی ، میرفت وبرایم لیست خریدم را تهیه میکرد ومی آورد . توتومیگفت ما نبایستی این خریدها را توسط اوکه ماهی یکبارهم شاید گوشت نخورد ، تهیه کنیم . مثلا یک روزکه سیزده هزاروپانصدتومان فقط قیمت گوشتی شده بود که برایم خریده بود ، همسرم تصمیم گرفت که بعد ازآن آقای طاهری را برای خرید مواد خوراکی منزل نفرستیم . البته اکثرمواقع حسن آقا (باغبان ،باغ دائی با) درفصل بهاربره میخرید وبرایمان پروارمیکرد ودرپائیزسرآنها را میبریدند ووقتی به مشهد میرفتیم آنها را فیریزمیکردیم وبا خودمان به تهران می آوردیم ...انصافا هم مزه ی آن گوشتها را تا آخرعمرم نمیتوانم فراموش کنم . واقعا گوسفندهای پرواری ،حسن آقا یک چیزدیگه ای بودند .. همینطورمیوه های مشهد را نمیتوانم فراموش کنم ، عالی بودند . همسرم به مواد غذائی اش خیلی توجه داشت واهمیت میداد که بهترینها را بخوریم ...اوخیلی مرد خوب وبا محبت ومسئولی بود ، به همه چیزواطرافیانش خیلی توجه داشت وتلاش میکرد بقول خودش گردی هم ازطرف اوبرآنها بنشیند .. بسیارسخاوتمند بود ودست خیلی ها را گرفته بود ،گاها وقتی گذشته ام را مرورمیکنم ، فکرمیکنم یکی ازدلائل موفقیتش درکسب وکارش ،همین دل رئوف ودست بخشاینده اش بوده است ...

اولین لوازمی که برایم خریده بود یک یخچا ل ویک فیریزرخیلی خیلی بزرگ بود که اکثرا پرازمواد مختلف بودند.من اجازه خریدرفتن نداشتم وبایستی مایحتاج روزانه ام را توسط موتورسوارشرکت، خریداری میکردم ...خواهرم مدام مرا مسخره میکرد وپشت سرم میگفت : آخه اینم شد زندگی که زن اجازه خرید رفتن نداشته باشد ؟!هزاران دلیلی که درزندگی ام باعث خوشحالی ام بود، نمی دید وفقط میگشت تا نقطه ضعفهای زندگی مرا پیدا کند وتوی سرم بکوبد وآنرا جاربزند .
اوبه مسخره میگفت : مثلا وقتی فلانی دارد آبگوشت می پزدوبه زرد چوبه احتیاج دارد، بایستی تلفن کند وبگوید توتو،من زرد چوبه ندارم ، حالا چکارکنم ؟ خواهرم ازروی ، حسادت مرتبا به قول معروف پشت سرمن صفحه میگذاشت وبه بقیه میگفت، دروغ میگوید، شوهرش ثروتمند ومهندس است ، میگفت: دروغ میگویند که فرشهایشان را خریده اند ، آنها را برای میهمانی قرض کرده اند .
میگفت : کت وشلواردامادد هم درشب عروسی عاریه ای بوده وحالاچند وقت دیگرمعلوم میشود که همه چیزدروغه... وقتی این خبرها به گوش ما میرسید خیلی غصه میخوردم وبرای همسرم تعریف میکردم واومیگفت : تا بحال چنین خواهری ندیده ام، برای اوکه خانواده ی بسیارمتحد ومهربانی داشت ،خیلی عجیب بود ،که چرا بایستی خواهرتنی ام تا این حد با من درعناد باشد، اوبا غصه وناراحتی میگفت: ازدواج کرده ام که تعدادی خواهروبرادرجدید پیدا کنم، نمیدانستم که یک عده دشمن پیدا خواهم کرد . خواهرم که زندگی متشنجی داشت وشوهرش حتی برایش جشن عروسی نگرفته بود ولباس عروسی هم نپوشیده بود ،همه چیزبرایش عقده شده بود ونمیتوانست به جشن عروسی دیگران برود وبا خوشحالی خانواده اش ، خوشحال باشد . حتی یادم می آید که درجشن عروسی برادرم هم کلی گریه کرد وبهانه جوئی نمود .
همسرم میگفت : من دوستی بدون دلیل دیده ام، ولی دشمنی بدون دلیل ندیده ام . البته خواهرم وشوهرش همیشه با من دشمنی داشتند وبرای من میزدند ... بارها برای من ازطرف فامیل شوهرش، خواستگارانی پیدا شده بودند که اواجازه نداده بود ،حتی پای آنها به خانه ی ما برسد. وقتی دیده بود آنها تحصیل کرده وآدم حسابی هستند، با خواستگاری آمدنشان مخالفت کرده بود... اووشوهرش بدترین حرفهایی را که یک دشمن میتوانست برعلیه من بزند ،میگفتند: وبرایم داستان میساختند وجارمیزدند...آنها چشم دیدن مرا نداشتند وبهرنحوی تلاش میکردند زندگی ام را خدشه دارکنند . برادرکوچکم که تازه ازسربازی آمده بود درشرکت شوهرم مشغول بکارشده بود،اوپسربسیارفنی وبا هوشی بود که با سن کمی که داشت، چیزهایی را ابداع کرده بود . وقتی خواهرم ازاینکه او درشرکت شوهرم مشغول بکارشده است ،مطلع شده بود، مدام کنجکاوی میکرد وازاودرمورد وضعیت شرکت ودرآمد شوهرم وغیره، سئوال میکرد وباعث عصبانیت ما میشد ومجال نمیداد که آب خوشی ازگلویمان پائین برود ، ازاینکه دیده بود برخلاف متلکهایی که درطول زندگیش بمن گفته بود، با مرد رویاهایم ازدواج کرده ام آرام وقرارش تمام شده بود وتمام تلاشش را میکرد که بنوعی نیش ،زهرآگینش را عاقبت دربدنم فروکند ... شبی که به میهمانی منزل ما آمده بودند، ما یک فرش دوازده متری نود وپنج رج تبریزبا گلهای ابریشمی خریده بودیم، شوهرش با حالت مچ گیری گفت : میشود دوتا سوزن ویک نخ، سیگاربمن بدهید؟ چون من فکرنمیکنم این فرش نود وپنج رج باشد ومیخواهم رجهای آنرا بشمارم .. شوهرم درحالی که اخمهایش را ازشدت تعجب درهم میکشید ، یک نخ سیگارودوسوزن به اوداد ، واودرنهایت وقاحت ، فرش را بالا زد وشروع به رج شماری کرد.. وقی بیش ازنود وپنج رج شمرد، ازرونرفت وگفت آره ، درسته .. بعد شوهرم گفت: حالا دیگه فروشنده نیستم!! همسرم که مردی بسیاربا تجربه وتحصیلکرده وفهمیده ای بود، خیلی سریع آنها را شناخت ومعاشرت مرا با کلیه آنها قدغن کرد وگفت: بعد ازاین مایل نیستم بغیرازپدرومادرت با هیچکدام ازافراد فامیلت معاشرت کنیم ، باین ترتیب خواهرم به آرزویش رسید وموفق شد که ارتباط من با تمامی اعضاء خانواده ام قطع شود وتنها شوم . اما متاسفانه

این پایان قصه نبود وکینه ای که اووشوهرش ازمن بدل داشتند فروکش نکرده بود، تااینکه یکروزگوشی تلفن را برمیدارد وبه همسرم میگوید، پرونده ی زنت درزیربغل من است ؟! همسرم هم گفته بود ،خوش بحال شماخواهر.. وقتی بخانه آمد کلی با من دعوا کرد که این چه ارتباط خواهروبرادری است که شما دارید ؟ چرا اینها اینقدرعوضی هستند ؟ اگربفهمم که یکباردیگربا خواهرت صحبت کرده ای باید برگردی خانه ی پدرت ... ازکجا بگویم ؟! خواهرم داشت دق میکرد وبهرنحوی که شده بود، تلاش میکرد زندگی مرا دستخوش توفان کند... همیشه ازخودم میپرسیدم آخرچرا ؟
درفصل زمستان ،هرروزصبح جمعه، به پیست اسکی دیزین میرفتیم ،واسکی بازی میکردیم. یک روزخواهربزرگترم بمن تلفن کرد وگفت: با شوهرم وبچه ها میخواهیم امشب بخانه شما بیائیم ، من به اوگفتم، فردا شب میهمانی دارم ولی مشکلی نیست شما هم میتوانید امشب بیائید. آنها پذیرفتند ویک سری دیگ وقابلمه هم برای منزل مبارکی برای ما آوردند ، آنها بدون ملاحظه به بی تجربگی من، شب را هم درمنزل ما ماندند،صبح روزبعد ، ازاوخواستم که بمن اجازه دهد کارهای میهمانی ام شروع کنم ، اوهم پذیرفت ودرچیدن میزشام وآماده کردن غذاهای شب کمکم کرد ... بخواسته ی خودشان آبگوشتی هم برای نهارشان بارگذاشتم ، به تقاضای خواهرم، قرارشد درآشپزخانه نهاررا بخوریم وبعد آنها بروند ،قبل ازنهارشوهرم ،به منزل آمد ولباسهای تنیسش را پوشید وضمن عذرخواهی ازآنها گفت : امروز، روزبازی من است که معلم وهمبازی ام درزمین منتظرم هستند وچون اطلاع نداشتم که شما امروزهم میخواهید اینجا باشید، آن را کنسل نکرده ام ، بنابراین ناچارهستم که بروم .
بعدها شنیدم که گفته بودند ، شوهرش بما توهین کرده وبازی تنیسش را به ما ترجیح داده ورفته، وخودش هم بما درآشپزخانه غذا داده ! گویا به آنها خیلی برخورده بوده وتصمیم گرفته بودند، بعد ازآن هرگزبمنزل ما نیایند وارتباطی هم نداشته باشند ،من خوب میدانستم که مشکل آنها این نبوده ، بلکه آنها با زندگی ولیاقتهای من دچارمشکل شده بودند ... نامه ای برای آنها نوشتم و درآن کاملا همه چیزرا توضیح دادم که صد درصد دراشتباه هستند وما قصد توهین کردن به آنها را نداشته ایم ، ولی آنها برای همیشه با ما قطع رابطه کرده بودند . من هیچ گناهی مرتکب نشده بودم، فقط خوشبخت شده بودم واین را آنها نمیتوانستند تحمل کنند . البته برای من که ازحرف وحد یث گریزان بودم ، این قطع ارتباط برایم عین سعادت وآرامش بود.
درفصل تابستان ، به سد کرج میرفتیم وهمسرم اسکی آب ، بازی میکرد . درآن زمان اسکی آب برای خانمها قدغن بود والا مطمئن بودم، حتما برای من هم معلم میگرفت واجازه میداد بازی کنم . بعد ازازدواجمان به هتل هایت چالوس رفته بودیم تا چند روزی را درآنجا باشیم، وقتی برای قایق سواری به کناردریا رفتیم ، قایق پدالویی اجاره کرد یم تا باهم سوارآن شویم وبا پا زدن روی دریا ساعتی را لذت ببریم، ازآنجائیکه همسرم همیشه بیش ازحد توانش احساس قهرمانی میکرد ، قایق را شروع به هل دادن کرد تا به آب برساند ، ناگهان فریادی زد وازقایق دورشد ، من درحالی که به شدت وحشتزده شده بودم ،مرتبا میپرسیدم چی شده ؟ چی شده ؟! حرف بزن ،خواهش میکنم بگوچی شده ؟! واومکررا میگفت : هیچ چی، بیا برویم سوارشویم ، ولی من اصرارداشتم که تا نگویی چه اتفاقی افتاده من سوارقایق نمیشوم .
با اصراروالتماس توانستم اورا به ساحل ببرم که یک مرتبه چشمم به انگشت پایش که خون از آن جاری بود، افتاد ،درحالی که مرتبا میگفت: چیزی نیست ،نگران نباش به قسمت کمکهای اولیه هتل رفتیم، ولی متاسفانه هیچکس آنجا نبود وبه نظرمیرسید آنجا فقط حا لت دکوردارد .
من با داد وفریاد، بالاخره یک نفررا صدا کردم که بیاید ودارووباند پانسمان بما بدهد، بالاخره یک آدم غیرمتخصص آمد ومقداری محلول بتادین وپنبه بمن داد که خودمان ازآن استفاده کنیم، وقتی آن را روی قسمتی که بین انگشت شصت پا وانگشت بعدی بود وکاملا پاره شده بود ریختم، یکمرتبه اوبراثرخونریزی وشدت جراحت بیهوش شد، درحالی که گریه میکردم، کمک

میطلبیدم ! دربان هتل که مردی بسیارقوی هیکل ودرشت بود دوان ، دوان آمد وشوهرم را بغل کرد وانداخت داخل ماشین وبطرف درمانگاه چالوس حرکت کردیم .
تمام مدت، شوهرم روی پای من داخل ماشین بیهوش افتاده بود ، ونمیدانستم بایستی چکارکنم . وقتی با نگرانی وترس وهراس به درمانگاه رسیدیم ، دکتربلافاصله اقدامات اولیه اش را شروع کرد ،اودوازده بخیه به پای شوهرم زد وبا وضعیتی کمی بهترازبیهوشی به هتل برگشتیم . اومیگفت : خدا را شکرکه با سماجتت مانع ازرفتنمان داخل دریا شدی ، والا این اتفاق داخل دریا می افتاد وهردوی ما غرق میشدیم .. ما تصمیم گرفتیم که روزبعد به تهران برگردیم . اوبا سختی وتحمل درد رانند گی میکرد ، تا بالاخره به تهران رسیدیم ... مدتها طول کشید تا جای جراحتش خوب شد وتوانست بحا ل عادی برگردد .
مدتها ازاین مسئله میگذشت تا اینکه مادرم بخاطرعمل جراحی مثانه ناچاربود، کسی را بعنوان هدیه دهنده خون به بیمارستان معرفی کند . وقتی مسئله را با همسرم درمیان گذاشتم، اوقبول کرد داوطلبنه به سا زمان انتقال خون برود وبرای مادرم خون اهداء کند . البته میگفت :گاها اینکاررا انجام میداده است ،ماه ها ازاین جریان میگذشت تا اینکه یک روز، نامه ای ازسازمان انتقال خون دریافت کردیم که درآن ازاوخواسته شده بود که بدلیل مشاهده فاکتوری منفی درخونش ، سریعا به سازمان انتقا ل خون مراجعه نماید .
خدای من چه روزبدی بود ، هزاران فکروخیال به مغزمان خطورکرده بود وتا صبح نتوانسته بودیم بخوابیم . صبح روزبعد با هول وهراس به طرف سازمان انتقال خون براه افتادیم . وقتی به سازمان رسیدیم با دستپاچگی به سراغ پرونده اورفتیم . لحظه ها مثل سا ل میگذشت ،آنها با مشاهده ی پرونده ی همسرم گفتند: متأسفانه شما به هپاتیت B مبتلا شده اید ،رنگ ازرخسارهردوی ما پرید وحادثه چالوس بیادمان آمد وفهمیدیم که دردرمانگاه چالوس ازسوزن آلوده به هپاتیت B برای بخیه زدن بریدگی پای اواستفاده کرده بودند ... متأسفانه این نوع یرقان داخل خون است وهیچگونه درمان دارویی ندارد وفقط بایستی با تغذیه ی خوب ومقاوم کردن بدن، با این ویروس مقابله میکرد وسالی دوبارهم آزمایش میداد، تا بیماری تحت کنترل باشد .
به این ترتیب اومبتلا به ویرووس هپاتیت B شده بود ومن برای رسیدگی به تغذیه اش مسئولیت سنگینی بردوشم احساس میکردم . بعد ازآن حادثه ، با نگرانی مراقبش بودم وهرروزه درجیره غذایی اش آبمیوه وتعدادی قرص های مولتی ویتامین وویتامین سی هم به اومیدادم .
مرتبا تعطیلات پایان هفته را درزمستان به پیست اسکی دیزین میرفتیم ودرپیست های جداگانه ای که برای مردان وزنان تعیین کرده بودند، دورازهمد یگرمشغول بازی میشدیم . یک روزوقتی درپیست بودیم، تصمیم گرفتم ازپیست بالا که طولش خیلی کم بود بازی ام را ادامه دهم وتا پیست پائین که مسیرطولانی تری هم داشت بروم وباین ترتیب ضمن اینکه لذت بیشتری میبردم بدنم هم سرد نمیشد .
درآخرپیست درحالی که کاملا سرحال شده بودم با هیجان سوارتله سی یژشدم که سریعتربه بالای پیست بروم وبه اوبگویم که ازاین به بعد ،دوتا پیست را با هم بازی میکنم . وقتی به پایگاه، رسیدم اورا دیدم که منتظرم ایستاده بود ،من که به زبان بچه ها به اوبابایی میگفتم: صدایش کردم بابایی ... که یکمرتبه متوجه شدم ،انگارازچشمهایش خون می چکد ، ازدیدن آن صحنه خیلی جا خورده بودم که دو باره چی شده ؟! ناگهان درحضورمردم شروع کرد به داد و فریاد که با اجازه ی چه کسی به پیست پائین رفته ای ؟ کدام گوری بودی ؟ غلط کردی که اینکاررا کردی ؟ من نبایستی دختر آقای .... را میگرفتم ! زنکه ی احمق با این باتوم (چوب اسکی) بزنم کمرت را خردکنم ؟! زود باش برگردیم پارکینگ و... عجب! مگرچه شده ؟! مگرچه اشکا لی دارد که من بیشتروزرش کنم وبیشتر لذت ببرم ؟ مگرآسمان به زمین آمد ه ؟! مگرمن چکارکرده بودم؟! درحضورمردم وبا صدای داد وفریاد، هرچه که دلش میخواست بمن گفت ومرا درحضورمردم سکه ی یک پول کرد ، درحالی که جرأت نفس کشیدن نداشتم ، دلم میخواست زمین دهن بازکند ومرا ببلعد، تا ازدست اوونگاههای مردم ، راحت وخلاص شوم .

ازخودم سئوال میکردم ، آیا این نشاندهنده ی محبت است یا قدرت ؟! ازنظراومن بزرگترین گناه دنیا را مرتکب شده بودم ،چرا بایستی بدون اجازه ی آقا، کاری را که خودم دوست داشتم ، انجام میدادم ؟ پس حتما کاسه ای زیرنیم کاسه بوده وحتما میخواستم خلافی انجام دهم ! ازنظراودلیل دیگری وجود نداشت که من اجازه نگرفته بودم .. خود حدیث مفصل بخوان از این مجمل .. بطرف ماشین براه افتادیم وازشدت ترس وناراحتی میلرزیدم ،هزاران بارخودم را سرزنش کردم که چرا این کاررا کردم ؟ آیا آن لذت ، آنی ارزش این همه توهین وتحقیررا داشت ؟ اوتمام مدت تلاش داشت چهره ای مستبد وديکتاتورازخودش برایم ترسیم کند که حتی ازسایه اش هم دچارترس ووحشت باشم .

درحالی که بطرف تهران درحرکت بودیم، گفت : باید ثابت کنی که چرا بدون اجازه ی من رفته بودی پیست پائین ، والا باید برگردی منزل پدرفلان فلان شده ات ... خدایا، چطوربایستی ثابت میکردم ؟! خدایا خودت که شاهد هستی بدادم برس واورا آرام کن .

اوازرمان آشنایی ، برده وارعادتم داده بود که ازخودم کوچکترین اختیاری نداشته باشم ومثل یک عروسک کوکی، دراختیاراوباشم وصرفا خواسته ها ی اورا اطاعت کنم ،اوکه کاملا مرا خلع سلاح کرده بودخوب میدانست ، پلی پشت سرم نیست که برگردم ... بنابراین ،هربلایی که دلش میخواست برسرم می آورد وجرا ت جیک زدن هم نداشتم ، بمن تفهیم کرده بود اگرروزی قهرکردی وبخانه پدرت رفتی، یادت باشد که بعدازآن هرگزاجازه ی برگشت به خانه ی مرا نخواهی داشت . بعنوان یک انسان ، هیچگونه حق وحقوقی درآن زندگی ویا بهتربگویم دراین دنیا نداشتم،همه چیز، اوبودومن نگهبان وبرده ی آن زندگی .

هرروزازساعت هشت صبح که به شرکت میرفت ، بایستی درب آپارتمان را با قفل وشب بند محکم می بستم وتا ساعت دو، دوونیم درزندانی که اسمش خانه بود تک وتنها میماندم ، وسرخودم را با کارنظافت وآشپزی ویا مطالعه کتابهای مختلف آموزشی درزمینه های تاریخ وجغرافیا که اوانتخاب کرده بود، گرم میکردم . نه جرات داشتم به کسی تلفن بزنم ونه درب آپارتمان را بدون اجازه ی اوبروی خودم ویا دیگری که پشت آن بود بازکنم . وقتی برای نهار،بخانه می آمد، بایستی آمارتعداد پشه های خانه راهم به اومیدادم وبعد دوساعتی میخوابید، ودوباره به شرکتش میرفت وساعت ۸ شب وگاهی هم دیرتربرمیگشت ...روزی برادرم گفت، همسرت ازمن خواسته است، دستگاهی روی تلفنتان نصب کنم که بتواند مکالمات ترا ضبط کند! اوبا دلخوری جواب داده بود، مگرخواهرمن درخانه ی خودش زندانی است که شما حتی میخواهید مکالمات تلفنی اورا هم ضبط کنید ؟! برادرم معتقد بود مردی که خودش سالم باشد واهل هرزه گی نباشد، هرگزبه زنش شک نمیکند .

من چون خیلی عاشق بودم خوشم نمی آمد برادرم چنین حرفهایی پشت سرهمسرم بزند ، ولی راست میگفت . گاهی هفته ها رنگ آسمان وخورشید را نمی دیدم، درحدی که احساس خفگی میکردم . اوحتی اجازه نمیداد بدون خودش بمنزل پدرومادرم بروم ، وبا آنها درد ودل کنم ویا چند ساعتی را بیاد ایام قدیم درکنارشان باشم ... طفلکی پدرومادرم که متوجه ی نوع زندگی من شده بودند هرگزگله ای نمیکردند ، وآنها با اطلاع قبلی بدیدن من می آمدند ، درحقیقت من درسلول انفرادی حبس بودم که بازپرس وزندانبانم ،کسی بغیرازشوهرم نبود، درحد یک بازپرس خشن با من رفتارمیکرد، مدام شکنجه روحی وروانی میشدم . برای گذراندن وقتم درسلولی که درآن محبوس بودم، مدام درحال براق کردن درب ودیواروووسائل خانه بودم. انگارهمه چیزراهمان روزازداخل کارتن بیرون اورده بودند . یک روزکه ازشدت افسردگی وپریشانی بمرزجنون رسیده بودم، با خواهش دوستم واصرارخودم ،خواستم که مرا به منزل آنها ببرد، وشب هم خودش برای شام بیاید . نمیدانم آن روزآفتاب ازکجا درآمده بود که قبول کرد ومرا بمنزل فخری برد، کلی با دوستانم که همگی درآنجا جمع شده بودند گپ زدیم وازهردری سخنی گفتیم ، تا اینکه ساعت هشت شب شد ، واوآمد . به محض اینکه چهره برافروخته وخشمگینش را دیدم ، متوجه شدم که اوضاع پس معرکه است ، با ترس

ولرزسئوال کردم چراعصبانی هستی ؟ اودرنهایت خشونت وبیرحمی پرسید، کجا رفته بودید؟ درحالی که به سختی آب دهانم را قورت میدادم ،گفتم : هیچ جا ! همین جا بودیم وکلی هم خوش گذشت، بلافاصله گفت، مثل سگ دروغ میگویی! کجا بودید ؟ گفتم: والا بخدا ،هیچ جا نرفتیم وتمام طول روزدراینجا بویم ،میتوانی ازبقیه سئوال کنی ...گفت: من روی کاپوت ماشین فخری دست زده ام داغ بوده واین یعنی شما بیرون بوده اید وتازه بمنزل برگشته اید ، بگوکجا بودید ؟ گفتم : نمیدانم چرا کاپوت ماشین فخری داغ بوده ،بالاخره سرمیزشام به فخری گفت: انگارامروزکلی بهتون خوش گذشته، بخصوص که دیدم کاپوت ماشینتون داغ است وتازه ازگردش وخیابان گردی برگشته اید . فخری که داشت ازتعجب شاخ درمی آورد گفت : ولی ما بیرون نبودیم ، غلا مرضاخان (برادرشوهرم) با ماشین من رفتند منزل یکی ازدوستانشا ن و تازه برای شام برگشته اند. من نگاهی به فخری ونگاهی به همسرم انداختم واوبدون هیچگونه خجالتی ازجمع مدعوین ، شروع به شام خوردن کرد وانگارنه انگار، که بی جهت به من تهمت زده بود ،درهمان لحظه متوجه شدم که اوتصمیم گرفته است رفتاری خشن ازخودش نشان دهد، تا مبادا باردیگرهوس تکرارمیهمانی رفتن را داشته باشم . اوتمام تلاشش را میکرد که مرا به خفت وخواری وتوسری خوردن عا دت دهد، تا آنوقت بتواند حداکثرسواستفاده را بنماید . اسم این طرزتفکررا هم غیرت وتعصب گذاشته بود وهرکس که رفتاری غیرازاین با خانواده اش داشت ازنظراو،لابد بی غیرت بود ! بدبینی وشکاکی اوفقط درمن خلاصه نمیشد، هرکس که بنوعی درکناراووبا اوزندگی ومراودتی داشت ازاین آسیب بی بهره نمانده بود . مثلا خواهرش برایم تعریف میکرد ، وقتی فقط چهارده سال داشته، یک روززودترازساعت معمول به مدرسه میرود تا با دوستانش درس بخواند . وقتی برادرش به خانه می آید ومتوجه غیبت اومیشود ، بلافاصله به مدرسه ی اومیرود ودختربیچاره را که فقط کمترازنیم ساعت زودتربه مدرسه رفته بوده است، صدا میکند ودرانظارهم شاگردیهایش سیلی محکمی درگوشش میزند، ودرحالی که گوشش را گرفته بوده کشان ،کشان به خانه برمیگرداند ، بعدهم دخترک بیچاره را درشانزده سالگی به یکی ازدوستان خودش که گویا دچاراختلالات روانی هم بوده است ،با زوروجبروادارِبه ازدواج میکند. زن بیچاره برایم تعریف میکرد که علی الرغم مخالفت مادروبقیه خانواده ، اوبه همگی حکم میکند که این ازدواج بایستی سربگیرد، والا اوخانه را ترک خواهد کرد...همانطورکه خواهر، برادرهایش میگفتند: اوهمیشه خودش را تافته ی جدا بافته وعقل کل خانواده میدانسته وکم کم امربهش مشتبه شده بوده که همین طوراست . دختربیچاره، وقتی این داستان را برای من تعریف میکرد اشگ میریخت ومیگفت : آخه من فقط ده دقیقه زودتربه مدرسه رفته بودم نه بیشتر. میگفت : بعدازگذشت سالیان درازهنوزخاطره ی تلخ وتحقیرآمیزآنروزدرحضورهم شاگردیهایم را نمیتوانم فراموش کنم . همیشه فکرمیکردم اگرخدا به اودختربدهد ،دخترک بیچاره حتما اجازه ی نفس کشیدن هم نخواهد داشت . توتو،درهفده سالگی برای ادامه تحصیل به تهران می آید وکاملا خودساخته دارای موفقیتهایی درزندگی تحصیلی وشغلی اش میگردد، درحقیقت اوکه پدرناتنی اش را نیزبه شکل فجیعی ازدست میدهد، نقش پدررا درخانواده بعهده میگیرد . خوب بخاطردارم، زمانی که دوبرادرناتنی اش درخارج ازکشورتحصیل میکردند وارزدانشجویی آنها قطع شده بود ، اومرتبا برایشان پول میفرستاد، حتی زمانی فرشهای زیرپای مرا برداشت وبرای آنها فرستاد تا با فروش آنها ،بتوانند هزینه ی تحصیل وزندگیشان را تامین نمایند . ناگفته نماند که مادرش زنی بسیارزیرک وبا سیاست بود که خوب توانسته بود ارتباط اورا با خواهروبر درهای ناتنی اش برقراروحفظ نماید . روابط خانوادگی آنها برایم قابل تحسین بود وگاها حسرت میخوردم ،که تا حد ایثاروگذشت همدیگررا دوست داشتند ومتحد بودند . درعین حال که خیلی دوستش داشتم ، شدیدا وابسته اش شده بودم وبرایم مثل یک بت شده بود که با تمامی سخت گیریهایش حاضرنبودم ،حتی یک روزبدون اوزندگی کنم . مادرم میگفت: وقتی

بچه دارشوید همه چیزتغییرخواهد کرد . گاهی هم میگفت: ازبس که دوستت دارد مدام نگرانت است ومیترسد مبادا ترا ازدست بدهد.. چه بگویم ، فقط خدا میدانست.

خوب میدانم که امروز، باگذشت این مدت وتحمل رنج ها ، دل آسوده نیستم ،امروزتلخ ودرمانده ام، چیزی دارد روی دلم پنجه می کشد، انگارعقربی به دلم نیش می زند، خسته وخرابم ، حالا باید شاهد فروریختن سقف بلند آرزوهای نجبیب خود باشم ، براستی شخصیت ذاتی اوبرچه محورومعیارهایی قراردارد ، آیا عشق وعلاقه ی من باو، مانع دیدن واقعیت های زندگیم شده ، آیا براستی اویک هیولاست ، آیا اوبیماراست ، آیا سرنوشتی تراژیک نصیب من شده ، چرا اوارزش های انسانی وساختمان اخلاقی وشفافیت صداقت مرا نمی بیند ؟ حس نمی کند چگونه می توانم باین زندگی ادامه دهم ، آیا دوست داشتن وعشق برای یک زندگی مشترک کفایت می کند ؟ گاهی ، خود را نمی بینم ، ازخود می پرسم زمان کجا رفته ؟ آیا درچاهی ژرف غرق گشته ام ؟ آیا جهان خفته !! آیا خدا خفته !!

فصل پنجم

اولین تجربه میهمان داری دوستانه

دردومین میهمانی، تصمیم گرفتیم، فقط دوازده نفرازدوستانش را که درعروسی ما شرکت داشتند وبا اوخیلی صمیمی بودند، دعوت کنیم . طبق معمول ، من ازچند روزقبل برای آن میهمانی تهیه وتدارک دیده بودم وتلاش کرده بودم، خاطره ای بیاد ماندنی ازاین میهمانی درذهن دوستانمان بگذاریم . وقتی ساعت موعود فرا رسید ودوستانمان یکی بعد ازدیگری وارد آپارتمان ما شدند، کاملا میشد چشمان ازحدقه درآمده ومتعجب آنها را احساس کرد...کاملا مشخص وقابل رویت بود که زیبایی ودکوراسیون خانه ومیزآرایی آنها را متعجب کرده بود، ویکی،یکی شروع به ابرازتعجب ونشان دادن احساساتشان میکردند .اصلا نمیتوانستند باورکنند این همان آپارتمان بهم ریخته وکثیفی بود که قبلا میشناختند ، همه ی آنها گمان کرده بودند، برای دکوراسیون خانه ازمتخصص اینکاراستفاده کرده ایم، ولی وقتی ازهمسرم می شنیدند که همه ی کارها را من خودم به تنهایی انجام داده ام ، باعث تعجب وتحسین شان میشدم،سرمیزشام ، همه ی آنها که تجربه ی زندگی داشتند وسالها ازازدواجشان میگذشت ، میگفتند : ما تا بحال غذاهایی به این خوشمزه گی وزیبایی نخورده وحتی ندیده ایم ، خودمان هم که عمرا بلد نیستیم درست کنیم . چطورممکنه که یک تازه عروس جوان به تنهایی وبدون تجربه توانسته باشد چنین میزی بچیند وچنین خانه ای دکورکند !؟ آنها بهیچ عنوان مرا باورنکرده بودند . شوهرم میگفت: عمردرازاست وقطعا این اولین وآخرین باری نخواهد بود که آنها باینجا آمده اند ویا دست پخت ترا میخورند . مطمئن باش که بعد ها همه چیزرا باورخواهند کرد ، ضمن اینکه باورآنها اصلا برایم اهمیتی نداشت واتفاقا باعث خوشحالی ام نیزمیشد که حتما همه چیزدرحد فوق العاده ای خوب وقابل تائیدشان بوده است .

درصحبتهایشان بقول معروف یکی به نعل میزدند ویکی به میخ، که اگرتمام این غذاها ودسرها دست پخت خودم باشد، قطعا همسرم خیلی شانس آورده است . آنشب تمام شد وهمگی رفتند وبعد ازآن یکی ، یکی میهمانی میدادند وباصطلاح ما را پا گشا میکردند. وقتی بمنزل آنها میرفتیم تازه متوجه میشدم، چرا کارهای من باعث تعجب آنها بوده است ،همسرم ازاین بابت بخودش می با لید ومرا تشویق میکرد که ازهمه ی آنها یک سروگردن بالاترهستی . . بعد ازاین معاشرتها بود که متوجه شدم که آنها خیلی، تمایل ندارند که بخانه ی ما بیایند، تاعاقبت یکی ازآنها که ازبقیه کمی ساده تربود، گفت: راستش اگرقول بدهی که بعد ازاین ، خیلی غذاها ودسرهای آنچنانی ومیزآرایی آنچنانی نکنی ما می آئیم، چون شوهرم توی سرم میزند که بروواز فلانی کدبانوگری را یاد بگیر... وادامه داد که بارها بعد ازاینکه ازمیهمانی منزل ما برگشته بودند به خاطرهمین مسئله باهمسرش بحث ومجادله داشته اند . خب ، قطعا این مشکل من نبود که آنها بعد ازسالها زندگی مشترک نتوانسته بودند آنچنان که باید، رشد کنند ویا استعدادی دراین زمینه ازخودشان نشان دهند . من دخترجوانی بودم که دوست داشتم بهترین باشم وبهترینها را ارائه دهم .وقتی احساس ناراحتی ومشکل آنهارامتوجه شدم بلافاصله گفتم، خب ،شاید شما هم استعدادهایی دارید که من ازآنها محروم هستم، همه که نبایستی الزاما دریک زمینه ی خاص ،استعداد مشا بهی داشته باشند . حتی یادم می آید یکروزیکی ازدوستانمان که باورنکرده بود حلوایی را که خورده بود ، خودم پخته بودم ، وقتی یک روز

ازصبح به منزل ما آمده بود، مرا وادارکرد که درحضورش مجددا حلوا بپزم . زندگی ما سرمشق زندگی های دیگران شده بود ، وهرکجا میخواستند درمورد عشق وعاشقی صحبت کنند، ما را مثال میزدند . دوماهی ازازدواجمان گذشته بود که همسرم برای مادر، خواهر، شوهرخواهر، بچه کوچکشان ومادربزرگ هشتادساله اش که به اوبی بی جان میگفتند، بلیط هواپیما فرستاد وازآنها خواست که برای دیدن ما به تهران بیایند . برای آمدن آنها روزشماری میکردم وفهرستی ازغذا ودسرنوشته بودم که هرروزبرای آنها بپزم . وسائل خوابشان را به بهترین شکل ممکن تهیه کرده بودم، شوهرم برنامه ریزی کرده بود مدت سه هفته ای که قراراست آنها درتهران بمانند با برنامه های خاص ومسافرت شمال سعی کند سفری خاطره انگیز داشته باشند .

روزی که قراربود بیایند ،برای استقبالشان به فرودگاه مهرآباد تهران رفتیم ، به محض دیدن آنها خواهرشوهرم با لهجه غلیظ مشهدی گفت : داداش جان، چقدرموهایت سفید شده ؟! چقدرپیرشده ای ؟! باورم نمیشود درفاصله چند ماهی که ازازدواجتان میگذرد، اینقدرپیرشده باشی! منظورش این بود که ازوقتی با من ازدواج کرده است ،این اتفاقات برایش افتاده است .

مادرشوهرم ادامه داد ، تهران پسرم را خورد ،عجب ! ما فقط حدود چند ماه است که ازدواج کرده ایم وشوهرم ازهیجده سالگی تهران بوده وتمام موفقیتهایش را مدیون تهران وتهرانی ها است ، حالا چطورمادرش یادش افتاده که تهران پسرش را خورده است ؟! ازوقتی من این آقا را دیده بودم موها وسیبلها یش را با رنگ وحنا، رنگ میکرد،حالا چه اتفاقی افتاده که درعرض دوماه پیرشده است وموهایش سفید شده ؟ نوع برخورد آنها بقدری برایم عجیب وبی ادبانه بود که اصلا باورم نمیشد . هرگزبیادم نمی آمد که با خانم برادرهایم چنین برخوردی داشته باشیم ، البته برادرهای من اجازه نمیدادند که کسی بخواهد باعث آزاروأذیت همسرشان شود ... به محض اینکه داخل ماشین سوارشدیم، مادرشوهرم پرسید حامله نیستی ؟! مادرجون زودترحامله شو!شوهرت سی وشش سالش است وکم کم داره دیرمیشود،مادرجون،من آرزودارم نوه ی پسری ام را ببینم ... بعد روبه پسرش کرد وگفت، مادر، قول داده بودی که هرسال یک نوه بمن بدهی ،پس چی شده ؟ حالا که تاخیردارید ؟!

کم کم داشت باورم میشد که انگاراینها خانواد گی همگی دیوانه هستند، این چه سئوالاتی است که برای اولین باری که بعد ازعروسی مرا می بینند میپرسند ؟ مگرحاملگی وبچه دارشدن جزمسائل خصوصی زندگی هرکس نیست ؟ اوادامه داد، مادرجون ، حتما برودکتر،چون چند نفررا میشناسم که درمشهد بعد ازشما عروسی کرده اند والان حامله هستند ... نکند اشکالی داری ؟! کم کم بغض گلویم راگرفته بود ومیخواستم بزنم زیرگریه که چرا نفوس بد میزنند وهنوزپاشون نرسیده، دارند منوشکنجه روحی میکنند ... بالاخره بمنزل رسیدیم . وقتی وارد آپارتمان شدند فقط ازخوشحالی وتعجب غش نکردند ، آنقدرخوشحال شده بودند که مادرشوهرم دولا شد وزمین را بوسید وسجده کرد، که پسرش چنین زندگی پیدا کرده است، بلافاصله پرسید اینها را پسرم خریده ؟ فکرنمیکنم دخترهای تهرانی جهیزیه داشته باشند ؟! من که میخواستم فریاد بزنم، گفتم: من طلاهایم را فروختم وبرای خرید این آپارتمان به پسرتون دادم ، ضمنا تمامی مخارج عروسی را هم من پرداخت کرده ام . آخرین باری که آنها برای مراسم ازدواج ما آمده بودند، شوهرم دریک اطاق بسیارکثیف ، درطبقه سوم ملک کلنگی که درآن کارهم میکرد میخوابید ، ولباسهایش را به میخ آویزان کرده بود وبرای اینکه دیده نشوند جلوی آنها را پرده ای ازچتایی (گونی) کشیده بود . حتی مستخدم شرکت این مسئله را نمیدانست، چون مرتبا درب آن اطاق را قفل کرده میدید .

آنها همه چیزرا به حساب پسرشان گذاشته بودند وفکرمیکردند، دکوراسیون وانتخاب وسائل خانه تماما سلیقه پسرشان است ،البته بدون اغراق اوخیلی با سلیقه بود، که دختری به شایستگی مرا به همسری انتخاب کرده بود . درسته که پدرمن مرد ثروتمندی نبود ویا اینکه خانواده

دلسوزی مثل آنها نسبت به یکدیگرنداشتم، ولی شخصا دارای لیاقتهایی بودم که به آنها واقف بودم ، لیاقت هایی که از جنس معنوی واصیل بود .
خیلی سریع متوجه شده بودم با چه عجوبه هایی سروکاردارم وچطورمیتوانم سه هفته با آنها سرکنم ؟! چاره ای نبود وبایستی بنوعی تحمل میکردم . خدا بدادم برسد، آنها خیلی عوضی بودند .مادرشوهرم درحالی که دربا توهستم ،دیوارتوگوش کن ،برای پسرش تعریف میکرد، مادرجون تومشهد نبودی ، خبرنداری دخترهای مشهدی وقتی میخواهند بخانه ی بخت بروند یک هفته قبل میهمانی میدهند وجهیزیه شان را به نمایش میگذارند . مادرجون ازکیسه وسفید آب ،حمام گرفته تا خواربار، یکسالشان را بعنوان جهیزیه بخانه ی شوهرشان میبرند، ولی دخترهای تهرانی انگاراصلا جهیزیه ندارند !
یکی ازروزها وقتی میخواستم غذا درست کنم، کتاب آشپزی ام را که زیرتشک تختخوابم مخفی کرده بودم را نیازداشتم، ولی متاسفانه آنها که خودشان را مختارمیدانستند، حتی داخل اطاق خواب من به بحث بنشینند، روی تختخوابم نشسته بودند ، هیچ راهی نبود که کتابم را بردارم ، چون نمیخواستم آنها متوجه شوند که من تمام غذاهایم را ازروی کتاب وجزوه میپزم، والا تا ابد وآباد برایم دست میگرفتند وحرف درمی آوردند، درحالی که تمام بدنم ازشدت ناراحتی وترس میلرزید، ازآنها پرسیدم که مامان جون شما مرغ را چطوری دوست دارید براتون بپزم؟ بلافاصله خواهرشوهرم که به نظرمی آمد جنسش خیلی خراب است ،گفت : ما نمی گوئیم خودت باید درست کنی، مادرشوهرم هم گفت، هرطورکه خودت بلد هستی درست کن ،حتما میخواهی ما یادت بدهیم ؟! زرنگی؟ توی دلم گفتم ، اینها دیگه چقدربدجنس هستند ؟ بطرف آشپزخانه رفتم وباامید خداوند شروع کردم واتفاقا غذای بسیارلذیذی ازآب درآمد ومن شرمنده نشدم .
کسی نبود ازآنها سئوال کند، آخه این درسته که سه هفته بیائید خانه ی تازه عروس جوانی که هنوزخودش را پیدا نکرده ونمیداند باید چکارکند ؟ بعد هم بجای همکاری کردن وکمکش کردن، اذیت وآزارش هم میکنید؟! آیا اگربا خودتان این کاررا میکردند دوست داشتید ؟ همیشه میگفتم، عیبی ندارد و بالاخره این دخترکوچولوی خواهرشوهرم هم یک روزبزرگ میشود .
اولین سفرباصطلاح ماه عسل را با آ نها رفتیم شما ل، تمام طول راه مادرشوهرم که به نظر میرسید زن عقده ای وبسیاربدجنسی است میگفت : نه نه جون، راستی میدا نی فلانی هم برای پسرش زن گرفت ؟ نمیدانی چه زنی ، وقتی مادرشوهرش میخواهد برود توالت ،آفتابه را هم برایش پرمیکند، مادرجون نمیدانی چه جهیزیه ای آورده ،مادرفقط مردم دسته ،دسته می آمدند که جهیزیه اورا ببینند .
بخاطرهمسرم سکوت میکردم ومتانتم اجازه نمیداد سربه سرآنها بگذارم .نمیگفت، مادرنمیدانی که چه مراسم عروسی برایش گرفته اند ؟ نمیگفت، مادرنمیدانی چه طلا وجواهراتی برای عروس خریده اند ؟ مادرنمیدانی چه مهریه ای برای عروس تعیین کرده اند؟ فقط چیزهایی را میگفت، که فکرمیکرد من نداشته ام ،درحقیقت من بایستی ازهمسرم گله مند میشدم که اجازه میداد آنها تا این حد درزندگی ما فضولی ودخالت کنند وبه حریم شخصی من دست درازی کنند. مادرش میگفت ، مادر، عروس فلانی برای تمام خانواده ی داماد کادوخریده بود، برای مردهای خانواده قواره ی کت وشلواروبرای زنها ی خانواده، پارچه ی چادریوجا نمازوپارچه پیراهنی... من احساس میکردم که اوبا بد ذاتی این حرفها را میزند ، ولی تشخیص نمیدادم که به کجای شوهرم میزند . خواهرشوهربدجنس ترم هم حرفهای تحریک آمیزاورا تائید میکرد. اورگ خواب پسرش را خیلی خوب میدانست ونقطه ضعفهای اورا هم خوب میدانست ودرست بهمان جاها میزد که دردش بگیرد واعصاب منو داغون بکند وحسرت بخورد ...
من جرأت اینکه دست شوهرم را بگیرم ویا درکنارش راه بروم را نداشتم ،چون فوری میگفت، با من خیلی خوش وبش نکن ،خواهرم که شوهرش دیوانه است غصه میخورد ، درحقیقت این آشی بود که خودش برای آن دختربیچاره پخته بود وناچاربود باج بدهد ، حالا چه ازنظرمالی

وچه ازنظراحساسی ! گناه من چی بود نمیدانستم . خواهرش هم همین مسئله را بهانه ی خوبی کرده بود ومرتبا ازشوهرم باج میگرفت ....بالاخره مدت اقامت آنها تمام شد وخوشبختانه بایستی به شهرشان برمیگشتند . همسرم برای سرراهی چندین صندوق پرتقا ل وده ماهی سفید خریده بود ،که من بایستی تمامی آنها را پاک میکردم، بسته بندی میکردم ودرفیریزرمیگذاشتم، تا کاملا یخ بزنند تا آنها بتوانند با خودشان ببرند . بقدری جسما وروحا درطول سه هفته میهمانداری خسته شده بودم ،که نای نفس کشیدن نداشتم، ولی شوهرم آن رابحساب حسادت میگذاشت ومیگفت، سالی شصت وپنج روزبرای توهستم، بگذارکه سالی پنج روزش را خرج خانواده ام کنم !من نه تنها حسادتی نداشتم ،بلکه ازاین همه حس مسئولیت اونسبت به خانواده اش لذت میبردم، وحسرت میخوردم که ایکاش خواهروبرادرهای من هم بهمین مهربانی بودند. درتمام طول سال من بودم که به همسرم یاد آوری میکردم که روزمادراست ، روزمعلم است ، بمادروخواهرت تلفن کن، وبرای آنها کادو بفرست ،ولی متأسفانه آدمهایی شبیه آنها ، هرگزتا آن تاریخ ند یده بودم ، خیلی بد ذات وبد طینت بودند، هرکدامشان به نوعی مرا آزارمیدادند . فقط مادربزرگ پیرشان (بی بی جان) زن خیلی خوبی بود ومرتبا به دخترش تذکرمیداد که مادرنکن . مادرنگو. گناه دارد . یک هفته ای ازرفتنشان میگذشت ،که ازمشهد تلفن کردند که حامله نیستی ؟ گفتم، نه شما فقط یک هفته است که رفته اید، ومیدانستید من حامله نیستم چرا بازهم سئوال میکنید ؟ وای چرا ؟ جواب مردم را چی بدهم؟ تمام مردم ازمن سئوال میکنند که عروست حامله نیست ؟ ! نکنه بچه دارنشوی ؟ خب، گوشی را بده به شوهرت وبعد شروع میکرد ،به گریه وزاری که مادرجان دیرشده ، چرا زنت حامله نیست ؟! تودیگه نزدیک چهل سالت شده، آخه دوروزدیگه که بمیری، بچه ات بایستی بگوید به ارواح خاک پدرم؟ مادر،حتما زنت مشکلی دارد، فلانی وفلانی که بعدازشما ازدواج کرده اند حامله هستند،هیچوقت نمیگفتند: مادرشاید خودت مشکلی داری ! زود باشین حتما مشکلی دارد ، عجب ؟! من فقط دوماه بود که ازدواج کرده بودم بعد ازتلفن، همسرم میگفت: مادرم درست میگوید، بایدازدکترنازایی وقت بگیریم، دکترنازایی ؟چرانازایی؟ مگرمن نازا هستم ؟ اوگفت :نمیدانم ، مامانم گفته باید بروید دکترنازایی ، میگفتم، بسیارخوب میرویم دکترنازایی ، شوهرم خودش دکتری پیدا کرد وما وقت گرفتیم ورفتیم ، وقتی به دکترگفتیم چند ماه است که ازدواج کرده ا یم ،خیلی خندید وگفت، شما فقط بیست وپنج سالتونه وچندماه، خیلی زوده برای اینکه به دکترنازایی مراجعه کنید، ما معمولا زودترازسه سال درمان نازایی را شروع نمیکنیم . وقت دیگری ازدکتردیگری گرفتیم. همسرم به من یاد داد ه بود، که بگویم سه سال است که ازدواج کرده ایم وبچه دارنمیشویم تا اومعالجه ی نازایی را شروع کند ، ازمرد تحصیلکرده ای مثل او، بعید بود که ازمن بخواهد، بدکترمعالجم اطلاعات دروغ بدهم که اومعالجات غلطی را شروع کند . انگارتنها چیزی که دراین زندگی برای اواهمیت نداشت سلامتی من ، غرورمن ، شخصیت من وخلاصه زندگی من بود ،فقط هدف خودش وخواسته های خانواده اش بود که بایستی بهرقیمتی عملی میشد حتی به قیمت بیمارشدن من . طبق معمول که مثل یک برده اطاعت میکردم بدون چون وچرااطاعت کردم، وقتی به دکترگفتیم که سه ساله ازدواج کرده ایم وبچه دارنمیشویم، گفت : البته هنوزدیرنشده ،ولی اگربخواهید، معالجه ی نازایی را شروع میکنیم . اومیخواست آرزوی دل خودش ومادرش را برآورده کند، حتی به قیمت ازبین رفتن سلامتی من ، بله باین ترتیب بعد ازچندماه که ازازدواجم میگذشت، معالجه نازایی واسترسهایش را شروع کردم . مثل خوکچه ی آزمایشگاهی ازاین دکتربه آ ن دکترمیرفتیم وتمام هدفمان بچه دارشدن بود، حتی بایستی با روشهای تعیین شده ازطرف دکترمعالجم، همبسترمیشدیم ... آتش عشقمان با کمک وهدایت مادروخواهرش خیلی زود تبدیل به خاکسترشد . دیگرهیچ چیزبغیرازهدف بچه دارشدن وحاملگی من درآن زندگی مطرح نبود ... همه چیززندگی رنگ باخته بود، زیبایی ها وخوشی هایم، رویاهایم به نمایشنامه ای تبدیل شده بود که هرآن باید بفکررل خود باشم . خدا ازشان نگذرد که مجال ندادند، حداقل شش ماه اززندگی زناشویی ام لذت ببرم . تعطیلات عید

نوروزنزدیک میشد وهمسرم به مادروخواهرش اصرارمیکرد ، باید با مادربزرگش ،بی بی جان به تهران بیایند تا تمام طول تعطیلات را با ما باشند . ازقبل با جمعی ازدوستانمان تصمیم گرفته بودیم که برای ایام تعطیلات نوروزبا تور،به شیرازوبندرعباس سفرکنیم ،این دومین سفری بود که قصد داشتیم برویم ،وحتما بایستی حداقل خواهروشوهرخواهرش هم با ما میبودند. بالاخره بلیط هواپیما برای همه آنها فرستاد ، ومثل دفعه ی قبل ، من همه چیزرا برای اقامت آنها درتهران وسفرمان مهیا کرده بودم وتصمیم گرفته بودم که تلاش کنم ازحرفهای آنها دلخورنشوم واهمیت ندهم . بالاخره روزموعود فرارسید، ومابرای استقبال به فرودگاه رفتیم وهمان قصه ها مجددا تکرارشد .

وقتی بخانه رسیدیم ، مادرشوهرم که انگاررویش بیشترازدفعه قبل بازشده بود، وارد آشپزخانه شد وشروع کرد به کارکردن واین طرف وآنطرف کردن وسائل آشپزخانه ، ازاودرخواست کردم که بنشیند تا خستگی شان دربیاید، ولی اوبی اعتنا به حرف من درب کابینت ها را بازکرد وشروع کرد به شمارش بشقابها وبعد یکی، دوبشقاب را به شوهرم نشان داد که ببین لب پرشده اند...! قاشق وچنگالهایم را می شمارد که آیا کم نشده اند !اصلا باورم نمیشد که اوداردازگرد راه نرسیده حرکات عجیب وغریب میکند، باوگفتم، من دوست ندارم شما کارکنید، شما میهمان ما هستیدومن بایستی ازشما پذیرایی کنم، ولی اوبا حالتی پرخاشگرانه گفت : من میهمان نیستم اینجا منزل پسرم است ومن هرکاری که دوست داشته باشم ، انجام خواهم داد . بعد گوشتهایی را که برای پخت غذاهای روزبعد آماده کرده بودم ، برداشت ودرفیریزرگذاشت، با تعجب پرسیدم چرا اینکاررا کردید؟ اوبا غیض وناراحتی گفت ، تونباید اسراف کنی ومال بچه ام را دوربریزی ، بچه بیچاره ی من ازصبح تا شب کارمیکند که توحیف ومیل کنی ؟ ولی من که نمیخواستم آنها را دوربریزم ! میخواستم برای شما غذا بپزم، گفت،نخیرنمیخواهد برای ما غذا بپزی، بهتراست که نان وپنیربخوریم . انگاراین باربا هد ف جنگ ودعوا وراه اندازی آشوب آمده بود ، تصمیم گرفتم دراین مورد با شوهرم صحبت کنم ، وبگویم آنها اعصاب مرا داغون میکنند ومن نمیتوانم تعطیلات عیدم را با دعوا ومرافعه وجنگ اعصاب خراب کنم ،ولی اوبجای اینکه بمادروخواهرش تذکردهد، گفت، همین است که هست نمیخواهی بروخانه ی پدرفلان فلان شده ات ،مگرتخم دو زرده برای من کرده ای که انتظارداری آنها بهترازاین باهات رفتارکنند ؟! همیشه فکرمیکردم ،ایکاش مادرم بجای متانت وخانمی ، کمی هم فریاد زدن وشناخت حق خودم را بمن آموزش داده بود ...

بقول مادرم پسره کاکول سری برایم آورده ای ؟ من هم که طاقتم تمام شده بود گفتم: مگر خواهرت برای شوهرش بعد ازده سال زندگی پسره کاکول سری آورده، که من بعد ازدوماه بایستی برای توبیاورم ؟ چند روزی گذشت وانگاربا مادرش صحبت کرده بود وبه اوتذکرداده بود که عیدمان را به عزا تبدیل نکند . بعد هم به من گفت، اشکالی ندارد آنها چند روزی اینجا هستند وبعد هم برمیگردند ، آنوقت توهرکاری که دوست داشتی بکن ... آخه من میخواستم برای آنها خود نمایی کنم وغذاهای خوشمزه بپزم ، ولی مادرشوهرم نمیگذاشت . همسرم میگفت عیبی ندارد، همان را درست کن که اوبیرون گذاشته است ومیخواهد تودرست کنی ، مگرتو نمیخواهی به آنها خوش بگذرد، پس کاری را انجام بده که آنها میخواهند . من ازهمه جا بی خبربودم وازنقشه های شیطانی مادرشوهرم خبرنداشتم، همین تصمیم را گرفتم که شوهرم پیشنهاد کرده بود ، وقتی با گوشتهایی که بیرون گذاشته بود غذا درست کردم ، سرمیزغذا مادرشوهرم به شوهرم گفت : می بینی مادرجون، این چقدرغذاست که زنت درست کرده ؟! پرسیدم مگرشما خود تون گوشت را کم نکردید وگفتید همین بسه ؟ اوزد زیرگریه که مادربگذارما برویم ،چرا ما را دعوت کرد ه ای؟ پسرش کلی با من دعوا میکرد که توچرا غذا کم درست کرده ای ؟ ای بابا، شما خودتان گفتید، من هرکاری که اومیگوید انجام دهم . وقتی شوهرم به شرکت میرفت، مادرشوهرم شروع میکرد به متلک گفتن ، ونیش وکنایه زدن که بچه ام بدبخت شده ، تهران بچه ام را خورد ه ، میگفت: اون به اون دختره که ده سال زندگی

پسرم را داغون کرده بود واینم بتو! میگفت : وقتی مرجان میخواسته سالاد درسته کند آب گوجه وخیارازآرنجش می چکیده !! میگفت: من نمیخواستم اوبا پسرم باشد وبه امام رضا رفتم و نفرینش کردم وامام رضا اورا فراری داد !! منظورش این بود که تومواظب خودت باش .. بهرحال غیرمستقیم مرا تهدید میکرد، که امام رضا پارتی اوست وپدرمرجان بدبخت را درآورده وحالا نوبت توست .. بی بی جان ، زن پیرودوست داشتنی بود که مرا دلداری میداد ومیخواست که ناراحت نشوم . میگفت : باید به کارهای اوعادت کنی مادر، یک فوج فامیل یک عمره که ازدست اوعاجزند.یک روزکه ترشی سیررا بدون سرپوش داخل یخچال گذاشته بود، به اوگفتم : مادرجون ترشی سیررا هیچوقت بدون سرپوش داخل یخچال نگذارید ، چون حتی آب هم ،بوی سیرمیگیرد، زد زیرگریه وداد وفریاد که چرا بمن اینوگفتی ؟ چمدانش را جمع کرد وپایش را توی یک کفش کرد که من همین الان میروم مشهد، چون زنت به من چنین حرفی زده است،میگفت: منظورزنت این بوده که من بایستی ازخانه ی پسرم بروم بیرون .. ای بابا، پدرت خوب ، مادرت خوب، من کجا چنین قصدی داشتم! حتی اگرمادرخودم هم این کاررا میکرد، همین را به اومیگفتم ، وای به من بدبخت ، گیرچه اعجوبه هایی افتاده بودم، خلاصه آنقدراعصابم را داغون کرد ،که تمام بدنم ازگردن تا نوک پاهایم ،کهیرهای بزرگ زده بود، وقتی به دکترطبا دوست همبازی اسکی شوهرم مراجعه کردیم ،گفت: این کهیرها عصبی است ، مادرشوهرم و بی بی جان درتهران ماندند، وما باتفاق خواهرشوهرم وشوهروبچه اش به شیرازرفتیم . فخری وقتی منوپریشان وکهیرزده دید، فهمید که چه خبره شده ،اوزن با تجربه ای بود که حدود بیست سال ازازدواجش میگذشت، وگرمی وسردی روزگاررا بسیارکشیده بود، وقتی برایش تعریف کردم که دراین چند روزچه بلاهایی برسرمن آورده اند، خیلی تعجب کرده بود ومیگفت، درشب عروسی تان همسرم تشخیص داده بود که مادروخواهرشوهرت،نبایستی آدمهای خوش ذاتی باشند . وقتی درشیرازبودیم خواهرشوهرم آنقدراعصاب منوداغون کرده بود که نه اجازه داشتم با شوهرم راه بروم ونه صحبت کنم . مدام دخترش را میداد بغل همسرم ومیگفت : داداش جان تمرین بچه داری کن وبمن محل سگ نمیگذاشت ، رفتارهمسرم طوری بود که انگاربا سوگلی اش به مسافرت رفته بودم ، ونبایستی کاری میکردم خانم دلخورشوند ویا به تریج قبایشان بربخورد، آنقدرکه سعی میکرد به آنها خوش بگذرد ، برایش مهم نبود که عروس چند ماه اش خوش باشد ، درواقع انگاراین مسافرت را بخاطرخوشایند آنها برنامه ریزی کرده بود. چیزی که دراین سفربرایش ارزش نداشت این بود، که من در چه وضعیتی دراولین عید نوروز، زندگی مشترکم با اوداشته باشم . دوستانمان فخری ومادلن متوجه شده بودند ومی گفتند:عجب زن بد جنسی است اینو چرا با خودت آورده ای ؟ آنها نمیدانستند که حتی درماه عسلمان هم این گوریل ها با ما بوده اند . درهتل کورش شیراز رفتیم دستهایمان را بشوئیم ازبس که اعصابم را داغون کرده بودند، انگشترم را ازدستم بیرون آوردم ولبه دستشویی گذاشتم،ولی بعدا فراموش کردم آنرا بردارم ،این انگشترآخرین انگشتری بود که قبل ازازدواجم با مادرم ازحقوق کارمندی ام خریداری کرده بودم وبسیارزیبا وگران قیمت بود . وقتی برای قدم زدن به پارک رفتیم، یکمرتبه یادم افتاد انگشترم دردستشویی هتل جا مانده است . دوان ،دوان به طرف هتل که خیلی هم ازپارک دورنبود رفتیم، ولی وقتی به داخل دستشویی رفتم ، انگشترم درآنجا نبود، نزد مدیرهتل رفتیم وموضوع را با اودرمیان گذاشتیم ، اوگفت: یک نفراین انگشتررا پیدا کرده بود وتحویل من داد، ولی بعد ازیکساعت ، کس دیگری مراجعه کرد وعین مشخصات انگشتررا دادوآن را تحویل گرفت.بعد هم اورسیدش را بما نشان داد، ،مدیرتوری که ما را به شیرازبرده بود درجریان قرارگرفت وباتفاق اوبه کلانتری مراجعه کردیم وگزارش دادیم . متأسفانه تا وقتی که درشیرازبودیم سرنخی ازدزد انگشتربدست نیامد. بعدازدوماه که ازبرگشتمان به تهران میگذشت ، نامه ای ازاداره آگاهی شیرازمبنی براینکه متأسفانه انگشترشما را نتوانستیم پیدا کنیم، دریافت کردیم . بعد ازاقامت چند روزه درشیراز، ادامه ی تورما به بندرعباس بود، وقتی به آنجا رسیدیم درهتل گامرون به

اطاقهایی که توسط توربرایمان رزروشده بود مراجعه کردیم ، بعد ازکمی استراحت به لابی هتل رفتیم تا دورهم جمع شویم وگپی بزنیم وبرای خوردن شام آماده شویم. طبق معمول آقایان گرد هم جمع شدند وخانم ها هم با هم نشستند . ازهردری سخنی میگفتیم وزمان را سپری میکردیم . مادلن ازمن پرسید، آیا تا بحا ل به خارج ازکشورهم سفری داشته ای؟ من هم برای آنها ازسفرهایی که داشتم تعریف کردم وبعد هرکسی چیزی گفت . صبح روزبعد وقتی ازخواب بیدارشدیم ،همسرم درحالی که جورابش را می پوشید تا برای صرف صبحانه به رستوران هتل برویم ، بمن گفت : توخیلی بیجا کرده ای، جلوی خواهرمن غلط زیادی کرده ای ! پرسیدم ،درموردچی صحبت میکنی؟ گفت: خودتت بهترمیدانی... وازاطاق بیرون رفت ، درحالی که بدنبالش میرفتم ، فکرمیکردم چه حرفی زده ام که به خواهرشوهرم توهین شده باشد ؟ این سناریوی تازه ای نبود، من عادت کرده بودم هرازگاهی این بهانه ها شروع میشد، تا شخصیت واقعی اوهمچنان پنهان بماند ومن ساکت ومطیع ، درکشف این رازدرخود بمانم ! تمام آن روزوطول مسافرت همسرم با من حرف نمی زد ، اصلا محلم نمی گذاشت، من هم جرات نمیکردم ازخواهرشوهربدجنس وفتنه ام سئوال کنم،چه اتفاقی افتاده است ویا مسئله چه بوده که جنابعالی به همسرم برعلیه من گزارش داده اید؟اوازاینکه توانسته بود یک باردیگربین ما را بهم بزند ،خوشحال به نظرمیرسید وبا دمبش گردومی شکست ،خنده هایی میکرد که باعث عذاب همه بود . فخری ومادلن که متوجه ناراحتی من شده بودند، بسیارعصبانی بودند که چرا همسرم بایستی به خواهرش اجازه دهد،تا این حد بتواند مخل آسایش من باشد !حالاکه بگذشته فکرمیکنم ،باورم براین است که اوسعی داشت ،تا انتقام زندگی خراب شده اش را ازبرادرش بگیرد ... ولی گناه من چه بود ؟! وقتی ازآن سفرجهنمی برگشتیم ، به محض ورودمان بخانه همه چیزرا دگرگون شده دیدم . هیچ چیزسرجای خودش نبود ومادرشوهرم با سلیقه ی حودش تغییردکوراسیون داده بود! ازشدت تعجب کم مانده بود سکته کنم .باورم نمیشد! اورا با مادرم مقایسه میکردم که چقدرخانم وبا شخصیت بود وهرگزحتی بدون دعوت، بمنزل برادرهایم نمیرفت .اوحتی فرش ها را پشت وروکرده بود که پا نخورد تا مبادا کثیف شود، ریشه های فرشها را کرده بود زیرفرشها که کثیف نشوند،خلاصه هرکاری که دلش خواسته بود، درخانه وزندگی من ، بدون اجازه انجام داده بود . من که دلم ازحرکات خواهرشوهرم هم پربود، دیگه نتوانستم جلوی خودم را بگیرم وپرسیدم چرا با زندگی من اینکارها را کرده اید؟ اوگفت،خانه ی پسرم است نه خانه ی تو! گفتم : ولی اینجا خانه ی هردوی ماست وما با توافق همدیگر اینجا را دکورکرده ایم وشما نبایستی با میل خودتان آنها را بهم میریختید ، شوهرم سکوت کرده بود ومیدانست اگرازمن دفاع کند، اوبا جیغ وداد وفریاد ، خانه را روی سرش خواهد گذاشت . روزبعد که همسرم رفت شرکت ، آ نها چمدانهایشان را جمع کردند وتصمیم گرفتند به شهرشان برگردند .آنها مأموریتشان تمام شده بود وحالا وقتش بود که به شهرشان برگردند . مادرشوهرم همین طورکه وسائلش را جمع میکرد، میگفت : ما بعد ازاین جازه نداریم بخانه ی پسرمان بیائیم، یکسره میگفت :همانطورکه رفتم مشهد ومیله های صحن امام رضا را برعلیه مرجان گرفتم ونفرینش کردم ، تا زندگیش با پسرم بهم بخورد، میروم وتا زندگی ترا بهم نزنم دست برنخواهم داشت . ازتعجب داشتم شاخ درمی آوردم آخرمگرمن چه هیزم تری به شما فروخته ام ؟ مگرشما با من چه دشمنی دارید ؟ چرا بایستی تا این حد شرارت کنید؟ آخرمگراین نمازی که بدرگاه خدا میخوانید، نمیخواهید مقبول درگاه اوباشد ؟ آخرخدا قسم دزده را قبول کند یا قسم حضرت عباس را ؟ پس آن نمازوروزه چیه ؟ این شرارتها چیه؟! باورم نمیشد! دوستی بدون دلیل دیده بودم، ولی دشمنی بدون دلیل ندیده بودم . من همیشه فکرمیکردم خانواده من با هم دشمنی دارند وهمدیگررا دوست ندارند حالا میدیدم، که واقعا که خانواده ی من بایستی جلوی اینها باصطلاح لنگ می انداختند، هرچه که دردهانشان بود نثارجد وآ باد من کردند ورفتند ، بدون درنظرگرفتن تاریخ برگشتشان با هواپیما،به ایستگاه قطاررفتند ... بلافاصله به همسرم تلفن کردم واورا درجریان گذاشتم،

اوگفت:میدانستم که اینبارهم طبق معمول به همین جا ختم میشود ، گفت : ناراحت نباش با بقیه هم همین کاررا میکنند ، اوگفت: خیلی سعی کردم که آنها را نمک گیرکنم که اینبارلااقل مثل آدم بروند، ولی بازهم نشد . بعد اوبه ایستگاه راه آهن رفته بود وتوانسته بود آنها را پیدا کند ، آنها کلی برعلیه من پرش کرده بودند، ولی بی بی جان یواشکی گفته بود، من شاهد بودم که فلانی هیچ چیزنگفت، تو با اودعوا نکن ، چون تقصیرمادروخواهرخودت است . بعد ازاین همه زحمت که برایشان کشیده بودم مزد دستم را اینطوری دادند ورفتند . وقتی شوهرم به خانه برگشت ، اتفاقا با من دعوا نکرد وگفت : جریان چه بوده ، ومن برایش تعریف کردم ،گفت : با مرجان بدبخت هم که نامزد م بود همین کارها را میکردند، وتوبایستی به این برنامه ها عادت کنی ، درحالی که هق ،هق گریه میکردم ، پرسیدم توکه آنها را می شناسی چرا مرا اینقدرعذاب دادی؟ جریان خواهرت دربندرعباس چه بود ؟ اوگفت: تودرحضورش گفته بودی، مسافرت خارج رفته ای واوغصه خورده بود،فکرکرده بوده تومیخواهی به اوپزبدهی، چقدرابلهانه بود ! اوزن عقده ای وپرمشکلی بود که نمیتوانست ببیند کسی که باعث بدبختی اش وازدواجش با یک انسانی که همیشه مشکل روانی داشته است شده ،ازدواج کند وبا همسرش زندگی خوب وقشنگی داشته باشد . درحقیقت نوک تیزپیکان اوبه طرف شوهرم بود که میخواست ازاوانتقام بگیرد ، نه من . هم خنده ام گرفته بود وهم گریه ام ... دوباره تلفن های هرشب آنها ازراه دورشروع شد که داداش جان چه خبر؟ بابا نشدی ؟ مادرشوهرم میگفت ، بابا نشدی ؟ چرا ؟ عروس فلانی که بعد ازشما ازدواج کرد ه حامله است ، همه ازمن می پرسند عروست حامله نشده؟ چندی بعد به مشهد رفتیم ووقتی وارد منزل مادرشوهرم شدیم، اواستقبال ظاهرا خوبی کرد، روبوسی واحوالپرسی وفکرکردم، خب ، خدا را شکرمثل اینکه روابط حسنه شده ، برای نهارهمه را دعوت کرده بود وکلی چلوکباب سفارش داده بود. بعدازغذا وقتی میهمانان رفتند، قصه های تکراری وشرارت بارآنها دوباره شروع شد ،مادرجون چراحامله نمیشوی ؟! هیچ دکتررفته ای؟ حتما برو، مادرشوهرم برادری داشت که ازشدت بد ذاتی دستیارش بود (دایی با) ، آنها مثل دوقلوهای بهم چسبیده بودند که مدام پشت سرمن پچ ،پچ میکردند . وقتی مادرشوهرم زورش به شوهرم نمیرسید توسط برادرش موش دوانی وسم پاشی را برعلیه ما شروع میکرد. دائی میگفت : آقای مهندس شما دیگه براتون خیلی دیرشده ، باید هرچه زودتربابا شوید . مادرتون دیگه دارند پیرمیشوند وآرزودارند نوه دارشوند وبچه شما را ببینند ، درحالی که خودش چهل وشش سا لش بود وهنوززن نگرفته بود ! ولی برای ما شده بود واعظ،اومرد ی بیسواد ، کله کچل ، کلاه نمدی بسری بود که ازهرجمله ده کلمه ای که میگفت: هشتای آنها غلط بودند ،مثلا به خیارمیگفت : خیال ،به دیوارمیگفت: دیفال وازاین قبیل حرفای بی سروته ، وحالا اوناصح، آقای مهندسی بود که بخودش وبه اطلاعات عمومی اش خیلی می نازید . یک روزدرمراسم ختم یک نفر، وقتی میخواست ازیک آقای مهندسی که برای عرض تسلیت آمده بود تعریف کند، گفت : آقای مهندس، من همیشه ازشما تعریف کرده ام وبهمه میگویم ،این آقای مهندس آدم خوبی است ، ظاهرش غلط اندازاست ، بیچاره آقای مهندس ازشدت خجالت وناراحتی جلوی بیست نفرآدم داشت سکته میکرد ... خب ، حتی این آدم میتوانست همسرتحصیلکرده ی مرا برعلیه من وبچه دارنشدنمان دگرگون کند ... روزبعد ازورودمان خواهرشوهرم ما را به منزلش دعوت کرد، وقتی وارد اطاق خواب اوشدم تا لباسم را آویزان کنم ، چشمم به قاب عکس بزرگی افتاد که روی طاقچه ی بالای تختخوابش بود ، بی اختیاربه طرف قاب عکس رفتم ،ولی درآن عکس همسرم را دیدم که باتفاق نامزد قبلی اش، درحالی که همدیگررا بغل کرده بودند، دیده میشد، ازشدت ناراحتی گریه ام گرفته بود، بلا فاصله رفتم وبه همسرم گفتم ، برووببین که چرا بایستی خواهرت چنین عکسی را درروزی که من برای اولین باراست که به خانه اومی آیم ، وبه اصطلاح مرا پا گشا کرده است، چنین عکسی را دراطاق خوابش بگذارد؟مطمئنا اینکاراوازعشق علی نبود،بلکه ازبغض معاویه بود، شوهرم به اوتذکرداد واوقاب عکس را

درزیرتشک تختش گذاشت . اوزن بسیاربد جنس وحسودی بود که ازازدواج ما راضی وخوشحال به نظرنمیرسید . ما چند روزی درمشهد بودیم وبرای برگشتن به تهران ساعت شماری میکردم . وقتی به همسرم معترض میشدم که چرا اجازه میدهی آنها به حریم خصوصی ما واردشوند وبخودشون اجازه دهند که مسائلی که به آنها ارتباطی ندارد، مرتبا درموردش صحبت کنند ومنوعذاب بدهند ، میگفت : درایران اگرمردی بچه دارنشود، همه فکرمیکنند ضعف جنسی دارد و برای من افت شخصیت دارد که چنین فکرکنند ،پس ناچارهستم ، برای اینکه آنها فکرهای اشتباه نکنند وانمود کنم که ازبچه دارنشدن توخیلی ناراحت هستم وحتی ازآنها راه حل بخواهم . میگفت : مثلا کارگرهای انبارمن هم میدانند که ازاینکه توبچه دارنمیشوی ناراحت هستم، میگفت: مثلا آقای.. (سرپرست کارگرها) که بیسوا د است، اگربداند که من بچه میخواهم ،گمان میکند من ضعف جنسی دارم وممکنه پشت سرم با کارگرهای دیگرحرف بزنند. بخودم میگفتم ،خدایا اینهمه حماقت ،نمونه ای ازافکارآقای مهندس کارخانه داراست ؟! اوبرای پیشگیری ازهرگونه حرف وحدیثی که یک مشت آدم نفهم ممکن بود پشت سرش بزنند، روح وجسم مرا به بازی گرفته بود . "اگرمن ساکت باشم گمان میکنند که ضعف جنسی دارم" . دوباره تابستا ن نزدیک میشد واصرارشوهرم به خواهروشوهرش که باید با مامان بیائید تهران،شروع شده بود،خواهرش وشوهرش هردومعلم بودند وبرای تعطیلات نوروزوتابستان میتوانستند به تهران بیایند، ولی مادرشوهرم مرتبا سرزده می آمد که ببیند اوضاع چه خبراست. تعطیلات آغازشده بود وآنها به تهران آمدند، چند روزبعد هم برادرش ازآلمان آمد وهمگی به شمال رفتیم وخانه ای اجاره کردیم تا ده روزی را درآنجا بمانیم . برادرشوهرم خیلی خیلی پسرخوب وتحصیلکرده ومودبی بود ، اوبا بقیه فرق میکرد وافکارش آلمانی شده بود ،درتمام طول سفر،همسرم مشغول بازی با دخترخواهرش بود وتمامی صحبتها حول وحوش بچه دارشدن ما دورمیزد ،انگارهیچ حرف ودغذغه ی دیگری دراین دنیا بغیرازبچه دارشدن من برایشان وجود نداشت، صحبتها به اینجا کشیده شده بود که دادش جان چرا یک بچه نمی آورید بزرگ کنید ؟! آنها نقطه ضعف شوهرم را خوب میدانستند وانگشت اشاره شان درست بهمان طرف بود. " نمیدانم ! شایدعاقبت اینکاررا انجام دهیم ، ولی هیچ دکتری بما نگفته است که اشکالی وجود دارد، ما امیدوارهستیم که خودمان بچه دارشویم ". مادرشوهرم میگفت : دایی ات پیغام داده است که آقای مهندس فکری بکنید ،مبادا که دیرشود!انگارحالا این آقا دائی کی بود که برای آقای مهندس پیغام داده بود . همه با ما کارداشتند ، کسی نبود که برای این دایی پیغام دهد ، دایی آقا، چهل وشش ساله شده ای چرا زن نمی گیری؟ زود باش خیلی دیرشده ! خواهرشوهرم میگفت : داداش جان میتوانی برای اینکه دیرنشود زنی را صیغه کنی وازاوبچه دارشوی ،حالا اگرخودتان بچه دارنشدید حداقل بچه ی اورا داری . وقتی شوهرم نرمش بخرج میداد اوادامه میداد ،که آخه شما با یک بچه هم که قانع نمی شوید وچند تا بچه می خواهید، آنوقت که نمیشود چند تا زن صیغه ای بگیرید وازهرکدامشان یک بچه داشته باشید ،مادرشوهرم میگفت :من به شهرقم میروم وبرایت زن صیغه ای پیدا میکنم ، خواهرشوهرم میگفت: نه نمیشود، باید یک فکردیگری بکنید . دشمنان من هیچگونه رحم ومروتی دروجودشان نبود واصلا خدا را نمی شناختند . همیشه فکرمیکردم که خدایا خودت انتقام مرا ازاینها که باعث عذاب روحی وجسمی من شده اند ومجال زندگی کردن را بمن نمی دهند بگیر.. نمیگذاشتند که درکنارعشقم ، زندگی ام ، مرد رویاهایم ، نفسی به آسودگی بکشم وبگویم خدایا شکرت ...کنفرانسهای آنها درمورد زندگی ما بی پرده درحضورمن بود . ای زالو صفتها ،مگرمن چند ساله هستم ؟ چه مدت است که ازدواج کرده ام ؟ فقط یکساله که ازتاریخ ازدواجمان میگذرد، خدای یعقوب وابراهیم ازتون نگذرد ،که این مسئله را اینقدربزرگ کرده اید ومدام به سرمن میزنید . هروقت خیلی عصبانی میشدم به همسرم میگفتم : شاید خودت اشکالی داری که ما بچه دارنمیشویم .اوهم میگفت "من امتحانات خودم را پس داده ام وتا بحال چهار، پنج بچه را داخل توالت انداخته ام " زنا کردن برایش

افتخاربود ونمازهم میخواند، اووقتی با بچه ی خواهرش بازی میکرد یک ریزمادرش،میگفت : الهی مادرت بمیرد که یک بچه نداری اگراودر،سی وشش سالگی ازدواج کرده است به من چه ارتباطی دارد ! حرفهای تحریک آمیزی که منجربه دعوای ما میشد واوبمن میگفت: توچرا حامله نمیشوی ؟ توکی بودی که درطالع من سبزشدی ؟! یک روزمادرش بمن گفت : من باعث شدم،شوهرت مرجان را نگیرد، ازبس که برایشان جادوودعا گرفتم وداخل چای وغذایشا ن میریختم ،که با همدیگرازدواج نکنند، میگفت : توهوای منوداشته باش نه خواهرشوهرت را ! اوحتی چشم دیدن دخترش را نداشت واگرما برای اورنگ موویا برنج می بردیم ، دختربیچاره بایستی مخفیانه آنها را بخانه اش میبرد وهزارجا مخفی اش میکرد که مبادا مادرش ببیند وآتشی برپا کند ،اگرمیدید که منووخواهرشوهرم با هم می خندیم ویا حرف می زنیم، فورا شروع میکرد به سمپاشی کردن وبمن میگفت : اوهمیشه شوهرت را تیغ میزند وبه اومیگفت : زن برادرت نمی گذارد برادرت به توبیشترازاین برسد . همیشه فکرمیکردم آیا اونمیخواهد بمیرد؟ اونمیخواهد یک روزدرقیامت بخدا پاسخگوباشد ؟ ازخدا نمیترسد ؟ گیرم که باعث شد پسرش با مرجان ازدواج نکند ومن را هم موفق شد ازخانه ی پسرش بیرون کرد ، بعدش چی ؟! بیماری ندارد؟مرگ ندارد ؟ نمیترسد که روزی خدا ، انتقام مرا ازاوبگیرد ...امروزکه این کتاب را مینویسم شاید مدت بیش ازهفت سال باشد که بدون هیچ حرکتی دررختخواب افتاده است !! پسرکوچکش را که آرزوی دیدن ازدواجش را داشت ، بالاخره نتوانست قانع کند که ازدواج کند وحالا بیش ازپنجاه سال دارد وهنوزمجرد است . پسردیگرش فقط یک دختردارد وبعد ازآن نتوانستند بچه دارشوند . هروقت به تهران می آمد وبرایمان چیزی می آورد ، بعد ازرفتنش تمامی آنها را میریختم بیرون ،چون میترسیدم بنا برشاهدتهای خودش ،درآنها جادوریخته باشد . تمامی خانه را بایستی می گشتم که مبادا جادویی مخفی کرده باشد،خوب میدانستم که این کارها شیطانی وبسیارخطرناک است . چشمان شرارت باری داشت که نمیتوانستم خیلی درآنها نگاه کنم، ازوقتی با همسرم ازدوا ج کرده بودم ومادرش را دیده بودم همیشه ازاومی ترسیدم . اگرخواهرشوهرم با من حرف میزد ، مادرش بلافاصله شروع میکرد به گریه و زاری وحقه بازی کردن که آنها دارند ازمن بد گویی میکنند، شایدهم درست میگفت ،چون آنقدربد بود که حتی دخترش میتوانست ازاوبد گویی کند . داستانهایی را برای من تعریف میکرد که اصلا باورم نمیشد یک مادربتواند برعلیه دخترش انجام داده باشد . " میگفت : جلوی شوهرت را بگیرنگذاربرای اووبچه اش خرج کند، گریه میکرد ومیگفت ،شوهرت ازصبح تا شب کارمیکند ویک بچه ندارد هرچی درمیاورد میدهد به خواهر ناتنی اش ". حرفهایی که برعلیه دخترش میگفت ازبیانش شرم دارم .هروقت به مشهدمیرفتیم،خواهرشوهرم به فرودگاه می آمد ورنگ موها وماهی ها وکیسه های برنج وروغنی را که برایش برده بودیم میگرفت وجاسازی میکرد وبعد خد مت مادرشوهرم میرفتیم که اومتوجه نشود . تلاش میکرد زیرپای منوبکشد، وقتی موفق نمیشد به دخترش یک دستی میزد که من میدانم برادرت برایت خیلی چیزها آورده است . بعد ازاینکه ازاواعتراف میگرفت میزد زیرگریه ودعوا درست میکرد ،که من مادرهستم وزحمت کشیده ام، شما برای دخترم کادومی آورید .. بعدها ما متوجه شده بودیم ، نباید یک دستی های اورا بخوریم . بعد خودش با کلیدی که ازخانه ی دخترش ساخته بود، میرفت ودرغیاب اوهمه جا را میگشت ورنگ موها را ازداخل ماشین رختشویی پیدا میکرد .. بعد هم میگفت : فلانی گفته است ، یعنی من .. بیچاره دختره ناچاربود رنگ موهایی که برایش میبردیم درلابلای لباسهای کثیف درماشین رختشویی اش مخفی کند . سالی سه، چهاربارما به قتلگاهم درمشهد میرفتیم . سالی دوبارعید وتابستان هم آنها به تهران می آمدند واین برای کل سالم کافی بود که درزیرشکنجه باشم . مادرشوهرم سالی چند بارهم سرزده به تهران می آمد، اومعمولا قبل ازحرکتش بما زنگ میزد واحوال پرسی میکرد ویک دفعه سه ساعت بعد زنگ درب آپارتمانمان را میزد ومیگفت، بازکنید من هستم . ماهمیشه تعجب میکردیم که چرا نمی گوید قصد دارد به تهران بیاید! یا اینکه ازفرودگاه مشهد تلفن

میکرد واحوالپرسی میکرد وچندساعت بعد پشت درب آپارتمان ما بود... خیلی زن بد جنسی بود، سرزده می آمد تا ازهمه چیزسردربیاورد وببیند چه خبره ؟ خانه ی من تمیزه ،روابط ما خوبه ، تا اگرخوبه آن را بهم بریزد، دعا و جادوهایش را بریزد وگریه وزاریهایش را درقا لب اشگ تمسح بریزد وبرود ،به محض اینکه همسرم ازخانه بیرون میرفت شروع میکرد،" نامزد قبلی شوهرت وقتی میخواست سالاد درست کند آب گوجه فرنگی ازآرنجش راه می افتاد" ، وقتی من می آمدم محلم نمی گذاشت وفلان کاررا میکرد . آنها یکی دوماه به تهران می آمدند وبه محض ورود شان داد سخن سرمیدادند که داداش جان توچقدرپیرشد ه ای؟ تمام موهایت سفید شده ،چقدرسیاه ولاغرشده ای ! مادرش میزد زیرگریه که تهران بچه ام را خورد ،بچه ام اجاقش کورشد . بعد هم میگفت خدا ، خدا... باورم نمیشد که آنها اینقدررذل باشند ، بیچاره من که تازه ازدواج کرده ام . مادره میگفت : عروس فلانی بعد ازشما ازدواج کرده وحالا یک بچه دارد، مادرنکند بچه دارنشوی؟ مادرنکند پولهایت را شهرداری بعد ازمرگت بخورد؟ دایی بد ذاتش هم به تحریک مادره یک سری حرف میزد، آنها عملا کارهایی میکردند که گناه بود، ذره ای رحم ومروت دردلشان وجود نداشت . مرا مثل یک مرغ بی بال وپرکرده بودند ، قدرت پریدن را ازم گرفته بودند، مرا اسیرآماجهای خودشان کرده بودند، زندگی برایم سخت ودشوارشده بود ومرتبا بدرگاه خدا استغاثه میکردم،شوهرم تحت تاثیرآنها میگفت: توکی بودی که ازطالع من سبزشدی ؟ خسته شده ا م ازبس تورا ازاین دکتربه آن دکتر برده ام ،خجا لت میکشم که تومدام برای معاینه به دکتربروی، به هردکتری هم که مراجعه میکردیم یک خورجین داروهای هورمونی بمن میداد. نهایتا هم میگفتند، ما اشکالی نمی بینیم وبایستی صبرکنید . دکترحسن مهاجری پیشنهاد عمل جراحی تشخیصی (لاپاراسکوپی) داده بود ،من تصمیم گرفته بودم آن عمل را انجام دهم، اوهم بعدازعمل تشخیصی ابرازکردکه هیچ مشکل فیزیکی وجود ندارد، فقط باید منتظرباشید، محیطی آرام ومناسب داشته باشید، تا حاملگی صورت بگیرد، دکترمیگفت : اصلا به خودتان بگوئید که بچه نمی خواهیدوبچه دارشدن را فراموش کنید ،آنوقت حتما حاملگی انجام میشود، البته اونمیدانست من با قومی زندگی میکنم که ازدوماه بعد ازازدواجم مرا به دکترنازایی برده اند. همه چیزنیازبه شرایطی ومحیطی آرام داشت، میبایست ازاسترسها دوربود، میبایست اضطراب ودغدغه ،هول وهراس ازوجودم رها میشد ،چطوردرفضایی که نازایی را بعنوان جرم می شناختند، میتوانستم حامله شوم ؟ مدام تحت فشارواسترس بودم وزجرم میدادند . سایه ی شوم طلاق را روی سرم احساس میکردم، بانگرانی ودلواپسی های بسیاربرای آینده ام، داروها را میخوردم وهرروزوهرماه منتظرحاملگی بودم !مطمئن بودم حتی اگرشوهرم دوستم داشته باشد وبخواهد تصمیم دیگری ،برای پدرشدن بگیرد ، خانواده ی اونخواهند گذاشت من آب خوش ازگلویم پائین برود، تک وتنها بودم ، هیچکس را نداشتم که باهاش درد دل کنم . هیچ دلسوزی نداشتم که به کمکم بیاید . شوهرم با قیافه ی حق بجانب میگفت: این حقم هست که بخواهم پدرشوم، انگاراین حق من نبود که بخواهم مادرشوم، من یک قربانی بودم که قربانی خودخواهی های همسرم شده بودم .تقریبا یکسال ازازدواجمان گذشته بود که ازدادگستری نامه ای آمد ،دال براینکه نامزد قبلی همسرم، بجرم تصرف عدوانی ملکش ،علیه همسرم اقامه دعوا نموده است . شوهرم ازدیدن این اظهارنامه خیلی شوک شده بود ، توقع نداشت مرجان چنین کاری کرده باشد. به دایی اش وبه تمامی آنها یی که خانم را می شناختند، تلفن کردوتلاش میکرد که واسطه ای بتراشد . حتی به پسرعموها وفامیل دخترک هم زنگ زد، ولی فایده ای نداشت. مثل اینکه دخترک ازازدواج ما مطلع شده بود وزمان را برای انتقام جویی مناسب تشخص داده بود . دایی شوهرم ومادرش به تهران آمدند تا راه حلی پیدا کنند . خواهرشوهرم پیشنهاد کرد که با اوصحبت کند، ولی همسرم میگفت: فایده ای ندارد، چون شماها آنقدراورا اذیت وآزارکرده بودید که ازهمه ی شما متنفرشده بود . بالاخره با اطلاعاتی که ازشغل دخترک بمن داد، ازم خواست که درآن صنف، بگردم ومحل کاراوویا محل زندگی اش را پیدا کنم ! من هم کمترازیک هفته موفق شدم محل

زندگی اوراپیدا کنم . چندین شب با همسرم میرفتیم روبروی منزل او،درماشین می نشستیم وسروگوش به آب میدادیم که اوچه میکند وبا چه کسی زندگی میکند .. تا اینکه بالاخره کسب اطلاع کردیم که اوبا یک راننده کامیون ازدواج کرده بود وپسری هم به اسم امیرحسین داشت. همسرم میگفت : ملک مورد ادعای اومتعلق بخودش است ،ولی بدلائلی که من ازبازگوکردن آنها دراین کتاب خودداری خواهم نمود، اوملکش را به اسم نامزد سابقش کرده بود . البته برای من مبهم بود کسی که بخانواده اش تا این حد وابسته است ،چرا ملکش را به اسم مادرش ویا خواهرش نکرده ویک غریبه را به آنها ترجیح داده است ! شوهرم وکیل گرفت ودعوا شروع شد . مدام جلسات مشاجره ونوشتن شرح حال ودعاوی حقوقی درمنزل ما برپا میشد، ومن باین ترتیب درجریان همه چیزقرارگرفته بودم ونگران وضعیت شوهرم بودم ودعا میکردم همه چیزبنا برخواست خداوند انجام شود وحق به حقداربرسد . بالاخره این دعوا حدود دوسال طول کشید . دادگاه ودادگاه بازی ادامه داشت ودراین فاصله آنها که سرگرم دعوای ملک شده بودند، فرصتی برای شکنجه کردن من نداشتند ومن تقریبا نفسی براحتی میکشیدم . ضمنا شوهرم زرنگترازاین بود که درآن واحد، بخواهد با دونفردرگیرباشد .
همسرم گویا یک دسته چک سفید امضا ،ازدخترک گرفته بود که با استفاده ازآنها توانست برنده دعوا شود وبقول خودش حقش را پس بگیرد . وقتی دادگستری ملک را به مبلغ حدود سه ونیم میلیون تومان به حراج گذاشت، همسرم توانست با ارائه چکها، مابه التفاوت ملک را که حدود شاید پانصد هزارتومان میشد به زن بیچاره پرداخت کرده وملک را پس بگیرد . البته نظرخودش این بود که آن مبلغ را هم نمی بایستی پرداخت می کرد ،چون ملک حق خودش بوده که فقط بدلیل اعتمادش به نامزدش آنرا باسمش اوکرده وبرای محکم کاری هم چکها را ازاوگرفته بوده ، درحقیقت بقول خودش توانست بخشی ازحقش را پس بگیرد . تصمیم گرفته بودیم دوسال بعد ازازدواجمان برای درمان نازایی به آلمان برویم. توسط برادرش که دردوسلدورف زندگی میکرد، ازدکتروقت گرفتیم ، درآن زمان بدلیل انقلاب اسلامی، تمامی مرزهای ایران بسته شده بود وفقط بیماران میتوانستند برای معالجات به خارج ازکشورسفر کنند. دخترعمویی داشتم که با شوهرش درتبریززندگی میکردند وشوهرش دارای مقامی دراداره گذرنامه بود ، ما بنا به پیشنهاد آنها به تبریزرفتیم وازطریق شوهردخترعمویم، موفق شدیم گذرنامه هایمان را بگیریم .
ازشدت ناراحتی اعصاب وشکنجه های روحی وروانی که شوهرم وخانواده اش به من میدادند، تمامی صورتم لکه های سیاه رنگی زده بود که دکترمیگفت، بدلیل خوردن داروهای هورمونی است، ولی من مطمئن بودم ازناراحتی اعصاب است ... بالاخره با هزارسختی توانستیم ویزای آلمان را بگیریم، وبه آنجا برویم . قبل ازرفتن ما،برادرشوهرم تحقیقاتی ازبیمارستان دانشگاهی (اونی کلینیک) درشهردوسلدورف کرده بود . این دومین باری بود که من بایستی عمل تشخیصی لاپاراسکوپی را انجام میدادم ،بعد ازانجام آزمایشات لازم دربیمارستان بستری شدم، تا روزبعد، تحت عمل جراحی قراربگیرم .
مسئله جالبی که برایم پیش آمده بود این بود، که چند بیمارآلمانی دراطاقی که من بستری بودم همزمان بستری شده بودند، آنها که متوجه شده بودند من خارجی هستم وزبان آنها را نمیدانم، تمامی دستوراتی را که دکتردرزمان ویزیتش، بعد ازعمل به من توضیح داده بود ، گوش کرده بودند وهرشب درراس ساعتی که دکترگفته بود، به بالای سرمن می آمدند وقرصم را با یک لیوان آب بمن میدادند ، تا مبادا فراموش کنم . من آلمانی ها وآلمان را خیلی خیلی دوست دارم . آلمان کشوربسیارتمیزوبا انضباطی است . من به کشورهای مختلفی سفرکرده ام ،ولی هیچ جا را مثل آلمان تمیزومرتب ندیده ام، ساعتهایی که برروی ساختمان های بلند تعبیه شده است ،نشان دهنده ی نظم این مردم مهربان است . دلیل دیگرارادتم به آلمانیها ،این است که بعد ازجنگ جهانی دوم، آلمان تقریبا متلاشی شده بوده وآنها توانسته اند درفاصله ی کمترازشصت سال مجددا کشورشان را به این زیبایی ازنوبسازند واین بسیارقابل تحسین است . بعد ازعمل

تشخیصی لاپاراسکوپی دکترتوضیح داد ،هیچگونه مشکل فیزیکی وجود ندارد وفقط بایستی هورمون درمانی شوم، که به اعتقاد اودرایران میتوانم معالجه ام را ادامه دهم ونیازی به مراجعه ی مجدد به آلمان نخواهد بود. ازطرفی ما بسیارخوشحال بودیم که مشکلی نیست وازطرفی هم گمان میکردیم، پس چرا حاملگی انجام نمیشود؟! بعدازدوهفته به ایران برگشتیم .
شوهرم که وضع مالی اش بهتروبهترمیشد تصمیم گرفته بود، زمینی درشمال بخرد وویلاسازی کند، بهمین دلیل ما هرهفته ناچاربودیم برای ساخت ویلابه شمال برویم ومن ازتهران ،آب ،غذاومیوه برمیداشتم که درراه خرید نکنیم، وناچارنباشیم غذاهای بین راه را بخوریم. ما به منزل معماری که ویلایمان رامی ساخت میرفتیم ویک اطاق اجاره میکردیم، همسرم میرفت سرساختمان تا ناظرساخت ویلا باشد ومن بایستی درآن اطاق روستایی آنها زندانی میشدم تا اوبرگردد . فقط برای توالت رفتن اجازه داشتم ازاطاق بیرون بروم وسریع هم بایستی به اطاق برمیگشتم ... نمیدانم شوهرم ازچه چیزی تا این حد وحشت داشت ! ازساعت نه صبح تـ دوبعد ازظهرمن داخل آن اطاق زندانی بودم ، همه ی اطرافیان فکرمیکردند ،ما رفته ایم شمال خوش گذرانی کنیم . ساعتها با خدای خودم رازونیازمیکردم که این چه زندگی است که دارم ؟ بهترنیست بگذارم بروم؟ ولی کجا ؟ چه کسی را دارم؟ دیگه نه کاری دارم ونه درآمدی! نه خواهروبرادردلسوزی ونه امیدی به برگشت بخانه ی پدری ،زندگی ام اسارت صد درصد بود . همسرم مرتبا دنبال بهانه بود که با من دعوا کند وبچه نداشتنم را به رخم بکشاند .
گاهی فکرمیکردم اویک بیمارروانی است که خودش هم اسیراست ونمیداند چکارمیکند .
گمان میکردم درست میشود، فقط اگریک بچه داشته باشم درست میشود وتمام دعواها بدلیل بی بچگی من است ولی چرا بی بچگی من ؟ شاید بی بچگی خودش باشد ،مثل اینکه منوگرفته بودکه فقط زجرم بدهد ، مثل یک تروریست با من رفتارمیکرد ،مدام مشغول ترورشخصیت و خرد کردن اعصابم بود . روحم را کشته بود، خشونت های جنسی ، روحی وجسمی اوادامه داشت ومن ازترس آبرویم نفسم درنمی آمد . هیچکس را دوروبرم نداشتم که باهاش حرف بزنم، تک وتنها فکرمیکردم ،عجب قوم وحشی وعجیبی هستند. گاهی خیلی تلاش میکرد آدم خوبی باشد. پدرومادرم را خیلی دوست داشت وبه آنها خیلی مهربانی میکرد واحترام میگذاشت، گاهی به بهانه اینکه آنها ماشین ندارند ،هندوانه وخربزه برایشان میخرید ومیبردیم. خانواده من نمیدانستند که اوچه بلاهایی برسرمن می آورد ومن هم ازترسم چیزی نمی گفتم .
پدرم همیشه اورا دعا میکرد ومیگفت: الهی که جوان ،علم جوانها بشوی . مادرم دعا میکرد و میگفت : الهی که دست برای خاک می بری برایت تبدیل به کوه جواهربشود .
اواصولا بـ مردم خیلی خوب ومهربان بود ، روابط عمومی اش بیست بود . طوریکه اگرمن جنایاتی را که اودرخلوت ،درحقم میکرد، برای کسی تعریف میکردم، هرگزباورنمیکردند . دقیقا انسانی دوشخصیتی بود ، که شخصیت بیرونی اوبسیارمردم دار، آداب دان وزن دوست ومهربان ... به عوض تمام بد رفتاریهایش ، وظیفه همسربودنم را به نحوعالی انجام میدادم. صبح ها قبل ازاوازخواب بیدارمیشدم وبرایش صبحانه اش را آماده میکردم ویک قرص مولتی ویتامین ،یک ویتامین دی ویک ویتامین سی ، هم درجیره صبحانه اش میگذاشتم ،تا مبادا بدنش ضعیف شود . ظهرها به محض اینکه داخل پارکینگ میرفت ،میوه هایی را که کنارآبمیوه گیری آماده گذاشته بودم ،داخل آبمیوه گیری میریختم وآب آنها را میگرفتم که تازه باشد، وپشت درب می ایستادم تا زنگ بزند ولیوان آبمیوه اش را بدستش میدادم،بلافاصله نهارش را میکشیدم وبا بهترین تزئینات برایش روی میزقرارمیدادم . معمولا بعدازنهارتختخوابش را آماده میکردم تا دوساعتی بخوابد وبعد سرحال به شرکت برود، بعد ازخواب هم ماساژش میدادم که خستگی اش برود ، ولی چه کسی بایستی تلاش میکرد، خستگی های جسمی وروحی من از بین برود ؟ اودوست نداشت وقتی درمنزل هست من مشغول بکاردیگری بغیرازسرویس دادن به اوباشم : میخواست که دربست درخدمتش باشم ویک لحظه هم توجه ام بچیزدیگری نباشد . مجدداً به شرکت برمیگشت وتا ساعت هشت شب من می ماندم وتنهائی هایم وهزاران

فکروخیال که به مغزم هجوم می آوردند . بعد هم که می آمد شامی میخورد وتلفن به مادروخواهرش و.. تمام زندگی ام درسرویس دادن به آقا وتوسری خوردن خلاصه شده بود ....عاشقانه دوستش داشتم ،اوهم انصافاً ازچیزی درحق من دریغ نمیکردوهرچه میخواستم برایم انجام میداد وخیلی دوستم داشت . همیشه میگفت ، من اهل قربان وصدقه رفتن نیستم، بایستی ازاعمالم متوجه شوی چقدردوستت دارم . شایدهم راست میگفت: وقتی خیلی مهربان وبا گذشت میشد.البته کلا اطرافیانش میگذاشتند اومرد بدون نقصی بود . زندگی من شده بود حکایت گوسفندی که چاق وچله اش میکردند ویک گرگ بهش نشان میدادند تا تمام گوشتش آب شود !!

مثل بچه ها برایش لقمه درست میکردم وبدهانش میگذاشتم ، شبها وقتی توی خواب تشنه میشد، با ایجاد صدایی درگلویش ، مثل مادری دلسوزازخواب بیدارمیشدم وخواب آلوده بطرف یخچال میرفتم وبرایش آب می آوردم ودرحالی که سرش را بالا نگاه میداشتم بهش آب میدادم . کاری که درتمام عمرش مادرش هم برایش انجام نداده بود . اووقتی فقط هفده ساله بوده یعنی دراوج نیازعاطفی اش به مادرش، ازخانواده دورمیشود وبه تهران می آید تا مستقلا روی پاهای خودش بایستد وکنکوردهد وبه دانشگاه برود، خب قطعا مشکلاتی که درطول اقامتش درتهران با آنها دست بگریبان بوده، ازاوشخصیتی دیکتاتوروزورگوساخته بود .

شدت اشتیاقش به بچه دارشدن بقدری قوی بود که باعث شده بود من هم مثل اووسایرین خودم را مقصربدانم، ونازایی را گناهی ببینم که بابتش حاضرباشم تن به هرخفت وخواری بدهم . مدام مثل بچه ها باهاش حرف میزدم وادای آنها را درمی آوردم، وگاهآ اوهم همین کاررا برای من میکرد ، وجدانش تحت فشاربود ومیگفت : " نمیخواهم سختی های زندگی را توبکشی ودو روزدیگریک زن دیگری ازگرد راه برسد وماشین بنزوخانه ی آنچنانی مرا صاحب شود واز آنها لذت ببرد... " میخواهم تومادربچه های من باشی .

میگفت : توزن با لیاقتی هستی که منودرک میکنی وحیفم می آید درزندگی من نباشی، طوری حرف میزد که انگارمن عمدا نمی خواهم بچه دارشوم .

میگفت : دلم برای تنهایی هایت میسوزد ،اگربچه دارنشوی ، اگرناچارباشم زن بگیرم، اگرجدا شویم، تکلیف توچه خواهد شد ؟! ازاحساسی که دیگران دراوایجاد کرده بودند ،عذاب وجدان میکشید، ولی آنها قویترازمن واوبودند ومرتبا ذهن وروحش را تحت فشارمیگذاشتند، که توباید هرچه زودتربچه دارشوی ...دوست کلیمی، داشتیم،که میگفت، بچه دارشدن حق توست وتوبایستی بچه داشته باشی .. همه اطرافیان به اوحق میدادند واحساس گناه درمن ایجاد کرده بودند ، طوری که من هم خودم را مجرم ویک گناهکارمیدیدم، که اورا ازلذت پدرشدن محروم کرده ام وبرای جبران این جرم باید ازحد توانم تحمل کنم، وبه اووخانواده اش سرویس دهم وزبانم کوتاه باشد .. سایه شوم طلاق ! سایه جدایی ! سایه نازایی ! سایه شوم ؟ خدایا چکارکنم ؟ هروقت با مادرم صحبت میکردم گریه میکرد ومیگفت : خدایا خودت یک بچه به دخترم بده که زندگیش خراب نشود . مادرم برایم خیلی غصه میخورد ونگران بود، ولی کاری جزدعا کردن ازدستش برنمی آمد .

دچارحالت تهوع های خیالی شده بودم وروزهای بسیار بدی را پشت سرمیگذاشتم ، ازبچه ها بدم آمده بود، گمان میکردم چرا بچه بایستی تا این حد اهمیت داشته باشد که زندگی ما را تحت تاثیرقراردهد ، چرا بچه بایستی عاملی برای خوشبخت شدن ویا بدبخت شدن من باشد ؟!

شوهرم میگفت : وقتی دوستانم ازبچه هایشان صحبت میکنند، ناراحت میشوم وفکرمیکنم میخواهند بی بچگی مرا به رخم بکشند، اوبا حالتی بغض آلود میگفت : دوستی به دیدنم آمده بود واصرارمیکرد که سریعتربخانه برگردد ، وقتی ازاوپرسیدم چرا اینقدربرای بخانه رفتن عجله داری ؟ اوتوضیح داد که شب قبل بچه ی دوساله ام هوس موزکرده بود ومن تمام شهررا تا دیروقت گشتم که برایش موزپیداکنم، ولی موفق نشدم وامشب میخواهم هرطورشده وبرایش موزپیدا کنم ...

66

همسرم ازشنیدن این داستان خیلی ناراحت شده بود ومیگفت: چرا من نبایستی بچه داشته باشم، وازچنین لذتهایی محروم باشم ؟ میگفت: حتی سگ وگربه ها هم بچه دارند ومن بایستی ازپدرشدن محروم باشم . شاید اگراوکمی خدا ترس بود بچه ای ویا بچه هایی را بعنوان فرزند خوانده قبول میکرد وباین ترتیب هم باعث خشنودی خداوند میشد وهم زنی را که ازلذت مادرشدن محروم بود به آرزویش میرسانید، ولی متاسفانه نظراواین بود که وقتی خودم سالم هستم، چرا بایستی فرزند دیگری را بزرگ کنم ، اومیگفت: بچه هایم بایستی ازنفس، خودم باشند وبعد مسائل ژنتیک را مثال میزد . روزها وماه ها میگذشت اتفاقی نمی افتاد ،حالا دیگه دلم بیشتربرای اومیسوخت .ازاوبرای خودم یک بت درست کرده بودم وفکرمیکردم اگربتم بشکند؟! اگربتم نباشد ؟ خیلی دوستش داشتم ، هر نفسی که میکشیدم بوی اورا میداد، ازطلاق متنفربودم ونمیخواستم مهرطلاق درشناسنامه ام زده شود، ولی من فقط پنجاه درصد این قضیه بودم !تصورنبودن اوبرایم غیرممکن بود، شبها کابوس نبودنش را میدیدم وخودش میگفت : درخواب مرتبا دستها وپاهایت می پرد . زندگی ام خیلی سخت ودشوارشده بود، پیشا پیش به زنی که میتوانست درزندگی اوبجای من بیآید، حسادت میکردم وتصورش هم برایم غیرممکن بود، مگرمیشود که عشقم را کس دیگری تصاحب کند ؟! نه ، این محاله . اواولین عشق زندگی من بود . بهترین سالهای زندگی ام را با اوشروع کرده بودم . همه چیزم بود،اگرقرارباشد کس دیگری بیآید وعشقم ، زندگیم، جوانیم را ازمن بگیرد چکارکنم ؟! افکارم بدترین دشمن من شده بودند، دربهترین ساعات زندگی ام وقتی آرامش ظاهری برقراربود افکارم آزارم میداد . اوبرای اینکه آفتاب ومهتاب مرا نبیند همیشه محدود م میکرد ویا بهتراست بگویم حبسم میکرد، ولی چطوربمن حق نمیداد که نتوانم زن دیگری را درزندگی او بپذیرم . ! خب چه فرقی میکند ! هردوی ما انسان هستیم، روح واحساس داریم ،حالا چون خداوند اورا مرد آفریده ، بایستی آزاد باشد تا جایی که بتواند با احساساتم هم بازی کند ؟!

گمان نمیکردم این انصاف باشد، فکرنمیکنم ،خداوند این را دوست داشته باشد وبه پسند د .

ازخودم سئوال میکردم جرم من چیست ؟! با کدامین گناه ؟! همه به چشم یک مجرم به من نگاه میکردند،انگارمرتکب جرم بزرگی شده بودم . بایستی تاوان آن را به تنهایی پس میدادم . من بی گناه وبدون محاکمه ،مورد آزاروازیت روحی وروانی قرارگرفته بودم ووکیل مدافعی هم نداشتم که ازم دفاع کند .

روزها وماهها وسا لها میگذشت وهمچنان درسلول انفرادی که توتوبرایم ساخته بود زندانی بودم ، ازطرف اووخانواده اش بدترین توهین ها وتحقیرها را تحمل میکردم . پشت سرم هیچ راهی را نمی دیدم که برگردم ،درجلوی رویم راهی نبود که تصمیم بگیرم وشروعش کنم . ترس ،نگرانی ، طلاق ، بی پولی ، بی کسی ، آزردگی واحساس گناه کابوسی شده بودند که مدام آزارم میدادند ومغزاستخوانم را می سوزاندند ، صد درصد محکوم به تحمل وگذشت زمان بودم . زندانی بودم که مدت زندانی اش مشخص نشده بود، تصمیم آزادی من ازآن زندان، دراختیارزندانبانم بود ...دردهایم آرام نمیشد وفکرمیکردم با توجه به غریزه ی طبیعی مادرشدن ، دروجود هرزن، اززمان کودکی وبازی درنقش مادربودن برای عروسکهایش، پرواضح بود که ازنظراحساسی کمبود بچه را درزندگی ام بیشترازهمسرم وبا مغزاستخوانم حس میکردم واین خود درد بزرگی بود که برایم کافی بود . بعضی ها براین عقیده هستند که مادرشدن غریزه نیست ومیگویند "انسان حیوان نیست که غریزه داشته باشد " اگرغریزی نیست پس چیست ؟! ازمن بپرسید که تمام سلولهای بدنم یک صدا فریاد میزدند، میخواهم مادرشوم ،میخواهم بچه ام را شیردهم، میخواهم شوهرم مرا دوست داشته باشد، میخواهم شاهد بزرگ شدن بچه هایم باشم، میخواهم زندگیم هدفمند شود؛ میخواهم مادرزن ویا مادرشوهرشوم،میخواهم بچه های خوبی آموزش وپرورش دهم، اینها معنی اش چیست ؟! نه اینکه غریزه ای میباشد که خداوند دروجود من بعنوان یک زن گذاشته است ؟! شما که براحتی حامله شده اید وحامله خواهید شد، هرگزنمیتوانید متوجه باشید ودرک کنید یک زن نازا چه می

گوید ! اززبان امثا ل من بشنوید وبیاندیشید، شاید نظرتان تغییر کند، با شماصحبت میکنم که براحتی با امثال شوهرمن ازدواج میکنید، آیا حتی لحظه ای هم خودتان را بعنوان یک زن، بجای من گذاشته اید ؟! آیا میدانید مرتکب چه جرمی میشوید ؟ این شما هستید که مرتکب جرم میشوید ویا شده اید، این شما هستید که بوی پول مشامتان را پرکرده است ، وفقط وفقط به آن می اندیشید، آیا میدانید من از چه می گویم ؟!هرگز! ...شما که کاخ سعادتتان را برروی خرابیهای زندگی امثال من بنا میکنید، آیا سایه ی مرگبارمرا درجای، جای زندگیتان احساس نمیکنید ؟! شما که تلاش میکنید شوهرمرا ازراه بدرکنید ، برایش زن بگیرید ویا با اوازدواج کنید ، آیا لحظه ای به آینده ی من بعنوان یک انسان ، نه یک زن اندیشیده اید ؟! آیا اندیشیده اید که اگرشما زن شوهرم نشوید ،اوناچارخواهد شد که بچه ای را ویا بچه هایی را بعنوان فرزند خوانده قبول کند ؟!

آهای ، زنی که بوی متعفن پول مشامت را پرکرده است ومرا نمی بینی . آیا به آینده ی خودت وفرزندان احتمالی ات فکرکرده ای ؟ گمان میکنی میتوانی خوشبخت شوی ؟ میتوانی یک روز خوش درزندگی خراب شده وبجای مانده ی من داشته باشی ؟ مطمئن هستم که اینطورنخواهد شد، وتو تاوان اشتباهت را خواهی داد، روح من درخانه ام است ونخواهد گذاشت ،تونفسی براحتی درویرانه های زندگی من بکشی .

شب وروزنمازمیخواندم ودعا میکردم، ولی فایده ای نداشت . انگارخداوند گوشهایش را گرفته بود تا دعاهای یک انسان گناهکارومجرم را نشنود، انگارخداوند سرنوشت دیگری برای من رقم زده بود ، خداوند میخواست مرا ازهمه چیزنجات دهد، ازچنگالهای شیطان نجات دهد .او میخواست زنجیر هایی را که شیطان دراطراف من بافته بود ، پاره کند ومرا ازاسارت اونجات دهد و به آرامش وآسایش ابدی برساند .

مطمئن بودم که خدایی هست ومرا هم خیلی دوست دارد وبالاخره با من آشتی خواهد کرد و مرا به آرزوها وخواسته هایم خواهد رساند . ازگناه ، ازآن زندگی ، ازآن وضعیت ، وازهمه چیزبیزار شده بودم ...عشق اومرا کورکرده بود وبا تمام آزار هایی که بمن میداد، درحد ستایش اورا می پرستیدم ومیدانستم که بت پرستی گناه است وخدا نمیخواست که بت پرستی کنم، خدا میخواست که فقط اورا بپرستم وستایش کنم . جلال برنام خداوند .

درخلوتم مرتبا گریه میکردم وبا خدا حرف می زدم ، ولی خدا جواب ناله ها وگریه های مرا نمیداد . مادرم همیشه میگفتند : صبرکوچک خدا چهل سال است ، مادرجون توکلت بخدا باشد وتحمل کن . مثلک ها ، سرکوفت ها وجلسات مشورتی با بیگانگان برای زن گرفتن ، صیغه کردن وپیدا کردن راه حل برای آقا ... تمامی اینها را تحمل میکردم، راهی هم جزاین نداشتم . نمیخواستم طلاق بگیرم، طلاق را یک گناه بزرگ می دانستم ، طلاق را مساوی با زنا کردن می دیدم ، میدانستم که خدا هم ازطلاق خوشش نمی آید ، و آن کسی که میخواست طلاق بگیرد، من نبودم شاید اوهم نبود، بلکه حرف مردم واطرافیانمان بود . ازطلاق متنفربودم پدرم گفته بود با لباس سفید به خانه بخت میروی وبا لباس سفیدهم برمیگردی .

ای خدا توبگوچکارکنم ؟ انگارخداوند میگفت ،تحمل بایدش . بگذارآنها تورا بیرون کنند ،بگذار آنها گناه کنند، ولی تونبایستی گناه کنی، توفقط محبت کن .

خداوند دراعماق قلبم میگفت : توفقط محبت کن ، تو فقط عشق بده ، گناه نکن ،غیبت نکن بی احترامی نکن، فقط تحمل کن،گاهی فکرمیکردم شوهرم عمداً مرا آزارمیدهد ، تا عاجزشوم واز آن زندگی بیرون بروم، تابگوید خودش رفت . ولی این من نبودم که میخواست برود، بلکه اوبود که میخواست من برود، اوکه اطرافیانش عاجزش کرده بودند ونمیتوانست فکرکند،چشم داشت ولی نمیدید ،گوش داشت ولی نمی شنید ! دراولین سفرمان به آلمان روزی با برادرش که در آلمان تحصیل میکرد درپارک قدم میزدیم وازهردری سخنی میگفتیم، که یک مرتبه همسرم گفت، برعکس زنان ایرانی که اهل کتاب خواندن نیستند، اینجا می بینم که تمامی زنان آلمانی حتی درکوچکترین فرصتی که درمترو ها دارند ، مشغول کتاب خواندن هستند، درحالی که

68

احساس کرده بودم جلوی پسربچه ای که اولین باراست اورا میبینم، نه تنها من، بلکه تمامی زنان ایرانی تحقیر شده اند، دردفاع ازخودم با خنده گفتم: آخه مردهای ایرانی خیلی اهل کتاب خواندن هستند ؟! مثلا خود شما چقدرکتاب میخوانید؟ این اولین باری بود که دراعتراض به اوحرف دلم را زده بودم وچون عادت داشت درمقابل تمامی ظلم وستمهایش سکوت کنم ،با حالتی پرخاشگرانه وتوهین آمیز ،هرآنچه که دردهانش بود نثارم کرد ،بعد برادرش ازما خداحافظی کرد ورفت . وقتی بخانه برگشتیم، بدون اینکه حرفی بین ما رد وبدل شود خوابیدیم. تازه خوابم برده بود که مثل یک شیرگرسنه ووحشی پرید روی من وتا میتوانست، کتکم زد که پدرسوخته حالا جواب منومیدهی ؟ من کتاب نمی خوانم ؟ آنقدرمنوکتک زد که دنده هایم کبود وسیاه شده بود ، درهمین موقع با شنیدن صدای پایی درپشت درب آپارتمان ترسید، وازکتک زدنم دست کشید ... روزبعد ازشدت درد به سختی نفس میکشیدم ، تمام دنده هایم کبود ومتورم شده بود ، ولی ناچاربودیم برای بازدید ازکارخانه ای که قراربود. درطول سفرمان درقطار، بغض گلویم را گرفته بود واشگ درچشمانم حلقه زده بود ، قادربه خوش وبش کردن با آنها نبودم ،برادرش که گویا اورامی شناخت وحتما خاطرات تلخی هم ازدوران کودکی اش با اوداشت، متوجه حال ووضع من شده بود وتلاش میکرد، مرا به حرف زدن وادار کند ...

وقتی به شهرمورد نظررسیدیم، به طرف کارخانه به راه افتادیم . فکرمیکردم کجای این انسان مغرورازخود راضی قابل دوست داشتن است ؟ چرا بایستی اورا تا حد صدمه زدن به روح وجسمم دوست داشته باشم ؟ آیا این دوست داشتن بود ویا عادت واحساس نیاز؟ انگار ازکرده خودش پشیمان شده بود وسعی میکرد ازدلم بیرون آورد . درطول زندگی ام عادت کرده بودم همه را ببخشم وآدم کینه ای وانتقام جویی نباشم ، بازهم اورا بخشیدم ، نمازخواندم وبرایش دعا کردم . عجب صبری خدا بمن داده ؟ آیا این عشقه یا حقارته ؟!

تنها دوستم ،خدا بود. تمام توکلم به اوبود ومطمئن بودم خدا بزرگ است . خدا مهربان است وخودش مشکلات زندگی ام را حل خواهد کرد .درآن زمان اکثرکالاها ازطرف دولت سهمیه بندی شده بود وبرای نیازکارگاه تولیدی اوهم سهمیه ای تعیین کرده بودند که بایستی به قیمت دولتی آنها را میخرید ، ولی با پرداخت حق حساب ،ازمیزان سهمیه اش بیشترمیگرفت وآنها را دربازارسیاه ، به چند برابرقیمت میفروخت، بنابراین اوهم مثل خیلی های دیگردرآن برهه اززمان توانست، بارخودش را ببندد . خب ، ازآنجائیکه دستش هم برحساب درجیبش میرفت وبقول خودش راحت کادومیداد وتنها نمی خورد ، میتوانست مالیات کمتری هم پرداخت کند وروزبروزپولدارترمیشد . تا اینکه هوس ویلا سازی به سرش زد وچند ویلا ساخت وفروخت ویک ویلای دوبلکس هم برای خودمان ساخت.

یک روزصبح وقتی شوهرم باتفاق پدرم مشغول محوطه سازی حیاط ویلای شمال بود ند، من و مادرم تصمیم گرفتیم، به ساحل دریا که تا ویلای ما فقط دو، سه دقیقه فاصله داشت، برویم ومقداری قلوه سنگ برای آنها بیاوریم تا خوشحال شوند ... سبد بزرگی با خودمان برداشتیم و برای جمع کردن سنگ به ساحل رفتیم وکمتراز ده دقیقه برگشتیم ،نزدیک ویلا که رسیدیم او را دیدیم که عصبانی به طرف ما می آمد ، بمحض دیدنمان درحضورمادرم قبل ازاینکه بپرسد کجا بوده ایم ، شروع به داد وفریاد کرد وفحش های بدی بمن داد ، مادرم طفلکی خیلی ناراحت شده بود، ولی هیچ حرفی باونزد، فقط گفت : '' توکه شوهرت را می شناسی چرا این کار را کردی ؟'' من که گریه ام گرفته بود گفتم ،درسته اشکالی ندارد من مقصربوده ام، ولی هدف فقط سورپرایزکردن اوبود .هرگزنفهمیدم که این همه شک وبدبینی اش ازکجا سرچشمه میگرفت ! کارهای غیرمنطقی اش را به بچه دارنشدنم ربط میدادم . بمبارانهای عراق شروع شده بود ومردم ازتمامی شهرهای ایران بجاهای امن تری پناه میبردند، گرچه تمامی شهرهای ایران توسط ارتش عراق زیربمباران های بسیاروحشتناکی قرارداشت .

به محض شنیدن آژیرقرمزکه نشان دهنده حمله هوایی عراق بود، همه ی مردم به پناهگاه ها پناه میبردند، ما هم به پارکینگ ساختمانمان که تمامی آن با بتون ساخته شده بود فرارمیکردیم وتا زمانی که آژیرسفید که علامت پایان حمله هوایی بود، شنیده نمیشد ازآنجا بیرون نمی رفتیم. درتمامی طول دوران جنگ ما هم مثل تمامی مردم، ساکی ازکمکهای اولیه ومقداری آب وخوراکی آماده داشتیم که هرکجا فرارمیکردیم باخودمان ببریم، تا اگربراثربمباران درزیرآوارگیرکردیم بتوانیم ازآنها استفاده کنیم. دوران بسیارسختی بود که هیچکس ازیکساعت دیگرش خبرنداشت . وضعیت جنگ همه رامضطرب ونگران کرده بود . ما تصمیم گرفتیم چندروزی برای فرارازبمباران به شمال برویم،همسرم جمعی ازکارکنان اداراتی را که با آنها کارداشت با خانواده هایشان دعوت کرده بود که برای فرارازبمبارانهای صدام حسین به ویلای ما درشما ل بیایند وباین ترتیب آنها را نمک گیرکند ،این درحالی بود که پدرومادرپیرمن درزیربمبارانها درتهران مانده بودند،وازشدت ترس بخودشان میلرزیدند، باوجودتمامی دلواپسی هایم برای پدرومادرم، بایستی علی الرغم میلم ،برای دوستان اووخانواده هایشان غذا می پختم وپذیرایی میکردم، تا اگردوروزدیگرمشکل اداری داشت آنها برایش حل کنند . تمام فضاهای ویلای ما ازدوستان اوپرشده بود، طوری که اطاق خوابمان را هم به یک گروه ازآنها داده بودیم وخودمان مجبوربودیم ، پشت مبلها درسالن بخوابیم تا آنها راحتترباشند.!

اگرهم اعتراضی میکردم ،میگفت: تمام اینها برای این است که جنابعالی راحت زندگی کنید و نروید درصف مرغ وگوشت برای پانصد گرم گوشت یخ زده دمب تکان دهید .... اوانسان بسیاربی ادبی بود که اگرحرفی را برخلاف میلش می شنید ،هرچه که دلش میخواست به طرف مقابلش میگفت . قطعه زمین دیگری درشمال خرید، ولی چون میترسید که ازاوسئوال کنند ازکجا آورده ای ؟ بمن گفت : بهتراست این زمین را به اسم تو بخرم ،ولی توبایستی این نامه را که از قبل تهیه کرده ام امضأ کنی .

مضمون نامه این بود: من ...... بدینوسیله اقراراعتراف میکنم که این زمین متعلق به همسرم آقا ....فلان است ومن هیچگونه حق وحقوقی درآن ندارم .

مثالی هست که میگویند مارگزیده ازریسمان سفید وسیاه میترسد ،درحقیقت اونگران بود که من هم روزی مدعی اوشوم وزمینش را بگیرم ! درواقع این همان دسته چک سفید امضایی بود که ازآن زن بیچاره گرفته بود !!

وقتی باواعتراض کردم که چرا ازنت رسید میگیری ؟ گفت : حتما یادت نرفته که مرجان با من چکارکرد ؟ بنابراین انگشتم را دوباردرسوراخ مارنمیکنم، طبق معمول قبول کردم و نامه راامضأ کردم،ولی قلبم شکسته بود وازاین حرکات ورفتارهای عجیب وغریب که مخصوص اوبود ، اصلا سردرنمی آوردم . بخودم خیلی مطمئن بودم وهمیشه باومیگفتم، هرکسی یک قیمتی دارد، ولی مطمئن باش وبدان که قیمت من اینها نیست . من همیشه خاله وشوهرخاله هایم را برای اومثال میزدم که دارائی هایشان باسم همسرانشان بود ، وبهیچ عنوان من وتویی درزندگی آنها معنی نداشت وسالیان درازعاشقانه باهم زندگی میکردند .

اوتصمیم گرفته بود کارخانه دارشود، وبرای اینکارشدیدا تلاش میکرد وخودش را به هرآب و آتشی میزد. با انجام کارهایی که درانجامش بسیاراستاد بود، توانست به نمایشگاه های بین المللی راه پیدا کند وقراردادهای سنگین ببندد ومعاملات دلاری انجام دهد .

مثل کسی که برای داشتن ودوختن یک پالتواول تکمه آن را میخرد ، اوقبل ازگرفتن پروفرما و یا موافقت اصولی برای کارخانه ، توانست زمینی را به قیمت دولتی خریداری کند .

البته معتقد بود که اگرهم کارخانه ای نداشته باشد، میتواند سوله اش را بعد ازساخت به قیمت بسیارخوبی بفروشد ، معمولا اوجایی نمی خوابید که آب زیرش برود .

برای گرفتن موافقت اصولی کارخانه، بهرشکلی که شده بود موفق شد وتوانست با ایجاد روابط دوستانه، پروفرما هم ازکشورهای دیگربگیرد، من هم پا به پایش درشرکت زحمت میکشیدم، ومشغول تهیه وتدارک میهمانی های آنچنانی بودم که بایستی کارکنان ادارات مربوطه ورئیس

های بانک های مختلف را که تصمیم داشت، وام های کلان ازآنها بگیرد، وبقول خودش بایستی نمک گیرشان میکرد ... دراین رابطه چندین باربه کشورایتالیا وآلمان مسافرت کردیم تا بتواند حضورا خودش با کارخانه هایی که برادرانش پیدا کرده بودند وارد مذاکره شود .
میگفت : وقتی کارخانه راه اندازی شود، یک ساختمان سه طبقه برایت میخرم ،که اگریک روزناچارا ازاین زندگی رفتی، بتوانی دریک طبقه آن کارکنی ودریک طبقه زندگی کنی، ویک طبقه آن را هم اجاره دهی، تا اگرکارودرآمدت خوب نبود، زندگیت لنگ نباشد . ساختمان سه طبقه ای را که متعلق به صا حب انبارتولیداتش بود ،بمن نشان داده بود وگفته بود این ساختمان را برای فروش گذاشته اند، تودعا کن که کارها ی گشایش اعتباروخرید ماشین آلات آنطورکه میخواهم انجام شود تا اینجا رابرایت معامله کنم!من هم با خوش بینی حرفهایش را باورمیکردم ومرتباً دردعا بودم ...کارهای کارخانه جدی شده بود ونمیتوانست صددرصد ، آن را طبق قوانین موجوددرکشورباسم خودش کند، ناچارا پانزده درصد آنرا باسم من، وپنج درصد باسم هریک ازبرادرهای ناتنی اش کرد، وگفت : بعوض زحماتی که تا بحال درزندگی من کشیده ای ، فکرمیکردم عجب انسان خوب وقدردانی است، ولی یک روزازمن خواست که بدفترکارش بروم ویک نامه ی ازپیش تهیه شده جلویم گذاشت ،وگفت،عین این متن را بنویس وامضأ کن، مضمون نامه اینطور بود .
من ... بدینوسیله اقراراعتراف می نمایم که این کارخانه متعلق به همسرم آقای ... میباشد، و من هیچگونه حق وحقوقی درآن ندارم . نامه را نوشتم وامضأ کردم ، فقط ازاوپرسیدم : آیا ازخواهرو برادرهای ناتنی ات هم چنین نامه ای را گرفته ای ؟! گفت : نه ،وضعیت آنها با توفرق میکند، سهم آنها بخاطرزحماتی است که درخارج ازکشوربرای خرید ماشین آلات برای کارخانه کشیده اند، پس سهم من بعنوان شریک زندگیت واینکه از(الف تا یا) درجریان راه اندازی کارخانه بوده ام وبرایش زحمات زیادی متحمل شده ام ، کجا میرود؟ سهم من درشرکتت که مثل تراکتورکارمیکنم چه میشود ؟
گفت : "نمیخواهم دوروزدیگراگربلایی سرتوآمد ، برادرها وخواهرها یت درکارخانه ی من شریک شوند". خودش هم خوب میدانست که دروغ میگوید، چون با نوشتن وصیت نامه ،این مسئله قابل حل بود ...ضمن اینکه درمورد برادرانش هم همین مسئله مصداق داشت که اگربلایی سرآنها می آمد، زنان آنها شریک کارخانه ی اومیشدند .
مثلا یکی ازدفعاتی که به کشورایتالیا برای بازدید ازکارخانه ای رفته بودیم ،منوبه مدت حدود چهارساعت درکنارخیابان ،دریک شهرک صنعتی گذاشتندوبابرادرش برای بازدید ازکارخانه ای که قراربود ازآنها ماشین آلات بخرند رفتند ، ازشدت ادراروگرسنگی داشتم تلف میشدم ، اجازه نداشتم ازروی نیمکتی که اوگفته بود بنشین وتکان هم نخور، بلند شوم وبه جستجوی توالت بروم . بعد ازگذشت چهارساعت که اشگهایم بی اختیارازاین همه ظلم وستم پائین میریخت، یکمرتبه دیدم آنها سوارماشین ازجلوی من رد شدند . ازفرط خستگی ، گرسنگی ، وفشارادرارداشتم می مردم، درحالی که گریه ام گرفته بود ، برای آنها دست بلند کردم، ولی آنها با بی اعتنایی ازجلوی من رد شدند ورفتند . گفتم : خدایا این دیگه چه حقه بازی جدیدی بود که انجام دادند ؟ چرا رفتند،چرا بمن اعتنا نکردند؟ تمام زندگی اش با سیاست وحقه بازی می گذشت، اوبرای هفت نسل آینده اش هم نقشه میکشید وفکرمیکرد ، تمامی کارخانه های آن شهرک یا بسته بودند ویا درحال بسته شدن بودند، مات ومبهوت مانده بودم که چکارکنم ؟ درشهرکی که بغیرازچندین کارخانه چیزدیگری درآن پیدا نمیشد،چهارساعت ،تک وتنها مانده بودم، مرا بداخل کارخانه نبرده بودند که درجریان، زد وبندهایشان قرارنگیرم . مردی که همیشه چهارچشمی مواظب من بود، ساعتها درجایی ناشناس ، درکنارخیابان مرا گذاشته بود ورفته بود . وقتی پای منافع اش مطرح بود، غیرت درکارنبود ،اینجا دیگه مهم نبود من تنها باشم ،مهم نبود کنارخیابان باشم، بعد که برگشتند، گفتند: واقعا نمی دانستیم این همه مدت طول میکشد ، ایتالیایی ها بعد ازصحبت کردن ، ما را برای نهاربه رستوران خیلی شیکی بردند

وما تمام مدت غذا ،توی گلویمان گیرمیکرد که توگرسنه درکنارخیابان نشسته ای . بجرم نازایی گناهکاربودم، وراه دیگری جزتحمل کردن ،سختیهای این زندگی نداشتم .

میگفتند : بعد ازنهارهم به رسم ایتالیایی ها ما را بدرقه کردند وتا اول اتوبان با ما آمدند .

میگفتند :وقتی ازجلوی تو، رد شدیم، عمدا دست تکان ندادیم ، چون آنها پشت سرما درحرکت بودند ونمیشد به توایما واشاره کنیم . دراساسنامه ی کارخانه ،ضمن اینکه سهامداربودم، بعنوان عضوهیئت مدیره هم حق امضاً داشتم . دوسال بعدازازدواجمان ، بصورت نیمه وقت بعنوان مدیرفروش شهرستان، درشرکتش کارمیکردم،هنوزیکماهی ازکارکردنم نمیگذشت ،که متوجه شدم منشی شرکت ومدیران فروش تهران چشم دیدن مرا ندارند ومرتبا نزد همسرم برعلیه من سمپاشی میکردند .همسرم میگفت : آنها ازاینکه مرتبا سین وجین شان میکنی ناراحت هستند . وقتی بخانه برمیگشتیم، با من دعوا میکرد که چرا ازآنها ایراد میگیری ؟ ومرتبا میپرسی چرا؟ من به آنها شک کرده بودم ویکی ازدلائلی که مورد بازخواستم قرارمیگرفتند همین بود . آنها هم که متوجه ی مسئله شده بودند، ازاینکه آنجا کارمیکردم خوشحال نبودند . همسرم ازمن خواست که بعد ازآن به شرکت نروم ،ولی من اصرارکردم که فقط یک هفته بمن فرصت بدهد تا مطمئن شوم اشتباه نکرده ام ، اوگفت: اگردرداوری اشتباه کرده باشی ، بایستی درحضورهمه ازآنها عذرخواهی کنی .

روزبعد که به شرکت رفتم به یکی ازمشتریها تلفن کردم وازاوخواستم که اصل فاکتورش را برای من بفرستد . چند روزبعد، وقتی فاکتوررا دریافت کردم ، وبا سندهای حسابداری مقایسه کردم ، دیدم درفاکتوری که دردست مشتری بوده ، مبلغ جنس فروخته شده دوبرابرمبلغی است، که درسند حسابداری ونسخه های بعدی ، فاکتورنوشته شده است . سریعاً این مطلب را به اطلاع همسرم رساندم . اوگفت: یک مورد کافی نیست، بایستی دلائل بیشتری پیدا کنی ! بعد به تمامی مشتریهایی که درسه ماه اخیرازشرکت جنس خریده بودند، تلفن کردم وخواستم جهت بررسی مجدد، فاکتورهایشان را برای من بفرستند . بعدازچندروز، وقتی تعداد زیادی ازفاکتورها را دریافت کردم، متوجه شدم، آنها فاکتوراصلی که به مشتری میدادند، دوبرابرقیمت نسخه های بعدی فاکتورها بوده است . همسرم درحالی که ازمن تشکرمیکرد بسیارعصبانی بود که سالهای سال، آنها چنین دزدی آشکاری کرده بودند واومعاونش متوجه نشده بود ند . وقتی همسرم مسئله را با آنها درمیان گذاشت وتهدیدشان کرد که اگرپولهایی را که اضافه گرفته اند، بمردم برنگردانند، به پلیس آگاهی تحویلشان خواهد داد ، آنها گفتند: ما که ازشرکت اضافه نگرفته ایم ؟! خیلی عجیب بود ، نظرآنها این بود که چون ازمردم دزدی کرده اند، نبایستی به شرکت ارتباط داشته باشد . یکباردیگربی گناهی وتیزهوشی ام به همسرم ثابت شده بود ،ازآن به بعد قراربراین شد که بصورت پورسانتی بعنوان مدیرفروش شهرستان برای اوکارکنم . درآن زمان کارهای راه اندازی کارخانه ی جدید شروع شده بود وهمسرم نیازمالی ومعنوی داشت ،بهمین دلیل یکی ازدوستان قدیمی اش را که بازنشسته سازمان دولتی بود، دعوت بهمکاری کرد وسه درصد ازسهم شرکت را به اوفروخت، بیچاره با خوشحالی ماشین وخانه اش را فروخت وسهامدارشرکت شد، غافل ازاینکه نه درملک شرکت ،نه درملک کارخانه ،ونه درقالبهای تولیدی ونه درخیلی چیزهای دیگرشریک نخواهد بود . درحقیقت اواگرپولش را دربانک گذاشته بود، همان بهره ای را میتوانست بگیرد که بعنوان سهمش میگرفت . این شریک بیچاره کم کم خانمش را هم بعنوان منشی و فروشنده ی نمایشگاه ، شرکت به استخدام درآورد ، خانم امربهشون مشتبه شده بود که صاحب کارخانه وشرکت هستند، با من به رقابت پرداخته بود وخودشان را حسابی گم کرده بودند وسربه سرمن میگذاشتند که باید اینطوری باشد ، نه آنطورکه شما میگوئید ... اوبدون داشتن هیچگونه سابقه کاری ، ازآشپزخانه منزلش آمده بود سرکارومدعی من شده بود ... ما ناچاربودیم برای خرید ماشین آلات کارخانه مرتبا به خارج ازکشورسفرکنیم، شوهرم به خانواده اش ودوستانمان میگفت، ما برای معالجه ی من میرویم ، درحالی که کلا دوباربرای معالجه ی نازایی ام،

درآلمان به دکتررفته بودم. یکبارعمل جراحی تشخیصی شده بودم و باردوم برای چکاپ رفته بودیم .

اومیگفت : بزودی کارخانه ی جدیدم راه اندازی میشود وخوشحال نیستم زنی که قراراست از گرد راه برسد ، صاحب آن بشود وتوبروی !

ماشین بی ،ام ،و، اوآنقدرخراب شده بود که هرروزصبح من بایستی میرفتم ،داخل پارکینگ وآن را هل میدادم تا شاید روشن شود ... ماشین نمی خرید ومیگفت :حالا بگذارکارخانه ی جدید راه بیافتد، وقت برای ماشین خریدن زیاد است ! دیسک کمرودردی که هم اکنون درپشتم دارم یادگاری آن دوران اسارت است . هرچقدراصرارمیکردم که بگذارد رانندگی کنم اجازه نمی داد ومیگفت، ابدا ممکن نیست، تا زمانی که بچه دارنشوی، نباید رانندگی کنی . عاشق رانندگی کردن بودم، ولی اوبعنوان یک ابزارشکنجه ازآن برعلیه من استفاده میکرد واجازه نمیداد رانندگی کنم .

میگفتم : اگررانندگی کردن برای زن عیب است، پس چرا خواهرت رانندگی میکند ؟میگفت، خب ، اوزن کس دیگری است وبه من ارتباط ندارد، ضمن اینکه اودوتا بچه دارد که هیچ کس بهش کاری ندارد ،دوباره بچه .. درحالت عادی ،دردعوا، درمسافرت وشوخی، درتختخواب ، درهروضعیتی که بودیم ،نداشتن بچه را توی سرمن میزد واجازه میداد مادروخواهرش مرا عذاب بدهند، اجازه داده بود مردم به چشم حقارت به من نگاه کنند . دیگه خسته شده بودم، روح منوخرد کرده بود، تحت فشارهای عصبی ،مرتبا کابوس طلاق میدیدم ، تمام صورتم پرازلکه های عصبی شده بود. ازبس داروهای هورمونی خورده بودم تمام زیرچانه ام مثل مردها مودرآورده بود .

یک روزبهش گفتم : مادرت میگوید، من آدم خوش قدمی هستم ودلیلش هم خوب شدن وضع مالی تواست ،اوبا عصبانیت وغیض گفت : قد مت را ببرخانه ی پدرفلان فلان شده ات ....!

احساس میکردم انسانی بی مصرف هستم که فقط باید مورد سوء استفاده اوباشم، تنها چیزی که برایش ذره ای اهمیت نداشت انسانیت من بود، همیشه ازخودم سئوال میکردم آیا هیچوقت فکرمیکند من هم آدمم ؟! من هم دل دارم ؟! من هم روح دارم ؟! من هم شخصیت دارم ؟

روزی گفتم : مثل حلزون شده ام که وقتی آسیبی جسمی می بیند ، میتواند خودش را ترمیم کند. خداوند به من قدرتی داده بود که میتوانستم خودم را مرتبا ترمیم کنم وضربات اووخانواده اش را خنثی کنم . مدتی بود که ازشرکت حقوق میگرفتم وازدرآمد م ، برای خودم طلا ولباس میخریدم، یکی ازدفعاتی که مادروخواهرش طبق معمول هرسال، به تهران آمده بودند، به شمال رفته بودیم، ودرراه برگشت به تهران خواهرش ازمن سئوال کرد، گردن بندت را چند خریده ای؟ گفتم، فلان قیمت وبلافاصله گفت: چرا دروغ میگویی؟ درشهرستان ما اینقدرنیست، فلان قیمت است ، من که خوب میدانستم ،طبق معمول زمان برگشتشان نزدیک است وقصد ش شروع یک جنجاله که با قهرودعوا بروند، گفتم، عزیزم قصد فروش آن را ندارم که بخواهم دروغ بگویم، ضمن اینکه اگرشما قیمت آنرا میدانید چرا سئوال میکنید ؟ اوزن بدبختی بود که شوهرش بیماری روانی داشت ومرتبا درکشمش دادگاه های طلاق وبیمارستان های روانی بودند ، چطورمیتوانستم ازچنین انسانی توقع داشته باشم ،رفتارهای منطقی وبدون عقده ای داشته باشد؟ ضمن اینکه دلم برایش خیلی میسوخت ، وقتی بخانه رسیدیم ،خواهرشوهرم ومادرش به اطاق تلویزیون رفتند وشروع کردند، به جمع کردن وسائلشان وبستن چمدانهایشان، شوهرم پرسید: چرا اینکارها را میکنید ؟! آنها زدند زیرگریه که خب ما بایستی برگردیم ، شوهرم گفت، نه بابا برای چی ؟! خواهرش زد زیرگریه ومثل یک هنرپیشه ی ماهرنقشش را بازی کرد که چون شوهرم دیوانه است ومن ناچارهستم با شما به مسافرت بیایم.. داشتم شاخ درمی آوردم که تمام صحبتها درماشین درحضورشوهرم انجام شده ومن حرفی نزده بودم که اوآنهارا بزرگ میکرد وآشوب براه می انداخت ، درحقیقت من ازشوهرم عصبانی شده بودم که تحت تأ ثیررلی که اوبازی میکرد ، با خشونت میگفت: اگرآنها با چنین

وضعیتی به مشهد برگردند ، من هم بایستی بمنزل پدرم برگردم ،آنها خوب میدانستند که میتوانند با احساسات همسرم بازی کنندواورا تلکه کنند ، این داستانها همیشه ادامه داشت، وخیلی خوب دست آنها را خوانده بودم . نقطه حائزاهمیت این بود که همسرم این مسئله را میدانست ومیگفت ،من دوست دارم که باصطلاح تیغ آنها را بخورم ... ولی به چه قیمتی برای من تمام میشد ؟ گاهی اوقات فکرمیکردم حتما شوهرم نقطه ضعفی نزدآنها دارد که مدام به آنهاباج میدهد وساکتشان میکند ...
بالاخره درچهل وشش سالگی، دایی اش تصمیم گرفته بود ،با زنی که مادرشوهرم برایش انتخاب کرده بود ازدواج کند. ما هم برای عروسی آنها با یکی ازدوستانمان وشوهرش به عروسی آنها دعوت شده بودیم . بعد هم شوهرم آنها را برای ماه عسلشان به شمال دعوت کرد وبعد ازمدتی همگی به تهران آمدند وچند روزی درتهران میهمان ما بودند، وبعد همگی به هتل هایت چالوس که همسرم ازقبل رزروکرده بود، رفتیم . چند روزی را درهتل ماندیم وبعد باتفاق ، به یکی ازروستاهای کلاردشت رفتیم، وخانه ی خوشگل روستایی که درکناررودخانه بود اجاره کردیم . روستای بسیارزیبایی بود که هرروزصبح زود با صدای بع ، بع گوسفندان وگاوان بیدارمیشدیم وبعد زن صاحب خانه شیرتازه دوشیده شده ، سرشیر، تخم مرغ محلی ونان تازه برای ما می آورد . من عاشق آن روستا بودم وآرزوداشتم ، درآنجا بتوانیم ویلایی داشته باشیم . درطول این سفر، دایی آقا ،دست ازسربچه دارشدن ما برنمیداشتند ومرتبا آقای مهندس را نصیحت میکرد که مبادا دیرشود وازغافله عقب بمانید ، اینهاهمه تقصیرشوهرم بود که به هرکس ونا کسی اجازه میداد حدوحدود خودش را فراموش کند ومرا نصیحت کند. وسرکوفت بچه را بزندواظهارنظرکند که ما باید چکارکنیم . شوهرم جلوی مردم خودش را مظلوم معرفی کرده بود ومرا ظالم ،که بچه دارنمیشوم وازرندگی اوهم بیرون نمیروم . همه منوبه چشم یک مجرم نگاه میکردند . هرکس بمن میرسید، میگفت: تقصیرشماست که بچه دارنمیشوید، یا تقصیرآقای مهندسه ؟! افکارمردم درایران مثل اینه که هرکس بچه دارنشود ، تقصیرکاراست وجرم بزرگی مرتکب شده است . اگردرزندگی ، خانم بچه دارنشود، باید طلاقش بدهند ویا سرش زن بگیرند ، ولی اگرآقا قادربه بچه دارشدن نباشد ، همه میگویند: اشکالی ندارد، خواست خدا این بوده وزنش حق ندارد اسم طلاق را بیاورد ، درآنصورت مردم چی میگویند؟ مردم تف ولعنتش میکنند که بخاطربچه ازشوهرش جدا شده، حتما زیرسرش بلند شده یا حتما یک کاسه ای زیرنیم کاسه بوده که قصد طلاق گرفتن دارد،درچنین زندگی تمام مردم واعظ میشوند وشروع به نصیحت کردن میکنند، که آدم بایستی راضی باشد به رضای خدا ، برویدازپرورشگاه بچه بیاورید، تا خداوند هم به شما برکت دهد ،زن خوب که بخاطربچه دارنشدن شوهرش اسم طلاق نمی آورد . همیشه دعا میکنم اگردرایران ویا بهتربگویم درجهان سوم، زن وشوهری قراراست بدون بچه باشند ، این اشکال ازطرف مرد باشد که خطری زندگی آنها را تهدید نکند . خانمها موجودات با گذشت وانعطاف پذیرومهربانی هستند که تحت هیچ شرایطی حاضربه ترک زندگی وهمسرشان نخواهند بود . شوهرم میگفت: اطرافیان میگویند: من مرد فداکاری هستم که برای معالجه ی همسرم تلاش میکنم، میگفت: بقول مادرم هرمرد دیگری بود درسال اول، زنش را طلاق میداد !
میگفت : طبق دستورقرآن به مرد اجازه طلاق داده شده ، ومرد میتواند زنش را بهردلیلی طلاق بدهد ویا همزمان زن عقدی ویا صیغه ای دیگری بگیرد . مرد اجازه دارد حتی چهارزن عقدی همزمان داشته باشد . بنابراین اوحق خودش میدانست که هربلایی به سرمن بیاورد .
اکثرآقایان هم مثل اودرایران فرامین دیگری را که دینشان داده است یا نمیدانند ویا میدانند واجرا نمیکنند، ولی این قسمت را خوب یاد گرفته اند ودرموردش شعارمیدهند .
یکی ازمشوقین اودوست کلیمی اش بود، که صد درصد حق را به همسرم میداد ومیگفت: این حق توست که بچه بخواهی ،بنابراین هرکاری که میتوانی انجام بده ...تعجب میکردم اوکه خودش دختردارد چرا فکرنمیکند اگرعین همین مشکل برای دخترش پیش بیاید، همین را

خواهد گفت ؟ اخیرا مطلع شدم که همین آقا متاسفانه به سرطان بدخیم معده مبتلا شده است وشدیدا با این بیماری درجنگ وستیزاست ... هیچکس نبود به من حق بدهد ... شاید فقط خداوند بود که بمن حق میداد ،ولی نمیدانم چرا اوهم سکوت کرده بود ؟!
یکی ازدفعتی که به مشهد رفته بودیم ،دایی اش به تحریک مادرشوهرم گفت : "آقای مهندس جادوگری ،دراین شهراست که میتوانیم نزد او برویم وازاوبخواهیم بما کمک کند وبرایتان سر کتاب بازکند، اومیتواند بگوید شما بایستی چکارکنید !هرچه اوبه شما گفت، اطمینان داشته باشید که درست خواهد بود ، چون ما همیشه برای گرفتن دعا (جادو) وحل مشکلاتمان وباز کردن سر کتاب وکارگشایی پیش اومیرویم، کارش حرف ندارد . مادرشوهرم علنا میگفت : برای ازدواج دایی با ، ازاودعا گرفتم .!ازشدت عصبانیت تمام بدنم میلرزید، آقای مهندس توچقدرسرخورده وبدبختی که چنین کسی بایستی ازروی سرکتاب به توبگوید برای زندگی آینده ات چکار کنی ؟! ایکاش بجای کتابهایی که دردانشگاه خوانده ای ودوتا مدرک لیسانس ویک مدرک فوق لیسانس گرفته ای، پنج صفحه درس انسانیت بهت آموزش داده بودند. مثالی هست که میگویند دکترشدن چه آسان ،آدم شدن چه مشکل ... شوهرم ازحرفهای دائی با ، استقبال کرد وما راهی منزل جادوگره شدیم ، خانه ی کهنه وقدیمی که بوی جادووشرارت ازدرب ودیوارآن میبارید، مرد چاق وشکم گنده ای راکه برپشتی ، تکیه داده بود درآنجا دیدیم . اوچندین کتاب دوروبرش ریخته بود ، یک تخته ی گرد که روی آن شکلهای درهم وبرهمی وجود داشت وتعدادی مهره های طلایی رنگ آهنی که درداخل کیسه ای قرارداشت ، ازشدت ترس ودلهره نزدیک بود قالب تهی کنم . ازآن مکان وازآن مرد وهمه چیزهایی که دراطرافش بود، شدیدا دچاروحشت شده بودم ، بخودم میگفتم : خداوندا خودت مواظب من باش خودت مرا ازاین شرارت ها نجات بده ، آیا این مردی است که شوهرم بایستی به حرفهایش اعتماد کند ؟ اگرمیتواند آینده را پیش بینی کند، چرا خودش را ازاین وضعیت نکبت بارنتوانسته است نجات دهد ؟ اولین باری بود که چنین جایی رفته بودم وچنین کسی را میدید م ، ای آقای مهندس ! دکترشدن چه آسان آدم شدن چه مشکل ،ایکاش بجای مدارک علمی که گرفته ای کمی شعورانسانی پیدا کرده بودی، با خودم میگفتم ، آقای مهندس توبایستی سرمشق ومعلم دایی بیسوادت باشی، نه اینکه اوبا همکاری مادرت برای توو‌آینده ات تصمیم بگیرند وراهنمایی ات کنند . اظهارتأسف میکردم که درقرن بیستم هنوزمردم برای حل مشکلاتشان دنبال جادووجنبل میگردند، وازعاملین شیطان اطاعت میکنند ... نکته دراینجاست که وقتی آن مرد را دیدم ازنوع حرف زدنش متوجه شدم که قبلا دایی با، حسابی اورا پخته است ، کاملا به اوهم دیکته شده بود که آب پاکی را بردستان آقای مهندس خرافاتی بریزد وخیالش راراحت کند ،که اگربا زندگی اش با من ادامه دهد بچه ای درکارنخواهد بود، بقدری نوع حرف زدن مردک جادوگرواضح وروشن بود ، مثل اینکه با دسته کورها طرف بودند، ویا اینکه من را هم مثل خودشان احمق میدیدند . به محض دیدن ما گفت : آقای مهندس ادامه این زندگی به نفع شما نیست، درطا لع شما واین خانم بچه ای وجود نخواهد داشت، بهتراست شما بفکرازدواج مجدد باشید ... شما بایستی خیلی سریع اینکاررا‌انجام دهید، حتی سرکتاب هم برای شما بازنخواهم کرد ، توسط جنی، که دراختیاردارم ،این چیزها را میدانم واواسرارغیب را بمن میگوید ...! بیشتردچاروحشت شده بودم جن ؟ یعنی چی ؟ اوگفت: حتی سرکتاب هم برای شما لازم نیست بازکنم ،همین که میگویم بایستی انجام دهید، بعد مقداری پول به اودادند وما با دلی شکسته راهی منزل مادرشوهرم شدیم . آنها منتظرعکس العمل آقای مهندس بودند ... وقتی دوباره مادرش سرصحبت را باز کرد دایی با، گفت: حاج آقا بهترین پیشنهاد را کردند که شما بایستی اجرا کنید ، آقای مهندس هم گفتند : بله خودمان هم به این نتیجه رسیده بودیم ... دلم شکسته شده بود ، این اولین باری نبود که آنها دل شکسته ی مرا با چاقوی آشپزخانه، بدون بیهوشی ، ازسینه ام بیرون می آوردند، آیا خداوند گناه آنها را می بخشد ؟! آیا خداوند که بمن بچه نداده است دلش بحالم نمی سوزد ؟ آهی ازته دلم کشیدم وبخدا واگذارشان کردم ، ممکنه که آنها

ظاهرا موفق وپولدارباشند، ولی مطمئن بودم که هرگزروزخوش نخواهند دید، ودرجهنمی که با دستان خودشان ساخته بودند ، هلاک خواهند شد . تمام هدفشان این بود که حق مرا پایمال کنند ونقشه های شیطانی شان را عملی نمایند .

حالا که این کتاب را مینویسم سا لهاست که دایی (با) مرده وسه بچه ی کوچک ازاوبجا مانده است که هزینه های زندگیشان را دیگران تامین میکنند ...!!

ما به تهران برگشتیم ،صحنه هایی که دیده بودم حرفهایی که شنیده بودم به کابوس هایم اضافه کرده بود ،درتمام روز ،درترس اینکه مبادا جنی که جادوگره ازش صحبت میکرد، درکنارمن باشد وبلایی به سرم بیاورد ،بسرمیبردم .

نزدیک غروب یک روزپائیزی درشرکت شوهرم نشسته بودم وتلفنها را جواب میدادم، که تلفن بصدا درآمد الو؟ خانمی پشت خط بودند وگفتند: میشود با آقای مهندس صحبت کنم ؟ گفتم: بله گوشی حضورتان باشد وبعد تلفن را به شوهرم وصل کردم، بعد ازچند ثانیه همسرم اف، اف، را زد وپرسید چه کسی بود ؟ با تعجب پرسیدم : مگربا شما صحبت نکرد ؟ بدون اینکه به من جوابی بدهد ، گوشی تلفن را قطع کرد وبعد ازنیم ساعت آمد پائین که برویم منزل ، درراه شروع کرد به فحش وناسزا گفتن که حالا برای من میخواهی حرف درآوری وپا پوش درست کنی ؟ ! پدرت را درمی آورم ، پدرسوخته فلان ، فلان شده ... وقتی با ماشین پیچید داخل پارکینگ ، با عصبانیت ترمزدستی را کشید بالا وازماشین پائین آمد وشروع کرد به کتک زدن من که فلان، فلان شده همین الان باید بروی خانه ی پدرفلان، فلان، شده ات وبا روسری میخواست منوخفه کند، درحالی که گریه میکردم ، قسم میخوردم که راست گفته ام: خانمی با شما میخواست صحبت کند، اوهمانطورکه منوکتک میزد وفحش میداد ،متوجه آمدن کسی داخل پارکینگ شد، وبعد منو رها کرد وبطرف آپارتمانمان حرکت کرد .

من که بخودم مطمئن بودم ، فکرمیکردم ، ممکنه با کسی تبانی کرده که چنین تلفنی بزند وبعد کاررا به بالا بکشاند، کارهای مشکوکی که اومیکرد، تماما نشان دهنده ی این بود که من بدون گرفتن هیچگونه حق وحسابی زندگی ام را رها کنم وبروم ،وقتی داخل آپارتمان شدیم، با حالت تهاجمی وفحش میگفت، باید بمن ثابت کنی ! آخه مردک دیوانه من چطوربایستی ثابت کنم، کدام خری به توتلفن کرده ، توخودت که این نقشه را کشیده ای بهترمیدانی ، این اولین باری نبود که بمن تهمت میزد،ازشروع آشنایی تا آن تاریخ همیشه تهمت زده بودومن واگذارش را بخدا کرده بودم .

مثلا یک روزوقتی مشغول عوض کردن لباسم بودم ،ناگهان چشمش به پایم افتاد که کبود شده بود، یکدفعه گفت: صبرکن، صبرکن، اینجای پایت چی شده ؟! چرا کبود شده؟! من اول فکرکردم که اوازروی دلسوزی اینومیپرسد، ولی کمترازچند ثانیه داد وهوارش وفحش وبد و بیراههایی که لایق خودش وخانواده اش بود نصیبم کرد،یکسره میگفت: فلان، فلان ، شده لازم نکرده به شرکت بیایی تا شب بهت وقت میدهم که ثابت کنی پایت چی شده وچرا کبود است؟ والا قبل ازاینکه من بخانه برگردم ،چمدا ن هایت را ببند وبروخانه ی پدرفلان ، فلان شده ات، یعنی چی، حتما بجایی خورده که من نفهمیده ام ، میگفت : نمیدانم ، تا ازشرکت برمیگردم ،باید ثابت کنی که چی شده ، والا قبل ازاینکه بیایم منزل ،خودت بروخانه بابات ... اودرب آپارتمانمان را بهم کوبید ورفت ، هیچکس نبود باوبگوید: مردک دیوانه فلان ،فلان، شده شارلاتان ، چی ازجان این زن بدبخت میخواهی ؟ تک وتنها ماندم با کبودی بالای پایم، شوخی نکرده بود، بایستی کشف میکردم چرا کبود شده است، با تمام صندلیها ، میزها وهرچیزی که میتوانستم به آن خورده باشم، پایم را اندازه گیری کردم ! بالاخره پیدا کردم که آن کبودی دقیقا مساوی است با لبه ی میزنهارخوری، ازاین که توانسته بودم محل ضربه ی پایم را پیدا کنم، خیلی خوشحال شده بودم وخدارا شکرمیکردم . درحالی که هق ،هق، گریه امانم را بریده بود، منظورش را نمی فهمیدم!یعنی چه اتفاقی میتوانسته برای پای من افتاده باشد که اورا تا این حد عصبانی کرده بود ،شب که بمنزل آمد برایش توضیح دادم، اونه معذرت خواهی کرد ونه

اینکه عکس العملی نشان داد، شاید هم ناراحت شده بود که این بهانه اش هم بجایی نرسیده بود وگویا نقشه اش ، نقش برآب شده بود .
تحت نظردکترحسن مهاجری درمان نازائی میکردم وقراربود برای آخرین عمل جراحی که تخمک واسپرم رادرلوله آزمایشگاه بارورمیکردند ودررحم میگذاشتند، دربیمارستان آبان تهران بستری شوم، به این عمل خیلی امیداواربودم وگمان میکردم راه حلی پیدا شده ، وبعدازاین عمل نگرانیها تمام میشود ، وحاملگی صورت میگیرد. برای روزعمل روزشماری میکردم وخودم را حامله میدیدم ، درحین عمل جراحی ، دکترسایز فولیکول(لایه نگهدارنده تخمک) راکه به قطربیست وپنج میلی متریعنی دوونیم سانت رسید ه بود ، اندازه گیری میکند وباعث خوشحالیش میشود، ولی وقتی آن را بازمیکندکه تخمک را ازداخلش بیرون بیاورد، با نهایت تاسف می بینندکه تخمکی درفولیکول وجود ندارد وبقول خودشان پوچ است . بعد ازاین عمل امید من قطع شده بود وبه همسرم گفتم: هرکاری که دوست داری انجام بده ، من بیشترازاین طاقت ندارم .
یک روزوقتی برای نهاربخانه آمده بود ومن مشغول نهارکشیدن بودم، ازداخل دستشویی فریادی بلند کشید که بیا ببینم این چیه ؟! درحالی که نگران بودم چه اتفاقی ممکن است داخل دستشویی افتاده باشد که فریاد اورا بلند کرده ، باعجله بطرفش دویدم! وقتی وارد دستشویی شدم ،مثل اینکه موفق شده بود دزد بگیرد، پرسید این چیه ؟! گفتم چی ؟! گفت کوری ؟! نمی بینی ؟! گفتم : نه، نمی بینم چیه ؟! یک تکه گوشت چرخ کرده باندازه یک سرسوزن کناردستشویی افتاده بود، ابتدا فکرکردم منظورش اینه که چرا دستشویی را تمیزنکرده ام، گفتم: خب ، نهارهمبرگر داریم، شاید وقتی آمدم دستهایم را بشویم افتاده ،خب مگرچه اشکالی دارد ؟! دوباره آنجا را تمیزخواهم کرد ، با عصبانیت فریاد زد که نه پدرسوخته، فلان، فلان شده اینطورنیست، توباید ثابت کنی این چیه وچرا اینجا افتاده ؟! بهش گفتم، دیگراینونمیتوانم ثابت کنم ، منظورت را هم نمیفهمم ؟! گفت : نخیر،خوب هم میفهمی ! یعنی چی، بهتره که واضح حرف بزنی ، یعنی من دراینجا چکارکرده ام ؟! یک دفعه زدم زیرگریه که معلوم نیست خواهرومادرت جلوی چشم توچه خلافی کرده اندکه تواینقدرمنفی فکرمیکنی وشکاک شده ای! والا بخدا من آنها نیستم، اصلا هم ازحرفهای توسردرنمی آورم .
یک سیلی محکم درگوشم خواباند وگفت، حالا کارت ، بجایی رسیده که به خانواده من توهین میکنی ؟ پدرت را درمی آورم، اوکه شب وروزبمن توهین میکرد اصلامهم نبود،من چشمم کورودنده ام نرم ، بایستی فقط بگویم بله قربان .. چون خدا نخواسته ازاین آدم روانی ، بچه دارشوم .. اینها بخشی ازبهانه گیریهایش بود وهربچه ای هم میتوانست بفهمد هدفش به ستوه آوردن من است . متاسفانه عاشق زندانبانم بودم وبه شکنجه هایش عا دت کرده بودم ، من بهمه چیزعادت کرده بودم ، حتی به نوشتن هزینه هایم ! البته هیچوقت نتوانستم با این مسئله کناربیایم ،برایم عجیب بود که چرا هرچیزی که میخرم را بایستی بنویسم ، حتی اگرپانزده ریال پول تاکسی میدهم! ولی اومیگفت: زندگی بایستی نظم وترتیب داشته باشی ، درپایان هرماه ما بایستی هزینه های انجام شده را ازهم تفکیک میکردیم، ودرستون مورد نظرمی نوشتیم. اوهزینه ها را به چندین ستون تقسیم کرده بود، مثلا ستون خوراکی ها ، ستون هزینه های درمانی ، ستون کادوها ، ستون مسافرت ، ستون خرید لباس و.. گرچه من آنقدرلباس داشتم که تا پنجسال بعد ازازدواجم حتی یک جفت جوراب هم نخریده بودم وهمه چیزداشتم ..
بعدها که ازاوشناخت بیشتری پیدا کرده بودم، دریافتم که اینکاراوفقط برای کنترل من بوده که مبادا برای خودم بتوانم پس اندازی اندوخته کنم که اوبی اطلاع باشد .. میگفت ،من بهیچ عنوان اجازه نخو هم داد که توصاحب پس اندازی ویا ملکی شوی، چون آنروزپایان عمرزندگیمان است .. استدلالهایی که داشت خیلی عجیب وغریب بود .. ما انسانهاهرکدام به گونه ای سفرزندگی را با رویایی آغازکرده ایم ، فکرمیکردیم که میشود، سرشت انسانها راعوض کرد. فکرمیکردیم درپایداری درخصلت های انسانی ومعنوی می توانیم اثرپذیرباشیم، حتی

فکرمیکردیم که میتوانیم عشق، خوشبختی زندگی واقعی ، بدورازتعصب ها، نسبت ها، باورهای خرافی را به کالبد آدمها القاع کنیم ، من همیشه دراین باوروفکربه زندگی نکبت بارخودادامه دادم ، آیا میشود اورابه زندگی واقعی وادارکرد، اما درراه ، درگردونه ی سوگ های طنزآمیززندگی ، درمواجهه با تلخی واقعیت ها، دریافتم که عمرخود را درچهارچوب زندگی زناشویی ، صرف رویا یی ناتمام کرده ام .

همان زمان است که به دلزدگی میرسم ، توانم را ازدست رفته می بینم ، درمی یابم که خوشبخت نبوده ام ، بزوروبا گذشت وایثاربه طنابی آویزانم که هرلحظه احتمال سقوط به چاه را دارم ، با اینکه شیوه ی زندگی مان دیگران را آرزوبه دل کرده ، ولی دراعماق وجودم همان سلول های غمگین همیشگی را می بینم .

فصل ششم

آخرین شانس

با گروهی ازدوستانمان دوره هایی داشتیم ،که تقریبا ماهیانه یکبارمنزل یکی، جمع میشدیم وشامی میخوردیم وگپی میزدیم ، ودرددلی میکردیم . مدتها بود که وقتی به این میهمانی ها میرفتیم، دونفرازآنها که دوستان جدید ما بودند وضمنا دریکی ازسازمانهایی کارمیکردند که همسرم برای راه اندازی کارخانه جدیدش با آنها آشنا شده بود ، به شوخی وخنده سربه سر همسرم میگذاشتند ، که بله ایشان تازگی وقتی برای پیگیری کارهایش به اداره می آید، فقط میرود ودردفترماشین نویسی ، که خانم .. آنجا هستند می نشینند !! خب دیگربرای من مهم نبود که اودارد چکارمیکند !! بهرحال تصمیم خودش را گرفته بود وبرای بچه دارشدنش تلاش میکرد که کسی را بصورت صیغه ویا رسمی بگیرد وازاوبچه دارشود .. دیگرچه اهمیتی داشت که ماشین نویس اداره ای باشد ویا دخترپادشاه .. مهم اتفاقی بود، که نبایستی درزندگی ما می افتاد وحالا افتاده بود وپرده ها کناررفته بودند واوبه صراحت بمن وسایرین میگفت،که بیشترازاین نمیتواند انتظاربچه دارشدن را بکشد وبایستی فکری کند ..

وضیعیت زجرآورزندگی مشترکم هفت سال طول کشیده بود ، بله ، هفت سال ، تعجب نکنید ، درآن شرایط هولناک هیچ راهی نداشتم ، یا باید فریاد میزدم وخود رازها میکردم ، که نیازبه شهامتی داشتم باورنکردنی، ویا باید به سکوت ادامه میدادم وجان دادن تدریجی خود را طولانی ترمی ساختم . هفت سالی که برایم هفتاد سال بود ،هیچ گشایشی هم نشده بود، دیگه نذری نمانده بود که نکنم، ولی اصلا فایده نداشت وانگارخداوند، با من کاردیگری داشت وقرارنبود من درآن زندگی لعنتی بمانم وزجربکشم . من که همیشه آرزوداشتم شوهری پولدارداشته باشم ، باین نتیجه رسیده بودم که پول باعث خوشبختی نمیشود ، بلکه فقط یکی ازفاکتورهای خوشبخت شدن است ، مشکلی که من داشتم حتی با پول هم قابل حل نبود .

یک روزشوهرم گفت : تصمیم گرفته ام یک شانس د یگربرای بچه دارشدن بتوبدهم، فقط یک شانس . میخواهم تو را به کشورکانادا ببرم تا آنجا بتوانی عمل (آی ، وی ، اف) را انجا دهی.

این عمل درآن زمان فقط درتورنتو (کانادا) لوزان سوئیس و میشیگان امریکا انجام میشد .

ولی درحال حاضرشنیده ا م که درشهریزد (ایران) هم انجام میشود، شوهرم گفت : اگربچه دارشوی عالیه، ولی اگربچه دارنشوی ،من برمی گردم ایران ، یا زنی را صیغه (ازدواج موقت) میکنم ، ویا ازدواج دائم خواهم کرد، توهم اگردوست داشتی درکانادا بمان ویا با من به ایران برگرد، وموافقت کن که زن دیگری بگیرم، یا اینکه طلاقت را بگیروبرودنبال زندگی ات، درحالی که اطاق دورسرم میچرخید، باوگفتم،بسیارخوب من هم موافق هستم .

اوآنقدردرمورد این مسائل عادی حرف میزد که انگارنه انگارکه من همسراوهستم، وبا این طرزفکروعملش میتواند زندگی مرا کلا زیرسئوال ببرد، وسرنوشتم را تغییردهد .. ولی برای اوفقط بچه دارشدنش مهم بود وبهرقیمتی هم میخواست اینکاررا انجام دهد، من هیچ کاری ازدستم برنمی آمد . درآن زمان همچنان جنگ ایران وعراق ادامه داشت وصدام حسین(رئیس جمهور عراق) مدام شهرهای ایران را موشک باران میکرد، وعملا کارها تعطیل شده بود، وشاید این فرصت خوبی بود ،تا آخرین شانس را هم امتحان کنیم، برای اوهم فال باشد وهم تماشا ، یعنی هم برای ماندن درکانادا مطالعه کند، وهم اینکه آخرین تصمیمش را برای ادامه ی زندگی با من درفضایی آرامتربگیرد، بعد ازگفتگوی مفصل قرارشد به خاله ی مهربانی که درکانادا داشتم، نامه مفصلی بنویسم وبا اومشورت کنم . درنامه ی کذایی ازاوخواسته بودم مرا

راهنمایی کند وبگوید کدام یک ازاین راه هایی که اوبمن پیشنهاد کرده است بهتراست ؟ من بایستی چکارکنم ؟ اوبمن نوشت : عزیزم توبهیچ عنوان زیربارزن صیغه ای گرفتن اونرو، چون مطمئنا زن صیغه ای تبدیل به زن دائمی خواهد شد وترا ازخانه وزندگی ات بیرون خواهند انداخت ، زن دائمی هم که بگیرد، مطمئن باش حتی اگرزنک قبول کند که با وجود توبا شوهرت ازدواج کند،وقتی وارد زندگی شما شود وبچه دارشود ، خواهد دید که شوهرش پولدارهم هست ، درآنصورت حتما زیرآب تورا خواهد زد وتوباید اززندگی ات بروی بیرون ، پس بهتره که به کانادا بیایی واگردکترجواب منفی بتوداد همین جا بمانی وبه این کشورتقاضای پناهندگی بدهی وبدین ترتیب اقامتت را بگیری . خاله ام نوشته بود، کانادا کشوری است که حقوق بشردرآن رعایت میشودوبرای زنها وبچه ها بیشترازمردها ارزش قائل هستند، تورا حمایت خواهند کرد وتومشکل مالی نخواهی داشت. وقتی گفته های خاله ام را با همسرم درمیان گذاشتم اوگفت، رفتن ما به کانادا یک شرط دارد وآن این است که تویک نامه ی رسمی ومحضری بمن بدهی که اگردکترجواب منفی داد وتونخواستی به ایران برگردی، من اجازه داشته باشم غیابن تورا طلاق بدهم . من که نمیخواستم آخرین شانسم را ازدست بدهم ، هرچه که میگفت قبول میکردم، مطمئن بودم اوهم تمایل به برهم زدن این زندگی ندارد وسعی میکند من درمان شوم . گاهی احساس میکردم اوهم دلش برای من خیلی میسوخت ، ولی ازطرفی هم نمیتوانست بچه نداشتن را نا دیده بگیرد ،آرزوداشت پدرشود، با رویای پدرشدن با من ازدواج کرده بود وهیچکدام از راه های موجود دیگررا هم نمی پذیرفت . من هم شوهرم وزندگی ام را خیلی دوست داشتم ، علی الرغم تمامی آزارها ، بهیچ عنوان دلم راضی نمیشد آنها را ترک کنم. بعد ازاوسرنوشت نامعلومی درپیش روداشتم وازهمه چیزمیترسیدم، وحشت بیوه شدن برایم تبدیل به یک کابوس بزرگ شده بود . اومیگفت : بخاطرتووبخاطراین زندگی که هردوی ما آن را دوست داریم، آخرین تلاشمان را برای بچه دارشدن میکنیم ، شاید خدا لطفی کند وما با همدیگربچه دارشویم .

بنابراین اوتصمیم گرفته بود، شرکتش را به شریک تازه اش بسپارد وما برای حداقل یکسال به کانادا برویم . قبل ازهرگونه اقدامی برای خارج شدن، منوبه دفترخانه ای برد ومتن وکالتنامه ی طلاق را که قبلا نوشته بود، به ثبت رساند وازمن امضأ گرفت .

متن وکالتنامه براین مضمون بود : من ....بدلیل اینکه بچه دارنمیشوم ، برای معالجه ی نازایی ام باتفاق همسرم آقای .... قصد سفربه کشورکانادا رادارم . بدینوسیله اعلام مینمایم چنانکه دراین سفرموقتی، موفقیتی حاصل نشود ومن نتوانم بچه دارشوم ، همسرم وکیل است که غیابا حکم طلاق را اجرا نماید ویا اینکه ازدواج مجدد نماید .

چه روزهای سخت ودشواری بود ، تصمیم گیری سختی بود، وادارشده بودم برخلاف میلم سند ازدواج مجددش را به اوبدهم، هیچکس نمیدانست چه روزهای سخت وبدی را درتنهایی وبی هم دلی، سپری میکردم . ازآنجائیکه دوخاله ،مادربزرگ ،پسرخاله ها ، دخترخاله هایم درتورنتوزندگی میکردند، میتوانستند درپیدا کردن دکتروبیمارستان ما را راهنمایی کنند ، مدتی را هم با آنها ومیهمان آنها باشیم تا بتوانیم محلی را برای سکونت موقتمان اجاره کنیم . ما میبایستی ابتدا به یک کشوراروپایی میرفتیم وازآنجا اقداماتی را برای رفتن به کانادا انجام میدادیم، به همین دلیل ابتدا راهی کشورآلمان شدیم ، وبه سفارت کانادا درفرانکفورت مراجعه کردیم، که متأسفانه جواب منفی گرفتیم . شوهرم ازقبل همه چیزراتهیه و تدارک دیده بود وبلافاصله به اسپانیا رفتیم، تا ازطریق عواملی که ویزا تهیه میکردند بتوانیم عازم کانادا شویم. بعد ازده روزکه درشهرزیبای مالاگا اقامت داشتیم، با پرداخت نفری شش هزاردلارامریکایی موفق به دریافت ویزای کانادا گردیدیم ،وچند روز بعد به طرف شهرزیبای تورنتوپروازکردیم. ایران زیربمبارانهای صدام حسین بود،همه جا را موشک زده بود ند، ازطرفی بد نبود که ما چند صباحی درایران نباشیم . باصطلاح هم فال بود وهم تماشا ، هم معالجه بود وهم مطالعه برای اقامت وفرارازموشکهای صدام حسین. جنگ ایران وعراق به اوج بدی خودش رسیده

بود ووضعیت جنگ زدگی دراکثرشهرهای کشوردیده میشد،همه ی مردم هراسان ومال باخته بودند . شرایط خاصی برمملکت حاکم شده بود ودرآن شرایط ، شاید ما بهترین گزینه را انتخاب کرده بودیم .

خواهربزرگترم وخانواده اش که درجنوب ایران درشهراهواززندگی میکردند، مثل بقیه مردم جنوب کشورازترس به تهران آمده بودند، وبصورت موقتی درمنزل برادربزرگم زندگی میکردند، تا نهایتا تصمیم نهایی را بگیرند . همسرم با سهم سه درصدی که به شریک جدیدش فروخته بود، خیا لش راحت بود که اموالش را به آدم مطمئنی که بیش ازسی سال سابقه دوستی با اوداشت سپرده است . خانواده شوهرم میدانستند که این سفرمیتواند آخرین سفرمشترک ما باشد، ازطرفی خوشحال بودند که پسرشان تصمیم خودش راگرفته وحداکثرتا یکسال آینده وضعیت بی بچگی اوحتی به قیمت ازهم پاشیدن زندگی دخترمردم روشن خواهد شد .

آنها بیش ازشوهرم ومن نگران نداشتن بچه درزندگی ما بودند، وبقول معروف شده بودند کاسه ی ازآش داغتر...! خیلی ظالم وخدا نشناس بودند . خب خدا خیرشان بدهد ،هرکاری که دلشان میخوا ست با من میکردند ، ولی من ایمانم بخدا بود . مطمئن بودم هرچه اومقدرکرده باشد پیش خواهد آمد، ما انسانها هم نمیتوانیم سرنوشتمان را تغییردهیم . شب وروزنمازودعا ومناجات میخواندم ، وبه هرامامزاده ای که میرسیدم نذرمیکردم ، ولی هیچکدامشان معجزه ای نمیکردند! خداوند تعداد موهای سرمنوهم میدانست ، بدون اجازه ی خدا گنجشکی هم به زمین نخواهد افتاد ، خدا میدانست آنها با من چه میکنند ... نیرویی که درمن بود حفظم میکرد . زندگی،ثروت ،بچه ،زیبایی ، زشتی ،همه وهمه را باید بگذاریم و بدیارباقی برویم، برحسب ایمانمان واعمالمان داوری خواهیم شد ، پس با کی بجنگم ؟! من برای جنگیدن به این دنیا نیامده ام، من برای مبارزه به این دنیا نیامده ام ، من آمده ام که ازدستورات خالقم اطاعت کنم، خدمت کنم و بروم . پس با خواست خدا که بچه دارنشدن من بود مبارزه ای نداشتم ، بخاطرش هم غصه نمیخوردم ، درعوض، بدیهایشان، محبت میکردم ودوستشان داشتم ،هرگزبرایشان بدی نمی خواستم . هرگزآرزوی بدبختی آنها را نمیکردم . هرگزدرپی انتقام گرفتن ازآنها نبودم. تسلیم خواست خداوند بودم . درقلبم به همه آنها حق میدادم ،چون نمیدانستند چه میکنند، دنیا ، چشم وگوش آنها را بسته بود وچیزی بغیرازخودخواهی های خودشان نمی دیدند. درهمین گیرودار بود که شوهر، خواهرشوهرم بیماری روانی اش عود کرده بود ومرتبا به تهران می مدند وبا کمک من مدتها دربیمارستان میمنت بستری بود . بعوض بدیهایی که آنها بمن میکردند فقط بهشون خدمت میکردم ، وپا به پای خواهرشوهرم به این بیمارستان وآن بیمارستان میرفتم وکمکش میکردم ، ولی دربین آنها حتی یک آدم عادل هم پیدا نمیشد که بگوید ازخدا بترسید ، وبه این زن نازا رحم کنید واینقدراورا شکنجه روحی وروانی نکنید. آنها ناله ها وفغنهای مرا نمیدیدند ونمی شنیدند ویا نمیخواستند که بشنوند . وقتی داشتم وسائل خانه ام را جمع میکردم ، دست ودلم بکارنمیرفت ومیدانستم که بعد ازاین به این خانه برنخواهم گشت! چطورمیشد درآن فضای زجرآوروپرازتشنج واسترس بتوانم حامله شوم ؟ ازاینکه مثل یک گاو، شیرده بمن نگاه نمیشد ، ازخودم حالم بهم میخورد. وقتی به چهره غمگین وافسرده ی مادروپدرم نگاه میکردم، قلبم تیرمیکشید . آخه آنها چه گناهی کرده بودند که بایستی شاهد رنج کشیدن من باشند ؟ خواهرم گفته بود: خیلی خوشحالم که زندگی اش داره بهم میخورد واجاقش کورشده!! خدا خیرش بدهد ! خدا قلب سنگی اش را به یک قلب گوشتی متبدل کند . کل وسائلم را جمع کرده بودم وکلیدش را به شوهرم داده بودم .. آخه این چه زندگی است ؟ بعد ازهفت سال که دراین زندگی زجرکشیدم ، معلوم نیست چه سرنوشتی درانتظارم است ! بایستی سفری هم به شمال میرفتیم ووسائل ویلا را جمع میکردم وتمیزمیکردم وکلیدها را به همسرم تحویل میدادم که به هرکس که میخواهد بدهد، تا برای سرکشی، گاها به آنجا بروند . شاید هم جائی بود برای فرارازموشک باران صدام حسین .. بهرترتیب دیگه هیچ چیزبرایم مهم نبود، ومسئولیت همه چیزازعهده من خارج شده بود وهمسرم خودش را آماده میکرد تا ازکانادا

برگردد وبه زندگی اش سروسامانی مجدد بدهد . بهرترتیب این من بودم که همه چیزم را داشتم می باختم . اومرد پولداری بود که همه چیزداشت وحتی اگرمیخواست ، میتوانست یک دخترهیجده ساله هم به همسری انتخاب کند ، ولی من چی ؟! چه سرنوشتی درانتظارم بود ؟ کجا بایستی میرفتم ؟ چه بایستی میکردم ؟ زندگی ام را چگونه بایستی اداره میکردم ؟ آیا بغیرازخدا ، کس دیگری را هم داشتم ؟ آیا کسی بود که حتی یکساعت بمن وبه سرنوشت تاریک ومبهمم فکرکند وراه حلی، برایش بیابد؟؟

یک روزوقتی قصد داشتم به حمام بروم ، چندین با ربه شرکت شوهرم تلفن کردم ، ولی ازشوربختی من شوهرم نبود، وبا توجه باینکه شب میهمان بودیم وبایستی کم کم آماده میشدم ، دل را بدریا زدم وبدون اجازه ی اوبه حمام رفتم . وقتی که میخواستم ازحمام بیرون بروم ، درب حمام برویم قفل شده بود ،هرچقدرتلاش کردم بیفایده بود ونتوانستم درب را بازکنم .

ازشدت ترس ودلهره نمیدانستم چکارکنم وچطورباواطلاع دهم . مطمئن بودم اگرتلفن کند ومن جواب ندهم ، روزگارم را سیاه میکند . خدایا چکارکنم ؟ هیچ راهی نداشتم که به بیرون بروم ویا فریادی بزنم که کسی بدادم برسد ! درحمام ، آپارتمان ما ،یک پنجره ی خیلی کوچک بود،که نصف آن هم توسط هواکش اشغال شده بود وخیلی خیلی کم بازمیشد ، آن پنجره به حیاط خلوتی که کانالهای کولروبقیه هواکشهای آپارتمانها درآن راه داشت ، بازمیشد ،ناگهان تصمیم گرفتم تا آنجائیکه پنجره را میشد ،بازکنم وفریاد کمک بزنم . درطبقه ی پائین ما زن ومرد پیری زندگی میکردند که هردوی آنها کربودند ودرطبقه بالاهم زن وشوهری زندگی میکردند که برای دیدن بچه هایشان بخارج سفرکرده بودند ،هرچقدرفریاد میزدم ، کسی صدایم را نمی شنید . حدود دوساعتی بود که فریاد کمک میزدم ،گریه میکردم، ولی فایده ای نداشت .

درحالی که ازشدت سرما وترس تمام بدنم میلرزید ،گوشه ای ازحمام نشسته بودم وعقلم بجایی قد نمیداد، خدایا چکارکنم ؟ فکرمیکردم ازنظرشوهرم ، چند گناه مرتکب شده بودم ، اول اینکه بدون اجازه اوبه حمام رفته بودم .

دوم اینکه : نمیتوانستم ثابت کنم که راست میگویم ودرب حمام از بیرون بروی من قفل شده بود وصحنه سازی هم درکارنبوده ، خلاصه خودم را آماده کرده بودم ،که یک فصل حرفهای توهین آمیزوتهدید وتحقیرآمیزبشنوم وبعد هم چمدانم را بردارم و بخانه ی پدرم بروم . اینها حداقل مجازاتی بود ، که برای حمام رفتن درانتظارم بود . مثل یک برده واسیردرزندگی با من رفتارمیکرد ،تمامی پنجره ها ودربهای آپارتمان با حفاظ های آهنی وقفل وچفت وبست محصورشده بود ،حتی مگس هم نمیتوانست بیرون برود ویا به داخل بیاید . وقتی این صحنه ها را مرورمیکردم، قدرت پیداکردم که یک باردیگرشانسم را امتحان کنم وفریاد کمک سردهم.

دوباره رفتم روی وان حما م ایستادم وتا آنجائیکه میشد ، پشت سر هم فریاد زدم: کمک ، کمک، کمک ...نخیر، هیچکس صدای منونمی شنید ، یکی دوبارپیرزنی که در طبقه ی پائین زندگی میکرد پنجره اش را بازکرد وگفت کیه ؟ ! ودوباره آن را بست ورفت ،خدایا چکارکنم ؟ دوباره فریاد زدم، کمک، کمک ...یک دفعه ازطبقه بالا کسی پنجره را بازکرد وگفت : کیه که کمک می طلبد ؟! چه خبر شده ؟! من با گریه فریاد زدم ،من هستم آقا ، الان دوساعت است که درحمام گیرکرده ام، اوگفت :من چکارمیتوانم برایت انجام دهم ؟ گفتم : این شماره تلفن را که بهت میدهم یاد داشت کن وبه همسرم زنگ بزن وبه اواطلاع بده ! لطفا اگرخودش نبود به معاونش بگو ...بعد ازیک ربع ، اوآمد وازهمان بالا فریاد زد ، الان می آیند که شما را نجات دهند، هم خوشحال شده بودم وهم میترسیدم که چه خواهد شد . ما که درطبقه دوم زندگی میکردیم ، راهی برای ورود به ساختماننمان نبود ، آنها چگونه میخواستند وارد ساختمان شوند؟ شب بند ، را هم من ازداخل آپارتمان بسته بودم ، که با کلید هم نمیشد درب را بازکنند.

بعد ازنیم ساعت صداهایی می شنیدم که حدس میزدم ازشرکت چند نفرآمده بودند، تا بتوانند به من کمک کنند، آنها با استفاده ازنردبان به بالکن کوچکی که داشتیم ، وارد شده بودند وازپنجره ای که روی بالکن بازمیشد وارد آپارتمان ما شده بود ند . همسرم گویا درتهران نبوده

ومعاونش ترتیب ورود به آپارتمان ما را داده بود، بعد ازبازکردن درب حمام ، آنها به شرکت بازگشتند . من ازشدت ترس ودلهره داشتم قا لب تهی میکردم، مرتباً دعا میکردم که خدایا به خیرتمامش کن ، توکه میدانی من بیگناهم ، ساعت هشت شب بود که همسرم قداره بسته وعصبانی وارد منزل شد، همان طورکه حدس میزدم، یک فصل فحش ، بد وبیراه که توزنکه غلط کردی بدون اجازه ی من به حمام رفته بودی، توغلط کردی که این صحنه سازیها را کردی.. تا فردا ظهربهت وقت میدهم که ثابت کنی کجا بودی، والا جسدت را ازاین خانه می برم بیرون! خدایا ،مگرمن بغیرازاینکه حمام رفته بودم چه گناهی مرتکب شده بودم ، که بایستی اینقدرزجرم دهد وبد وبیراه نصیبم کند ؟ ازشدت ناراحتی وفکروخیا ل تا صبح نتوانستم بخوابم . خدایا ، چطورباید ثابت کنم که صحنه سازی درکارنبوده ، میگفت: چون تومیدانستی من ازتهران بیرون رفته ام وکاسه ای زیرنیم کاسه داشته ای، این صحنه سازیها را کرده ای ! درحالی که زارمیزدم، میگفتم : بخدا من روحم هم خبرنداشته که تودرتهران نبوده ای، چندین بارزنگ زدم ،بالاخره چون بایستی برای میهمانی آماده میشدم به حمام رفتم ! بخدا من گناه دیگری مرتکب نشده ام ،حالاهرکاری که دلت میخواهد بکن . میخواهی منوبکشی، بکش.. خدایا توبگومن چکارکنم ، فرارکنم ؟! خودکشی کنم ؟! چکارکنم ؟!

کلام خدا میفرماید :

ازاهانت آنـن ترسی ندارم ، زیرا خداوند یاورمن است . بنابراین ، روی خود را همچون سنگ خارا ساخته ام تا خواست خداوند را بجا آورم . یقین دارم پیروزخواهم شد . زیرا خداوند نزدیک است وازحق من دفاع خواهد کرد . پس کیست که جرأت کند با من بجنگد ؟ دشمنان کجا هستند ؟ بگذارجلو بیایند ! خداوند پشتیبان من است ، پس کیست که بتواند مرا محکوم سازد ؟ تمام دشمنانم مانند لباس بید خورده ازبین خواهند رفت !این نداهای ناخودآگاه ، مراهمیشه آرام میکرد .بالاخره صبح شد ودوباره وظیفه ام را انجام دادم ، صبحانه تدارک دیدم ونهاردرست کردم، خانه را نظافت کردم ومنتظرمجازات بعدی شدم ...اوگفت : نه نمیشود، باید چمدانت را برداری وبخانه ی بابای فلان، فلان شده ات برگردی ، ازطرفی همیشه گفته بود که اگریک شب رفتی ، دیگرنباید برگردی .میگفت : یالا ، یالا ، باید ببرمت خانه پدر، فلان فلان شده ات .

کلام خدا میفرماید :

خدا دردادگاه آسمانی ایستاده است تا قضات را به پای میزمحاکمه بکشاند . اوبه قضات این جهان می گوید : تا به کی با بی انصافی قضاوت خواهید کرد ؟ تا به کی ازمجرمین جانبداری خواهید نمود ؟ ازحقوق بیچارگان ویتیمان دفاع کنید ، ستمدیدگان ودرماندگان را ازچنگ ظالمان برهانید . اما شما به حماقت رفتارمی نمائید ودرجهل وتاریکی زندگی می کنید ، ای خدا ، برخیزوبرجهان داوری کن ! زیرا توهمه قومها را به تصرف درخواهی آورد .

باو گفتم :ای مرد ترا خدا ظلم نکن ، پدرومادرم چه گناهی کرده اند که تن وبدنشان را دائما می لرزانی؟ ترا خدا رحم کن ،غلط کردم رفتم حمام ، دیگه حمام نمیروم ، غلط کردم .

خلاصه گفت، یا با زبان خوش می آیی وسوارماشین میشوی، والا بزورمی برمت ، خلاصه رفتم وسوارشدم . منوبه خیابان پاسداران ، منزل پدرومادرم برد ، وقتی زنگ آنها را زدم ومادرم درب را بازکرد ، بدون سلام وعلیک ، با مادرپیرم ، پاهاشوگذاشت روی گازورفت، مامان با نگرانی گفتند چی شده ؟ با گریه وهق ، هق برایش تعریف کردم ، اوگفت: مادرجون اگرشب بمانی میدانی که دیگرباید برای همیشه بمانی ، بیا تاکسی تلفنی بگیریم ودوباره برگردیم، ضمنا به بابا هم چیزی نگو،همین جا داخل حیاط بنشین تا من بروم وبه تاکسی تلفن کنم ، وقتی به منزلم رسیدیم هرچقدرزنگ میزدیم، اودرب را بازنمیکرد . بعد مامان گفتند : خواهش میکنم بخاطرمن فقط یک لحظه درب را بازکنید ،بعد اولای درب را بازکرد وگفت : من اورا راه نمیدهم ، مادرم گفت : ترا بخدا بازکنید من میخواهم با شما صحبت کنم ، اوگفت نه ، من صحبتی ندارم بروید هتل، دوباره درب را بروی ما بست ورفت داخل آپارتمان ،بعد

ما تاکسی گرفتیم ورفتیم گراند هتل، درخیابان تخت طاووس ، ولی آنها گفتند که بایستی به اداره اماکن بروید وبرای ما نامه بیاورید ، چون بخانم های تنها نمیتوانیم اطاق بدهیم ، با عصبانیت برگشتیم خانه ودوباره زنگ را زدیم، مامان گفت : پس بگذارید که لباسهایش را بردارد وبه تاکسی هم زنگ بزنیم که بیاید، اودوباره گفت : خانم ، زندگی زنی که بچه دارنمیشود بهترازاین نمیتواند باشد! زنی که بچه دارنمیشود بایستی سرش را بگذارد وبمیرد ! اونبایستی بدون اجازه ی من آب بخورد . خداوند میفرماید : فکرهای من فکرهای شما نیست ، وراه های من هم راه های شما نیست . مامان گفتند : آیا اومقصره که خدا نمیخواهد بچه دارشود ؟! گفت ،بله ، بله اومقصراست چرا بمن نگفته بود که بچه دارنمیشود ! مامان گفتند : اوازکجا میدانست که بچه دارنمیشود ؟! خودش هم ازاین حرف غیرمنطقی اش خجا لت کشیده بود، البته خجا لت پیش اوشرمنده بود. ای خداوند قادرمتعال ، دعای مرا اجابت کن ! ای خدای یعقوب ، تقاضای مرا بشن! بالاخره اودرب را بازکرد، وقتی من مشغول جمع کردن لباسهایم بودم ، مادرم با اوخیلی صحبت کرده بود وبالاخره اوافتخارداده بود، به شرط اینکه دوباره تکرارنشود بازم درخانه ی خودم بمانم . مرگ ، ازاین زندگی، ننگین بهتراست . خدایا خودت نجاتم بده . اویک انسان دوشخصیتی بود که شخصیت بیرونش بشدت با شخصیتی که داخل منزل داشت فرق میکرد . اودرحضورمردم آنچنان رفتارعاشقانه ای با من داشت که خود م هم باورم نمیشد، این همان کسی است که دیشب یک فصل بد وبیراه بمن گفته وبخاطراینکه من حامله نمیشوم کلی دعوا ومرافعه کرده است . اودرحضورمردم لقمه غذا دهان من میگذاشت وقسم راستش به جان من بود، چطورکسی میتوانست باورکند که تا این حد بیرحم وسنگ دل باشد ؟! هیچکدام ازدوستانمان باورنمیکرد ند ، مردم فکرمیکردند ، من دیوانه هستم مگرمیشود یک آدم عاشق مثل او، ازگل بالاترهم بتوبگوید ؟درحضوردوست وآشنا میگفت ،که ارزش من ازتمامی بچه های دنیا بیشتراست ، ولی درغیاب دیگران بزرگترین ظلم تاریخ را بخاطر بی بچگی درحقم میکرد . یکی ازدوستانمان که بیست سال ازازدواجشان گذشته بود وبچه دارنمیشدند، میگفت : چرا یک بچه نمی آورید ؟! میگفت : اگردکتربما بگوید که نمیتوانیم بچه دارشویم ، حتما میرویم وبچه می آوریم ... روز، بروزلاغرتروافسرده ترمیشدم ،همه میگفتند : توخوشبخت ترین زن دنیا هستی، خوش بحالت ، ایکاش شوهرهای ما هم اینقدرما را دوست داشتند .یک روزبه یکی ازدوستانم که خیلی حسرت زندگی ام را میخورد ، گفتم : بیا برویم آن اطا ق میخواهم یک چیزی بتونشان بدهم ، بعد بدن کبودم را باوکه فکرمیکرد شوهرم عاشق ترین شوهردنیاست نشان دادم وگفتم ، ولی اوخوشبخت ترین مرد دنیاست ،که یک زن بره ومطیع دارد. من قربانی بیرحمی های مردی بودم که دراردیبهشت بدنیا آمده بود ودوشخصیت بسیارمتفاوت داشت ، یک شخصیت بسیارمتواضع ، فروتن ومهربان ویک شخصیت دیگرش ، خشن ،بیرحم خود خواه وعقده ای بود ، همیشه میگفت : اگربه دیگران بگویم که اوبا من چه میکند و باد به گوشش خبربیاورد ،مرا خواهد کشد . اوکه دوازده سال ازمن بزرگتربود ،تجربه های زیادی درزندگیش داشت ، خوب میدانست که چطوریک انسان را ترورشخصیت کند ،چطوریک انسان را به اسارت بکشد ، حالا فهمیده ام که اویک شریردوشخصیتی بود ،اوطرف مقابلش را ابتدا خلع سلاح میکرد ، یعنی ارتباطاتش را با دیگران قطع میکرد ،اورا اسیرمیکرد ، محتاج میکرد ، بعد هرکاری که دوست داشت درحق بنده خدا انجام میداد .

همیشه بمن میگفت : همه ی مردان تاریخ مثل اوبیرحم بوده اند، میگفت : تازه من بهترین مرد دنیا وبهترین همسردنیا هستم ، من ازاومیپرسیدم پس چرا من تا بحا ل ندیده ام که مردی اینقدردرحق زنش ظلم کند ؟ میگفت : بهمان دلیلی که دیگران درمورد توچیزی نمیدانند ،ازبیرحمی های اوهرچقدربگویم کم گفته ام ، ازخوبی هایش هم هرچقدربگویم ، کم گفته ام .

یک روزخوب بخاطردارم ، وقتی پنجاه نفرمیهمان داشتیم وبه تنهایی بایستی تمامی کارها را انجام میدادم ، ازسه روزقبلش شروع کرده بودم به تهیه و تدارک غذا ، دسر، سوپ وسالاد و چیدن میزشام برای پنجاه نفر،با سلیقه ای هم که دراین مورد داشتم ، نمیخواستم چیزی کم

وکاست بگذارم ،ازآنجائیکه درآن زمان ، تهران هنوزلوله کشی گازشهری نشده بود ویا بهتراست بگویم ، منزل ما لوله کشی گازشهری نداشت وازکپسول گازاستفاده میکردیم ، دراواسط پخت غذاهایم ، یعنی درروزآخرکه داشتم برنج درست میکردم ، لحظه ای بود که بایستی برنجم را آبکش کنم ، کپسول گازم تمام شد،ازآنجائیکه که به تنهایی قادربه تعویض کپسول گاز نبودم وفرصتی هم نبود که تلفن بکنم تا اوکسی را برای انجام اینکارازشرکت بفرستد ، تصمیم گرفتم، سرایدارساختمان را که درطبقه همکف زندگی میکرد، ازروی بالکن صدا کنم تا اوبیاید وکپسول ما را عوض کند، خودم کپسول پررا ازروی بالکن کشان ، کشان به آشپزخانه بردم ، وقتی حسن آقا مشغول عوض کردن کپسول گازبود ، درب آپارتمان را بازگذاشتم وخودم جلوی درب ایستادم که اوکپسول را عوض کند ، به نظرم این بهترین کاری بود که انجام داده بودم ، اوکه مرا ازهمه چیزوهمه کس ترسانده بود حتی جرأت نکردم که با حسن آقا درداخل آشپزخانه بمانم ، من خودم همه چیزرا باندازه کافی رعایت میکردم ، درهمین موقع اوآمد ووقتی مرا دم درب آپارتمان دید ، با تعجب پرسید چرا اینجا ایستاده ای؟!
گفتم : حسن آقا مشغول تعویض کپسول گازاست ومن اینجا ایستاده ام که درب بسته نشود .
اوآنچنان محکم درسرم کوبید که برای چند لحظه ای چشمم سیاهی رفت وبزمین افتادم .
اوگفت: زنکه پدرسوخته ، توغلط کردی کردی حسن آقا را صدا کردی که اینکاررا انجام دهد! من که نفسم بالا نمی آمد بیحرکت مانده بودم،درهمین موقع حسن آقا ازآشپزخانه بیرون آمد وگفت : آقا اشکالی ندارد، برای من مزاحمتی نیست ، اتفاقا اگرشما نگران این هستید که من پستم را ول کرده ام وممکن است خطری برای ساختمان پیش بیاید ، اینطورنیست ،خانمم ازشهرستان آمده وپشت پنجره نشسته است تا من برگردم پائین، بیچاره حسن آقا فکرمیکرد که اونگران ساختمان شده است .. . بیچاره من که شخصیتم جلوی حسن آقا خراب شده بود ، بیچاره من که آقای مهندس به اندازه یک گاوهم شعورنداشت ، گاهی فکرمیکنم ، خدا را شکرکه ازاین حیوان بچه ندارم، خدا خیلی منودوست دارد که نمیخواهد من دراین زندگی بمانم .همین طورکه ازفرط ناراحتی حالت تهوع بهم دست داده بود، با لگد به من زد وگفت : پاشوخبرمرگت کارهایت را انجام بده ... من هم خبرمرگم پا شدم وشروع کردم به انجام کارهایم . مثل یک برده اشک میریختم وکارمیکردم، تا شب آرام ، آرام گریه میکردم . ای خدای بی پناه ها کجایی؟!
این دعا را میخواند م :
ای خداوند ، ای خدای انتقام گیرند ه ، قدرتت را نشان بده . ای داورجهان ، برخیزومتکبران را به سزای اعمالشان برسان . گناهکاران تا به کی پیروزوسرافرازخواهند بود ؟ همه بدکاران ، گستاخ وستمگرهستند وحرفهای ناروا می زنند . قوم تورا ازبین می برند وبربندگانت ظلم می کنند . بیوه زنان وغریبان و یتیمان را می کشند . این ستمکاران می گویند : خداوند ما را نمی بیند ومتوجه کارهای ما نمی شود . خوشا بحال کسی که ازخداوند می ترسد واحکام اورا با رغبت انجام میدهد . برای کسی که درستکاروبخشنده ، مهربان ونیکوکاراست ، حتی درتاریکی شب نیزنورطلوع می کند .
غروب شد وسروکله میهمانها یکی ، یکی پیدا شد . من که چشمهایم ازفرط گریه کردن قرمزومتورم شده بود، نمیدانستم اگردوستانم سئوال کردند ، چی بگویم . فخری که همه چیزرا میدانست ، تا منودید فهمید که یک خبری شده ، به آشپزخانه آمد وپرسید ؟ عزیزم بازچی شده؟ وقتی گوشه ای ازداستان را برایش تعریف کردم ، گفت : تواحمقی ، آخه من نمیدانم چرا این مردک ، را تحمل میکنی ؟ چرا نمی روی خانه ی بابات ؟ بابا ، اگربروی وگدایی کنی، سگش به این زندگی نکبت بارشرف دارد ،بخدا من تلفن میکنم وهمه چیزرا به مامان وبابات میگویم، شوهرم طبق معمول بازهم درحضوردوستانمان ،نقش بازی میکرد وقربون وصدقه رفتنهای الکی ، که خودم بهترین زن دنیا را دارم و ...فخری میگفت : ازش متنفرهستم ، میگفت : خیلی هنرپیشه است ، خلاصه هرطوربود آنشب هم مثل بقیه ی شبها تمام شد ،من حتی جرأت

قهرکردن با اورا نداشتم . دلم میخواست که حداقل دوروزمحلش نگذارم وباهاش قهرکنم ،ولی نمیشد وبدتروبدترمیکرد ، باندازه ی کافی بدبختی داشتم که تحمل میکردم . منتظربودم تا خداوند خودش عمل کند . دلم میخواست به سرزمینی بروم که مردی درآن نباشد، جایی بروم که کسی نتواند مرا پیدا کند . چند روزبعد مجددا سفری به آلمان داشتیم ، تا اوبتواند برای راه اندازی یک کارخانه ی جدید مطالعاتی داشته باشد .
مادروخواهرش که ازهمه چیزبی اطلاع بودند ، فکرمیکردند که درب آسمان پاره شده و پسرآنها ازآن افتاده ، با حسرت ومتلک میگفتند : خوش بحا لت ، ببین چقدرپسرما تورا خوشبخت کرده ! کدام یک ازدوستان واطرافیانت اینقدرکه پسرما برای توخرج میکند وتورا به مسافرت میبرد ، برای زن وزندگیشان خرج میکننند ؟ آنها که نمیدانستند چه تحفه ای پس انداخته اند، مدام حسرت منومیخوردند ومتلک میگفتند که حالا خوبه که نازا هستی وپسرمان اینقدرخرتوشده ؟! یک مثالی هست که میگوید : درونش خودم را کشته وبیرونش مردم را.. دقیقا حکایت زندگی من بود . فقط خدا میدانست که دردرون زندگی من ،چه خبره وبمن چی میگذرد . اومثل جن زده ها بود ، گاهی آنقدرمهربان وخوب بود که واقعا گمان میکردم ،یکی ازخوشبخت ترین زنان دنیا هستم . خوب میدانستم که اوبهانه گیریهایش فقط بخاطراین است که من نمیتوانم باردارشوم . دیگه حتی ازباردارشدن هم متنفرشده بودم وهمه چیزرا سپرده بودم به خدا که هرآنچه را که خودش صلاح میداند، انجام دهد ومرا ازاین گرفتاری نجات دهد . واقعا زندگی ام تبدیل شده بود به تضاد، پیچیدگی ، احساس میکردم ، یک طرف وجودم ، همه ی سلولهایش خوشبخت هستند ویک طرف وجودم ، مرا به پرتکاه میکشاند، این تضاد مرا بیشتررنج میداد، تکلیفم با خودم وزندگی ام روشن نبود، حتی عشق ودوست داشتن اوهم برایم روشن نبود، هیچ پایگاهی نداشتم ، سردرگمی مرا بیشترافسرده میکرد، تنها چیزی که مرا به زندگی چسبانده بود، اعتقادم بود، حضورخداوند درذهنم مرا امیدوارمیکرد، واین تنها چیزی بود که داشتم .

فصل هفتم

سفر کانادا

بالاخره ، راهی سفرشدیم . درآخرین روزها با دلی پردرد وآینده ای مبهم ، وسائل خانه ام را که با خون دل تهیه کرده بودم وازهرکدامشان هم خاطره ای داشتم ، تماشا میکردم ، مثل بچه ها که به اسباب بازیهایشان علاقمند هستند ، به آنها علاقمند بودم وازاینکه بسته بندیشان میکردم تا ترکشان کنم، ناراحت بودم وبا اشگ وناله، فکرمیکردم ،خدایا چه کسی صاحب اینها خواهد شد ؟ آیا ازاینها لذت خواهد برد ؟ آیا ازاینکه بجای من دراین زندگی بیاید ،خوشحال خواهدبود؟خوشبخت خواهد شد؟ من که چشمم بدنبال زندگی ام خواهد بود، چطوراومیتوانداحساس آرامش وخوشبختی کند!دریک روزسرد وبرفی بهمن ماه 1366 درحالی که برف میبارید، وتمامی زمین را پرکرده بود، باتفاق مادرشوهرومادرم با دلی پرخون، عازم فرودگاه شدیم ،که برای گرفتن ویزای کانادا به آلمان برویم ، هرگزچهره غمگین وافسرده ی مادرم را فراموش نمیکنم که چطوربا اندوه وحسرت بما نگاه میکرد . اوحتی ازاین دوری موقت ناراحت بود، ولی چون امید داشت که با خبرخوش به ایران برگردیم ،انگارخودش را کنترل میکرد که اشگهایش سرازیزنشوند، همچنان مادرشوهرم به پسرش میگفت: مادرجون امیدوارم که یک نوه ی پسری برای من بیاوری که آرزوبدل ازاین دنیا نروم، ازآنها خداحافظی کردیم وسوارهواپیما شدیم . درتمام طول راه دردلم گریه میکردم وازخدا میخواستم که به کانادا برویم ومعالجاتم بتواند موفق باشد وبا یک بچه به ایران برگردیم، چندساعت بعد به فرانکفورت رسیدیم وازآنجا با قطارسریع السیرلوفت هانزا به دوسلدروف حرکت کردیم . وقتی به ایستگاه قطاردوسلدروف رسیدیم، برادرشوهرم منتظرما بود وبا اوبه آپارتمان دانشجویی، بسیارکوچکش رفتیم وروزبعد به سفارت کانادا مراجعه کردیم ، ولی متاسفانه موفق بدریافت ویزانشدیم ودست ازپا درازتربرگشتیم، ولی ازآنجائیکه همسرم عزمش را برای آخرین شانسی که برای درمان من داده بود، جزم کرده بود،همه چیزرا ازتهران تهیه وتدارک دیده بود که اگرموفق به دریافت ویزا نشدیم ،به اسپانیا برویم وبا دادن پول به یک آژانس ، بتوانیم ویزای ورود به کانادا را هرطورکه شده بگیریم!! بعدازچندروزعازم مالاگا شدیم ودرفرودگاه، شخص موردنظرمنتظرمان بود . خب حدود ده روزدرمنزل اوبودیم تا توانستیم مقدمات رفتن به کانادا را با پرداخت شش هزاردلارامریکایی برای هرنفرفراهم کنیم . مالاگا شهرساحلی بسیارزیبایی بود که چندتن ازهنرپیشه گان هالیوود هم درکناردریایش ویلای تفریحی داشتند، ولی هردوی ما دچاردلشوره شده بودیم ونمیدانستیم چطورمیتوانیم به این شخصی که درمنزلش بودیم، اعتماد کنیم که بتواند صحیح وسالم ما را به کانادا برساند . روزهای بسیارسختی را درآنجا گذراندیم، تا وقتی که توانستیم سوارهواپیمای ایرکانادا شویم .

بعدازیک پروازنسبتا طولانی ودلهره آمیز، وارد مونترال کانادا شدیم ، بعد ازسین وجین های فراوانی که توسط اداره اقامت کانادا ، درفرودگاه شدیم ، خسته وعصبی وکلافه به خاله ام تلفن کردم، مادربزرگم تلفن را جواب داد وگفت :خاله وشوهرخاله ام به شهرلندن ،کانادا رفته اند که پسرشان را ببینند . شوهرم ازشنیدن این خبرخیلی ناراحت شد وگفت :آیا نبایستی آنها به پیشوازما می آمدند ؟عجب توقع عجیبی ! چطورآنها فاصله ی چهارساعته را ازتورنتوبه مونترآل بیایند که ما را ببرند ؟البته اواگرخودش بجای آنها بود ، حتما اینکاررا برای خواهرزاده اش انجام میداد . گفتم : بهتره که این راه را با قطاربرویم ، بعد ازآنجا با قطاربه

طرف تورنتوحرکت کردیم ، وقتی وارد ایستگاه قطارتورنتوشدیم، ساعت به وقت محلی پنج صبح بود. اوازهمان ابتدای ورودمان به کانادا ، خیلی توی ذوقش خورده بود ومیگفت ، چقدرهمه چیزقدیمی وعقب افتاده است ... خب ، کاملا حق با اوبود ، چون ما از آلمان می آمدیم ودرمقایسه با تکنولوژی ، آلمان همینطوربود، که اومیگفت . مادربزرگ وخاله ام با کمی تاخیربه استقبالمان آمده بودند ،آنها ما را بخا نه بردند یا بهتراست بگویم به قصرشان بردند، خانه ی بسیارشیکی داشتند که بیشترشبیه قصرهای فیلم های هالیوودی بود، تا یک خانه ی معمولی، البته من چندین سال قبل درسفری که باتفاق مادرم به کانادا داشتم به قصرخاله ام رفته بودم، ولی این یکی ،زیباتروبزرگترازخانه ی قبلی اشان بود همه چیزدرحدعالی وباورنکردنی زیبا بود ،اطاقی درقصرشان بما دادند. دوهفته بعد،یک روزصبح سرمیزصبحانه ، شوهرخاله ام گفت : بهتره ازحالا به فکراجاره کردن مکانی باشید، چون امروزکه اقدام کنید، شاید ماه دیگربتوانید جایی را پیدا کنید ، اینجا خیلی بد وسخت میتوانید خانه ی اجاره ای گیرآورید ، ما هم پذیرفتیم وازهمان روز، برای گرفتن اطاقی اجاره ای اقدام کردیم . ایکاش خاله ام خودش بمن ندا را میداد که ما اینقدرخجالت نمی کشیدیم ، به همسرم بسیاربرخورده بود وگله مند شده بود که چرا به ما گفته اند، بایستی بدنبا ل خانه ی اجاره ای باشیم ، ما خودمان بفکرپیدا کردن مکانی برای اجاره کردن بودیم وازاینکه آنها این مطلب را بما گوشزد کرده بودند، کمی برایش گران تمام شده بود وسنگین بود .

آنها کلفتی فیلیپینی وبیست وچهارساعته داشتند که برایشان آشپزی هم میکرد، خانمی پرتقالی هم برای ماساژدادن خاله ام هفته ای یک روزبه منزل آنها می آمد . آنها دریک دنیای دیگری زندگی میکردند که با دنیای ما بسیارمتفاوت بود، سرشان گرم میهمانیها وتفریحاتشان بود، برایشان هم مهم نبود که من چه مشکلاتی دارم وایران جنگه ،یا خواهری هم درتهران دارند که وضع مالی اش خیلی خوب نیست ودوران بازنشستگی وپیری را میگذرانند . آنها میتوانستند دست اورا هم بگیرند واورا هم به کانادا ببرند ،همانطورکه خواهردیگرشان را برده بودند . خاله ی بزرگم را بدلیل اینکه پسرش را بعنوان فرزند خوانده بآنها داده بود، همه نوع حمایت کرده بودند، ولی انگارمادرمن خواهرآنها نبود .. توقع داشتم خاله وشوهرخاله ام که درد بی فرزندی را کشیده بودند، حداقل مرا ازنظرمعنوی حمایت میکردند، ولی هیچوقت حتی تعارفی خشک وخالی هم دراین مورد نکرده بودند که اگرطلاق گرفتی ما حمایتت میکنیم ! خدا را شکرکه من نیازی به کمک مالی آنها نداشتم، ولی ازنظرمعنوی بسیارمحتاج محبت وهمدلی بودم . درروزهای آخری که درایران بودیم ،خواهرشوهرم بما پیشنهاد کردکه یکی ازدخترهایش را بعنوان فرزند خوانده بما بدهد، ولی این صرفا باین دلیل بود که ما برای ادامه ی معالجاتمات به کانادا نرویم چرا که گمان میکردند، ما همانجا خواهیم ماند. همسرم ، با توجه به بیماری روانی شوهرخواهرش با قبول فرزند خواندگی،فرزند آنها مخالفت کرده بود .

ازچندروزبعد ازورودمان به تورنتو، به مطب دکتری که خاله ام برایمان وقت گرفته بود،(دکترخمسه) مراجعه کردیم ودرمان نازایی را شروع کردیم ... ازیک هفته بعد ازورودمان به کلاس زبان میرفتیم، کلاسها برای خارجیان رایگان بود ، چون دولت کانادا عقیده داشت که ندانستن زبان انگلیسی برای خارجی ها خسارات بیشتری به کشورآنها خواهد زد . ما ازبچه های ایرانی که درکا لج زبان می شناختیم ،درمورد چگونگی خانه ی اجاره ای سئوال کردیم ، یکی ازآنها یک اطاق ازمنزل خودش را که بعنوان پناهنده ،ازدولت گرفته بود، بما پیشنهاد کرد وگفت : ماهیانه یکصد دلاربمن بدهید کافی است ،ما ازشنیدن این خبربسیارخوشحال شدیم وبعد ازدیدن آنجا که یک اطاق خیلی بزرگ بود ، با یک حمام وتوالت ویک تشک دونفره ودوعدد بالش که کف اطاق پهن بود ، وبه نظرمیرسید برای یک زندگی موقت که معلوم هم نبود، چه مدت طول خواهد کشیدکافی است ، بنابراین بلافاصله آنجا را اجاره کردیم .

بعد ازچهل روزازقصرخاله ام به آنجا نقل مکان کردیم، من که درزندگی ام چنان شرایطی را حتی درخواب شب هم ندیده بودم ، برایم باورکردنی نبودوفکرمیکردم ما درقصرآنها گم بودیم،

اگردرآنجا میماندیم چه اتفاقی می افتاد ؟ کما اینکه مدت دوسا ل پسردخترخاله ی بزرگم را نگهداری کرده بودند وبهیچ جای دنیا هم برنخورده بود ، خب ، من بعدها متوجه شدم که تحت تاثیرحرفهای همسرم ازآنها بیش ازحد معمول توقع پیدا کرده بودم ، همین که بالاخره مدت چهل روزبه ما محبت کرده بودند ،کافی بود . نحوه ی زندگی وطرزتفکرآنها کاملا با نحوه ی زندگی وطرزتفکرما متفاوت بود وما نمیتوانستیم بیش ازاین ازآنها توقع داشته باشیم . بابرادرهایم که درلس آنجلس زندگی میکردند، ارتباط تلفنی داشتم ،یکی ازآنها بدلیل اینکه گرین کارتش را هنوزنگرفته بود، نمیتوانست بدیدن ما بیآید، ولی برادربزرگترم بدیدن ما آمد ویک هفته با ما بود ، اوبسیارمهربان ومسئول بود، ولی درآن تاریخ دستش تنگ بود وکاری نمیتوانست برای من انجام دهد. شوهرم میگفت : اگرهردوی ما همزمان تصادف کنیم وزیرقطاربرویم وبمیریم، خاله ات آنقدرناراحت نمیشود که اگریکی ازمجسمه های آنتیکش بیافتد وبشکند!خاله ام معتقد بود خلایق هرچه لایق !عجب استدلالی ، آیا لیاقت من بود که مشکل نازایی داشته باشم ؟ آیا این خواست من بود که در مشکلات خانوادگی گرفتارشوم ؟ آیا افرادی که نیازمالی داشتند، لایق آن بودند ؟ یا الزاما افرادی که یا خودشان دزد بوده اند ویا پدرانشان ،لایق هستند؟! عجب استدلالی !

هرروزشش صبح ازخواب بیدارمیشدیم ودربرف وبوران ، تورنتوویا گرمای سی درجه بالای صفربرای انجام آزمایش خون ، ادراروسونوگرافی به آزمایشگاه میرفتیم، بعد ازآنجا هم به کالج زبان ... روزهای پرماجرا وسختی را سپری میکردم که فکرنمیکردم اوهم وضعیتی بهترازمن داشته باشد . شوهرم هم زندگیمان را دوست داشت ونمیخواست آنرا بهم بزند ویا شخص دیگری صرفا بخاطربچه دارشدن ازدواج کند . خانواده اش مرتبا به ما زنگ میزدند وسئوال میکردند که چی شد؟ هنوزحامله نیستی ؟ همسرم تحقیقاتی درمورد سرمایه گذاری درکاناذا میکرد وبدش نمی آمد که آنجا مقیم شویم، کما اینکه مبلغ چهارهزاردلاربه یک وکیل عرب پول ذاد واوپولمان را خورد وبعدازآن، نتوانستیم پیدایش کنیم!خاله ی بزرگم وشوهرش که این وکیل را بما معرفی کرده بودند ، ازاینکه اینطورشده بود خیلی متاسف شده بودند . وضعیت بمباارانهای هوایی صدام حسین بدتروبدترمیشد ومن مرتبا با پدرومادرم تماس میگرفتم وازوضعیت سلامتی آنها جویا میشدم .

قبل ازانجام عمل جراحی آی، وی، اف، بایستی فولیکول (پوسته نگاه دارنده تخمک) را با تزریق داروهای هورمونی به دوونیم سانت میرساندند، یعنی اندازه ای که بایستی برای بارور شدن کافی باشد، قبل ازشروع استفاده ازهورمون، قطرفولیکول نه، میلی مترببود که بایستی به قطر، بیست وپنج میلیمترمیرسید .

هرروزصبح بایستی یکی ازداروهای هورمونی را برروی شکم ویا رانم تزریق میکردم، انجام این عمل ازنظرروحی برایم بسیاردرد ناک وتهوع آوربود ، همیشه انجام اینکارمرا بیاد معتادین می انداخت . ازلحظه ی بیرون رفتن ازخانه تا رسیدن به آزمایشگاه همسرم یک سره غرمیزد وبد وبیراه نثارم میکرد، که چرا بایستی من بچه دارنشوم؟ چرا بایستی اوابن همه سختی بکشد ؟ من جوابی ویا اعتراضی نداشتم وبایستی درد ،حرفهای سنگین وآزاردهنده اش راهم مثل تزریق داروها برروی بدنم تحمل میکردم ، ودم نمی زدم . تحت فشارهای روانی، وحشتناکی بودم وهرروزآرزوی مرگ میکردم ، کابوس طلاق وازدست دادن همه چیزم ازمن انسانی ساخته بود که انگارزیرکامیون پرس شده باشد . انگارحالا اگربچه داشتم ، چه چیزی عوض میشد وچه فرقی قرارداست آنها تاج گلی به سراو بزنند . مطمئن بودم که بالاخره یا ازمن ویا ازشخص دیگری بچه دارخواهد شد ومتوجه خواهد گردید ، بچه ها هم نبایستی خیلی تحفه ای باشند ، کمااینکه ما برای والدینمان نبوده ایم ...

خدای من کجایی ؟ چرا گوشهایت را گرفته ای ودعاهای مرا نمی شنوی ؟ چرا به دعاهای من جواب نمی دهی ؟ چرا نمی بینی که با من چکارمیکنند ؟ چرا خاموشی ؟ یک روزکه همسرم به شرکتش تلفن کرد تا اوضاع را جویا شود، شریکش گفت : تورفته ای وبرای خودت راحت

درکانادا نشسته ای وما اینجا زیرموشک باران عراق، دراین ساختمان کلنگی ،که هرلحظه تمام اسکلتش میلرزد ، هزاربدبختی را گذاشت، شروع کرد به مشاجره کردن که این توهستی که ، هرلحظه تمام اسکلتش میلرزد ، هزاربدبختی را باید تحمل کنیم وتوهم ازآنطرف دنیا مرتبا با ما دعوا میکنی! همسرم وقتی گوشی تلفن را گذاشت، شروع کرد به مشاجره کردن که این توهستی که باعث تمامی این مشکلات شده ای ، اگرمنع اش نمیکردند، میگفت : باعث جنگ ایران وعراق هم توهستی که بچه دارنمیشوی ... هیچکس نبود به درددلم گوش کند ، خاله ام بفکرخوش گذرانیهای خودش بود ومیهمانیهایی که ایرانیهای پولدارومعروف،زمان شاه را مثل صاحب کارخانه... را دعوت کنند وبیکدیگرپز،مال واموالشان را بدهند، برایش اهمیت نداشت خواهرزاده اش چه مشکلی دارد ، درتلفنهایی هم که همسرم با ایران داشت، خانواده اش همچنان تشویقش میکردند که تودیگره که را کرده ای وباید فکری برای خودت بکنی، پس هرچه زودتربرگرد . آنها دخترهای زیادی را برایش درنظرگرفته بودند که اوبه ایران برگردد وبا یکی ازآنها ازدواج کند ، حتی ازاوسئوال میکردند که آیا مایل هست آنها برایش به خواستگاری بروند؟ اواعلام قبولی میکرد ومیگفت : شما بروید وصحبتهای اولیه راانجام دهید،چندنفری را زیرسربگذارید تا من بیآیم...حالا که فکرمیکنم بیشترازآنزمان زجرمیکشم وناراحت وعصبانی میشوم ، آخه یک آدم چقدربایستی بی فرهنگ وبی خدا باشد که اصلا حتی یک سرسوزن هم فکرنکند که طرف مقابل من ،انگارهنوززن من است ، انگارانسان است وروح وتن دارد وازشنیدن این حرفها دلش به درد می آید . مثل اینکه داشتند درمورد کالایی حرف میزدند که قراراست آنرا بدوربیاندازند ویکی دیگربخرند... همیشه فکرمیکردم ، خدایا بطریقی به اونشان بده که چقدردرد میکشم ... اگرمن دخترش بودم ، دلش میخواست چنین برخوردهای غیرانسانی با اوشود ؟! آیا یک لحظه ، فکرنمیکردکه دست انتقام طبیعت درازاست ؟ آیا هرگزفکرنکرده بود که میتواند دختردارشود وعین همین مشکلات برای اوپیش آید ؟ آیا اوفقط با پول میتوانست مشکلات دخترش را حل کند ؟ پس احساساتش را با چه چیزمیتوانست بازیابی کند ؟

همیشه فکرمیکردم ،آیا میشود که آنها برای من ساخته بودند، حامله شوم ؟ اگر هم حامله میشدم حتما بچه ام منگول میشد . اصلا به خانواده اش چه ارتباطی دارد که به خودشان اجازه میدادند، درزندگی من دخالت کنند؟! حالا چه برادرتنی ویا ناتنی، فرق نمیکند، اجازه ندارند درزندگی من دخا لت کنند.

معالجه ام حدود هشت ماه طول کشید، بدنم نسبت به داروهای هورمونی عکس العمل منفی نشان میداد . بعدازیک سال معالجات بی ثمر ،یک روزدکترخمسه مرا صدا زد وگفت: میخواهم تنها با توصحبت کنم، بعدهم اینطورشروع کرد، بخاطرهورمونهایی که بی جهت بتوداده اند، بدنت نسبت به هورمون عکس العمل منفی نشان میدهد واین نشانه ی خوبی نیست، میتواند برای سلامتی توبسیارخطرناک باشد، گفت : قبل ازاستفاده ازهورمون، قطرفولیلکول نه میلی متربوده، ولی بعدازاستفاده ازهورمون ، بدن عکس العمل منفی نشان داده وبجای رشد کردن، شروع به کوچکترشدن کرده است که این نشانه ی بدیست . بنابراین ما بایستی درمان را درهمین مقطع متوقف کنیم ، یعنی حتی وضعیت هورمونی من طوری شده بود که بدنم برای آی ،وی، اف ، آمادگی نداشت . دکترگفت :بهتره که همین امروزبروی وبا شوهرت صحبت کنی وبه اوبگویی که بچه دارنمیشوم وتوهم هرکاری که دوست داری انجام بده ، زن بگیر، طلاق بده ، هرکاری که دوست داری انجام بده، من ابتدا فکرمیکردم که همسرم ازدکترخواسته این حرفها را بزند، ولی دکترادامه داد ، فقط یک راه دیگروجود دارد که یک نفرحاضرشود تخمکش را به توهدیه بدهد ، یعنی اینکه یک نفرکه گروه خونی اش با تویکی باشد، حاضرشود بما تخمک بدهد وما تخمک را با اسپرم شوهرت ، آی ، وی، اف ، کنیم ، وقتی جنین سه روزه شد، آنرا دررحم توبگذاریم.اگربااینکارموفق نشویم، تخمک را درلوله آزمایشگاه بارورمیکنیم، بعد میتوانیم دررحم شخص دیگری که تخمک را داده بگذاریم، بعدازاینکه حامله شد وزائید ، بچه اش را بتوبدهد . سرم گیج میرفت وحالت تهوع داشتم ،جلوی چشمهایم سیاهی میرفت

احساس میکردم دیگه نفس کشیدن برایم سخت شده،همه چیزتمام شده بود، ازاتفاقی که میترسیدم به سرم آمده بود . دکتر،آب پاکی را روی دستهایم ریخته بود، اوادامه داد که مخارج این عملها اگرهمه چیزدرست پیش رود، ده هزاردلارکانادایی است ، من دیگه نمی شنیدم دکترچه میگوید ،دیگه قادرنبودم حرف بزنم ، احساس میکردم دارم پس می افتم، با دکترازاطاق بیرون آمدم . با شوهرم که کم وبیش حدس زده بود، چه حرفهایی بین دکترومن رد بدل شده بود، بطرف ایستگاه متروبراه افتادیم . خیابانها دورسرم می چرخیدند، نای حرف زدن نداشتم . سکوت مرگباری بین ما حکمفرما شده بود، انگارهمه جا را غم گرفته بود، همه چیزبرایم زشت وکریه شده بود، سوارمتروشدیم وتمام طول راه آرام، آرام اشگ میریختم . همسرم با بی رحمی عکس العملی نشان نمی داد ، برای من همه چیزتمام شده بود ، ولی برای اوشروعی دوباره بود ...!

فکرمیکردم ،بعد ازاین باید چکارکنم !؟ اوچیزی را ازدست نمی داد، شاید مرا هم مثل ده ها دوست دختری که بقول خودش قبلا داشته فراموش کند، ولی برای من چه؟! همه چیزوحشت وسراب بود ،خطربود، بیکاری بود، بی پولی بود، بی پناهی بود،بی کسی وهزاران مشکلی که آنها را نمی شناختم ، بود . طفلکی دخترخاله ام بمن گفت : حاضراست اینکاررا برای من انجام دهد، ولی همسرم موافقت نکرد وگفت : دیگه همه چیزتمام شده ومن نه پول میدهم ونه بعد ازاین کاری انجام خواهم داد .

اوتصمیم خودش را گرفته بود که به ایران برگردد ونقشه های خودش وفامیلش راعملی کند.

همه بغیرازمادروپدرم خوشحال بودند که به آرزویشان رسیده بودند . خواهرم گفته بود: نفرینهای من بوده ! واقعا که دستش درد نکند، وخدا بهش برکت بدهد که تا این حد میتوانست نامهربان باشد، وجودم پرازنفرت وکینه شده بود ونمیتوانستم بعد ازاین به کسی اعتماد کنم، نمیتوانستم انسانها را خوب وپاک ببینم ،حتی با خدا هم قهرکرده بودم ودیگه نمازنمیخواندم! بمن ثابت کرده بودند که خودم هیچ ارزش واحترامی ندارم ، ارزش واحترام من بستگی به بچه ای بود که باید میزائیدم ، که نزائیده بودم . خودم یعنی هیچ چیز ... آخه این چه افکارغلط وروحیه ی تروریستی است که آنها دارند ؟! باورش برایم سنگین بود . ازخودم سئوال میکردم اگراین اتفاق ، برعکس می افتاد وهمسرم بچه دارنمیشد ، بازهم همین طوربرخورد میکردند ؟ من میتوانستم بروم وهمسردیگری بگیرم ؟ من میتوانستم همین عذابها را به اوبدهم ؟ من اجازه داشتم که مثل دستمال کاغذی اورا به گناه بی گناهی، دوربیاندازم ؟ اگربجای اینکه بچه دارنمیشدم ، تصادف میکردم وجزیی ازبدنم را ازدست میدادم ، چه میشد ؟! قطعا مطمئن هستم که بازهم همین بلایی را به سرم می آوردند که درحال حاضرآورده اند .. منتهی سازش را طوردیگری کوک میکردند ... عجب صبری خدا دارد !! ازغصه وناراحتی داشتم خفه میشدم .

فقط هفت سال اززندگی مشترک ما گذشته بودوهفتصدهزاربلا سرم آورده بودند . هنوززیرسی سال سن داشتم ومثل یک زن سیصد ساله ،آسیبهای روحی وجسمی دیده بودم .. هفت سال بمباران روحی روانی ، هفت سال بازی با احساساتم بازی شده بود، هفت سال زجرکشیده بودم، هفت سال زندانی واسارت وشکنجه، بکجای دنیا میتوانستم شکایت کنم؟ چطورمیتوانستم حقم را بگیرم ؟ آیا حقی هم دارم؟درسرزمینی زندگی میکردم که همیشه حق با آقایان بود...طبق قوانین کشورواسلام ، حق اوبود که برود وهمسردیگری انتخاب کند وبچه دارشود.

ولی هیچکس نبود که بمن توضیح دهد ،آیا این برخوردهای خشونت آمیزوغیرانسانی هم جزیی ازحق وحقوق اوبعنوان یک مرد بود ؟! اگرنه ، پس حق وحقوق پایمال شده ی من بعنوان یک انسان ، تکلیفش چه بود ؟! آیا پول میتوانست ، پاسخگوی دردها ورنجهایی باشد که بعنوان یک زن نازا، ولی بی گناه ، متحمل شده بودم ؟! آیا پول میتوانست روح وروان نابود شده ی مرا بازسازی کند ؟!براستی چه چیزی میتوانست حداقل، بخشی ازآسیب های روانی ،جسمی ، احساسی مرا جبران کند ؟آیا هیچگونه معیارسنجشی برایشان وجود دارد؟ براستی ، سهم من درآن زندگی چه میشود ؟! اومیرفت تا بخواسته های قلبی اش پاسخ دهد وآرزوی پدرشدن را

بیش ازاین با خودش حمل نکند ، اومیرفت تا سروسامانی نوبگیرد، اومیرفت تا بچه ویا بچه هایی داشته باشد ،اومیرفت تا پدرشود، اومیرفت تا شادیهایش را با زن دیگری که مادربچه هایش میشد تقسیم کند ،اومیرفت تا زندگی اش روشن شود، اجاقش ازتاریکی بیرون آید وروشن شود ، اومیرفت تا مادرش ، مادربزرگ شود وخواهرش ، عمه خانم ، اومیرفت تا پدرزن وپدرشوهرشود ، اومیرفت تا همه چیزداشته باشد ، اومیرفت تا شاهد بزرگ شدن بچه هایش باشد وازآنها لذت ببرد . اما آیا هرگزلحظه ای را هم بمن فکرکرده بود؟ آیا حتی لحظه ای را هم بیاد زنی که ازتمامی این لذتها محروم بود ، اشکی درچشمانش جمع شده بود ؟ آیا حتی لحظه ای به زن نازایی که برای همیشه ازلذت مادرشدن محروم بود فکرکرده بود ؟ آیا حتی برای لحظه ای ، فقط برای لحظه ای فکربخشیدن گناه ، بی گناهی اورا کرده بود؟ یا فقط به مجازاتش می اندیشید ، که چطوراورا بخاطرجرم نازایی ، مجازات کند ...آیا هرگزلحظه ای فکرکرده بود که میتواند تمامی لذاتی را که میرفت تا به تنهایی ازآنها بهره مند شود ، با شریکش ، با عشق ایام جوانی اش ، با همسرش ، با یاروغمخوارش ، تقسیم کند وبچه ویا بچه هایی را بعنوان فرزند خوانده بپذیرد وخداوند را هم خشنود سازد ؟!!

او،زندانی برای من ساخته بود که فقط میله های آهنی نداشت ، زندانبانی بی رحم داشتم ... پس میروم ومنتظرعمل خداوند میشوم ،تف میکنم به این پول وخانه ودیوارهای طلایی که اوبرایم ساخته بود به جایی میروم که فرش های ابریشمی وبشقابهای طلایی نداشته باشد،ولی ارزش واحترام داشته باشم، بجایی میروم که خدایی درآن باشد . میگویند هرکجا آزادی است ، خدا درآنجاست . میگویند : صبرکوچک خدا چهل سال است ، پس صبرمیکنم ومنتظرعمل خداوند میشوم ،خدا بزرگه . مادربزرگ پیرم ، میگفت : مادرجون غصه نخور، بعد ازهرسرپائینی یک سربالایی وجود دارد، میگفت : قسمت وسرنوشت توهم اینطوربوده، یکی مثل خاله ات، شوهرش بچه دارنمیشود وهمه چیزبرای زنش فراهم میکند ، یکی هم مثل تو، قربانی بیگناهی خودت میشوی.. خدا بزرگه . همسرم تصمیم گرفته بود که بعد ازمتوقف شدن موشک بارانهای پی درپی صدام حسین به تهران برگردد ومن هم تصمیم گرفتم که درکانادا بمانم وتقاضای پناهندگی بدهم ، بدون ویزا واجازه اقامت،ماندنم درآنجا هم غیرممکن بود ، بایستی درمورد اقامتم کاری انجام میدادم ،تنها راه ماندنم ، پناهنده شدنم بود، زندگی درآن اطاق اجاره ای برایم غیرممکن بود ، ضمن اینکه امکان پرداخت اجاره اش را هم نداشتم ، بهمین دلیل دوباره به منزل خاله ام برگشتم تا تصمیمی بگیرم . بالاخره شوهرم با پرداخت مبلغ چهارهزاردلارکانادایی ازمن خداحافظی کرد وبه تهران برگشت ، روزی که میرفت ،با خاله ام برای بدرقه اش به فرودگاه رفتیم . زندگی ام تمام شده بود، نفسم قطع شده بود ،نمیدانستم کجا ایستاده ام ؟ نمیدانستم ازکجا باید شروع کنم ؟ چطور؟ با کدام حمایت ؟ با کدام پشتوانه ؟ نه مهریه ای، نه پولی، نه درآمدی! یعنی پوچی واقعی ... شیشه ادوکلنش را نگهداشته بودم ومدام به لباسهایم میزدم ،خیلی سخت وغیرقابل تحمل بود ، انگارتمامی این هفت سال را درخواب دیده بودم وکابوسی بیش نبوده ، نمیتوانستم باورکنم ، برادرم هم که باخاله ام آشتی کرده بودند، با ما بمنزل خاله ام آمده بود وقراربود برای آنها حیاط شان را محوطه سازی کند وده هزاردلاربگیرد ، قبل ازاینکه برادرم با آنها این قرارداد را بنویسد ، آنها کس دیگری را آورده بودند ،که قیمت پنجاه هزاردلاررا به آنها پیشنهاد داده بود ،البته شوهرخاله ام میگفت : این پولی که به برادرم پرداخت خواهند کرد، بابت دستمزد اوست وکلیه درختها ووسائل را خودشان خریداری خواهند نمود وهزینه اقامت وخورد وخوراکش راهم پرداخت میکنیم .

درفاصله ی دوهفته ای که بدون همسرم درقصرخاله ام زندگی میکردم، تصمیم گرفته بودم که به ایران برگردم تا شاید اوبمن کمک کند وبتوانم با حمایتش کاری را شروع کنم . اورا بی معرفت نمی شناختم ومطمئن بودم، حتماً مرا بحال خودم رها نخواهد کرد ... حتی اگرحمایتم نکند ، ترجیح میدادم، درشهری زندگی کنم که اوهست، حتی اگرناچارباشم دریک کلبه زندگی کنم . بی محبتیهای خاله ام بیشترزجرم میداد وانگارنه انگارمن با مرگ وزندگی دست وپنجه

نرم میکردم . مطمئن شده بودم تنها راهم ، برگشتن به ایران است ، فیس وافاده های خاله ی پولدارم حالم را بهم میزد وثانیه شماری میکردم که هرچه زودترفرارکنم، ودرقصرآنها نباشم.! شوهرم هردوشنبه بمن تلفن میکرد واحوالپرسی میکرد. نظراودرمورد خاله ام درست بود که میگفت: اگریک روزبه خاله ات خبردهند که هردوی ما زیرقطاررفته ایم ، آنقدرناراحت نمیشود که اگریکی ازمجسمه های عتیقه اش بیافتد وبشکند . خاله ام فقط به ظواهرزندگی توجه داشت وآنقدرکه مادیات برایش مهم بود ،معنویات زندگی برایش مهم نبود ودرزندگی اش جایی نداشتند .

حتی اگرتقاضای پناهندگی ام قبول شود، ترجیح میدادم به ایران برگردم وگاه گداری بتوانم همسرم را ببینم ودرکانادا نباشم ، تا کارهای خاله ام باعث زجروعذابم شود . درطول هفت سال گذشته، ما حتی یک شب هم ازهم دورنبودیم، ولی کم کم نزدیک به یکماه میشد که ازهمدیگر دوربود یم، اوهم ازاین بابت شدیداً ناراحت بود ! یکی ازدوشنبه ها همسرم تلفن کرد وگفت : دیروزوقتی بتووآینده ات فکرمیکردم، تصادف خیلی بدی داشتم . میگفت، جلوی بی، ام، و، تا نزدیک فرمان ، تا شده ورانننده ی رنویی ،که باهاش تصادف کرده ام دربیمارستان است، ازشدت نگرانی تمام بدنم میلرزید وبهش گفتم : من همین هفته برمیگردم، بعد هم وقتی گوشی تلفن را گذاشتم ، سریعاً آماده ی رفتن برای بلیط خریدن شدم ، انگارمنتظربهانه ای بودم که به ایران برگردم ، بهیچ عنوان حاضربه ادامه ی زندگی درکانادا نبودم وترجیح میدادم ، درکنارپدرومادرپیرم باشم . وقتی تصمیم را برای برادرم گفتم ،اوهم تشویقم کرد که برگردم ودرکشورخودم با پدرومادرم باشم، اوگفت ،راستش اصلاً دلم نمیخواست تواینجا بمانی . برادردیگرم که درلس آنجلس مشغول تحصیل وگرفتن فوق لیسانس بود بمن تلفن کرد وبرایش تعریف کردم که قصد برگشت به ایران را دارم ، اوخیلی ناراحت شد وخواهش کرد که ده روزدیگربمانم تا اوگرین کارتش را بگیرد وبرای دیدن من بیاید . طفلکی میگفت : حالا سالهاست که بصورت غیرقانونی درامریکا زندگی میکنم وهمیشه دردانشگاه ، شاگرد اول بوده ام وبا بورسیه تحصیلی، توانسته ام اموراتم را بگردانم ،با خوشحالی میگفت : همیشه درطول این سالها آرزوداشتم که یک روزگرین کارتم را بگیرم وبه ایران بیآیم ، وپدرومادروبقیه فامیل وخانواده ام را ببینم ، قرارشد که به ایران بیاید وهمه بتوانیم اورا ببینیم ... روزبعد به سفارت آلمان رفتم که ویزای ترانزیت بگیرم ، وازآنجا به آژانس رفتم وبرای سه روزبعد بلیط خریدم . با دست پروخوشحال ازاینکه بارسفرم را بسته ام به خانه ی خاله ام برگشتم وازبرادرم خواستم تا برای خرید یک ست، کامل کامپیوتر، با من بیاید ،اوگفت : بنده ی خدا ، تونمیدانی چه چیزی درانتظارت است ،این چهارهزاردلاررا برای آینده ات نگهدار،چرامیخواهی برای اوکه چنین جنایتی درحقت کرده کامپیوتربخری؟ ولی من میخواستم که حتماً برایش کامپیوترببرم ،خلاصه ما رفتیم ویک ست کامل کامپیتوتر، مارک آی ، بی ، ام، وپرینترخریدیم،دقیقا بقیمت چهارهزاردلاری که داشتم . بعد، به اوتلفن کردم وگفتم : فردا شب درفرودگاه تهران خواهم بود،اوگفت : اگربخاطرمن می آیی اشتباه میکنی،چون من امروزازوکالتنامه ی طلاقی که داده بودی، استفاده کردم وتورا طلاق داد ه ام وبهتره که نیآیی، درحالی که انگاریک سطل آب جوش روی سرم خالی کرده بودند ، گفتم: باشه امیدوارم هرچه خیروصلاح است پیش بیاید ، اوازمن خواست که به برادرم تلفن کنم که آنها به فرودگاه بیایند، چون حتی به فرودگاه نخواهد آمد ، دریک لحظه بیاد برنامه خواستگاری کردنش افتادم وحدس زدم، حتماً بازهم کاسه ای زیرنیم کاسه است ومیخواهد مرا امتحان کند ! گفتم : اشکالی ندارد، برایت کامپیوترخریده ام که بعداً با تاکسی به شرکتت میفرستم . با دلی شکسته ونا امید راهی سفرشدم !دلم برای مادروپدرم خیلی خیلی تنگ شده بود ، بسیارنگران آنها بودم، دیگه خیلی پیرشده بودند ولازم بود، درایران باشم ، تا بتوانم امیدی وکمکی برایشان باشم. اگرمن ناامید شده بودم وسرگردان،نمیخواستم آنها را هم با نبودن وندیدنم نا امید کنم . دوبرادرودوخواهرم خارج ازایران بودند وبقیه هم خیلی دلسوزی نسبت به آنها نداشتند. درطول پروازخاطرات نه

سال آشنایی وزندگی مشترکم مثل پرده ی سینما ازجلوی نظرم میگذشت ! دلم بیشترازخودم، برای پدرومادرم میسوخت ، آنها اورا خیلی دوست داشتند واین جدایی لطمه سنگینی برایشان بود، دلم نمیخواست این خبررا به آنها بدهم که همه چیزدرنهایت، بی عدالتی تمام شده وراهی نمانده! وقتی به تهران رسیدم، ساعت حدود یازده شب بود، با شانه هایی افتاده وبی هدف وناامید به اینطرف وآنطرف نگاه میکردم تا شاید آشنایی ببینم، همه چیزبه نظرم زشت وغریب می آمد ،اثرات جنگ وموشک بارانهای عراق را درهرکجا میشد دید واحساس کرد . بوی غم، بوی اندوه، بوی خون، بوی جنگ وبوی نا امیدی به مشامم میخورد . روح، بهم ریختگی وروح ترس واضطراب برهمه جا حاکم بود . سرم گیج میرفت ودچاروحشت عجیبی شده بودم.
احساس میکردم پشتم خم شده وکمرم شکسته ، دیگرکسی نبود که حمایتم کند ، دیگرکسی نبود که سرم را روی شانه های قوی ومردانه اش بگذارم وگریه کنم ، دیگرکسی نبود که مرا دوست داشته باشد ، دیگرکسی نبود که نگرانم باشد ، دیگرکسی نبود پدرومادروبرادرم باشد، دیگرکسی نبود که بتوانم بوجودش افتخارکنم ، ولی با سلولهای بدنم دوستش داشتم واین برایم کافی بود . گرمای جهنم سوزان را با سلولهای بدنم احساس میکردم ،چه کسی میتوانست درفرودگاه منتظرم باشد ؟! چشمم دو،دومیزد که یکباره برادربزرگم وخانمش را دربین جمعیت پیدا کردم ، آنها به استقبا ل من آمده بودند ،خیلی جلوی خودم را گرفتم که اشکهایم نریزد ، لبهایم را گازمیگرفتم که اشکهایم سرازیرنشوند . آنها ازهمه چیزبی اطلاع بودند، انگارسالهای سال بود که با همه غریبه بودم ، کمی آنطرفتریک مرتبه خانم برادرم گفت: آقای.. آره شوهرم بود، با یک دسته گل قشنگ وبزرگ بطرفم می آمد ، بالاخره طاقتش نگرفته بود وآمده بود، الهی که قربونش بشم ،اوخیلی با احساس ومهربا ن بود، ایکاش من مشکلی به اسم بچه نداشتم .
مطمئن بودم که اومرد خوبی بود، خیلی رحیم بود، ولی بیشتر، تحت تاثیرخانواده اش بچه، بچه میکرد . بالاخره بعد ازنیم ساعتی کامپیوتررا تحویل گرفت ورفت ،من هم با برادروخانم برادرم راهی منزل آنها شدم ! چه شبی را صبح کردم، فقط خدا میداند که چه بمن گذشت .
روزبعد اخم وتخم های برادرم شروع شده بود، انگاراوگمان کرده بود من رفته ام که با آنها بمانم ..! حاشا که غرورم اجازه نمیداد، بغیرازخانه ی پدرم درجای دیگری مسکن گزینم .
روزبعد برایشان خیلی مختصرتعریف کردم که داستان ازاین قراراست،چند شبی آنجا ماندم تا کمی خودم را پیدا کنم ، به پدرم زنگ زدم ،اوکه مرد با تجربه ای بود، متوجه اوضاع واحوال شد وگفت: " بابا جان مگرپدرت مرده بود که تورفتی منزل برادرت ؟!" زود باش وهمین الان بیا خانه ، که من ومادرت منتظرت هستیم، دلمان برایت خیلی تنگ شده وبی صبرانه ساعت شماری میکردیم که توبرگردی .تاکسی گرفتم که به منزل پدرم بروم ، برادرم ازکارگاه خیاطی که درحیاط خانه اش داشت بیرون نیامد، تا حتی سرچمدانها را بگیرد و یا خداحافظی کند .!
البته ازرفتارهای اوخیلی تعجب نکرده بودم، اگرغیرازاین بود ،حتماً شک میکردم . داخل کارگاه رفتم وخداحافظی کردم واودرحالی که سرش را هم بلند نکرد، با اخم وتخم گفت، خوش آمدی !خب این هم یک تجربه ی تازه... شاید میخواست من هوس نکنم بخانه ی آنها برگردم وخیال داشته باشم با آنها زندگی کنم، درحقیقت نمیخواست بمن روبدهد . به خیابان پاسداران رسید م، تاکسی جلوی درب منزل مامان وبابا ایستاد، تمام خاطرات ازدواجم دراین خا نه ، یک مرتبه مثل تصویرسینما به سرعت ازجلوی چشمم گذشت ،زنگ را به سختی فشاردادم . نفسم توی سینه ام حبس شده بود وسنگین نفس میکشیدم . مامان وبابا هردوپشت درب بودند ! چه استقبالی ! هیچکس ازمن چنین استقبالی نکرده بود، آنها منوبغل کردند وفشاردادند،اشگ توی چشمهای پدرم حلقه زده بود، اومرد بسیارمغروری بود که هرگزگریه اش را کسی ندیده بود. مادرم گریه میکرد ومیگفت نشد ؟! الهی بمیرم، چقدرآنها ناراحت بودند، بیشترازخودم دلم برای آنها کباب بود، بابا میگفتند: بابا جان من دوتا گوسفند نذرکرده بودم که توبا بچه ات برگردی، وحالا تنها برگشته ای ، بابا جان، درست میشود، بابا جان، اینجا خانه ی پدرته ویادت باشد یعنی خانه ی خودت، توبرای ما فرقی نکرده ای وهنوزعزیزدلمان هستی ،

توهنوزدخترکوچولوی ما هستی ، من که ازحرفهای اوبیشترگریه ام گرفته بود ونمیخواستم اشگم را آنها ببینند ، رفتم داخل توالت وگریه کردم وبعد چشمهایم را شستم، ورفتم بیرون وگفتم: بابا جون راستی ازموشک بارانها چه خبر؟! بابا ومامان همسرم را خیلی خیلی دوست داشتند، اصلا کلمه ای برعلیه اوچیزی نگفتند . هیچوقت من به آنها نگفته بودم که درزندگی داخلی ام چه میگذرد، نمیخواستم احساس قشنگی که نسبت به اوداشتند عوض شود.
روزبعد به همسرم تلفن کردم وبا اوصحبت کردم وازش خواستم که اگرمیشود لااقل بمن کاربدهد.اوگفت : بیا شرکت صحبت کنیم ، تازه مثل اینکه اوج تنهایی های منومتوجه شده بود . خیلی دلش میسوخت ، یکماه گذشت ومن مرتبا با اودرارتباط تلفنی بودم که مبادا لحظه ای ازمن غافل باشد وبهانه ای تازه پیدا کند ، برایم تعریف میکرد که رفته خواستگاری خواهرزن وکیلش وازاوخوشش نیامده ، به شهرستانشان رفته بود ومادروخواهرش اوراچند جایی برای خواستگاری برده بودند ،میگفت: دایی پولدارش ،دخترش را توی سینی گذاشته وتقدیمش میکند، نمیدانم چرا نمیخواستم اودختردایی اش را بگیرد، شاید برای اینکه همیشه گفته بود، دایی وخانم دایی اش مایل بودند دخترشان را باوبدهند .
بعد ازمدتی با پسرخاله ی مادرش، ملکی را درخیابان پاسداران خریدند، تا من باتفاق همسرایشان کلاس زبان انگلیسی درآنجا تاسیس کنم وبتوانم زندگی ام را بچرخانم. بنابراین ناچاربودم هرروزبه شرکت بروم ودرجلساتی که با معلم های انگلیسی میگذاشت، شرکت کنم . اوهنوزهم درجلسات کاری اش که با دیگران داشت، قسم راستش به جون من بود. نمیدانستم قسم حضرت عباس را قبول کنم ویا دمب خروسه را ، آدم بسیارپیچیده ای بود که دوستی ودشمنی اش خیلی مشخص نبود ، ولی مطمئن بودم که خیلی مرا دوست دارد .
میگفت :وقتی طلاقت دادم ازشریکم بعنوان یکی ازشاهدین استفاده کردم ، وخانمش که همیشه بتوحسادت میکرد، بنظرخیلی خوشحال میرسید ، برای من کاملاً واضح بود که آنها حضورمرا بعنوان مزاحم وبرخلاف منا فع مالی شان میدیدند. درشروع شراکتشان هم چند ین بارحالشان را گرفته بودم وانگاربهترین فرصت را برای انتقام گیری پیدا کرده بودند .! امروزکه این کتاب را مینویسم شریکش سالهاست که سرطان پروستات دارد وپسرشان یکی ازچشمانش را ازدست داده است ...؟!
همسرم که دچارنوعی عذاب وجدان شده بود، خواسته بود که باتفاق خاله فرح که خاله ی مادرش بود دنبال زن صیغه ای برایش باشم . خودش هم همزمان بخواستگاری های مختلف میرفت وپیشنهاد هیچکس را رد نمیکرد، من هم برای اینکه خانه وکاشانه ام را ازدست ندهم ومهرطلاق درشناسنامه ام نخورد، علی الرغم میلم موافقت کرده بودم . یکروزباتفاق خاله خانم به مسجد الجواد درخیابان کریم خان سابق رفتیم، درکلاس قرآنی که درآنجا برقراربود، وارد شدیم تا تقاضایمان را با خانم معلم درمیان بگذاریم وازاوتقاضای کمک نمائیم،ایشان بعدازشنیدن ماجرا وقصه ی زندگی من گفتند ، آفرین به چنین زن شجاعی که برای شوهرش آمده خواستگاری، اگرمن بجای شما بودم هرگزاین کاررا نمیکردم .
اوگفت : خانم جان، قرن بیستم است شما چطورمیخواهید برای شوهرتان زن صیغه ای بگیرید؟! خب ، شوهرتان یکی ، دوبچه ی سرراهی را بردارد وبزرگ کند که ثوابش هم بیشتراست ،بعدادامه داد، خانمها حالابرای سلامتی این خانم صلواتی بفرستید،همگی بخاطرحماقت من صلوات فرستادند، غافل ازاین که این من نبودم که به خواستگاری برای شوهرم رفته بودم، بلکه این زوروفشاروناچاری وبی پناهی بود که ناچارم کرده بودچنین حماقتی را انجام دهم ،گرچه همسرم برای توجیه خودش ، خلاف این را به اطرافیانش میگفت، ولی خداوند شاهد بود که زوروفشارهای اوبود که وادارم میکرد تا کارهای احمقانه انجام دهم.
خانم هایی که درآنجا بودند وصابون مردها به جامه شان خورده بود، خیلی، خوشحال نشدند . بعضی ها شروع به نفرین شوهرم کردند، بعضی ها گریه کردند وگفتند ، بله ،صیغه مد شده و شوهرشون صیغه گرفته ،یکی دیگرگفت : شوهرم بعد ازانقلاب زن صیغه ای داشته ومن

خبردارنشده بودم تا وقتی اوفوت کرد ومتوجه شدم نه تنها زن داشته ، بلکه سه تا بچه هم ازاوداره !میگفتند : بتازگی هرمردی که دستش به دهانش میرسد، هوس صیغه کردن میکند وبرای انجامش هم بهانه ای میتراشد، مثلا بعضی ها میگویند : زنم ناراحتی اعصاب دارد ومجبورشدم زن دیگری بعنوان صیغه بگیرم، یکی دیگرمیگوید : بچه دارنمیشود ومیخواهم زن صیغه ای بگیرم، یکی میگوید : بعضی از زنان احتیاج به کمک مالی دارند وبایستی برای جلوگیری ازفحشا آنها را صیغه میکردم... خلاصه هرکسی یک چیزی گفت وبه غصه هایم اضافه شد ، من که به غرورم برخورده بود ، گفتم : ولی مورد شوهرمن فرق میکند ، اوزن صیغه ای میخواهد بگیرد که ازش بچه دارشود، بعد هم طلاقش بدهد ،خانم معلم قرآن گفت : خب ،این که بدترشد با قصد ریاکاری میخواهد با احساس یک زن دیگربازی کند وبه هدف ومقصود خودش برسد . خب ، من که گیج ومات ومبهوت شده بودم ، مثل عروسک خیمه شب بازی به این طرف وآن طرف کشیده میشدم ، اشاره ی خاله فرح را احساس کردم که گفت : برویم، انگاراینم نمیشود وآقای مهندس باید ازدواج مجدد بکند ، درحالی که بطرف خانه براه افتاده بودیم ،فکرمیکردم ایکاش یک بشقاب پرنده بیاید ومنوازاین جا ببرد، شاید درآن صورت بتوانم ازشراین ماجرای شرارت بارخلاص شوم . دوماهی به این منوال گذشت . شوهرم گفت: اگرمن با تودوباره ازدواج کنم ، توقل میدهی که اجازه بدهی ازدواج مجددا بکنم ؟! با اینکه برایم تهوع آوروخیلی سنگین بود،انگارچاره ی دیگری هم جزقبولش نداشتم،چون هدفم فقط با شوهرم بودن بود، بعد گفت : دختری را می شناسم که ماشین نویس اداره ای است که برای گشایش اعتبارکارخانه ، به آنجا میرفتم، یعنی همان دختری که دوستانمان درمیهمانی قبل ازکانادا، میگفتند : آقای مهندس مدام دراطاق خانم ... میگفت : اگرابتدا با اوازدواج کنم ،اجازه نخواهد داد ، دوباره با توازدواج کنم ، بهمین دلیل میخواهم اول با توازدواج کنم ، بعد اضافه کرد که هرقدربه اصطلاح کلاهم را قاضی کرده ام ،دیدم نمیتوانم تورا رها کنم وبروم ، بهمین دلیل تصمیم گرفته ام با دختری ازدواج کنم که زن داشتن مرا بپذیرد، کسی را دارم میگیرم که پائین ترازسطح واستانداردهای من است ،ولی فقط بخاطرتواست که میخواهم تن به این ازدواج دهم ،بعد قرارگذاشتیم که دوباره عقد کنیم ،ولی اوگفت: قبل ازاینکارتوباید به من یک وکالتنامه ازدواج مجددا محضری بدهی که یکوقت دبه درنیاوری وزیرفولت نزنی، وهمه ی برنامه های مرا بهم بریزی . گمان میکردم اگراوازدواج مجددا کند وبچه دارشود، مسائل ما حل خواهد شد، ومن ازآن به بعد نفس راحتی خواهم کشید ویک زندگی آرام خواهم داشت ، ضمن اینکه سرگردان وبی پناه هم نشده ام . اوبمن قول داد که اسم بچه ی اولش را بنام من شناسنامه ای باشد که بچه اولش را بتوبدهد ، درایران مردها هرکاری که دلشان بخواهد با زوروقولدوری ویا با حقی که قانون برایشان قائل است ، میتوانند انجام دهند . مرد میتواند زن صیغه ای بگیرد ویا حتی همزمان ، تا چهارزن دائمی هم داشته باشد . بعد ازعقد مجدد ، قراربراین شد که فعلا درمنزل پدرم بمانم تا فکری برای خانه ای بزرگتربکند ، ضمناً میگفت: چون گاهی آن دخترخانم به آپارتمان قبلی ما می آید ،تونمیتوانی درآنجا زندگی کنی . گاهی وقتی به آپارتمان سابقم میرفتم آثاروبقایای ارتباط همسرم را با آن خانم آنجا میدیدم ، وبا اعصابی داغون بمنزل پدرم برمی گشتم . خیلی دلم میخواست تحفه ای را که بعنوان همسردومم انتخاب کرده بود، میدیدم ، البته تا حدودی برایم قابل حدس بود، دختری که برای اولین باربقول شوهرم میخواهد ازدواج کند ، چطورمیتواند وارد یک مثلث عشقی شود وغرورش را زیرپا بگذارد،بنابراین فکرمیکردم نمیتواند تحفه ای باشد ،ازصحبتهای شوهرم متوجه شده بودم زمانی که همسرم برای گرفتن موافقت اصولی کارخانه و دومش به این اداره وآن اداره میرفته ، این خانم ماشین نویس آنجا بوده وتا حدودی درجریان مال ودارایی شوهرم قرارگرفته بوده است . وقتی حرف پول بمیان بیآیدغروروشخصیت ومثلث عشقی معنی ندارد ، بالاخره قرارشد آنها درتاریخ ... درسن چهل ودوسالگی همسرم وسی وپنج سالگی خانم جشن عروسی هم بگیرند . خب من خوشحال بودم

96

که اگربقول معروف این خانم ،مالی بود که تا سی وپنج سالگی مجرد نمی ماند .. یا اینکه ازدواج دومش است وشوهرم با سیاست مخفی کاری میکند! همسرم با سیاستها ی چرچیلی که داشت، خانمش را ازمن مخفی میکرد، فقط گفته بود ، که منزل آنها درخیابان خواجه نظام الملک است . میگفت : وقتی بخانه ی آنها میروم هنوزدرفصل تابستان کتها وکاپشنهای زمستانشا ن روی چوب رختی آویزان است . میگفت : اصلا سلیقه وکلاس تورا ندارد ، میگفت : فقط بخاطرتوست که دارم با اوازدواج میکنم .

ازشنیدن این حرفها خیلی دلم خنک میشد ، چون مثالی هست که میگویند : کلاغ که زیاد قارو قارکند سردیوارتوا لت می نشیند، یک عمربمن متلک گفته بود که دخترآقای... را نبایستی میگرفتم وحالا خدا چنین تحفه ای را نصیبش کرده بود که پدرش هم تارزن بوده ، البته مثالی هست که میگویند : گیرم پدرتوبود فاضل ازفضل پدرتورا چه حاصل ، ولی ازبس که منو زجرداده بود خوشحال بودم که میتوانستم به انتخابش بخندم ومسخره اش کنم ، خلایق هرچه لایق، قراربود چنین زنی مادربچه هایش هم بشود . میگفت : من حتما شناسنامه ی اولین بچه ام را باسم تومیگیرم، تا توهم بتوانی باین وسیله مادرشوی . نیت اوخیلی قشنگ بود، ولی گمان نمیکردم زنش رضایت به چنین امری بدهد، چون به این وسیله زندگی من هم محکم ترمیشد . خب ، گذشت زمان بهترین هلال است وهمه چیزرا ثابت خواهدکرد . ضمنا میگفت ، به ازای هربچه ای که اوبزاید، من برایت یک بچه ازپرورشگاه میگیرم که کفه ی ترازوی توسبک نشود . حرفهایش خیلی زیبا بود، اما امیدواربودم که اطرافیانش مجددا شروع به سمپاشی نکنندومجال اجرایش را به اوبدهند .

یک روزصبح شوهرم به من گفت : فلان شب ما جشن عروسی داریم ومیخواهم که تو، به دوستان مشترکمان تلفن بزنی وازآنها دعوت کنی که بعروسی ما بیایند، میخواهم آنها خانمی ترا درک کنند وحتما بعروسی من وهمسرجدیدم بیایند ، میخواهم که آنها بدانند تورضایت به ازدواج من داده ای، مبادا برای ملاحظه ی حال توباین عروسی نیایند .

چقدرخودخواهی! این مردک دیوانه وازخودراضی، دیکتاتور، نمیدانم چه فکرمیکرد!حتی ذره ای انصاف دروجودش نبود وگمان میکرد با رباط طرف است ، اولا من کی رضایت به ازدواج مجدد توداده ام ؟ مثل اینکه تومرا هفت ساله که واداربه انجام اینکارکرده ای ! جنابعالی با رضایت وتشویق مادر،خواهرودایی بیسوادت اینکاررا انجام داده ای ،آقای مهندس!! دلم میخواست قدرت داشتم ومیزدم توی گوشش ... بعد لیستی را بدستم داد وگفت : تلفن کن وبا اصراروقانع کردنشان دعوت کن که بعروسی ما بیایند ،درغیراینصورت میفهمم که توازآنها خواسته ای که نیایند . دردلم گفتم : ای بیرحم ! ای سنگ دل ! ای بی انصاف !ای دیکتاتورازخود راضی، ای صدام حسین ، آیا تو، خدایی را هم می شناسی ؟ اصلا من تلفن نمیکنم ، مگرمن ضامن آمدن ویا نیامدن آنها بعروسی توهم باید باشم ؟ مگرمن همسایه توهستم؟مگرمن خواهرت هستم ؟ من چه کسی هستم ؟ چطورمیتوانم دوفردای دیگربا توسرم را روی یک بالش بگذارم ؟!! نه با تودنه با هیچ مرد دیگری ... حتی اگرهمین امروزطلاقم را بگیرم وازاین منجلاب ، بدبختی نجات پیدا کنم ، فکرنمیکنم بتوانم هیچ مردی را خوشبخت کنم ویا سرم را باهاش برروی یک بالش بگذارم ،توکاری کرده ای که ازتمامی مردها متنفرشده ام . فکرمیکنم توکه بهترین بودی ، این بلاها را برسرم آوردی ، وای بحال بقیه... البته اوهم ازشرایطی که بوجود آمده بود،خوشحال نبود ودچاردست درد وحشتناکی شده بود که دکترها میگفتند ، عصبی است .

فکرمیکردم، اگرروزی طلاق بگیرم وبروم ، برای اینکه بتوثابت کنم ونشان دهم ، با احساس وآبروی من چه کرده ای ، حتما مجددا ، خیلی سریع ، قبل ازاینکه جای پای احساساتت پاک شود، ازدواج میکنم ، تا بفهمی وقتی ناموست ، عشقت ، همسرت ، یارویاورت ، شریک زندگی ات ، آبرویت ، با دیگری میرود وازدواج میکند چه حالی خواهی داشت . به توخواهم چشاند که نا جوانمردانه رفتارکردن ، چه مزه ای خواهد داشت ،بتو خواهم چشاند ...

خدا ازتون نگذره وتمام بلاهایی را که برسرمن آورده ای، خدا برسردخترهایت بیاورد . شکنجه پشت شکنجه ! چکارمیکردم ؟ چاره ای داشتم ؟ شروع کردم به تلفن کردن به دوستان مشترکمان ... آنها بدون استثنا گفتند : چرا توقبول کرده ای که تلفن کنی ؟! ما که میدانیم اوتورا وادار به انجام اینکارکرده است، توچه کسی را میخواهی گول بزنی ؟ مگرمیشود که ما به این عروسی برویم ؟عجب دعوت عجیبی ! ومیزدند زیرگریه! میگفتند : این عروسی یعنی عزای زندگی تو، وتو، ما را به جشن عزاداریت دعوت میکنی؟! هیچکس حاضرنشد که به این عروسی برود وهمه با گریه گفتند : ما نخواهیم رفت وازاووزنش متنفرهستیم ، خدا ازباعث و بانی های این عروسی نگذرد . شب عروسی فرا رسید ، من ومادرم ازشدت غصه وناراحتی قالب تهی کرده بودیم، آنها قراربود مراسم عروسی شان را درآپارتمانی که درپاسداران باصطلاح برای من خریداری کرده بود، تا درآن کلاس انگلیسی ام را تاسیس کنم جشن بگیرند، این ملک نزدیک منزل مادرم بودومن به هرکجا که میرفتم بایستی ازجلوی این ملک لعنتی عبورمیکردم . با مادرم تصمیم گرفتیم که صبح روزعروسی شوهرم، به زیارتگاه شاه عبدالعظیم برویم وتا شب آنجا باشیم . اولین باری بود که شوهرم اجازه داده بود، من با مادرم بجایی برویم که اونباشد . صبح زود با مادرم ازخواب بیدارشدیم وبا تاکسی به شهرری رفتیم . پرسان، پرسان ، شاه عبدالعظیم را پیدا کردیم ، با گریه وزاری وارد شدیم . دلمان خیلی پربود تا غروب آنجا ماندیم ،غروب وقتی ازجلوی آپارتمان پاسداران میگذشتیم . ماشین عروس را دیدیم که گل زده بودند وکلی اتومبیل درآنجا وجلوی ساختمان پارک کرده بودند . فقط خداوند میدانست که ما چه میکشیدیم چطورممکن است خانواده ی شوهرم خوشحال وراضی دراین جشن عروسی حضورداشته باشند ؟ چطورممکن است درجشن بدبختی من شرکت کنند؟! وقتی به منزل مادرم رسیدیم دوعدد قرص خواب آورخوردم وخوابیدم تا دراین دنیا نباشم وبیش ازاین عذاب نکشم . خانواده ی شوهرم خیلی خوشحال بودند که به آرزویشان رسیده اند ومرا هم مثل خانم مرجان بیچاره ، سیاه بخت کرده بودند .. آیا آنها جوابی برای پاسخگویی بخدا داشتند ؟ قطعا خیر... حال بایستی زنده می ماندم وشاهد مردن وجان دادن مادرشوهرم میبودم ، مطمئن بودم که بهیچ عنوان نمیتواند مرگ راحتی داشته باشد ، درآنصورت عدالت خداوند زیرسئوال میرفت ...

روزبعد، ساعت نه صبح وقتی خواب بودم، شوهرم باتفاق مادروخواهرش که با دمبشان گردو می شکستند، بدنبالم آمدند تا مرا به بیرون ازشهردراطراف رودهن ببرند ونهاربا من باشند . ازخواهرشوهرم پرسیدم، دیشب خوش گذشت ؟ اوبا بی انصافی وسنگ دلی تمام گفت : خیلی زیاد، جای توخالی بود. پرسیدم زن برادرجدیدت چطوره ؟ گفت : خیلی قشنگه لبهایش مثل غنچه گل است ، پوست صورتش مثل پرگل است و...گفتم : خب دیگه نگو، همه چیزرا فهمیدم کافی است ،دردلم گفتم : خداوند یکی ازاین بلاهایی را که برسرمن آورده اید، برسر دخترهایت بیاورد تا بفهمید درد یعنی چه! وقتی مرابخانه رساندند به دوستانم تلفن کردم وازآنها پرسیدم ، آیا به عروسی دیشب رفته بودید؟ آنها میزدند زیرگریه ومی گفتند : تا صبح ازغصه ی تونتوانستیم بخوابیم . فخری گفت : محمود وقتی آمد خانه، به محض اینکه وارد شد، سرش را روی کنسول هال گذاشت وهق ، هق گریه کرد ،میگفت :من نمیتوانستم ساکتش کنم، نمیتوانست حرف بزند . به پروانه تلفن کردم ، اوگفت : خیلی دهاتی بودند ، پاهای زنه مثل بالشتک بود، دماغش مثل عقاب وموهای سرش وزوزی ، یک موی سرتومی ارزد به هزارتای او... میگفت : اصلا تحفه ای نیست ، خیلی خوشحا ل باش . میگفت: تمام مدت کتش رااززتنش درنیاورده بود ومدام حالت تهوع داشت وبه دستشویی میرفت ...فرزانه گفت : با عباس رفتیم ، فقط برای اینکه ببینیم این تحفه ی خوش شانس کیه که وارد زندگی ساخته شده ی توشده است ! اوهم عیناً حرفهای پروانه را تائید کرد، که موهای وزکلفتی، قد کوتاه ، که تمام مدت هم درگرمای داخل سالن ، کت پوست مصنوعی که پوشیده بود ، درحالی که عرق میریخت ،ازتنش بیرون نمی آورد، برای همه ی میهمانان ، جریان پوشیدن کت پوست دریک

سالن دربسته وگرم، معما شده بود ،گفتند : لباسش خیلی دهاتی بوده، مهم این بود که این اتفاق شوم درزندگی من افتاده بود واصلا باورم نمیشد ،حالا چه فرقی میکرد که اودهاتی باشد ویا شهری، اویک آدم خوش شانس بود که با یک دماغ گنده ، مثل طوطی وقد کوتاه وموهای وزکرده وبی کلاس، توانسته بود جای مرا درزندگی شوهرم بگیرد. دوستام میگفتند : دختری که تا سن سی وپنج سالگی ترشیده بود وازدواج نکرده باشد، توبایستی بدانی که اصلا تحفه ای نبوده است ، وای خدای من توکجایی ؟! چرا نمی بینی ؟ چرا نمی شنوی ؟ چرا منونجات نمیدهی ؟ مگرمن یک حیوانم ؟ مگرمن آدم نیستم ؟ چرا اجازه میدهی با من چنین رفتاری شود وتوکاری نکنی!

دختری که مثل گل بود، دختری که هزارآرزوداشت ، دختری که زیبا بود ،دختری که عاشق بود، با فرهنگ و با کلاس بود، مثل یک گل پر، پرشده بود . همه چیزش را ازش گرفته بودند واورا تبدیل به یک انسان شکسته ودرد کشیده کرده بودند،مثل اناری شده بودم که آبلمبویش میکنند ،چرا!!!آخرچرا!!!! فقط به جرم نازایی؟! با کدامین گناه؟! من نازا بودم ، ولی روح داشتم ، قلب داشتم ، نفس میکشیدم ،کلام خدا میفرماید : ای زن نازا خوشحال باش که درد زایمان را نکشیده ای ،بتوبیشترازنی که زائیده است فرزند خواهم داد! شوهرم با سیاستهایش کاری کرده بود که گمان میکردم ، تازه این من هستم که باید قدردانی کنم ومتشکرباشم که ایشان ازدواج مجددا کرده اند . خدا را شکرکنم که مرا طلاق نداده است ویک زن دیگربر شریک عشقم، زندگی ام وهمه چیزم کرده است ...

آخه ، ای شاه عبدالعظیم ، چرا اینطوری شد ؟ چرا نذرهای من هیچکدامشان جواب داده نشد، چرا هرچقدربه امام رضا، به حضرت عباس، به امام زمان ، به دوازده امام وچهارده معصوم نذرکرده بودم ، جواب نذرهایم را نگرفته ام ؟! مگرمن چه گناهی کرده ام ؟! مگرمن چه جنا یتی کرده ام ؟ چرا هرکس ازدواج میکند، بچه دارمی شود ومن باید اینقدرمصیبت بکشم؟! ای خدا جوابم را بده،ولی بیفایده بود ، شب عروسی شوهرم بود واوجشن گرفته بود . اوخوشحال بود ،اشگ پدرم را اولین باربود که میدیدم، اوگریه میکرد ودستهایش را به آسمان بلند کرده بود ومیگفت : خدایا چرا اینطورشد ؟ چرا به نذرهای منه پیرمرد پیرمرد جواب ندادی ؟

همسرم درجستجوی پیدا کردن ساختمانی بود، که چند طبقه باشد تا ما با هم زندگی کنیم . من هم به شرکت شوهرم میرفتم وکماکان بصورت نیمه وقت درآنجا کارمیکردم ،یک روزشوهرم بمن گفت : بهتره که توبعد ازاین به شرکت نیایی، چون همسرم ناراحته که ما درطی روزبا هم هستیم ، چطورناراحت نشده که ما درطی دوازده سال باهم بوده ایم !! ولی حالا که خرش ازپل گذشته بود، ناراحت بود که من درشرکت ترا ببینم ؟ واقعا که چه رویی دارد !! خجالت پیش ایشان شرمنده است ! با تعجب گفتم : اشکالی ندارد، من که زن نازا، ولی هنرمندی هستم که ازهرانگشتم یک هنرمیریزد ،باکی ندارم وتلاش میکنم موسسه ی خودم را درامرآموزش، رشته ای که در آن استاد بودم وسابقه ای هم داشتم بازکنم . اوموافقت کرد ومن رسما کارم را درخانه شروع کردم ، ودرجراید آگهی هایی دادم وتعدادی شاگرد ، دررشته های مختلف ثبت نام کردند . شوهرم یک ساختمان سه طبقه ونیمه پیدا کرد وآنرا به قیمت شانزده میلیون تومان خریداری نمود ، آپارتمان قبلی را به قیمت دوازده میلیون تومان فروخت ، البته این قیمتهایی بود که اوبمن میگفت ، ومن هرگزسند ومدرکی دراین زمینه ندیده بودم . ماشین بی، ام، و، را فروخت ویک ماشین پاترول صفرکیلومترخرید . خانم گویا همان شب اول ازدواجش ، حامله شده بوده!! یک طبقه ازساختمان جدید را به من داد ویک طبقه را به همسرجدیدش ویک طبقه را وسائل ورزشی اش را گذاشته بود، نیم طبقه بالا را هم بعنوان موسسه آموزشی ام دراختیارمن قرارداده بود ،من گمان میکردم همه چیزبه روال عادی خودش برگشته وبعد ازاین مشکلی باسم نازایی ندارم وزندگی عادی را شروع خواهم کرد . غافل ازاینکه انگارشروع مشکلات جدید بود . اسمی را برای موسسه ام گذاشته بودم وروی زنگ آپارتمانش اسم آن را می نوشتم ویک نفرمرتباً آن را پاک میکرد ، روزی ازهمسرم سئوال کردم، شما میدانید که چه

کسی اسمی را که من برروی زنگ مینویسم ، پاک میکند ؟ گفت : من آنرا پاک میکنم! خیلی تعجب کردم وپرسیدم چرا اینکاررا میکنی؟ گفت : توقصدت این است که ازاینجا نروی وادعای سرقفلی ازمن بکنی ! خیلی خیلی تعجب کرده بودم، فکرمیکردم این دیگه چه جانوری است ؟ آنقدرکه خودش پلید بود، فکرمیکرد من مدام نشسته ام وبرای اووپولهایش نقشه میکشم .
زندگی مثلث عشقی ما شروع شده بود، ازقرارخانم که همان شب اول حامله شده بودند! ارجحیت داشتند وبایستی هرسازی که میزنند ، آقا با آن میرقصیدند . اززمانی که مثلث عشقی ما شروع شد ه بود وبخانه ی جدید نقل مکان کرده بودیم ، قراربراین شده بود که شوهرم یک شب بیاید پیش من ویک شب برود پیش خانم جدید ، روزهای جمعه هم بخاطراینکه خانم حامله هستند، برود منزل ایشان، ولی عملا درست سه شبی را که همسرم قراربود به آپارتمان من بیآید، خانواده ی خانم جدید که وانمود کرده بودند ، بغیرازمادرش ، هیچکس ازافراد خانواده ازدوزن داری آقا خبرندارد ، بصورت سرزده بمنزل آنها می آمدند . هرشب یک گروه مثلا یک شب این برادر، شب دیگرخواهرش وشب بعد برادردیگر....خنده داراین بود که فقط شب هایی را که شوهرم قراربود با من باشدآنها می آمدند، ولی شبهایی که قراربود، طبقه پائین وبا اوباشد، هیچکس سرزده و یا با دعوت به منزل آنها نمی رفت .
خب ، بعد ازشش ماه روزی شوهرم بمن تلفن کرد وگفت : خانم درد زایمان گرفته اند، ودرشش ماهگی زائیده اند ! ولی تو،به مشهد تلفن نکن وبه مادروخواهرم خبرنده ، چون فعلا دلم نمیخواهد کسی بیآ ید وبچه ما را ببیند...!؟ خوب بمن چه ارتباطی داشت که خبربدهم ؟! گفتم : وای پس فکرمیکنی بچه ی شش ماهه زنده بماند ؟! چرا زود ترازوقت موعود فارغ شده اند؟! گفت : میخواسته بالکن را بشوید ، ظرف سنگین آب را بلند کرده وکیسه آبش پاره شده است وحالا یک پسرزائیده است ...من ازبالکن به پائین نگاه کردم ودیدم همه جا خشک است . پس پارگی کیسه ی آب ، حتما دلیل دیگری داشته!! من خیلی خوشحال بودم ، چون این پسرقراربود پسرمن باشد . دو، سه ماه بعد مادرشوهروخواهرشوهرم برای دیدن بچه آمدند ، وبمن گفتند : بچه اصلا به نظرنمیرسد که شش ماهه باشد، خواهرمن که بچه شش ماهه زائیده بود، تا مدتهای طولانی بچه دردستگاه بود، ولی این بچه همه چیزش طبیعی بود وبا مادرش ازبیمارستان همزمان مرخص شده بود . خب یکسال بعد،خانم دوباره حامله شدند وهنوزپسره شناسنامه نداشت وشوهرم میگفت : آخه میخواهم شناسنامه اورا به اسم توبگیرم واوموافقت نمیکند ، درآن زمان آنها مرتبا کتک کاری داشتند ، صدای جاروجنجالشان بلند بود ووقتی شوهرم به طبقه بالا می آمد، میگفت : غلطی کرده ام که نه راه پیش دارم ونه راه پس. میگفت: خیلی شلخته است ،خیلی بی هنراست ،مثل بچه های منگول است، میگفت : اگربخواهم کسی را بخانه ام دعوت کنم، بایستی دوستان ازمیدان ونک به بالا را به خانه تودعوت کنم وازمیدان ولیعصربه پائین را به خانه ی او، ببرم ... عجب حرف پرمعنی میزد . همه چیزرا میتوانستم حدس بزنم . شوهرم میگفت : نود ونه، درصد را ازدست داده ام ، وحالا فقط یک درصد را دارم ، شاید این حرفها مرهمی بود برای دل شکسته ی من . خلاصه شوهرم که مهندس معماربود وبسیارهم با سلیقه، ناچاربود با چنین زنی زندگی کند،صرفا برای اینکه مادربچه اش بود،ولی مگراونگفته بود، وقتی بچه دارشد برایش یک خانه میخرم وطلاقش میدهم ؟! پس چی شد ؟! شوهرم میگفت : اگرتورا دوست نداشتم، ناچارنبودم کلفت بگیرم که حالا خانم خانه ام شود ... میگفت : اهل حرف زدن نیست ودرکنارش حوصله ام سرمیرود، گاهی اوقات وقتی ،اومنزل نبود ، مرا به آپارتمانش میبرد ، وقتی هم من نبودم، اورا به آپارتمان من می آورد . کم کم تمام فرش های زیبا ونفیسی را که با سلیقه ی من برایم خریده بود، برد پائین ... تمامی کریستالهایی که با خون دل وبا سلیقه ی خودم ازآلمان خریده بودم وازآنها خاطره داشتم ، برد پائین .. چرخ خیاطی مرا برد ، پائین ... چون خواهرشوهرم میگفت : توپ ،توپ ، پارچه میخرد وبرایش درمنزل معلم خیاطی گرفته است ، تا اوهم کمی هنریاد بگیرد . خلاصه مرا کاملاً خلع سلاح کرد ه بود ، بهانه اش هم این بود که وسائل

توخیلی قشنگ هستند ومن میبرمشان پائین تا شاید آنجا کمی آبرومند وزیبا شود ، غافل ازاینکه آنها درطبقه ی پائین ودرمنزل اوتبدیل به یک مشت خرت و پرت خواهند شد که بهچ عنوان به چشم نمی آمدند ، این زیبایی ها فقط بخاطروجود وسائل زیبا وگرانقیمت ، درمنزل من نبود ، بلکه نوع تزئیناتی که درآپارتمان من داشتند ، این زیبایی را محسوس کرده بود . کما اینکه بعد ازمدت کوتاهی ، شنیدم که فرش نه متری، طرح گنبدی تبریز، هفتادوپنج، رج ، یک ظرفش بخاطراینکه میزسنگین وآهنی، روی آن گذاشته بوده ومدتها آنها را جابجا نکرده ، زنگ زده وپوسیده است !! خب ، من ازشنیدن این خبرها خوشحال میشدم ، چون خوب میدانستم که آنها تقاص بلاهایی را که برسرمن آورده بودند، داشتند پس میدادند، واین تازه اول کارشان بود !
من که شوهرم را خوب می شناختم ، مطمئن بودم ، درپس این نقل وانتقالات، حتماً برنامه ریزی دارد که بزودی اجرایش خواهد کرد . پس تصمیم گرفته بودم ، قبل ازاینکه مجدداً چوب اورا بخورم وضربه ی جانانه ی دیگری نوش جان ، کنم، کم کم بایستی ازنظراحساسی ازاو واین زندگی فاصله بگیرم . اینباروقتی میخواهم ازاین زندگی بروم، بایستی پروپیمان بروم .
شوهرم وقتی همسردومش نبود پیش من می آمد ومیگفت : تا وقتی اوزنده است ، من نه میتوانم با تو، به مسافرت بروم ونه اینکه پیش توبیایم ،می بینی که مرتبا کتک کاری ودعوا داریم .
زنکه فریاد میکشید که یا جای من دراین خانه است ویا جای این خانم ، خیلی خنده داروواحمقانه بود ،کسی که صاحب همه چیزمن شده بود ،چشم دیدن مرا نداشت . اونمیتوانست وجود مرا درخانه ی خودم تحمل کند .
خانه ای که یک عمربرایش زحمت کشیده بودم ، وحالا اوبا آوردن یک بچه مدعی تمامش شده بود . نکته ی جالب توجه این بود که ، اوحتی یکبارهم مرا ندیده بود، ولی ازمن متنفر بود .
فریاد میزد ومیگفت : مرا درمقابل عمل انجام شده قرارداده بودی، من ازلای پرده وپشت پنجره یکی، دوباراورا یواشکی دیده بودم وبس . شوهرم گاهی پسرش را که هنوزبدون نام بود وبابایی صداش میکردند، به آپارتمان من می آورد،اورا خیلی خیلی دوست داشتم درواقع عاشقش بودم ، بچه ی خیلی خوشگل ونازی بود ، موهای سرش را میبردم بالا وگل سر، برایش میزدم ،ازاینکه شوهرم آرزویش برآورده شده بود، خیلی خوشحال بودم، ولی مسائل ومشکلات همچنان باقی بود،منتهی نوعش تغییرکرده بود . مادرشوهرم به تهران می آمد ودوباره سمپاشی میکرد ومیگفت: پسربیچاره ام عاقبت دراین راه پله ها که بایستی پائین وبالابرود ، می میرد . حالا با بدذاتی که خاص خودش بود ،سازش را طوری دیگری کوک کرده بود .واصلاً چشم دیدن مرا نداشت ومیگفت: پسرم ، توباید یکی ازاین زنهایت را انتخاب کنی ، والا ازبین خواهی رفت . وقتی درگرمای سوزان تابستان ازشرکت میخواستم بخانه بروم، شوهرم تا سرکوچه مرا میرساند ومیگفت : همین جا پیاده شووکمی هم آهسته بیا تا من وارد خانه شوم که زنم نفهمد من تورا رسانده ام . چون اوناراحت میشود ! برایش مهم نبود که من ناراحت شوم ، تحقیرشوم ، عجب ، مگرمن زن تونیستم ؟ مگراین خانم خبرنداشته که توزن داری وازدواج کرده است ؟چطوراگرمن ناراحت شوم مهم نیست؟ ولی اونباید ناراحت شود ؟ میگفت : برای اینکه اوبچه هایش را برمیدارد ومی رود ومن که تمام زندگی ام را برای پدرشدن ریسک کرده ام، دچاراشکال خواهم شد وحوصله ندارم . وقتی دخترشان بدنیا آمد، زنک دیگه خیلی یابوبرش داشته بود وآرامش شوهرم ومرا کاملا سلب کرده بودومادرش که معلمش بود مدام تحریکش میکرد که ..
هفت روزهفته زیرمشت ولگد بود وگریه میکردومیگفت: خانم اولت باید برود ، شوهرم تمامی تابلوهای عروسی شان را توی سرش خرد کرده بود .. واقعا نمیدانستم که مشکل اصلی آنها چیه ؟ اوهم مثل من اجازه بیرون رفتن نداشت ، حتی اگربچه اش ازگرسنگی تلف میشد ،اجازه نداشت تا سرکوچه برود وبرای اوشیربخرد، بایستی تلفن میکردوازشوهرش اجازه میگرفت،که آیا برای بچه اش برود شیربخرد یا نه !... اوبرای این طرزفکرهمسرش ناراحت بود وگریه میکرد ، بدبخت فکرمیکرد وجود من است که شوهرش اورا درخانه زندانی کرده

است . دردعواها فریاد میزد، توبمن کلک زدی ! تومرا درمقابل عمل انجام شده قرارداده ای . توگفته بودی زنت راطلا ق داده ای ، ولی بعد با اوازدواج کردی ...طفلکی شوهرم که بهمه کلک میزد ، مثل اینکه ایند فعه خودش به خودش کلک زده بود .
وقتی گفته بود، زنش حامله است هرغذایی که می پختم، یک سینی هم برای اودرست میکردم ومیبردم وپشت درب آپارتمانش میگذاشتم ، ومیدویدم بالا، اوهم برمیداشت ونمیدانستم که میخورد یا نه . مامانم گفته بود، که زن حامله خیلی حساسه واگربوی غذا بهش بخورد ، دلش میخواهد ودینش بگردن تومی افتد . زنک دوتاخواهرداشت که هردوی آنها همسرمردانی بودند که زن دیگری داشتند واین مسئله مثل اینکه درفامیل آنها عادی بود، پس چطورآنها نمی بایستی بدانند شوهرخواهرجدیدشان هم دوزنه است ؟! چیزی که من متوجه شده بودم آنها برخلاف خانواده ی من، فامیل بسیارمتحد ووابسته ای بودند ، مرتبا به این دخترک درس میدادند .
درحقیقت من با یک نفرطرف نبودم ،بلکه با دوخواهرومادرش هم که معلمین اوبودند طرف بودم . پدرم ازغصه ی بهم خوردن زندگی ام دچار بیماری قلبی شد ، اوحدود یکسالی با بیماری قلبی اش دست وپنجه نرم میکرد تا نهایتاً بعد ازآخرین باری که در بیمارستان بستری شد، کلیه ها وریه هایش هم ازکار افتادند ودرتاریخ 1368/6/1 یعنی شب تولد م فوت کرد .
خیلی ناراحت بودم وتقریباً هفت روزرا درمنزل پدرم ،با خواهروبرادرهایم ماندم ،مادرم خیلی تنها شده بود ودرآن خانه ی بزرگش خیلی میترسید ، برادرکوچکم وخانمشان تصمیم گرفته بودند که خانه خودشان را اجاره بدهند وبمنزل مادرم نقل مکان کنند . خب ، من خیلی خوشحال بودم که مادرم، بعد ازفوت پدرم تنها نیستند وبرادرم برای زندگی به آنجا خواهد رفت. یک روزهمسرم بمن گفت : ببین من داخل ماشینم مدفوع سگ پیدا کرده ام ، مادرم گفته: این جادوست که توانداخته ای ،خیلی تعجب کردم وگفتم : اولا مگرمن سگ دارم ؟دوما: مادرت که خودش اینکاره بوده تشخیص داده که این جادوست ، ضمناً مگرمن سوارماشین تومیشوم ؟ اگرجادوگری بلد بودم که الان جنابعالی زن نداشتید ، اگرهم میداشتید بیشتربا من بودید نه با همسرجدیدت ... من شصتم خبردارشده بود که جادوگریهای مادرشوهرم هنوزادامه دارد وکار،کاراوست ،اوبود که طبق اعتراف خودش ،عادت داشت مدام دست بکاراین کثافت کاریها باشد ، کما اینکه خودش بارها اعتراف کرده بود که برای دامادش ،برای نامزد قبلی همسرم،برای زن گرفتن دایی با ،و... جادوگری کرده است وآشغالهایی را که افرادی مثل همان مرد شیطانی که مرا هم با حضورخودت نزد اوبردید، بعنوان دعا به اومیدادند ومدام مشغول شرارت کردن برعلیه دیگران بود ، یا اینکه خانم دوم همسرم هم اینکاره است . بیادم آمد که یک روزهمسر شوهرم یک کاسه آش رشته برای من فرستاده بودکه اتفاقاً برادرزاده ام هم منزل من بود ، وقتی شروع کردیم بخوردن آش ، یکمرتبه برادرزاده ام گفت : وای عمه جون این چیه ؟! درقاشق اویک تکه کاغذ، نوشته شده بود، شبیه روزنامه ، من که آدم ساده ای بودم گفتم : عزیزم این خانم، حتماً با شلختگی کاغذ روزنامه ی دورسبزی آش را داخل آش انداخته است . درآن روزوقتی شوهرم درمورد مدفوع سگ درماشینش ازمن سئوال کرد، یک مرتبه یاد این مسئله افتادم ومتوجه شدم که خانم جدید ایشان هم مشغول جادوکردن برعلیه من است،ایشان هم به جمع جادوگران اضافه شده بود ند . خب مشخص بود که آنها چرامشغول اینکارهای غیرخدایی وشیطانی بودند، واگذارشان بخدای قادرمطلق که ازجادوگری متنفراست وآنها را با زناکاران مقایسه میکند ومیفرماید که جای آنها دروسط جهنم خواهد بود .
شوهرم باورنمیکرد که کارمن نباشد، چون شیطان توسط اعمال اطرافیانش چشمانش را کوروگوشهایش را کرکرده بود ، تا بعد ازآن مرا نبیند وکم کم علی الرغم میل باطنی اش ، ازم فاصله بگیرد .. کما اینکه آنها موفق شدند که اینکاررا هم بکنند .
میفرماید :
(ای خدا ، وای معبود من ، خاموش مباش ! بدکاران به من تهمت ناروا می زنند وحرفهای دروغ درباره من می گویند . با نفرت دورمرا گرفته اند وبی سبب با من می جنگند . من آنها

را دوست دارم وبرای ایشان دعای خیرمی کنم ، ولی آنها با من مخالفت می ورزند . به عوض خوبی ، به من بدی می کنند وبه عوض محبت ، با من دشمنی می نمایند . ای خدا ، دشمنم را به دست داوری ظالم بسپاروبگذاریکی ازبدخواهانش کناراوبایستدوبرضداوشهادت دهد . بگذاراودرمحاکمه مجرم شناخته شود . حتی دعای او، برایش جرم محسوب گردد . عمرش کوتاه شود ودیگری جا ومقام اورا بگیرد . فرزندانش یتیم وزنش بیوه شود . طلبکاران ، تمام دارایی اورا ضبط نمایند و بیگانگان هرآنچه را که اوبه زحمت اندوخته است ، تارا ج کنند . کسی براورحم نکند . نسلش بکلی ازبین برود ودیگرنامی ازآنها باقی نماند . خداوند ، گناهان اجدادش را به یاد آورد وگناهان مادرش را نیامرزد . گناهان آنها درنظرخداوند همیشه بماند ، اما نام ونشان آنها ازروی زمین محو گردد . این دشمن من رحم نداشت . اوبرفقیران وبی کسان ظلم می کرد وآنها را اذیت میکرد . مادرش دوست داشت مردم را نفرین کند، پس خودش نفرین شود. نمی خواست به مردم برکت رساند ، پس خود ازبرکت محروم شود . تمام وجودش به نفرین آلوده بود ، پس باشد که نفرینهای اومانند آبی که می نوشد وارد بدنش شود ومغزاستخوانهایش را بخورد ، همچون لباس اورا دربرگیرد وچون کمربند ، به دوراوحلقه زند. ای خداوند ، دشمنانم را که درباره من دروغ می گویند ومرا تهدید به مرگ می کنند ، اینچنین مجازات کن .اما ای خداوند ، با من برحسب وعده خود عمل نما وبخاطررحمت عظیم خویش ، مرا نجات ده، زیرا که من فقیرودرمانده ودل شکسته ام ، همچون سایه ، روبه زوال هستم و مانند ملخ ازباد رانده شده ام . از بس روزه گرفته ام ، زانوهایم می لرزند وگوشت بدنم آب می شود . نزد دشمنان رسوا شده ام . هرگاه مرا می بینند ، سرخود را تکان می دهند ومسخره ام می کنند . ای خداوند ،ای خدای من، مرا یاری فرما ، مطابق رحمت خود ، مرا نجات بده ، تا بد خواهانم بدانند که تونجات دهنده من هستی . آنها مرا نفرین کنند ، اما تومرا برکت بده . آنها سرافکنده شوند ، اما بنده تو، شادمان شود . دشمنانم شرمسارشوند وخفت و خواری وجودشان را دربرگیرد . خداوند را بسیارسپاس خواهم گفت ، ودربین مردم اورا ستایش خواهم کرد ، زیرا اوازبیچارگان پشتیبانی می کند وایشان را ازدست ظالمان می رهاند.
من به روزقیامت ایمان داشتم ومطمئن بودم که اگردراین دنیا تقاص کارهایشان را پس ندهند، درروزقیامت خداوند یقه آنها را خواهد گرفت وبه سزای اعمالشان خواهند رسید .
مادرشوهرم وقتی به تهران می آمد ومیدید من پسرشوهرم را چقدر دوست دارم ، وشوهرم هرروز اورا می آورد تا ساعتها با اوبازی کنم ، میخواست دق کند . به مادربچه گفته بود، نگذارکه بچه ات را ببرد پیش این خانم که ازروی حرصش ، حتماً بلایی به سربچه توخواهد آورد، گفته بود: اویک چیزی بخورد بچه میدهد واورا میکشد ، بالاخره اوزن باباست وچشم دیدن بچه تورا ندارد ، به اوگفته بود: ببین من کی ، بهت گفتم ،اگربچه ات را این زنه نکشت ! زن بیچاره ترسیده بود وبه شوهرش گفته بود، مادرت اینطورگفته ومن میترسم ، بعد ازآن ، دیگه کمتربچه را می آورد که من ببینم، ای زن، پیرجادوگرخدا ازت نگذرد ، حتی راضی نیستی من ازاین بچه لذت ببرم ، من به این بچه عادت کرده بودم . خیلی خیلی دوستش داشتم . چطوردلت می آید این حرفها رادرمورد من بزنی ومانع شوی تا پسرشوهرم را که عاشقانه دوستش داشتم ببینم . آنها بقدری خبیث بودند که حتی این لذت کوچک را هم ازمن گرفته بودند.
یک روزصدای جیغ وداد وهوارشوهرم وخانمش را درراه پله ها شنیدم ، درحالی که تمام بدنم ازشدت ترس میلرزید، دویدم پائین وبی اختیاربدنبال صدای جیغ وارد خانه ی آنها شدم . شوهرم زن حامله را زیرمشت ولگد انداخته بود وبه شدت کتک میزد ، پسردوساله آنها بشدت گریه میکرد ، بچه را بغل کردم وگفتم : خجالت نمیکشی که این زن حامله را اینطورمیزنی ؟ توکه بچه ، بچه میکردی ، این بچه ها را داری میکشی، اودست مرا هم گرفت وازخا نه بیرون انداخت ودرب آپارتمان را پشت سرم قفل کرد، تا دیگرنتوانم داخل شوم ،به زدن زنش ادامه داد. متاسفانه این رفتاروکردار، بیش ازپنجاه درصد مردهای ایرانی است . خیلی دلم برای آنها سوخته بود ومطمئن بودم، بیچاره زنش حرفی زده که با مذاق اوسازگارنبوده

وبایستی مثل یک حیوان با اورفتارشود ، زنه خیلی بی عرضه وبی لیاقت بنظرمی آمد، آپارتمان بهم ریخته ای داشت ، خیلی بد سلیقه ودهاتی بود واین اولین باری بود که من اورا ازنزدیک می دیدم .
شوهرم میگفت : میگوید،همسراولت را باید طلاق بدهی، من هم اورا کتک زده ام . مطمئن بودم که شوهرم دروغ میگوید، کتک کاری بخاطراین موضوع نبوده. شوهرم هدفش منت گذاشتن برسرمن بود تا دوباره تقصیرهای ناسازگاریهایشان را به گردن من بیاندازد .
حال تشنجات زندگی من به نوع دیگری شروع شده بود وسناریویی که همسرم نوشته بود، هنوزتمام نشده بود . همسرم میگفت : بقول مادرم ،درقرن بیستم که نمیشود دوزن داری کرد . ای بابا ،وقتی چنین تصمیمی میگرفتی قرن بیستم نبود ؟! مامانت نبود ؟! مامان جونت که میخواست به قم ومشهد برود برایت زن صیغه ای پیدا کند ، آنوقت قرن بیستم نبود ؟!
خواهروخواهرزاده ی همسرش به کلاسهای من می آمدند وبطوررایگان تمام دوره ها را میگذراندند ،البته هدفشان گذراندن دوره نبود، بلکه می آمدند که ازکارمن سردربیاورند . ضمناً احتمالا جادوهای خواهرشا ن را درمحل کاروزندگی من بریزند و بروند ،شاگردانم میگفتند: شماچرا اجازه میدهید که بیایند ؟ چرا به آنها کاریاد میدهید؟ ولی من بخاطرخدا این کاررا انجام میدادم وبین آنها وبقیه ی شاگردانم فرقی قائل نبودم،برایم مهم نبود که آنها با چه هدفی به کلاسها نم ی دندمآ یم .
یک روزشوهرم به آپارتمانم آمدوگفت :برادرت ازامریکا تلفن کرده وگفته برادردیگرم تصادف کرده وحا لش خوب نیست ، من بلافاصله پرسیدم اومرده ؟! اوگفت: نه فقط حا لش خوب نیست ، زدم زیرگریه ومطمئن بودم که برادرم مرده است ، والا برادرم زنگ نمیزد این خبررا بدهد وهمه ی ما را ناراحت ونگران کند . خلاصه بعدازاصرارم ، اوتعریف کرد که سکته کرده ومرده است ، درحالیکه زارمیزدم ومیگفتم : وقتی درکانادا بودم اوازمن خواست که به ایران نروم ومنتظرباشم تا به تورنتوبیاید وبعدازده سال همدیگررا ببینیم ، دچارعذاب وجدان شده بودم. حالا این خبررا چطورباید به مادرم که فقط یک سال ازفوت پدرم میگذشت بگویم؟! تنها کسی بودم که باید این خبررا به اومیدادم، ولی چگونه ؟! بمنزل مادرم رفتم وگفتم: برادرم تصادف کرده وپاهایش شکسته است ، اوبلافاصله گفت: من خواب دیده ام که اومرده است، بگوچه بلایی برسرپسرم آمده ؟ درحالی که دلم خون بود، برای اینکه مادررا دچارشوک نکنم،گفتم: مادرجون،چطورمیتوانید بگوئیدکه اومرده است؟ اصرارمیکردکه تلفن بیمارستان را بگیرد تا با اوصحبت کند، گفتم : امکانش نیست که تلفنی با اوصحبت کنیم ،روزبعدبه اوگفتم که انگاردستهایش هم شکسته است ...بالاخره کم کم مادرم را متوجه ی مرگ برادرجوانم کردم ، مدت چهارده روزطول کشید تا جنازه ی برادرم ازامریکا به ایران برسد ، من تنها کسی بودم که بایستی اورا شناسائی میکردم وتحویل میگرفتم !!باتفاق خواهرم که ازآلمان آمده بودوهمسرم به فرودگاه رفتیم . لحظات بسیاردردناک وغیرقابل تصوری بود. طفلک برادرجوان وسی وچهارساله ام که بتازگی فارغ تحصیل شده بود واستادیاریکی ازدانشگاه های لس آنجلس بود ،جسدتش را برایمان فرستاده بودند. مادرداغ دیده ام که فقط یکسال ازفوت شوهرش میگذشت، جنازه پسرعزیزش را بعد ازده سال دوری ، بایستی تحویل میگرفت . چطورمیتوانستم، مرهمی برای دل شکسته ی مادرشصت وچهارساله ام باشم؟ چطوربایستی این خبررا به اومیدادم ؟ بهمین دلیل تصمیم گرفتم که هرگزباونگویم که پسرعزیزش مرده است،ولی وقتی این مسئله را با بزرگان فامیل درمیان گذاشتم ، آنها مخالفت کردند وگفتند : درست نیست، واوتا پایان عمرش عذاب خواهد کشیدوچشم انتظارش خواهد بود . بالاخره چون ناچاربودیم برای گرفتن جنازه به فرودگاه برویم وعزا داری کنیم بمادرم گفتیم . حدود چهل روزعزا داری کردیم ، برادرم قبل ازاینکه بمیرد، مبلغ دویست وپنجاه هزارتومان ، برای برادرکوچکم فرستاده بود، ودویست وپنجاه هزارتومان هم برای برادربزرگترم وخواسته بود

که برایش حساب بانکی بازکنندتا اوبتواند، بعد ازآن بازهم پول بفرستد وبه ایران بیآید وازدواج کند ،اما متاسفانه عجل مهلتش نداده بود.

گویا اووقتی صبح آنروزبه شرکتش رفته بود ،بعد ازخوردن یک قهوه به همکارش گفته بود، سرم خیلی درد میکند، بعد هم سرش را روی میزگذاشته بود ومرده بود ،بهمین راحتی. همکارش وقتی اورا صدا میزندکه یک قرص آسپرین به اوبدهد، متوجه میشود که برادرم مرده است . طفلکی، نمیدانست پولهایی که فرستاده بود، خرج مراسم کفن ودفنش خواهد شد . روحش شاد باشد. اورفت،ولی درس عبرتی برای ما زنده ها نشد، همچنان عناد ورزی وقهرودعواها بین خواهروبرادرها ادامه داشت .

یکی ازمسائلی که همیشه اورا زجرمیداد. غم ازدست دادن برادروپدرم را درآپارتمانم درتنهایی تحمل میکردم ، همسرم با همسرجدیدش وبچه اش همچنان خوش وخرم دوران را میگذراندند ، انگارنه انگار، یک انسان درطبقه بالای آنها درغم وماتم نشسته است ، صدای موزیک آنها همچنان بلند بود ومشغول میهمان بازیهای خودشان بودند، برای آنها چه اهمیتی داشت که من درطی دوسال، پدروبرادر،جوانم را ازدست داده بودم! گاهی وقتی خاطرات تلخ گذشته ام را مرورمیکنم،باورم نمیشود که انسان بتواند اینقدربی رحم وبی عاطفه باشد؟! مادرشوهرم با دایی(با) برای مراسم پدروبرادرم آمده بودند، بازم خجالت نمیکشیدند وحتی درمراسم سوگواری برادرجوانم، به خواهربزرگم گفته بودند : بچه ی من بالاخره داخل راه پله های خا نه اش بخاطر دوزن داری می میرد، ای عفریته ی خدا نشناس، چه بگویم که لایق توباشد ؟! خجالت نمیکشی ؟ حداقل ازخدا خجا لت بکش ...

من دیگه تحملم تمام شده بود ، تصمیم گرفته بودم ازنظراحساسی فاصله بگیرم وکم کم جدا شوم، ولی اینباردیگه نبایستی ازخانه ام که آنرا اززیرصفرساخته بودم، دست خالی بیرون میرفتم، حتما بایستی منوتامین کند وحق وحقوق یک زندگی دوازده ساله را بمن پرداخت کند، تا جدا شوم ، این توبمیری ها دیگه ازآن توبمیری ها نبود .

کارخانه اش درحال راه اندازی بودودنبال بهانه میگشت که منودست به سرکند وبه کارهایش، وزن وبچه هایش برسد ، ازنظرآنها بعد ازآن من درآن زندگی اضافه بودم وباید میرفتم .

کارموسسه ام خیلی گرفته بود وباندازه کافی شاگرد داشتم، ولی اگراوبرایم جایی را نخرد، اینکارراهم نمیتوانستم ادامه بدهم . ضمن اینکه این من نبودم که میخواستم طلاق بگیرم ، اگراومیخواهد طلاق بدهد، بایستی بهایش را هم بپردازد ، دیگه بهانه ی قانونی هم نداشت که بگوید، من بچه دارنمیشوم واین دلیلی باشد تا بتواند طلاقم بدهد . بنابراین بایستی برای طلاق دادنم رضایتم را جلب میکرد ، درسته که من مهریه هم نداشتم، ولی قانونا بایستی راضی ام میکرد . والا من طلاق نمیگرفتم .. اوهمیشه ، برای من یک معما بود وهست .

فصل هشتم

پایان زندگی مشترک

طبق رسم ایرانیان ، هرساله درجمعه ی آخرسال بایستی ، برسرمزارمردگانشان بروند وضمن ادای احترام به روح آن مرحوم خیراتی هم بدهند . بهمین دلیل درروزهای پایانی سال 1369 به مادرم قول داده بودم که حتما اورا برسرمزارشوهرش وپسرش خواهم برد .
به همین دلیل ازیکماه قبل به همسرم گفته بودم که درتمام طول سال با من نبوده ای ، بنابراین دراین روزقول بده که ما را به بهشت زهرا ببری ، اگر هم برایت مقدورنیست ، اجازه بده که من ومادرم با تاکسی تلفنی برویم . اوقول داده بود که حتما اینکاررا برای ما انجام خواهد داد .
روزموعود فرارسید، مادرم ومن ازصبح شروع به پختن حلوا وتهیه وتدارک خوراکی های مختلف کردیم ، تا برای رفتن به بهشت زهرا آماده شویم . دوبارهم ازشوهرم تلفنی سئوال کردم که آیا هنوزهم مقدورش هست که ما را ببرد ، اوهم گفته بود که بله حتما چنین کاری را انجام خواهد داد...
صبح اول وقت به شرکت زنگ زدم ومجددا سئوال کردم ، اگرنتوانستی به بهشت زهرا بیایی بمن اطلاع بده تا با تاکسی تلفنی برویم اوگفت: بسیارخوب ، ساعت سه بعد ازظهرحاضرباشید من شما را میبرم ،ساعت ازیک که گذشت ما دیگه شدیدا منتظروحاضرنشسته بودیم ، ساعت یک ونیم شد، ساعت دوبعدازظهرشد، سه شد، چهار، وخبری ازاونشد ، تا اینکه یک مرتبه ، صدای درب آپارتمان پائین آمد ، فکرکردیم که اومیخواهد بیآید بالا وبگوید که برویم ... ولی یکمرتبه دیدم که صدای خانم وبچه هایش هم می آید ، وانگارهمگی دارند میروند بیرون ، رفتم داخل راه پله ها وپرسیدم؟ مگرنمی آیی که برویم؟ گفت : نه ، ما داریم میرویم منزل مادرزنم، ازشدت عصبانیت تمام بدنم شروع به لرزیدن کرد وتعادل روحی وروانی خودم را ازدست دادم، وبرای اولین بارهرچه کفش ودمپایی بود به درودیواروشیشه خانه آنها زدم ، داد وفریاد کشیدم که چرا ما راعلاف کردی؟حالامن بدرک ،ولی این زن بیچاره میخواست برود سرقبرشوهروبچه اش،چرا این کاررا با اوکردی؟ ولی آنها بی توجه به فریادهای من سوارماشین شدند ورفتند . مردک دیوانه ، چرا بمن نگفتی که نمی رویم ،پدرسوخته ها ، مطمئن هستم که پدرشما شیطان است . پدرسوخته ها... مثل اینکه مرا روی آتش گذاشته بودند وداشتند کبابم میکردند ، مامانم گریه میکرد ومیگفت : خدا ازتون نگذرد،منه پیرزن الان باید سرخاک پسرم میبودم ،خدا ازتون نگذرد . (مادرجون چرا خودما ن با تاکسی نرفتیم)؟ مادرجون بیا الان با تاکسی برویم ، گفتم : الان که دیگه داره شب میشود، دیگه برام خیلی گران تمام شده بود وبه آنجایی زده بودند که نبایستی میزدند . شماره تلفن منزل مادرزنش را گرفتم وازش پرسیدم که آیا به نظرشما حرکت آنها درسته ؟! آیا این رسم آدمیت است ؟! آخه دخترشما ودامادتون تا کی میخواهند به من ظلم کنند ؟ هرچه من هیچ چیزنمیگویم ،آنها بیشترمی تازانند ،به دامادت بگو، برای من یک آپارتمان بخرد تا ازاین خانه ی لعنتی بروم، دیگه نمیخواهم توی این خراب شده بمانم، بگومنوتامین کند، من میروم، اوکه خیلی ازحرفهایم خوشحال شده بود وانگاربالاخره دعا وجادوهایشان به ثمررسیده بود، گفت : بسیارخوب من بهشون میگویم که برای شما یک خانه بخرند، شما بروید، دنبال زندگی خود تان ، گوشی تلفن

را که گذاشتم ،گفتم :حرامزاده ، مادربه خطا، کثافت ، توودخترت همین را میخواستین وسه ساله که جادوگری میکنید که من خانه وزندگی خودم را ترک کنم وبروم .
یک قرص خواب آوربه مادرم دادم وازاوخواستم که بخوابد ، خیلی دلم برایش می سوخت . ولی خودم نشستم و گریه کردم، نفرینشا ن کردم، ساعت یک شب بود که آنها بخانه برگشتند . زنگ برای اولین بارآمد بالا وزد به شیشه ، ازپشت شیشه اورامیدیدم ، ولی درب آپارتمانم را بازنکردم، اواصرارمیکرد که خواهش میکنم دررا بازکنید ، من میخواهم باهاتون صحبت کنم، دلم برایش سوخت ودرب را بازکردم . وقتی اورا دیدم ،اصلا باورم نشد که شوهرم چنین زنی گرفته باشد. قربون کلفتها...موهای وز، قد کوتاه ، قوزکمر، دماغ عقابی وحشتناک ، چانه ی باریک ، خلاصه بنده ی خدا بود، ولی من شوک شده بودم که اینوگرفته ؟! خب ،خلایق هرچه لایق، بدرد هم میخوردند ، کلاغ که زیاد قاروقارکند سردیوارتوالت میشیند . خدا را شکرکه لیاقت همینوداشتی ، ولی حالا می بینی که خدا برای همین بنده ی بد ترکیبش چه شانسی درنظرگرفته است ، چه پول وچه ثروتی، میگویند : حضرت فاطمه ، برای بد ترکیب ها دو، رکعت نمازخوانده است ، مثل اینکه راست میگویند . وقتی اوخانه نبود وشوهرم منوبه طبقه پائین میبرد وآپارتمانش را میدیدم،میگفت: ببین چه غلطی کرده ام ، ببین چه کسی را بخاطرتوگرفته ام ،سلیقه اش هم باصطلاح ازجوادیه بالاترنبود ، خوبه که خودش میدانست چکارکرده، ولی اینها کارخدا بود . شوهرم میخواست زنی را داشته باشد که بتواند توی سرش بزند، منوازطریق عشقی که به اوداشتم استثمارکرده بود واین زن بیچاره را هم بدلیل اشکالاتی که داشت ، اونمیخواست زنی داشته باشد که ازخودش بالاترباشد . قیافه اش هم که اینطوری بود ، اینها همه مثل رعد وبرق ازجلوی چشمم گذشت وبهش گفتم ، خوب بیا داخل ، اوآمد واینطورشروع کرد، بهتره که شما ازاین زندگی بروید بیرون ، شما خیلی خوشگل هستید . شما میتوانید شوهرخوبی پیدا کنید، مامانم گفت که شما میخواهید بروید ،درحالی که ازمدل حرف زدن وریخت وقیافه اش حالت تهوع گرفته بودم ، توی دلم گفتم، معلومه که میروم، تا حالا نمیدانستم که تورا بمن ترجیح داده ،حالا که دیدمت ،دیگه باید بروم ، چون خیلی بهم برخورده، بگوبرا یم خونه بخره من میروم ... اواگریک جاروبخودش می بست ، دقیقا شبیه همون جادوگره بود . روزبعد، تاکسی برای مامان گرفتم واورا راهی خا نه اش کردم ودوباره مشغول بکارم شدم . تمام خانمهای تاپ، تهران شاگردهای من بودند . حسابی مشهورشده بودم وکلی شاگرد داشتم ، وقتی شاگردانم ماجرا را می شنیدند ، میگفتند: واقعا که حیف شماست ، چرا این زندگی نکبت را تحمل میکنید؟ این مرد لیاقت شما را ندارد . لیاقتش همینه که این زنه را بگیرد وبرایش بزاید ...
روزبعد برادرشوهرم که تحصیل کرده ی ایتالیا بود ، با نامزدش بخا نه من آمدند . وقتی ماجرا را برایشان تعریف کردم،ظاهراخیلی ناراحت شدند ، ولی بالاخره برادرشان را ول نمیکردند مرا حمایت کنند . آنها مرتباً بمن سرمیزدند، برادرشوهرم ونامزدش خیلی خوب بودند،خیلی مهربان ودلسوزبودند . قبلاً هم هروقت ما به ایتالیا میرفتیم ،اوازما خیلی پذیرایی میکرد وبا من خیلی مهربا ن بود . آنها بمن گفتند : حیف شماست این زندگی را داشته باشید ، بهترین تصمیم را گرفته اید . اوگفت : من هم با داداش صحبت میکنم که حتما براتون یک جایی را بخرد وشما جدا بشوید.نامزدش دخترخیلی خوشگلی بود.سرمهریه ی اوخانواده ی همسرم خیلی آنها را اذیت وآزارکردند.
خانواده ی نامزدش ، پانصد سکه ی بهارآزادی را پیشنهاد کرده بودند، برادرشوهرم که عاشق نامزدش شده بود، این مهریه را قبول کرده بود ولی همسرم وخانواده اش مخالف بودند ، یادم میآید که چه دعواهایی شده بود ، ولی برادرشوهرم میگفت : مرغ یک پا دارد ومن حرف هیچکدام ازشما را گوش نمیکنم ، میگفت ، اورا دوست دارم وبهای دوست داشتنم را هم پرداخت میکنم .
همسرم میگفت : من نمیخواهم دوفردای دیگرخانواده ی زن تو، شریک کارخانه من شوند .

روزی که برای خواستگاری وحرفهای آخربه منزل نامزد برادرشوهرم رفته بودیم، برادرشوهرم گفت : نه حرف شما ونه حرف ما ،چهارصد ونود ونه سکه بهارآزادی مهریه دخترتون باشد . بالاخره همه قبول کردند و

شوهرم بمن گفت : اول باید طلاق بگیری وبعد خانه برایت میخرم ،چون ممکنه خانه را که خریدم توطلاق نگیری،اومنوبا خودش مقایسه میکرد. من هم گفتم ،اول خانه وبعد طلاق ، شاید وقتی من طلاق گرفتم ، توخانه را نخریدی !خوب هردوی ماهم حق داشتیم . من به آقای ع زنگ زدم،ازطریق همسرش که یکی ازدوستان صمیمی من بود، درجریان همه چیزقرارداشت، ازاوکمک خواستم . قراربراین شد که ما خانه را پیدا کنیم وچک آنرا نزد ایشان بگذاریم وبعد باتفاق ایشان برای طلاق اقدام کنیم ، سپس ازهمان طرف برویم خانه را معامله کنیم ، ما موافقت کردیم واورا بعنوان ناظربی طرف انتخاب نمودیم . همسرم که اول قبول نمیکرد، میگفت : من اطمینان ندارم ، شاید آقای ع هم به من خیانت کند ، ولی بعد ناچارا پذیرفت ، چون راه دیگری نبود وهمه باوفشاررمی آوردند که خانه را برای من بخرد وازاین مخمصه نجات پیدا کند .

یک روزصبح بمن گفت : آماده شومیخواهم با هم بجایی برویم ، بعد ما با هم سوارماشین شدیم ورفتیم دادگستری ، ازاوپرسیدم دادگستری برای چی ؟ اوگفت : بعدا متوجه میشوی .

ما وارد اطاقی شدیم که دونفرپشت میزهایشان درآن اطاق نشسته بودند ، شوهرم رفت جلوی یکی ازمیزها وگفت : حاج آقا ، خواهرمن میخواهد ازشوهرش جدا شود، آنها بچه ندارند، وشوهرش همسردومی دارد، آیا به خواهرمن حق وحقوقی تعلق میگیرد ؟ حاج آقا پرسیدند ؟ آیا خواهرشما مهریه دارد ؟! شوهرم گفتند، نخیر مهریه هم ندارند .

حاج آقا گفتند : نخیر! به خواهرتان هیچ چیزنمیرسد . خواهرتان چون بچه ندارد، هیچ گونه حق وحقوقی درآن زندگی ندارد، بایستی دست خالی برود بیرون ، من درآن روزمتوجه نشدم که این نقشه با تبانی قبلی انجام شده است ، ولی بعدها فهمیدم که شوهرم ازقبل این سناریورا نوشته وحاج آقا هم درست ویا نادرست آن را اجرا کرده بودند . شوهرم قصد داشت خودش را موجه جلوه دهد وبمن ثابت کند ، با وجودیکه ازنظرقانونی وشرعی حقی بتونمیرسد، ولی من میخواهم برای توآپارتمانی بخرم ، میخواست بمن واطرافیان این را ا لقا کند که انسان ، باگذشت وآقایی است !....ولی بالاخره راهی هم نداشت ، یا باید به این زندگی ادامه میداد ویا باید خانه را میخرید،درغیراینصورت من حاضر به طلاق گرفتن نمیشدم .

یک روزجمعه صبح بود که تصمیم گرفتیم باتفاق ، برای پیدا کردن آپارتمانی فروشی به خیابان ولیعصربرویم، با مراجعه به اولین بنگاهی که بازبود ،یک آپارتمان پیدا کردیم که قیمت آن پنج میلیون تومان بود. بعد ازدیدن آن ، تصمیم گرفتیم که همانجا را معامله کنیم . آپارتمان بسیارکوچک وهشتاد متری بود که هردوی ماخوشمان آمده بود ، ولی اوگفت، نه ،گران است . بیشترازسه ونیم میلیون تومان نمیخواهم بدهم، بعد رفتیم پیش دوستمان وبا اومشورت کردیم . اوگفت : خب بهتره که شما یک ونیم میلیون تومان را به فلانی قرص بدهید ،همسرم گفت : باشد، ولی باید به من معادل یک ونیم میلیون تومان سفته بدهد، من که دیگه کارم گرفته بود . فکرمیکردم قرضم را میتوانم پس بدهم ،سفته ها را خریدم وبه آقای (ع) دادم تا به رسم امانت نزد ایشان بماند ، همسرم هم یک چک پنج میلیون تومانی امانی نزد اوگذاشت .

روزبعد ، اول رفتیم محضروبا حضوردونفرشاهد طلاق گرفتیم . بعد رفتیم دفترخانه وخانه را به اسم من کردند . خب خطررفع شده بود ومن صاحب یک آپارتمان هفتاد وپنج متری شده بودم که میتوانست آسایش خیالم را فراهم کند . کارم هم گرفته بود وترس ونگرانی هایم کمی کمترشده بود، بعد ازآنجا درحالی که ناراحت بودم ، بخانه برگشتم واوهم رفت شرکت . وقتی پشت درب آپارتمان آنها رسیده بودم ، درب آپارتمانشان بازبود، درهمان لحظه صدای هورا ، وشادی زن ا ووکلفتش را شنیدم ، بی اختیارکمی متوقف شدم تا ببینم جریان شادی کردن وهورا کشیدن آنها چیه؟ شنیدم که کلفتشان میگفت : خب ، خانم جان باید به من شیرینی خوبی

بدهید، دیدید دعاهایی که براتون آوردم کارخودش را کرد؟! خانم جان دیدید که بالاخره این خانم را بیرون انداختیم ! درهمین موقع بخاطرم آمد . .. مدفوع سگ ،کاغذ دعای داخل آش رشته و... پس اوهم برای من جادومیکرده؟! عجب ! مثل اینکه همشون جادوگروشیطانند وازپس همدیگرخوب برمی آیند..
میگوید که :
ای زن دون صفت که با خودت میگویی : من هرگزبیوه نخواهم شد . هیچگاه فرزندانم را از دست نخواهم داد . اما با وجود تمام جادوگری هایت ، اگرخواست خدا باشد ، دریک لحظه و دریک روزاین دوبلا برسرت خواهد آمد : هم بیوه می شوی وهم بی اولاد . تو با خیال راحت به شرارت خود ادامه دادی وگمان کردی هیچکس تو را نمی بیند . ارواح نا پاک را که طی این سالها پرستش می کردی احضارکن . آنها را صدا کن تا بیایند وبه توکمک کنند تا شاید بازبتوانی دردل دشمنانت ترس ووحشت ایجاد کنی ! تومشاوران زیادی داری طالع بینان وستاره شناسانی که می کوشند تورا ازرویدادهای آینده آگاه سازند . آنها را فرا خوان تا به تو کمک کنند . اما بدان که آنان همچون کاه درآتش خواهند سوخت . آنان قادرنخواهند بود حتی خود را نجات دهند ، زیرا آن آتش ، آتشی نخواهد بود که آنان بخواهند خود را با آن گرم کنند ، بلکه آتشی که همه چیزرا می سوزاند ! تنها سودی که ازاین مشاوران دیرینه عایدت می شود همین است ! همه آنان به راه خود خواهند رفت وتورا تنها خواهند گذاشت ، وکسی نخواهد ماند تا تورا نجات دهد .
بخودم گفتم : بهتره که من ازاین خانه لعنتی بروم وهمه چیزها را بدهم به این خدا نشناسها که بجای توکل بخدا ، به یک مشت رمال وجادوگرمتوسل میشدند . خاک برسرتون ، بی لیاقتهای، بی ایمان . این خانه واین شوهرواین زندگی ، همه مال شما شیطان صفتها... من توکلم بخداست ومطمئن بودم که جای آنها وسط دل جهنم خواهد بود .
اوفقط سه روزبمن وقت داده بود که آن خانه را ترک کنم، شدیدا مشغول تلفن زدن به شاگردانم بودم که آدرس وشماره تلفن جدیدم را به آنها بدهم . من که درطول سه سال گذشته ، خلع سلاح شده بودم وتمام کریستالهایی که با خون دل ازآلمان آورده بودم ، چرخ خیاطی کامپیوتری ام ، فرشهایم وهمه را قبل ازطلاقم ازمن گرفته بودند، دیگه به اون صورت اثاثیه ای نداشتم که با خودم ببرم .
اوگفت : فقط میتوانی سرویس خوابت ، یخچال وفیریزر، ومختصری دیگ وقابلمه وظرف با خودت ببری ، حتی اجاق گازم را بمن ندادند ، کفشها ولباسهای اسکی ام را ازمن پس گرفته بودند ، درحالی که قبول کرده بودم، ولی دلم وچشمم ، بدنبال زندگیم ووسائلم وجوانی بجا مانده ام درآن خانه وکاشانه بود . ازتمام وسائلم خاطره داشتم، بجای اینکه ازکشورهایی که میرفتیم ، لباس بخرم ، وسائل خا نه میخریدم ، که تمامی آنها را ازمن پس گرفته بودند .
من با یک مشت آشغال ازآن خانه بیرون رفتم ، تمام زندگیم را ازمن گرفتند . شوهرم ، سهم کارخانه ام ، فرشهایم ، کریستالهایم ،تمامی وسائل گران قیمتم را، زندگیم را ،جوانیم را ، خاطراتم را، همه وهمه چیزم را ازم گرفته بودند . ازخانه ام بیرونم کردند، مثل یک دستمال کاغذی بی ارزش مرا دورانداختند ، ولی حالا دیگه اوهمه چیزداشت ،اما من همه چیزم را ازدست داده بودم . همیشه میگویند : خدا نکند که چشم کسی دنبال ما لش باشد ، آنها حتی ازاین موضوع هم نمی ترسیدندوحق خودشان میدانستند ، من با کمک اواسباب کشی کردم وبه آپارتمان جدیدم رفتم . آپارتمانی که کف آن موزائیک بود ، نه موکتی ، نه فرشی ، نه وسیله ای،فقط یک سرویس خواب ویک یخچال ویک فیریزروچند تکه قابلمه وظرف با یک چمدان ولباسهای تنم ، دردلم میگفتم : آنان که غنی ترند محتاج ترند ، دوازده سال زندگی ام را گذاشته بودم وبه جایی آمده بودم تا تک وتنها ، بدون داشتن وسائل اولیه زندگی ، زندگی ام را اززیرصفرشروع کنم ...خیلی سخت بود . خیلی ناراحت بودم،نمیدانستم ازکجا وچگونه بایستی شروع کنم . مات ومبهوت مانده بودم ونمیدانستم با تنهایی ها چکارکنم ؟ نه مادری داشتم ونه

پدری که غمخوارم باشند ! دچاروحشت شده بودم وآرزوی مرگ میکردم ، آن آپارتمان همه چیزم بود، با یک ونیم میلیون تومان سفته ،که بابت خریدش مقروض شده بودم . بایستی درآنجا هم کاروهم زندگی میکردم ، انتخاب دیگری نداشتم .همه ی این فرازونشیب ها ، همه ی این تلخکامی ها، همه ی شادی ها،دردها، همه ی حماقت ها، همه ی قربانی شدن ها ، همه ی رازورمزهای زندگی ، همه ی آنچه که تاکنون ، بازگوکرده ام وشما خوانده اید .اکنون که تجربه ها اندوخته ام ، اکنون که نوجوانی وجوانی ام سپری شده است ، اکنون که پربار ، براندیشه های واقعی تکیه دارم ، همانگونه که اشاره کردم، همه ی این مصائب ریشه درجای دگری دارد. همه ی اینها ازسرزمینی وخاکی است که درآن متولد شده ایم ، رشد کرده ایم ، زندگی کرده ایم، فرهنگ وآداب ورسوم واخلاق این جامعه ، این سرزمین بوده که مرا ساخته، بارورکرده، من از همین فرهنگ با هویتی تاریخی که داشته تغذیه کرده ام ، آموزش دیده ام ، معنا ومفهوم زن دراین سرزمین ، موجوادتی است ، مطیع ودرخدمت (مرد)، وظیفه زنان دراین سرزمین این است که لباس بشویند، غذابپزند، پرستاری کنند، بدوزند وبچه بزایند !! همین فرهنگ واخلاق است که عقل واندیشه وفکروحتی عاطفه واحساس مرا به موضوعاتی متمرکزمیکرد یا میکند که بیش از این ندانم .

فصل نهم

طلاق وگرفتاریهای آن

قبل ازاینکه به آپارتمانی که برایم خریداری کرده بود، بروم ، تابلوی عکس عروسی ام را که قاب خاتم بسیارزیبائی هم داشت ، با یک ماژیک قرمزروی عکس را یک ضربدربزرگ کشیدم وبا همان ماژیک نوشتم ، **با کدامین گناه ؟!** بعدها اوهمیشه میگفت که این تابلورا همیشه نگهداری خواهم کرد،میگفت : با دیدن این تابلودلم آتش گرفت ! میپرسید چرا اینکاررا کردی ؟ درتعجب بودم که اوضربدرروی عکس را میدید ، ولی ضربدری که برروی قلب من کشیده بود که بعد ازآن هرگزقادرنبود ،برای کسی بتپد را نمی دید !!! اوقاب عکس را نگهداشت ، تا وجدانش را بیدارنگهدارد ، ولی مرا برای همیشه به بایگانی خاطراتش سپرد...
اوایل سال 1370به آپارتمان خریداری شده ام نقل مکان کردم ، شب اول خیلی خیلی شب سختی بود . آپارتمان کوچکی درطبقه ی همکف ساختمانی قدیمی ، که سه پله بطرف پا ئین داشت تا واردش شوی ، همه چیزش قدیمی بود وحیاطی داشت که فقط متعلق به آن آپارتمان بود .
نه تلفنی ، نه موکتی ، نه وسیله زندگی، هیچ چیزوهیچ کس . نمیخواستم به خانه مادرم بروم ومزاحم زندگی برادروخانم برادرم شوم که بعد ازمرگ پدرم به آنجا نقل مکان کرده بودند وبا مادرم زندگی میکردند .
ناچاربودم دراین آپارتمان ، کوچک وخفه شده که بوی وحشتناک چاه فاضلاب هم ازآن می آمد وپرازسوسکهای گنده ومارمولک بود، زندگی وکارکنم . نمیدانستم ازکجا وچگونه بایستی شروع کنم ، شب جمعه بود ، نه تلویزیونی ونه وسیله صوتی ، مثل قبرستان بود ،همه چیزبی روح ومرده بود ، همه چیزبوی تعفن میداد ، همه چیزبوی مرگ میداد ، ناچاربودم کم کم وسائلم را بازکنم وآنها را برای شروع کاروزندگی جدیدم آماده کنم .
تا صبح درحالی که گریه میکردم کارهایم را هم سروسامان میدادم ، وازخودم میپرسیدم آیا امشب آنها راحت میخوابند ؟! آیا خوشحا لند ؟! آیا خانواده شوهرم که کارخودشان را کرده بودند، خوشحال هستند ؟ آیا وجدانشون آزارشان نمیدهد ؟! آیا فکرنمیکنند که من الان درچه وضعیتی هستم ؟! زنی که هم جنس من بود ، کاخ سعادتش را روی ویرانه های زندگی من بنا کرده بود ، امشب با شوهرمن ، درزندگی من راحت میخوابد ؟! نگران ناله ها وشیونهای من نخواهد بود ؟ نگران آینده اش نخواهد بود ؟ نگران آینده بچه هایش نخواهد بود ؟ نگران چشمهای گریان ودلسوخته ی من نخواهد بود ؟ نگران دست انتقام طبیعت نخواهد بود ؟ آیا همین که درسی وشش سالگی بالاخره موفق شده بود مردی را بعنوان همسرپیدا کند، حتی بقیمت نابودی من ، برایش کافی بود ؟ همسرم چی ؟! آیا اوتخته پاک کنی بدست گرفته وتمامی خاطراتش را پاک کرده است ؟ آیا به روزهای جوانی وعمربرباد رفته ی من فکرمیکند ؟ آیا نگران آینده وسرنوشت من نیست ؟ آیا گمان نمیکند که روزی دختراوهم بزرگ خواهد شد، وممکن است سرنوشتی مشابه من داشته باشد ؟ آیا حس خود خواهی وآرزوی پدرشدن اورا تا این درجه ازانسانیت ورحم ومروت دورساخته است ؟ باورش برایم بس ثقیل است ...
گمان میکردم دراین دنیا رحم ومروتی وجود ندارد وقانون جنگل است وتنازع بقا ، هرکس بتواند برای بقای خودش دیگری را زیرپا له خواهد کرد !

همه چیزدیگه تما م شده بود، ازنظرآنها من مزاحمشان بودم وباید میرفتم ،مانند گاویی بودم که چون شیرنمیداد بایستی ذبحش میکردند . آره منوزنده ، زنده قبل ازذبح کردن کباب کرده بودند، بدون آتش، بدون دود ، جزغاله شده بودم .

مرا با بی رحمی ازخانه ام بیرون کرده بودند . ازتک ، تک وسائل آن خانه ، ازدیوارهای آن خانه خاطره داشتم ، من عمرو جوانی ام را درآن زندگی گذاشته بودم . من روحم درآن خانه بود ، دعایی میگوید :

ای خدا ، ساکت منشین ! هنگامی که دعا می کنیم ، خموش وآرام مباش ! برخیزوما را نجات ده ! ای خداوند ، دعای مرا بشنووآن را اجابت فرما ، زیرا ضعیف ودرمانده ام . جان مرا حفظ کن ومرا نجات ده زیرا من بنده وفادارتوهستم وبرتو توکل دارم . بر من رحمت فرما ، زیرا تمام روزبه درگاه تو دعا می کنم . بنده خود را شاد کن ، زیرا تنها تورا می پرستم . تو نیکووبخشنده وبسیاررحیم هستی نسبت به آنانی که تورا می خوانند . ای خداوند ، دعای مرا اجابت فرما ! به ناله من توجه نما ! به هنگام سختی تورا خواهم خواند، زیرا دعای مرا مستجاب خواهی فرمود . تو بزرگ وقادرهستی ومعجزه می نمایی ، تنها توخدا هستی ! خداوندا ، راه خود را به من نشان ده تا وفادارانه درآن گام بردارم . مرا یاری ده تا بدون شک ودودلی تورا خدمت نمایم . با تمام وجودم تورا حمد وسپاس خواهم گفت وپیوسته عظمت نام تورا بیان خواهم نمود . زیرا رحمت تودرحق من بسیارعظیم است . تومرا ازخطرمرگ رهانیده ای ! خدایا ، افراد متکبربرضد من برخاسته اند وگروهی ظالم وستمگردرفکرکشتن منند . آنها به توتوجهی ندارند . خداوندا ، توعادل، بخشنده ، مهربان ، صبوروررحیم هستی . روی خود را بسوی من برگردان وبرمن رحمت فرما . بنده خود را توانا سازواورا نجات ده . لطف ومهربانی خود را به من نشان ده ، مرا یاری فرما ودلداری ده ، تا آنانی که ازمن نفرت دارند این را ببینند وشرمسارشوند .

ناخواسته درشرایط بس دشواری قرارم داده بودند، که دورازتصوراتم بود ، با ورم نمیشدکه فقط ده سال طول کشید ه بود ،باضافه دوسال دوران خوش وطلایی نامزدی ! عمراین همه مصیبت فقط ده سال بود، ولی برای من بیش ازیک قرن طول کشیده بود . صبح روزجمعه او آمد وباتفاق رفتیم تا برای باغچه مقداری گل ودرخت بخریم، احساس میکردم اودچارعذاب وجدان شده است وازوضعیتی که پیش آمده راضی نبود .

من بایستی روی پاهای خودم می ایستادم وبا موفقیتم ، مشت محکمی به دهان یاوه گویان میزدم.او پسرش را هم آورده بود ،الهی که قربونش بروم خیلی نازبود ،چطورغم ندیدن او را تحمل کنم ؟ او قول داده بود که گاهی بچه را بیاورد که اورا ببینم . دوساله شده بود، ولی هنوزبابایی صداش میکردند . فخری میگفت : بچه ی بعدی را هم مامانی صدا خواهند کرد ،که دقیقا هم همینطورشد ه بود . روزجمعه وشب شنبه را هم با هربدبختی بود، پشت سرگذاشتم .

صبح شنبه به خودم آمدم وبه منشی ام تلفن کردم که زودتربیاید . منشی ام که همیشه روپوش سفید درمحل کارش میپوشید ، وقتی حیاط را می شست ، همسایه طبقه بالا(خانم خ) ازبالکن آویزان شد وگفت ، مبارکه تازه آمدین ؟ گفتم بله ، اوپرسید چند نفرهستین ، گفتم ما دونفرهستیم . گفت : اینجا میخواهید زندگی کنید ؟ من که خجالت میکشیدم که دریک آپارتمان هشتاد متری زندگی کنم که هیچ چیزنداشت ، گفتم ، نه اینجا محل کارمن است ، گفت کار؟! چه کاری ؟! گفتم ، مرکزآموزشی دارم ، اوگفت : ولی شمااجازه ندارید اینجا کارکنید...بله هنوز ب ، بسم الله رانگفته بودیم شروع شد...ما اعتنا نکردیم وبکارمون ادامه دادیم . یکی ، یکی هرروزسروکله یکی ازهمسایه ها پیدا میشد وسئوالات تکراری . ازمن پرسیدند شما شوهردارین ؟! گفتم بله دارم ، گفتند: پس چرا ما اورا نمی بینیم ؟ گفتم: خب اوخیلی گرفتاره ودوتا زن داره ،ضمنا اینجا یک مرکزآموزشی زنانه است واولازم نیست که به اینجا بیاید .

روزبعد یعنی یک هفته بعد ازورودم ، یک نامه درتابلوی اعلانات ازطرف هیئت مدیره زده شد که جلسه اضطراری روز ... وازمن هم دعوت کرده بودند که حتما بروم . به همسرسابقم

تلفن کردم وجریان را تعریف کردم ، اوگفت : بسیارخوب من می آیم ، وقتی اوآمد ، گفتم که توتنها بروومن اگربیایم ، حتما میزنم زیرگریه ونمیتوانم خودم را کنترل کنم ، ضمنا لطفا خودت را هم شوهرم معرفی کن ، چون نمیخواهم که آنها مطلع شوند شوهرندارم وشروع کنند به قضاوت کردنم ، او قبول کرد وساعت هشت شب بود که ازشرکت آمد وبه جلسه ساختمان رفت، من پائین عزا گرفته بودم که خدایا اینجای قضیه را نخوانده بودم ، اینها دیگرچه میگویند؟ وقتی اوآمد پائین ،گفت : به آنها گفتم که دارم یک ساختمان ، درشهرک غرب میسازم وتواینجا موقت هستی وبزودی میروی درآن ساختمان ، بعد هم ادامه داد که : جشن بیرون رفتنت را گرفته بودند ومیگفتند که این ملک مسکونی است وشما نبایستی دراینجا کارکنید ، اینها را گفت ورفت دنبال زن وزندگیش ، شب تا صبح گریه کردم ،خدایا کمکم کن . خدایا نگذارکه برمشکلاتم افزوده شود . خدایا به اسم توکارم را شروع میکنم ،با منشی ام رفتیم وسائلی که برای کارم ضروری بود را خریدیم .

وقتی آمدیم خانه به شاگردانم تلفن کردیم وتلفن وآدرس جدید را به آنها دادیم ، کلاسها را از هفته بعدش شروع کردیم ،خدایا شکرت میکنم که این هنرها را بمن دادی که من امروزعلاوه برجنبه ی مادی آن که میتوانم زندگیم را تامین کنم ، بتوانم سرگرمی خوبی هم داشته باشم، تا بلاهایی که به سرم آمده راحت ترتحمل کنم . هرروزبه همسرسابقم زنگ میزدم وباهاش مشورت میکردم . اوگفت : بهتره که یک نقشه وبرنامه ی تبلیغاتی داشته باشی ومن هم تا یکسال ، هزینه های تبلیغاتت را پرداخت میکنم ، من که خیلی خوشحال شده بودم ، گفتم : خدا پدرت را بیامرزد که حداقل کمک میکنی .

درروزنامه های کیهان واطلاعات ، مجله خانواده ، شروع به آگهی دادن کردم . درسته که سالیان درازبود که دراین رشته ها کار کرده بودم وشاگردانی داشتم ، ولی هیچوقت بصورت یک کارعمومی بهش نگاه نکرده بودم ، قبل ازاین فقط به دوست وآشنا و فامیل آموزش میدادم و یا سفارش میگرفتم ، اما حالا زندگی وادارم کرده بود که ازسه سال پیش آگهی بدهم وبصورت عمومی کارکنم ، کم کم بقدری سرم شلوغ شده بود، که وزارتخانه ای که مراکز آموزشی را کنترل میکرد، ازمن خواست که به آنجا بروم وبرای اولین بارمجوزرسمی آن رشته ی بخصوص را بگیرم ، ازآنجائیکه قبلا چنین رشته ای درجدول سازمان مربوطه نبود، من فقط تونسته بودم ازطریق سازمان ثبت شرکتها، موسسه ام را به ثبت برسانم وازاین به بعد بایستی خودم امتحان میدادم ودرصورت قبول شدن دررشته ای که سالها بود تدریس میکردم، مجوزشروع بکارم را میگرفتم وبصورت رسمی وبا اجازه ی اداره ی مربوطه کارمیکردم ، مثل اینکه خداوند واردعمل شده بود وقضایا داشت درست پیش میرفت .

بعد ازقبولی درامتحان ، پروانه تاسیس موسسه ام را بصورت رسمی دریافت نمودم ، من اول خیلی ناراحت شده بودم ، چون فکرمیکردم ازاین به بعد نوبت بخشهای دولتی است که جلوی کارکردنم را بگیرند ، ولی بعدها دیدم که این به نفع من بوده واولین مرکزآموزشی دراین رشته ها را درکل ایران ،بصورت رسمی افتتاح کرده بودم .

همزمان با تاسیس رسمی موسسه ام، همسرسابقم درنمایشگاه های بین المللی ، سالنی میساخت وکارهایی انجام میداد که من هم میتوانستم بصورت رایگان درآنجا شرکت کنم وغرفه ای برای نمایش کارهایم داشته باشم . درهرنمایشگاهی که دائرمیشد، حضورمن مشخص بود ومردم خیلی استقبال میکردند ، روزبروزبه تعداد شاگردانم افزوده میشد . تنها موسسه ی رسمی درآن مورد خاص در ایران بودم ، اولین بودم وتوتو خیلی کمکم میکرد که درکارهایم موفق شوم.

ازآنجائیکه جایی را برای زندگی کردن نداشتم، شبها درمحل کارم میخوابیدم . البته درواقع نمی خوابیدم ، بلکه کتاب میخواندم وترجمه میکردم ، دلم میخواست که بهترین ها را به شاگردانم ارائه دهم . آخرین متدهای پیشرفته دردنیا را میخواندم وتمرین میکردم وآموزش میدادم ، ده رشته ی هنری بود که مشغول آموزشش بودم . شبها روی میزهای کارآموزی میخوابیدم . وقتی صبح بیدارمیشدم تمام بدنم درد میکرد ، ازترس همسایه هایم که گزارشم را

به جایی ندهند ، هیچ وسیله ای هم برای خوابیدن نداشتم . نگران این بودم که تنها ممردرآمدم را هم ازدست بدهم ، هرلحظه ممکن بود که ازاداره ای برای بازدید بیایند واگروسائل خواب درآنجا میبود ، میتوانست مسئله ساز بشود ، ضمن اینکه نمیخواستم به حرمت کاریم هم آسیب برسد ، به همسایه ها گفته بودم که شوهرم دوهمسردارد ومن ناچارهستم بیشتراوقات را درموسسه ام بمانم . حلقه ی ازدواجم ، هنوزبه انگشتم بود ومرا حمایت میکرد ،حتی به سازمانهای مربوطه نگفته بودم که شوهرندارم ، میترسیدم که بمن مجوزرسمی ندهند ، شاید برای این بود که مردم به خانمهایی که بیوه هستند، اعتبارلازم را نمی دهند وصلاحیت آنها زیرسئوال میرود ، من بهیچ وجهی نمیخواستم کسی مطلع شود که بیوه هستم ...بخصوص که با قشردختران وبانوان جامعه سروکارداشتم ، بایستی خیلی ،خیلی مواظب عملکرد ورفتارهایم میبودم . کسی ازرازم نبایستی مطلع میشد ، بیش ازآن قدرت تحمل آسیب های جدید را نداشتم . هیچکدام ازهمسایه ها نمیدانستند که من شبها درآنجا میخوابم ، تا نزدیکهای صبح نمازمیخواندم ، نماز شب میخواندم، طوری که نمازشبم ، به نمازصبحم وصل میشد ، توکلم صد درصدم بخدا بود .

من مطمئن بودم که اگرهنرآموزانم بفهمند که بیوه هستم وبه خانواده هایشان بگویند ، رفت وآمدنشان زیرسئوال میرفت . مفاتیح الجناح را آنقدرخوانده بودم که تمام صفحاتش را حفظ بودم . درکلاسهایم درفاصله ی آموزش ، موعظه میکردم که بخدا توکل کنید ، شبها اکثرا تا صبح بیداربودم و یکی ، دوساعت میخوابیدم ، ازترس اینکه مبادا نورچراغ به بیرون برود ، چراغی را روشن نمیکردم .. سیم سیاری داشتم که آنرا به زیرصندلی میکشیدم وحوله دستشویی ها را دورآن می انداختم که نوربیرون نرود .

زندگی سگی بود که درآن ، بغیرازکارکردن وامید داشتن به بهبود اوضاع هیچ چیزدیگری نبود ، تنها همدمم خدا بود ، با اوعشق میکردم ، با او شاد بودم ، با اوحرف میزدم ،با اودرد دل میکردم ، با اورازونیازمیکردم ومطمئن بودم که یک روز، بالاخره اوبا من آشتی خواهد کرد ونجاتم خواهد داد .. منتظرنجات بودم ، مطمئن بودم که یک روزمنوازاین وضعیت نجات خواهد داد . شکی نداشتم که خدا مهربان است . وقتی یادم می آمد که شوهرم میگفت، خسته شده ام ازبس خرج معالجه ترا دادم ونتیجه ای هم نگرفتم . میگفت : برو، یک خر، دیگری را پیدا کن که جورت را ازاین به بعد بکشد ، اوغافل بود که جورمرا خداوند خواهد کشید . ومرا ازاین وضعیتی که اوبرایم ساخته بود حتما نجات خواهد داد . خداوند نیکوست . کارهای اوعظیم است . بعدها یاد گرفتم که نقشه های خداوند با نقشه های ما انسانها فرق میکند وراه های او با راه های ما متفاوت است ...

دوستم ، فخری لباسهای مرا درصندوق عقب ماشینش گذاشته بود، وچون مدتی بود که برای من کارمیکرد ،هرروزصبح یک دست لباس برایم می آورد ولباس قبلی مرا درماشین میگذاشت . یکشب وقتی باران شدیدی آمده بود ، آب داخل صندوق عقب ماشنیش رفته بود وتمام لباسهای مرا خیس کرده بود وچند تایی ازآنها را به همدیگررنگ داده بودند ... اومیگفت: وقتی ازش پرسیدم بهترنبود که آنها را به منزلت میبردی ، گفت ، چون دراینجا سوسک است، میترسیدم که درلباسهایت تخم سوسک باشد وبخانه من هم بیایند!! خب دلیلی می آورد که لباسهای مرا بخانه اش نبرد ! همسرشوهرسابقم، که دیگه خیالش آسوده شده بود ،که من تمام شده ام ، به کلاسهایم می آمد و تمام دوره هایی که داشتم میگذرانید تا ازغافله عقب نماند وکارهایی را که من بلد بودم وآموزش میدادم یاد بگیرد ، با من خیلی ظاهرا مهربان شده بود ، بعضی ازشاگردانم که میدانستند این خانم ، هووی من بوده است ، ازاوبدشان می آمد ومیگفتند: چرا به اوآموزش میدهید ؟! چرا اجازه میدهید اوبه اینجا رفت وآمد کند ؟! میگفتم : اوگناهی ندارد اوهم مثل من یک زنه که بازیچه دست یک مردشده ،اوبیگناه است ، اگراونبود، یک کس دیگری بود . بجای شهین ، حتما مهین بود ...من دوستش داشتم ، دلم برای اوهم که بازیچه ی این زندگی شده بود ، می سوخت ، آنقدرهمسرم را دوست داشتم وعاشقش بودم ، که

دلم میخواست ، برای آسایش ورفاه عشقم ، خانمش هم یاد بگیرد که یک کدبانوی ، تمام عیارباشد . بعضی شبها آنها می آمدند وبا هم میرفتیم بیرون شام میخوردیم ، خانمش با من دوست شده بود ، من هم خوشحال بودم که پسرشان وهمسرسابقم را میتوانستم ببینم ، غافل ازاینکه معاشرتهای خانمش با من ودوستیهای ظاهریش ، تماما ازروی سیاست وحساب وکتاب بوده وهدفش ، شناخت من وبعد هم زدن تیشه به ریشه ام بوده است ...
چند ماهی ازجدائیم میگذشت که مادرم بدلیل مشکلاتی که برایش پیش آمده بود ، به فراموشی مبتلا گردیده بود ، دیگربه سختی چیزی را بخاطرمی آورد، دوران خیلی سختی را میگذراند، تمامی بدنش ازکارافتاده بود ودرکما بود . دستانش را گرفتم، اودست مرا فشارداد ،به اوگفتم : مامان جون میدانید من بالاخره حامله شده ام ؟! اودیگرهیچ عکس العملی نشان نمیداد ، ولی مطمئن بودم که میتوانست صدای مرا بشنود . دلم میخواست با راحتی از دنیا برود ، وقتی من ازبیمارستان برگشتم ،خبردادند که مادرم فوت کرده است . دوباره به بیمارستان برگشتم واورا که مثل یک فرشته ی نورانی شده بود، دیدم وچشمهایش را که هنوزبازبودند را بستم ، وقتی دستهایم را روی چشمانش گذاشتم ، هنوزگرم بودند وبسته شدند ، مثل اینکه چشم براه من بود ، بعد با اوخدا حافظی کردم وبخانه برگشتم .
تک وتنها منده بودم ،با غم ازدست دادن مادرم ، خداوند اورا بیامرزد . وضعیت جدائیم را به اونگفته بودم ، اونمیدانست که طلاق هم گرفته ام، والا زودترازاین حرفها می مرد . مادرو پدرم، همسرم را خیلی دوست داشتند ، نمیخواستند که اورا ازدست بدهند، تنها عشقم، را که مادرم بود ازدست داده بودم ، خیلی گریه میکردم ، به خواهرم درآلمان وخواهرها ی مادرم ومادربزرگم ، فوت مادرم را اطلاع دادم . دیگه تنها امیدم را هم ازدست داده بودم . تنهاتر شده بودم ، یک دسته گل بزرگ خریدم وبمنزل مامانم رفتم ، گلها را روی تختخوابش گذاشتم. بمیرم چقدرغصه منومیخورد. میگفت : مادراگرمن بمیرم ، دستم برای توازگوربیرون می ماند. داغ ازدست دادن برادرجوانم ، داغ ازدست دادن پدرم، غم وغصه برای من .. . حالا دیگه راحت شده بود وازدنیا رفته بود ...اورا هم ازدست داده بودم ، دیگه تک وتنها شده بودم . برادرهایم هم که فکرزندگی خودشان بودند ، همسرسابقم وخانمش درمراسم ختم مادرم شرکت کردند ، ولی چه فایده داشت، اودیگه رفته بود . همیشه بمن میگفت : مادرجون این زن مقصرنیست ،تومبادا اورا نفرین کنی ، این مرد هم مقصرنیست ، من هم میخندیدم ومیگفتم ، آره مامان جون ، فقط من مقصرم ... اوکه میخواست حرفش را اصلاح کند ، میگفت : نه مادر، الهی که قربونت بروم ، توهم مقصر نیستی ، سرنوشتت این بوده ، مادرجون خدا نخواست که تو بچه دارشوی ...
یکی ازهمسایه هایم با شوهرش به مراسم ختم مامان آمده بودند ، وقتی منزل بزرگ وقشنگ مادرم را دیده بودند ، تعجب میکردند که من چطور،بیشتروقتم را درمحل کارم میگذرانم ! خدا را شکرکه آنها همسرسابقم وزنش را درمنزل مامان دیدند وباورکردند که من شوهردارم . خوشحال نبودم که ناچاربودم دروغ بگویم ، ولی چاره ی دیگری نبود ، فکرمیکردم اینطوری دردسرهایم میتواند کمترباشد . برایم شوهرنداشتن ننگ بود ، شرمندگی بود، خجالت میکشیدم که کسی بفهمد بیوه هستم ، برای اینکه بیوه نباشم ، خیلی زجرکشیده بودم وبهاً آنرا هم پرداخت کرده بودم . همیشه فکرمیکردم حتی اگرکسی را کشته بودم ، با پرداخت دیه ، حتما تا حالا آزاد میشدم ، ولی حتی با ازدواج مجدد همسرم، که دیه ، گناه بی گناهی ام بود ، آزاد نشده بودم ومعلوم نبود ، تا کی بایستی این همه مجازات را تحمل کنم ؟ دوسالی بود که درملک جدیدم مشغول بکاربودم که نصف شب ، یکی ازشبها که مشغول خواندن نمازشب بودم ، یک مرتبه درسکوت وتاریکی شب صدای پایی را درراه پله ها شنیدم ، که پشت درب آپارتمان من قطع شد ، از شدت ترس ، قلبم داشت ازکارمی ایستاد ، نمازم را قطع کردم و پای برهنه ، یواشکی رفتم پشت درب وازداخل لنز، بیرون را نگاه کردم ، یکی ازهمسایگانم را که مرد گنده ای بود، پشت درب دیدم که یک پیچ گوشتی دردستش بود وتلاش میکرد ، تابلوی کوچکی را که

بدستوراداره اماکن بدیوارنصب کرده بودم وروی آن نوشته شده بود ، ورود آقایان ممنوع ، را بازکند !!! بقدری شوک شده بودم وعصبانی که فکرمیکردم که اوهم صدای قلبم را ازپشت درب میتواند بشنود... خدایا اوچکارمیخواهد بکند ؟ ! خیلی تلاش کرد، ولی موفق نشد که آنرا بازکند ، درهمین موقع پسرکوچکش که حدود چهارده سال داشت وبا مادرش آمده بودند پائین ، آهسته به اومیگفتند : ترا بخدا نکن، نکن، پسره پیراهن پدرش را میکشید ومیگفت : بابا ترا بخدا نکن...گناه داره ، نکن . ولی مردک ، با ناجوانمردی تلاش میکرد که هرطورشده تابلو را ازروی دیوارمحل کارم دربیاورد . وقتی تلاشش بی نتیجه ماند ، انگاررفت بالا که یک پیچ گوشتی بزرگتری بیاورد ، درهمین موقع ندایی بمن گفت : درب را بازکن ومحکم ببند، من هم همین کارراکردم ودرب را بازکردم وبقدری محکم بهم زدم که گمان میکنم تا چهارتا خانه آنطرفترهم ازصدای آن بیدار شدند . روزبعد به رئیس هیئت مدیره گفتم ،من شب قبل کارداشتم وبخا نه نرفته بودم وآقای .....چنین کاری کرد ه است ، به اوگفتم میتوانم به پلیس گزارش کنم ، ولی اینکاررا بخاطراینکه همسایه است انجام نمی دهم واین را به حساب اشتباهش میگذارم . چند روزبعد، صبح که بیدارشدم ، دیدم توری پشت پنجره ام را کنده وبرده اند . آنها هرکاری که ازدستشون برمی آمد برعلیه من میکردند که درآنجا کارنکنم !. به شهرداری رفته بودند وگزارش داده بودند . به اداره اماکن رفته بودند وگزارش داده بودند . بهرکجا که میتوانستند میرفتند وشکایت میکردند که من درملک مسکونی خودم کارمیکنم ، ولی من که مجوزرسمی گرفته بودم ومالیات وبیمه وعوارض شهرداری را هم پرداخت میکردم، نگرانی نداشتم ، آنها هم ازقرارمعلوم ، علی الرغم تمامی سعی وتلاششان برای بستن محل کارمن، سنگشان به هدف نمیخورد .

غصه میخوردم که چرا زندگی بایستی منوبه اینجا بکشاند که درچنین شرایط بغرنجی قراربگیرم وتحمل کنم ؟ ولی توکلم بخدا بود وبا زندگی مبارزه میکردم ، خوشبختانه من یک نامه پیدا کرده بودم ، که موسسه های بانوان باید برای امنیت ، دراملاک مسکونی باشند ، نه ، دراملاک تجاری. اگرخدا با ماست ! چه کسی میتواند برعلیه ما باشد؟ خدا دست منوگرفته بود وهدایتم میکرد. مطابق با دستورات خداوند حرکت میکردم ومیدانستم که موفق خواهم شد ، هفته ها ازآن ساختمان بیرون نمیرفتم وحال وحوصله نداشتم که با کسی معاشرت کنم ، شدیدا دچارافسردگی شده بودم . هرکدام ازدوستانم هم که دعوتم میکردند نمیرفتم ، نمیخواستم با دوستان شوهردارم معاشرت کنم ، دوست مجرد هم نداشتم . تنهای تنها، مانده بودم وازهمه بدم می آمد، وفکرمیکردم همه ی مردم بد هستند، دیگه نمیتوانستم به هیچکس اعتماد کنم ، روزها کارمیکردم وشبها هم کتاب ترجمه میکردم ... صبحها ، تمام شاگردانم که منومی دیدند گمان میکردند، خوشبخت ترین زن دنیاهستم ، فکرمیکردند که دیشب درپرقوخوابیده ام .آنها میگفتند: خوش بحالتون ، خیلی ها حسرت زندگی ام را میخوردند ومیگفتند: شما خیلی خوشبخت هستید ، خوش بحال شوهرتون ... آره من خوشبخت ترین زن دنیا بودم ، بخاطراینکه فقط خدا را داشتم . به نوعی با زندگی خداحافظی کرده بودم ، یا زندگی با من وداع گفته بود . بیشتردرآمدم را خرج اموزخیریه میکردم . هرچقدرکه درتوانم بود به کسانی که احتیاج داشتند بخاطرجلال خدا بخشش میکردم ، زندگی خودم هم به نوعی میگذشت . بعضی ازوقتها که برای دیدن بچه ی همسرسابقم بخانه آنها میرفتم ، اومیگفت : تومنوبدبخت کرده ای ، نباید چینن زنی داشته باشم . میگفت : من همه چیزم را ازدست داده ام وحالا فقط دوتا بچه دارم . میگفت : با ازدست دادن تو، نود ونه درصد زندگیم را ازدست داده ام وحالا فقط بچه دارم . میگفت : این زن ، بسیاربی عرضه وبی لیاقت است . میگفت : مثل عقب افتاده های ذهنی است،ازصبح تا شب خودش یک طرف اطاق میشیند وپسربچه اش طرف دیگراطاق وساعتها به طرف هم ماشین هل میدهند ... خب ، انتخاب خودش بود ...این من نبودم که آن زندگی را برای آنها تهیه وتدارک دیده بودم ، بلکه با حماقتهای خودشان باعث شده بودند که چند نفردرمشکلات بیافتند. درحضور همسرش میگفت : اگرده ساعت درکنارم بنشیند، یک کلمه

حرف نمیزند، زنه هم میگفت : چی بگم ؟!... میگفت : عاشق کارتن است وتنها فیلم مورد علاقه اش کارتن بچه هاست ، تمام نوارهای ویدئویی ، کارتن بچه ها را با لذت می نشست وتماشا میکرد .
گاهی همسرش به اومیگفت : فقط به خاطراین دوبچه باهات زندگی میکنم ، اگرامروزبمن خبربدهند که دوتا بچه هایم با هم مرده اند ، قبل ازاینکه به بهشت زهرا بروم، اول میروم محضروتورا طلاقت میدهم ، اوکلمه طلاق را براحتی بزبان می آورد وحالا نوبت آن زن بیچاره بود که این مدلی زجرش دهد . میگفت : نمیدانی چه غلطی کرد ه ام که نه راه پیش دارم ونه راه پس ، من هم خوشحال نمیشدم که روزخوش ندارند ، مرتبا کتک کاری داشتند .
پس من فقط یک بهانه برای دعوا کردنهای آنها بودم ، نه مسبب آنها ،همسرسابقم تعریف میکرد روابط ما به جایی رسیده که درحاشیه روزنامه برای هم کارهایمان را می نویسیم، حتی با هم هفته ها حرف نمیزدند . ها . ها . ها . اینم زندگی ، با بچه ! اینهم مجازات هردوی شما که با خفت وخواری منواززندگی ام بیرون انداختید ، وحالا با خفت وخواری بایستی با هم زندگی کنید ... پول همه چیز نیست ! آسایش وآرامش را نمیتوان با پول خرید ، آب خوش ازگلویشان پائین نمیرفت ، زنه بقدری کثیف و شلخته بود که برایش کلفت هم گرفته بود ، نمیتوانست ازعهده کارهای خانه وشوهروبچه هایش برآید ، درسته که اومشکل نازایی نداشت ولی ازقرار، صدها مشکل بدترازنازایی داشت ،که روح وروان همسرش رابهم ریخته بود .
خب ، سگها وگربه ها هم میتوانند بچه دارشوند وبزایند ، پس بقیه زندگی چی ؟! زائیدن که پوئن وهنرنیست ، اگرهست ، پس حیوانات خیلی هنرمندند ...
یک روزهمسرسابقم به من گفت : بیا شرکت میخواهم باهات حرف بزنم ، وقتی درساعت کاریش رفتم ، گفت: ببین من خیلی اشتباه کرده ام ، بیا به زندگی ات برگرد ، من قول میدهم که گذشته را جبران کنم ، من یک خانه ی جداگانه برای تومیگیرم ، لزومی هم ندارد که همسرم درجریان قراربگیرد ، گفتم : نه ! دیگه نمیشود، من دارم به این وضعیت عادت میکنم، اینکه تمامی سلولهای بدنم فریاد میزدند که اینکاررا بکن ، ولی ازترس اینکه مجددا دچارمشکلات نشوم ، گفتم نه ، امروز که این کتاب را مینویسم ، ازاینکه گفتم نه، بسیارراضی وخرسند هستم ، برای اینکه زندگی روحانی ام بصورت معجزه آوری تغییرکرده ، خدا را میشناسم وبا اوزندگی میکنم .
چند روزبعد تلفن کرد وگفت : میشود سند ملکت را بمن بدهی که روی آن وام بگیرم ؟ گفتم، بگذاربه این مسئله فکرکنم ، بعد بدوست مشترکمان که رابط طلاق وخانه خریدن من بود، آقای (ع) تلفن کردم ومسئله را با اودرمیان گذاشتم ، اوگفت : نه اینکاررا نکن ، اومیخواهد دوباره شما را خلع سلاح کند وبعد هم بگوید، حالا دیگه باید دوباره به سازمن برقصی ، باین ترتیب بردگی واسارت شما دوباره شروع خواهد شد ،اوگفت : یادتون هست که با چه دردسری من واسطه شدم تا اینجا را برایتان خرید ؟! دوباره خواهش میکنم اشتباه نکنید ،اوهزاران چیزدارد که میتواند رویش وام بگیرد، این فقط یک بهانه است که شما را دوباره اسیرکند، ودریک عمل انجام شده قراربدهد، با اینکه انگاردلم میخواست که دوباره برده واسیراوبشوم وعاشقش بودم ، روزبعد به اوتلفن کردم وگفتم : خودم احتیاج به وام دارم وسند را احتیاج دارم. بعد ازاین تلفن رفتارش با من تغییرکرد ... دوتا منشی داشتم که آنها هم واقعیت را نمیدانستند . میگفتم که شوهرم با زنش وبچه اش سرگرمه ومن ترجیج میدهم ،درمحل کارم بمانم . نمیخواهم بروم خانه ای که زن دیگرهمسرم طبقه پائین آن زندگی میکند ، میترسیدم که آنها به کسانی بگویند که باعث درد سرمن بشوند . یک تنه بارمشکلات زندگی را روی شانه های ضعیف وناتوانم حمل میکردم وعقلم بجایی قد نمیداد . خدا را شکرمیکنم که درتمام طول زندگی شغلی ام ، هرگزخلافی مرتکب نشده ام که باعث گوشزد سازمانی ویا فردی باشد .

یک روزدایی (با) حرف قشنگی زد ، گفت : زن اگرشوهرنداشته باشد وشبها درمحراب مسجد هم بخوابد ،مردم پشت سرش حرف درست میکنند، خدا را شکرکه کسی نمیدانست من شوهرندارم . حالا اوسالهاست که فوت کرده وزن ودخترجوانش بی سرپرست شده اند ونیست که ببیند آیا شبها درمحراب مسجد میخوابند یا نه .. البته دخترش به تنهایی برای ادامه تحصیل به سوئد رفته وسالهاست که درآنجا زندگی میکند ، ونمیدانم آیا درمحراب مسجد میخوابد یانه!
بعد ازساعات کاریم بقدری خسته بودم که نمی توانستم بیرون بروم ، ضمن اینکه انگیزه ای برای بیرون رفتن نداشتم ،با هیچ کس معاشرت نمیکردم . کاملا خودم را ایزوله کرده بودم .
کارم برایم همه چیزم شده بود ، خدمت به مستمندان بخشی ازمشغولیتم شده بود ، فکرکردن و پیدا کردن راه حل برای افرادی که دراحتیاج بودند برایم اهمیت خاصی پیدا کرده بود .
قبلا موردی نبود که بتوانم خدمتی بکنم ، ولی این گرفتاریها باعث شده بود که ازنظرمعنوی جایگاه خاصی داشته باشم ، با خدا آشتی کرده بودم وفقط رضایت اورا می طلبیدم .
یک روزکه شنیدم همسرسابقم برای پسرش بعد ازگذشت چند سال ،اسم گذاشته است خیلی خوشحال شدم ، رفتم اسباب بازی فروشی ویک ماشین بنزخیلی ،خیلی بزرگ برایش خریدم که میتوانست خودش با آن رانندگی کند ، کنترل راه دورداشت واوکلی بازی میکرد، ماشینش را شبها به پارک میبردند وباهاش بازی میکردند ، این بنزرا نزدیکه پنجاه هزارتومان خریده بودم . درحالی که حقوق منشی ام در آن زمان پنج هزارتومان درماه بود،همسرسابقم میگفت : با این کارت منوبه یاد فندکی انداختی که دردوران نامزدیمان برایم با کل حقوق یک ماهت ، خریده بودی ،همیشه میگفت : توخیلی دست ودل بازهستی وپول برایت ارزشی ندارد ، درست میگفت : درست بود که من پول را خیلی دوست داشتم ، ولی برای خرج کردن وخدمت کردن به بنده های خدا آنرا دوست داشتم ، نه برای پس اندازکردن ، خوشحال کردن دیگران ، خوشحالی مضاعف بخودم میداد .
منشی ام میگفت : چرا یک آپارتمان اجاره نمیکنید که راحت زندگی کنید ؟ اونمیدانست که به یک زن جوان وتنها هیچکس خانه اجاره نمیدهد ، اونمیدانست آپارتمان گرفتن همان بود وشروع مشکلات جدید همان ، مگرمیشد درتهران یک زن زیبا وجوان تنها زندگی کند ؟!
اصلا غیرممکن بود کسی درشرایط من بتواند بدون مشکلات درتهران تنها زندگی کند ، این یکی ازدلائلی بود، که نمیخواستم هیچکس متوجه شود من مجردهستم ، حلقه ام همیشه بدستم بود، هرگزآن را ازدستم بیرون نیاورده بودم ، گاهی که با همسرسابقم ومادربچه هایش بیرون میرفتیم اومیگفت : من به پاکی توقسم میخورم وافتخارمیکنم ، احساس میکردم که دچارعذاب وجدان شده بود ، میگفت : توکه مهریه نداشتی ومن برایت آپارتمان خریدم ، هیچ مردی اینکاررا نمیکند ،این فقط من بودم که چنین مردانگی ومعرفتی ازخودم نشان داده ام ،همه دوست وآشنا منوتحسین میکنند، البته متاسفانه حق با اوبود ، من ازاین بابت حداقل ازاوتا آخرعمرم سپاسگزاربودم وبرایش آرزوی برکت میکردم .
بچه هایشان داشتند بزرگ و بزرگترمیشدند ، وحسابهای بانکی وملک واملاک وخانه خارج ازایران وسفرهای گوناگون آنها روزبروزبیشتروبیشترمیشد وفاصله آنها با من بیشتر، دیگه آنها خوشحال نبودند که اسم منویدک بکشند ، به اطرافیان ودوستان مشترکمان گفته بودند که دوست ندارند با من درارتباط باشند ، چون میدانستند که مسائل داخل زندگیشون را برای من تعریف میکنند . یک روزازیک دوست مشترک که طبقه پائین ساختمان آنها زندگی میکردند، شنیدم که اوگفته بود : شما لطفا فلانی را بخا نه تان دعوت نکنید ، چون اگراوبه اینجا رفت وآمد پیدا کند، میتواند کم کم مدرسه بچه ها را یاد بگیرد، وآنها را بدزد، یا گروگان بگیرد ...
وقتی این حرف را شنیدم خندیدم ، آخه حماقت وبد ذاتی تا به کجا ؟ عجب ! تا بحال چند بارچنین کارهایی درطول این همه مدت که آنها منوعذاب دادند ، انجام داده بودم ؟ که این بار، دومم باشد ؟! ازشنیدن این حرف خیلی هم شوک نشدم ،چون اورا انسان بدبین وشکاکی می شناختم . خب ، ازآنجایی که اوهمیشه اسراری برای مخفی کردن درزندگی اش دارد، مشخص

بود که مایل نبود من درجریان قراربگیرم ، اوکماکان عادت داشت که درتخیلاتش داستان درست کند وبخاطرش به دیگران تهمت بزند وبدبین شود ، درسته که تحصیل کرده بود و درزندگی شغلی اش بسیارموفق بوده وهست ، ولی دچارنوعی بیماری روانی بود که حس ، خود بزرگ بینی یکی ازآنها است . اوخودش را یک قهرمان میدید ، ولی هنوزعاشقش بودم وخیلی دوستش داشتم ، شاید حالا که سالهای سال ازاین خاطرات میگذرد، بهترمیتوانم قضاوت کنم ، ولی درآن زمان عشق منوکورکرده بود . هرچیزکه اومیگفت برایم حجت بود ، اوبه من هم القا کرده بود که یک قهرمان است .اززمانی که به ملک خودم نقل مکان کرده بودم، اگردوستی، میخواست منوبه بیند به آموزشگاهم می آمد ، گرچه دوستان قدیمی ، همه با من قطع رابطه کرده بودند وبا اووخانواده ی جدیدش رفت وآمد داشتند ، من دیگه خانه ای نداشتم که آنها را خدمت کنم وبه ویلایم دعوتشان کنم وسفره های رنگین برایشان بیاندازم ، ضمن اینکه اوازآنها خواسته بود که با من معاشرت نکنند واخبارزندگی اورا به من نرسانند . دوستان مشترکمان بخاطرشوهرانشان هم که شده بود، باید با اووزنش معاشرت میکردند ، بعضی ازآنها هم که جیره خوارهای اوبودند وبرایش کارمیکردند ، تن به فرمایشات اومیدادند وازخودشان هیچگونه اراده ای نداشتند ونگران لقمه نانی بودند که اوبرسرسفره هایشان میگذاشت . کسی دیگه با من کاری نداشت ، بخاطرتاسیس کارخانه جدیدش به شهرستان مشهد نقل مکان کردند وکم کم با دوستانی که اورا اززمانی که زندگی معمولی داشت، وماجرای من وازدواج مجددش را میدانستند ، قطع رابطه کرد ه بود . مطمئن بودم که به صلاح زندگی خودش وبچه هایش نمی دید که درجریان گذشته زندگیش قراربگیرند .

اودوستان جدیدی پیدا کرده بود که رازرندگی آنها را نمیدانستند وبه آنها نگفته بود ند که زن دیگری هم داشته است ، این یکی ازدلائلی بود که اوبا سیاستهای گام به گامش انجام داد ،

کماکان بگوش من میرسید که روابطش با همسرش بسیاربد شده ومرتبا کتک کاری داشتند وبا سرزده بوده ، داخل بینی زنش وباعث شکستگی بینی اوشده بوده ، که به عمل جراحی منجر گردیده ، البته برای آن زن که آرزوداشت بینی اش را عمل کند، انگاربد هم نشده بود .

اخبارزندگی اوبرایم جالب وشنیدنی بود ، اصرارداشتم تلاش کنم به هرنحوی که شده درجریان روابطش درزندگی جدید وبچه ها یش قراربگیرم ، تا کمی دلم خنک شود ! هرچقدراوبیشترتلاش میکرد که ازمن فاصله بگیرد وسعی کند که اخباربگوشم نرسد ، من کنجکاوترمیشدم . کماکان خبرهای زندگی اوازگوشه وکناربه من میرسید وخوب میدانستم که آنها چقدردرزندگی داخلی شان با هم مسئله دارند وهفته ای هفت روزقهرهستند . قبل ازاینکه آنها به مشهد بروند ، یعنی دوسال بعد ازطلاقم ، ازبس که غصه میخوردم ونگران وناراحت بودم مدتها بود که احساس خستگی روحی وجسمی ، کوفتگی ، ضعف مفرط وبیحالی میکردم وگاهی قادربه راه رفتن نبودم . به سختی نفس میکشیدم ، یک شب که درحال موت بودم به بیمارستان رفتم وآنها بعد ازانجام معاینات لازم مرا دربخش سی ، سی ، یو، بستری کردند . روزبعد که دکتر برای معاینه ی مجدد آمد ، گفت : دچاربیماری قلبی شده ای ویک عصب برق رسان، به قلبت قطع شده وبایستی برای انجام این عمل جراحی به کشورانگلستان بروی، خیلی تعجب کردم ، این دیگرچه بدبختی جدیدی بود که برسرم آمده بود. درطی یکماه ، پنج باردرسی ،سی، یو، بستری شده بودم ، دکترهای بیمارستان دی گفتند : احتیاج به (عمل جراحی قلب وگذاشتن پیس میکر) دارم . بعد ازعمل جراحی ، وقتی بیهوش بودم اوبه بیمارستان می آید وهزینه بیمارستانم را پرداخت میکند ، ولی چندی بعد ، ازیکی ازمنشی هایش شنیدیم که گفته بود قلبش را که می تپد ازمن دارد ، گفته بود : اگرمن نبودم حالامرده بود، به فخری هم گفته بود بهش بگو این آخرین هزینه ای است که برایش انجام میدهم وبعد ازاین نه بمن تلفن کند ونه با من کاری داشته باشد .ای بیرحم، ای بی وجدان ، بیماری قلبی ام را ازتودارم ، چطوردلت می آید این حرف را بزنی ؟! توعمر، سلامتی وجوانی مرا دوازده سال به بازی گرفتی وازمن یک بیمارروحی وقلبی ساخته ای ، حالا تومسبب زنده بودن من

هستی ؟ آیا بایستی شعاردهی ؟ بعد ازعمل جراحی قلبم وگذاشتن پیس میکر (باطری) درقلبم، مادرشوهرسابقم باتفاق خانم ، بدیدن من آمدند ، پالتوی پوست پلنگ ومینک بلندی داشتم ، با یک کت پوست قره گل که برایم خیلی خاطره انگیزبودند ، یادم می آید یکسال بعد ازازدواجمان ، زمانی که زندگی ووسائل شاه وخانواده اش را به حراج گذاشته بودند، وما برای تماشا به کاخ رفته بودیم ،من که ازآن پالتوی بسیارزیبا ، خیلی خوشم آمده بود ، همسرم آنرا به مبلغ شصت هزارتومان برایم خریداری کرد . میگفتند: این پالتومتعلق به خواهر شاه (اشرف) بوده است .
بعد ازآن ،با وضعیت زندگی من، مورد استفاده اش را نداشتم وتصمیم گرفتم، قبل ازاینکه بید و موریانه آنها را ازبین ببرد ، بعنوان تشکرازاینکه هزینه بیمارستانم را بمبلغ یک میلیون تومان پرداخت کرده بودند ، این تنها چیزبا ارزشی را که داشتم به همسر،شوهرم تقدیم کنم ... به اوگفتم : این پالتوها بدرد شما میخورد که با بنزوپاژرو، آنها را بپوشید ... آنها به راحتی ازمن قبول کردند ، بخاطر دارم یکی ازسفرهایی که به آلمان داشتم آن پالتورا درگمرک فرودگاه فرانکفورت ازمن گرفتند وگفتند : شکاراین نوع حیوانات ممنوع میباشد وشما بایستی برای خرید این پالتو جریمه سنگینی پرداخت نمائید، بعد ازمدتها نامه ای از مدرسه پوست آلمان برای برادرشوهرم آمده بود که درتاریخ .... شکاراین نوع حیوانات کمیاب ، ممنوع شده است، ومتخصص مدرسه پوست ، بایستی تائید نماید که آیا این پالتو، قبل ازتاریخ این ممنوعیت دوخته شده است ویا بعد ازآن، ضمنا تمامی هزینه ها را شما بایستی پرداخت نمائید . ضمنا گفته بودند اگرثابت شود که این پالتو بعد ازممنوعیت شکارپلنگ ، دوخته شده باشد ، بایستی طبق قوانین حمایت ازحیوانات ، درآلمان ، سوزانیده شود . این داستان مدت پنج سال ویا کمی هم بیشترطول کشید، تا مجددا نامه ای نوشتند وگفتند : خوشبختانه این حیوان قبل ازتاریخ ممنوعیت شکار،شکارشده است وشما میتوانید برای دریافت پالتوی خود مراجعه نمائید . قیمتی را که برای این پالتو تعیین کرده بودند سیزده هزارمارک آلمان بود ، بنابراین ارزش و قیمت این پالتوخیلی بیشترازهزینه بیمارستان من بود ، که آنها پرداخت کرده بودند .
فخری میگفت : چرا اینکاررا کردی ؟ یک روزکه به پول احتیاج داشتی آنها را می فروختی، ولی من غرورم بیشترازآن ارزش داشت، آنها فکرمیکردند هرکاری که من انجام میدهم جزء وظایفم است . بعد ازآن ، کم کم ارتباطشان را با من وتمامی دوستان مشترکمان قطع کرده بودند، وهمسرسابقم میگفت که : همسرم گفته است من دوست ندارم با دوستان سابق شما درارتباط باشم چون مرتبا میخواهند درذهنشان مرا با فلانی مقایسه کنند .
اواستثنا درست میگفت ، همین طوربود ، تمامی دوستان مشترکی که با آنها درارتباط بودند و رفت وآمد داشتند، مرتبا برای من خبرمی آوردند که این خانم بسیاربی عرضه وبی لیاقت است، خب ، من هم اینها را میدانستم وبرایم مسائل تازه ای نبود . سالها ازاین وضعیت گذشت وهمسرسابقم با زن وبچه هایش مشغول کارخانه بازی وانباشته کردن ثروت وزندگی خودشان بودند . آنها دیگه بچه را نمی آوردند که من ببینم ، آخرین دفعاتی که پسرشون را دیدم به من گفت ،مامان ... ومادرش بلافاصله اورا اصلاح کرد وگفت: خاله ... دلم باردیگرشکست ، قلبم فشرده شد وبیاد این دعای زیبا افتادم :
ای خداوند، ای خدای نجات من ، شب وروزدرحضورتوگریه وزاری کرده ام . دعای مرا بشنووبه ناله ام توجه فرما . زندگی من پرازرنج ومصیبت است ، جانم به لب رسیده است ! رمقی درمن نمانده است ، مانند مرده شده ام ، مانند کشته ای که به قبرسپرده شده ، مانند مرده ای که دیگر به یاد نخواهی آورد ولطف خود را شامل حالش نخواهی فرمود. تومرا به اعماق تاریکی انداخته ای . غضب توبرمن سنگینی می کند ، طوفان خشم تومرا دربرگرفته است . آشنایانم را ازمن دورکرده ای وآنها را ازمن بیزارساخته ای . چنان گرفتار شده ام که نمی توانم برای خلاصی خود چاره ای بیاندیشم . چشمانم از شدت گریه ضعیف شده اند . ای

خداوند، هر روزازتودرخواست کمک نموده ودست نیاز بسویت درازمی کنم، تا برمن رحم کنی. آمین

قبل ازاینکه بطورکلی ازتهران بروند ، بالاخره روزافتتاح کارخانه اش فرا رسید وازمن خواست که برای پانصد نفرازمیهمانانی که برای شرکت درجشن افتتاحیه کارخانه دعوت کرده بود ، برای میزشام ، افطاری وسالن سخنرانی تهیه وتدارکاتی ببینم . خب ، واضح بود که مدعوین افرادی بغیرازسران مملکت ، مثل وزیران ،معاونین ،رئیس بانکهای مختلف ، ویک گروه آلمانی که ماشین آلات را ازآنها خریداری کرده بودیم، نبودند .

من با کمال افتخاروخوشحالی پیشنهادش را پذیرفتم ، غذاها را به رستوران فارسی درقلهک تهران سفارش دادم وپایه های شمعدانها را به بهترین گل فروشی بردم تا آنها را با قشنگترین گلها تزئین کنند ، با سبدهای نان که با گل تزئین کرده بودم ، میزهای شام را زینت بخشیدم ، با کمک دونفرازمنشی هایم وچند نفرازشاگردانم تمامی ظرفهای زولبیا ،بامیه ،حلوا ، شله زرد، ظرف نان ، ظرف میوه ودیسهای خرما را تزئین کردیم . کیک زیبایی به شکل یکی از آیتمهای تولید کارخانه اش ، سفارش دادم که فوق العاده زیبا شده بود ، درتمامی طول میهمانی ومراسم افتتاحیه کارخانه ای که پانزده درصد آن به اسم من بود ، حضورداشتم ونظارت میکردم . تمامی میهمانها وخودش ازاین همه زیبایی سالنها به وجد آمده بودند ومرا تحسین میکردند ...اوکاملا به لیاقتهای من واقف بود وهمیشه بعنوان یک پوئن مثبت ازآنها یاد میکرد. بارها وبارها مرا به رخ همسرش کشیده بود واوازاین بابت خوشحال نبود وهمیشه به لیاقتهای من حسادت میکرد ونگران بود .همسرش حتی ازسایه من هم میترسید واحتمال اینکه دوباره به همسرم برگردم خطری بود که اورا مرتبا تهدید میکرد ، وازاین بابت بسیارخشمگین بود ومرتبا درپی قطع این روابط زیبا بود .. بعد ازمیهمانی ، ازطریق برادرانش که برای همسرم کارمیکردند، شنیده بود که توسط من میهمانی بی نظیری برای افتتاحیه ی کارخانه برگزارشده، که باعث تعجب وتحسین تمامی مدعوین قرارگرفته است . این مسئله باعث شده بود که دعوای مفصلی، داشته باشند که چرا ازوجود من وسلیقه هایم برای آن میهمانی استفاده شده است !! مراسم تمام شد ه بود ومن منتظر بودم که هدیه ای برایم بفرستد ویا حداقل انعامی به شاگردانم بدهد، ولی متاسفانه اویکی ازبرادرانش را با یکی ازسبدهای گلی که میهمانها برایش آورده بودند ، بمنزل من فرستاد وتشکر کرد ....! قصه ی سهم من ازکارخانه این بود وتمام شد . .. بعد ازآن شب میهمانی ، بارها وبارها تلفن کردم که عکسهایی را اززحماتی که برای آن میهمانی درطول ده روزکشیده بودم برایم بفرستند ، ولی متاسفانه نه تنها عکسی دریافت ننمودم ، بلکه بعد ازآن هرگزحتی صدایش را هم نشنیدم ، بعد ازآن روزشنیدم که برای جمعی درحدود صد نفرازافرادی که درمیهمانی حضورداشتند ، وپس ازآن با آنها کارداشت وبه نوعی نیازمند امضاهایشان بود ، برایشان درمشهد هتل رزروکرده بود ، وبلیط هواپیما فرستاده بود ، تا برای روزافتتاحیه کارخانه که توسط یکی ازمقامات، مشهد صورت میگرفت بروند !!! کارخانه ای که ده سال برای انتخاب نوع تولیدش ، اسمش ، موافقت اصولی اش ، خرید زمینش ، انتخاب محلش، گشایش اعتبارش ، خرید ماشین آلاتش درکشورهای مختلف ، بعنوان عضوهیئت مدیره وسهامدار، پانزده درصدی، بی جیره ومواجب زحمت کشیده بودم، ودرحضورهرکس وناکسی کرنش کرده بودم، تا نامه های مربوط به کارخانه امضا شوند، حالا جزء آن یکصد نفرنبودم که درروزافتتاحیه ی کارخانه حضورداشته باشم ، چه زحماتی که درطول ده سال ، بعنوان میزبان ، برای پرسنل وزارتخانه های مختلف متحمل گردیده بودم تا امروزایشان کارخانه دارشوند ، ومن فقط یک نظاره گرباشم ، بغیرازیک مشت وعده ووعید ، دروغ ووعده های سرخرمن ، چیزی نصیبم نشده بود . بعد ازآن ، با زد وبندهایی که نظیرش را بسیاردیده بودم ، وپورسانت ، بزرگی که ازکارخانه آلمانی ، روی خرید ماشین آلاتش گرفته بود ، روزبروزپولدارترمیشد وفاصله اش با اطرافیانش که دیگرسودی برایش نداشتند، بیشتروبیشترمیشد ، تا همسرجدیدشان بتوانند سواراتومبیل های بنزوبی ،ام ، وی ، آخرین مدل

شوند ودرخانه ی چهارهزارمتری زندگی کنند وبه ویلاهایشان درسوئیس وآلمان بروند وطلا وجواهرات آنچنانی بیاندازند، وبدیگران فخربفروشند . اونه تنها با من قطع ارتباط کرده بود ، بلکه با تمامی آنهایی هم که بعد ازآن ، دیگرنیازی به وجودشان نداشت ، قطع رابطه کرده بود، او نه تنها ازتعدادی گوشی تلفن موبایل که گرفته بود، تعدادی هم اتومبیل های وانت وسواری هم مجانا ویا بقیمتهای بسیاربسیارارزان گرفته بود . ولی دریغ ازدادن یک گوشی تلفن به من!! اوحتی بدون خدا حافظی ازمن به مشهد ، نقل مکان کرد... برایم هضمش بسیارمشکل بود که آخرچرا ؟! مگرمن چکارکرده بودم ؟ دررابطه با کارخانه ی جدید ، با دوستان جدید ومفیدی که میتوانستند درتوسعه کارخانه موثرباشند، روابط حسنه داشت وایمان دارم بعد ازآن ، عیدی ها وکادوهای جشن های تولد خودشان وبچه هایشان ومنزل مبارکی هایشان را خوب بخاطرخواهد سپرد ..! درعوض من هم ، قشنگترین سالهای عمروجوانی ام را دریک زندگی برباد رفته گذاشته بودم ، که جزتخریب ودلهره وبیماری وشکست ، چیزی عایدم نشده بود !! زنی ازگرد راه رسیده بود وبرسرسفره ی انداخته شده وآماده ای نشسته بود که بقیمت نابودی من تمام شده بود .. صرفا بدلیل اینکه توانسته بود بزاید .. آیا میتواند خوشبخت هم شود؟! باورنمیکنم ، مگرمیشود درزندگی که روح من هنوزدرآن بود وچشمم بدنبال عشقم ومردم ، بود بتواند طعم آسایش وآرامش را بچشد؟ **مجازات ،نازایی به چه قیمتی ؟!** تولد پنجاه سالگی اورا ، بعد ازمنتقل شدنشان به مشهد ،مثل همیشه که این روزرا برای اوجشن میگرفتم وبخاطرمی سپردم، تصمیم گرفتم ، حداقل سورپرایزش کنم وبعوض ناجوانمردیهایی که درحق من کرده بود، سبد گلی بخرم وبفرستم کارخانه اش ، تا بداند که هنوزهم دوستش دارم واورا بخشیده ام . تلفنی تعداد پنجاه شاخه گل رز، باکارا به شهرستانشان سفارش دادم، که برایش ببرند کارخانه وتحویلش دهند . اینکارازراه دوربسیارابتکاری وسخت بود ، به اشتباه فکر کرده بودم، بسیارخوشحال خواهد شد وخودش وخانمش تلفن خواهند کرد وازمن قدردانی خواهند نمود ، با عشق ومحبت اینکاررا انجام داده بودم ، دلم میخواست که آنها را بعنوان دوست و فامیل خودم حفظ کنم . فکرمیکردم تنها کسی است که دارم ، ودستش بازاست که درگرفتاریها ی زندگی بمن کمک کند . شب آن روزخانمش به من تلفن کرد وگفت : گلهایی که فرستاده بودی ، پر، پرشد ورفت داخل سطل آشغال، بیخود هم تلاش نکن ، دیگه فایده ندارد ، من وفلانی تصمیم گرفته ایم که دیگه با تومعاشرت نداشته باشیم ، ضمنا فندکی هم که خریده بودی ، رفت زیرچرخهای ماشین وبعد گوشی تلفن را گذاشت ... این درحالی بود که صدای بازی کردن همسرم را با بچه هایش می شنیدم ! من اول متوجه نشدم که منظورش از فندک چیه، چون من که فندک نخریده بودم ، فقط یک سبد گل فرستاده بودم ، ولی بلافاصله بیادم آمد منظورش فندکی است که درزمان نامزدی برایش خریده بودم واوآنرا خیلی دوست داشت وهمیشه دردستش بود ، زنک حتی به آن فندک هم حسادت میکرد .. من هم خنده ام گرفته بود وهم گریه ام ، خنده ام گرفته بود ،که ای زن ، توآنقدربه خودت اعتماد نداری که حتی ازسایه من هم میترسی، دوم اینکه : مگرمن مغزخرخورده بودم که دوباره به آن زندگی نکبت باری که توبرایمان ساخته بودی ، برگردم ؟! خانم جان این تحفه دربست برای توباشد، بنشین وتوی سری بخورتا بمیری، بمن چه ! ولی بدان که سایه ی من درآن زندگی باقی است ، رد پای عشق من ، نمیگذارد که توطعم خوشبختی را بچشی ، چون عدالت این را حکم میکند...

فکرمیکردم آخه ، چقدربی انصافی ، چقدرتنگ نظری ،چقدربیرحمی ، چقدرحسادت ، آن زن حسود ، حتی اگر من بمیرم به مرده ام هم حسادت خواهد کرد . من که چیزی ندارم، تا کسی بخواهد به آن حسادت کند ، منشی هایم همیشه میگفتند : آنها به لیاقتهای شما حسادت میکنند، اگرلیاقتی هم بود ،عین لطف خداوند بود ، عین برکت خداوند بود ، من چه کسی هستم که بتوانم لیاقتی کسب کرده باشم .

روزبه روزدرکارم موفق ترمیشدم ودرپنجاه وپنج نمایشگاه بین المللی ، صادراتی ، مواد غذایی ، گل وگیاه ، شرکت کرده بودم ولوح تقدیرگرفته بودم .. اولین وبهترین مرکزآموزشی

درایران شده بودم ، هرماهه صدها نفرهنرآموزداشتم که بسیاردوستم داشتند وچهره معروف ومحبوبی شده بودم . برای سالها درتلویزیون شبکه دوم ، صدا وسیما بعنوان مدرس خدمت میکردم .. ولی با تمامی موفقیت هایی که داشتم ، همیشه دراعماق وجودم زخمی بود که با هیچ مرهمی آرامی نداشت ، احساس میکردم پاره ای ازوجودم را اره کرده بودند که جای زخمهایش هنوزمی سوخت . میگفتم : ای خدایی که نجات دهنده ما هستی ، بخاطرحرمت نام خودت ما را یاری فرما ، ما را نجات ده وگناهان ما را بیامرز. ای خدا ، بگذاربا چشمان خود ببینیم که توانتقام خون بندگانت را ازدشمنان می گیری .
برای همه مسلم بود که اوشیفته ی پول همسرمن شده بود وبس .. روزبعد به دوستم تلفن کردم وپرسیدم ، تودرجریان گل وفندک هستی ؟! اوگفت : آره خانمه برایم تعریف کرده وگفته که فندکی که زمان نامزدی اش برای فلانی خریده بودی، گذاشتم زیرلاستیک های ماشین پاژرو،ورفتم روی آن ... برای من همه چیزدیگه تمام شده بود، دنبال چیزی نبودم ، شاید دنبال زندگی ازدست رفته ام بودم ومیخواستم که بالاخره بنوعی آن را پس بگیرم ، ولی نه ازآنها ، آ نها که رقمی نبودند، بلکه ازخدا . دیگه هیچکس نبود که منودوست داشته باشه ، هیچکس . این فشارها بقدری زیاد بود که دیگه ظرفیتم تمام شده بود . یک شب نزدیکهای صبح درحالی که روی میزهای کارآموزی خوابم برده بود ، احساس کردم که سرماخورده ام ، درعالم خواب و بیداری هرچقدرکه تلاش میکردم ، بینی ام را پاک کنم ، بازهم آب ریزش داشت ، یکمرتبه با احساس خفگی ازجا پریدم وبطرف دستشویی دویدم ، دیدم که از بینی ام مثل لوله آب ، خون می آید ، خون به ته گلویم پریده بود که با حالت خفگی بلند شدم ، تمام لباسم خونی بود ، وحشت کرده بودم ، هیچکس را نداشتم که بهش خبربدهم ، ناچارشدم نصف شب به تاکسی تلفن کنم وبه بیمارستان بروم . دکتردربینی ام تامپون گذاشت وگفت : رگی که درمغزت پاره شده ، باعث این خونریزی بوده واگرخونریزی نمیداد ، سکته مغزی میکردی ، خیلی ترسیده بودم ، روزبعد برای منشی هایم تعریف کردم وآنها خیلی ناراحت شدند ، بهشون گفتم : من یک رازی را میخواهم براتون بگویم، شما باید قسم بخورید و قول بدهید که به هیچ کس نگوئید ، من چون دراین شرایط قرارگرفته ام میخواهم بگویم که من ازهمسرم جدا شده ام وشبها اینجا میخوابم ، شما درجریان باشید که اگرمثل دیشب برای من اتفاقی افتاد ، لااقل شما بدانید وبه من سربزنید .
آنها خیلی متاثرشدند وقسم خوردند که به کسی نگویند ، هردوی آنها گریه کردند وگفتند: که شماخیلی حیف هستید چرا این مورد مهم را ازمردم مخفی میکنید ؟ شاید براتون یک شوهرخوب پیدا شود وازدواج کنید ،مگرمیشود که هیچکس نداند که شما مجرد هستید ، به آنها گفتم : ببینید من ممکن نیست که دوباره ازدواج کنم ، برای هفت پشتم کافی است . یک روز، یکی ازشاگردانم که مقیم امریکا بود وبرای کوتاه مدت به ایران آمده بود وبکلاسهای من می آمد ازمن پرسید خانه شما کجاست ؟! گفتم درخیابان نفت ، اوپرسید ، معمولا کی بخانه میروید؟ گفتم ،ساعت هفت شب ، بعد ازاتمام کلاسش اومیخواست برود منزل، ازمن سئوال کرد حالاساعت هفت است ومن همان مسیررا میروم ، بیائید من شما را برسانم ، کلی این پا وآن پا کردم وگفتم : نه ،شما بروید ومن بعدا خودم میروم . ما حالا دوستان خیلی صمیمی هستیم واوکه درجریان زندگی من قرارگرفته است ، همیشه این خاطرات را تعریف میکند ، که بارها وبارها ازسئوالاتش طفره رفته بودم ونمیخواستم که بداند درمحل کارم زندگی میکنم .
حالا که گاه گداری همدیگه را می بینیم این خاطرات را مرورمیکنیم ومی خندیم ، اوکه بعدها متوجه شده بود درچه شرایط سختی زندگی میکنم ، میگفت : به شما بایستی مدال شجاعت وصبوری بدهند ، می خندیدم ومیگفتم ،بهتراست مدال حماقت بدهند نه شجاعت . (زن آهنین).
فخری دریکی ازسفرهایی که به مشهد داشت وبه منزل آنها رفته بود ، میگفت : درحالی که ماشین پاژرویش روشن بوده است ، زنه ، مجددا استارت میزده است ،حتی نمیتوانسته تشخیص دهد که ماشین روشنه . اومیگفت : وقتی درب یکی ازاطاقها را به سختی با هل بازکرده بودند ، می بینند که کوهی ازاسباب بازی ولباس درکف اطاق ،مانع ازبازشدن درب

اطاق میشده.. همسرسابقم میگفت : هرروزصبح که میخواهم به کارخانه بروم ، بایستی جورابها وزیرپیراهنی ام را ازداخل کهنه ها ولباسهای بچه ها پیدا کنم ، وبدون اطووچروک بپوشم . مردی که حتی تمامی لباسهای زیرش را مرتبا اطو میکردم وآنها همیشه با نظم خاصی داخل کمدش چیده شده بود ، حالا درچنین شرایطی زندگی میکرد ،ازاینکه اوخوشبخت نشده بود خوشحال نبودم، وغصه اش را میخوردم ، ولی خب ، دست انتقام طبیعت درازاست ، نمیشود که آدم همیشه فرارکند ، یک جا بالاخره ، یقه اش را خداوند میگیرد وبایستی تاوان کارهایش را پس دهد . مطمئن بودم که دیروزود دارد ، ولی سوخت وسوزندارد ...

با بیماری قلبی ام دست وپنجه نرم میکردم ودیگه مثل یک کاسه ی شکسته شده بودم که آنرا بست زده بودند ، باطری پیس میکرم درطرف راست سینه ام بود وآنطورکه باید وشاید نمیتوانستم کارکنم ، کارمن هم تقریبا کاربدنی بود وکارکردن ، کلا برایم خیلی سخت شده بود . مثل قبل نبودم ، که روزی دوازده ساعت بتوانم کارکنم ، هوای آلوده تهران برایم سم بود واز انجام خیلی ازکارها ی روزانه ممنوع شده بودم .

خواهرم که درآلمان زندگی میکرد ،میگفت : من دیگه یک آلمانی هستم ومیتوانم برای تو اقامت بگیرم ، ومرا خیلی تشویق میکرد که به آلمان بروم ، نمیدونم چرا دوباره گولش را خوردم وباورش کردم ! تصمیم گرفتم که به آلمان بروم ، یک دلم میگفت که نرو. هیچ چیزعوض نشده ، آدمها که عوض نمیشوند نرو، ولی بازهم با طناب پوسیده اودرچاه افتادم .

تصمیم خودم را گرفته بودم ومیخواستم ازمشکلاتم فرارکنم وبه سرزمینی بروم که درآن بتوانم کمی آرامش درون پیدا کنم ، میخواستم به دیاری بروم که هیچکس را نشناسم ، بجایی بروم که درآنجا خاطره ای نداشته باشم ، بدیاردوردست بروم ، به نا کجا آباد بروم، تمام چیزهایی را که درطول چهار، پنج سال اخیرجمع کرده بودم ، فروختم وبه آلمان رفتم . خوشبختانه ملکم را حفظ کردم وتمام پل های پشت سرم را خراب نکردم، یک سال مرخصی ازاداره ی مربوطه گرفتم ودرب موسسه ام را بستم ورفتم .

وقتی به فرودگاه فرانکفورت رسیدم خواهروشوهرخواهرم منتظرم بودند ، درطول راه شوهرخواهرم بسیارعصبانی بود ، البته من کم وبیش مطلع بودم که اوبا یکی ازبرادرانم که برای آنها مشکل درست کرده بود مسئله دارد . اوبا حالت بغض وگریه مسائلی را که برادرم برای آنها ودوستشان ایجاد کرده بود، تعریف کرد . ازشنیدن حرفهایی که آنها میگفتند ، بسیار، بسیارمتاسف شده بودم ، که متاسفانه نقل آن ازحوصله ی این کتاب خارج است .

صبح روزبعد خواهرم گفت : خیلی خب ، حاضرشو، که برویم سفارت ایران به من وکالت فروش ملکت را بدهی . گفتم وکالت ! فروش ملکم ؟ برای چه؟

من اگرمیخواستم آن را بفروشم درتهران اینکاررا انجام میدادم ، اگر هم ممکن بود که اینکاررا انجام دهم وبتواعتماد کنم ، با شنیدن داستانی که برادرم برای آنها درست کرده بود ، بهیچ عنوان اینکاررا انجام نمیدادم ... ! چرا باید وکالت فروش ملکم را به شمابدهم ؟! اوگفت : آخه تومیخواهی پناهنده شوی ونمیتوانی به ایران برگردی ، من گفتم پناهنده ؟ ! برای چه پناهنده ؟! اوگفت : راه دیگری وجود ندارد که بتوانی اینجا بمانی، به اوگفتم : ولی توبمن گفتی بیا اینجا من برایت اقامت میگیرم ! تونگفتی باید پناهنده شوی ،گفت : نه ،نمیشود که ازطریق من اقامت بگیری . گفتم : باشد من برمیگردم به کشورم ، آنها فکرکرده بودند من درمقابل یک عمل انجام شده قرارگرفته ام ودیگه مجبورمیشوم هرکاری که آنها میگویند انجام دهم ، ولی من همان روزتصمیم خودم را گرفتم که دوباره برگردم وازصفرشروع کنم . من بیدی نبودم که به این بادها بلرزم .. شما میخواستید به من کلک بزنید ؟ میخواستید منوبدبخت ترازاین چیزی که هستم بکنید ؟! ای روباه صفتان ، ای بیچاره های شیطان صفت ، من برمیگردم به کشوری که بتوانم با هویت درآن زندگی کنم ، برمی گردم به آن دیاری که تمامی ظلم عالم بمن شده بود، ولی زیربارپناهندگی وخفت وخواری نخواهم رفت ، نمیخواهم مثل یک انسان بی هویت زندگی کنم من میخواستم وطنم را داشته باشم ، غرورملی ام را داشته باشم ، چرا پناهندگی ؟

چرا سرسپردگی ؟ نه ! نه! من برمیگردم ، ولی هرگزبعد ازاین نخواهم گفت ،که خواهری دارم هرگزنمیگویم کس و کاری دارم ، برمیگردم . بعد ازدوهفته زجرکشیدن وپشیمانی وسرزنش خودم ، که چرا تن به چنین اشتباهی دادم ، دو باره با دستهای درازترازپاهایم ودلی شکسته ونا امید به تهران برگشتم .
دیگه هیچکس نبود که کمکم کند تا دوباره ازصفرشروع کنم ، ولی ندایی دردرونم میگفت: توکلت بخدا باشد .تومیتوانی . تومیتوانی ..دلم میخواست سرم را به دیواربکوبم ازاین همه حماقت وندانم کاریهایی که انجام داده بودم . گاها نداشتن دیدگاههای منفی باعث خسارات جبران ناپذیری میشود که من با آنها مواجه شده بودم ، ضمن اینکه معتقد بودم که مشکلات درزندگی باعث ساختن آدم میشود واکثرانسانهای موفق ، ازمسیرپرالتهاب ومشکلات فراوان گذرکرده اند . ازآنجائیکه ، دیدگاه ما میتواند درزندگی ما بسیارموثرباشد ، پس بخودم میگفتم: تومیتوانی .. وقتی دیدگاه من افقی باشد همه چیزمشکل است ، ولی وقتی دیدگاهم عمودی باشد وتوکلم به خدا ،همه چیزسهل وآسان خواهد شد، عزمم را جزم کردم وراهی شدم .
این نوشته ها، صورت لرزانیست، ازاثرهایی که درنهایت ، بی عدالتی درذهن من گذاشته ، درتمام طول زندگی ام ، گمان کنم ،کمترکسی بمن وفاداشته ، حتی درشب های طولانی بی صبح من ، که فقط فکرواندیشه ، مرامشغول میکند، حس میکنم که حتی جهان هم وام دارمن است ، بدرستی ودرایت میدانم که نبایست باین زودی سرخم کرد، باید جبررا به زانوکشید، باید اشک تمام ، این آدمهایی که ازکنارم عبورکردند وبا طعنه ونفرت وتحقیرمراشکستند، درآورد، صدای ناله هایشان را شنید .
فقط آرزومیکنم بمانم ، نه بخاطرترس ازمرگ ، نه، فقط میخواهم بمانم وازاین همه تاریکی که درقوه ی ادراک واندیشه ام رخنه کرده ومرا درخود پیچیده ، رها شوم ، دوباره شگفتن خودرا تماشا کنم ، بهترکه دربرهوتی بنام غربت غرق نشدم ، وبازگشتم ، این هم امتحان دیگری بود .

فصل دهم

برگشت از آوارگی

به تهران برگشتم، با دستانی درازتر از پاهایم . شب را به منزل یکی ازدوستانم که درجریان ماوقع بود رفتم . صبح زود بیدارشدم وبه محل کارم رفتم ، کمی فکر کردم وبا اندک پولی که برایم مانده بود ،تصمیم گرفتم لوازم کارم را بخرم . بعضی ازافرادی که لوازم مرا خریده بودند، وقتی درجریان برگشتنم قرارگرفتند، آنها را باهمان قیمتهایی که ازمن خریداری کرده بودند پس دادند ، ازاین موضوع بسیارخوشحال شده بودم ، چون درغیراینصورت نمیدانستم که برای راه اندازی مجدد ، کارم چگونه بایستی آنها را تأمین کنم .

خانم برادرم، وقتی ماجرا را شنید ، بدنبال من آمد ومرا بخا نه شان برد . او زن بسیارمهربانی بود ، آزارش به کسی نمی رسید وسرش توی کاروزندگی خودش بود، وبا شوهربد اخلاقش روزگاررا می گذراند . ازشنیدن این ماجرا همه شوک شده بودند ، برادربزرگم که همیشه روابط خیلی بدی با خواهروشوهرخواهرم داشت ، میگفت : من که به توگفته بودم به اینها اعتماد نکن، چرا خودت را بازیچه ی دست آنها کردی ؟ مگریک عمرندیدی که آنها با توبد بودند ؟ چشم دیدن توو هیچکس دیگررا که موفق بود نداشتند ! مگرندیدی که چقدرپلیدند ؟ چرا با سرنوشت خودت بازی کردی ؟ اوازمن که گول آنها را خورده بودم ،بسیارعصبانی بود ومیگفت : نبایستی چنین اشتباه فاحشی را مجددا مرتکب میشدی ، وازآنها بخاطرصفات بدی که همیشه داشتند وهمه فامیل هم میدانستند، با تنفرسخن میگفت .

به خواهرشوهرسابقم ، که دیگه روابطش با من خوب شده بود تلفن کردم ،وقتی ماجرا را برایش تعریف کردم ، خیلی ناراحت شد وگفت : مگریادت رفته که آنها چقدرتورا درزمان ازدواجت اذیت کردند ؟ چرا بهشون اعتماد کردی؟ چرا با طناب پوسیده ی آنها توی چاه رفتی؟! به هرکس که آنها را می شناخت ماجرا را می گفتم ، منوسرزنش میکرد که چرا به آنها اعتماد کرده ای ؟! دوباره برای شروع کلاسهایم آگهی دادم ، بخودم میگفتم : عیبی ندارد دوباره شروع میکنم ، فرش ونقره هایی را که برده بودم با خودم برگردانده بودم ، آنها را فروختم ودوباره وسائل اولیه کارم را خریدم وشروع کردم .

برکت ازآسمان می بارید، ثبت نام پشت ثبت نام ، خداوند دربهای آسمان را برایم بازکرده بود و فیض و برکاتش می بارید . شبها که با تاکسی تلفنی به منزل برادرم میرفتم ، برای آنکه مدیون آنها نشوم واجحافی ازطرف من به آنها نباشد ،کلی مواد خوراکی میخریدم وبخانه آنها میبردم ، روزهای جمعه وتعطیلات را هم ، آنها را به رستوران دعوت میکردم، تا باین ترتیب درروزهای تعطیل هم باری بردوش آنها نباشم . به خانم برادرم میگفتم ، امروزآشپزخانه تعطیله وهمه میهمان من هستید . برادرم سوپرمارکت بزرگی داشت ووضع مالی اش بسیارخوب بود، با این حال من نمیخواستم که به آنها اجحاف کنم ، وخودم را تحمیل نمایم .

ولی برادرم بنظرنمیرسید، که ازبودن من درمنزلشان خوشحال باشد ،خانمش هم گمان کرده بود که من رفته ام که آنجا بمانم ، وقتی پشت چشم نازک کردنهای آنها را دیدم ، تصمیم گرفتم که برگردم ودوباره روی نیمکت های محل کارم بخوابم ، ولی زیربارمنت و بی حرمتی آنها نروم . وسائلم را جمع کردم وبه تاکسی تلفنی تلفن کردم، وقتی تاکسی آمد، لباسهایم را که درملحفه ای ریخته بودم وخیلی هم سنگین بود ند ، وبا توجه به پیس میکرم ، نمیتوانستم آنها را بلند کنم ، آنها را به سختی روی پله ها میکشیدم وپائین می بردم ، برادرم که درآشپزخانه

بزرگ وقشنگش صبحانه میخورد، بمن نگفت ، صبرکن تا کمکت کنم ، کشان، کشان آنها را به طرف تاکسی بردم وبخودم گفتم ، این نیزبگذرد .

برکت خداوند، برزندگی وکارم می بارید ، کمترازیکسال توانستم تصمیم بگیرم کابینت های آشپزخانه را که درحال ریختن بود، تغییرویا تعمیرکنم ، با دوستم تماس گرفتم وازاوخواستم به یکی ازدوستانش که مشغول تغییرکابینت های آشپزخانه اش بود ، تلفن کند وازاودرمورد قیمت وشخصی که برایش کارمیکرد سئوال کند .

روزبعد ، با نجاری که اومعرفی کرده بود ، تماس گرفتم وقرارگذاشتم ،که برای بازدید کابینت ها به محل کارم بیآید . ازمنشی ام خواهش کردم که اوبعد ازوقت کاریش بماند، که تنها نباشم ، نجاره دیرکرده بود وسرقرارش نیآمد ، منشی ام هم ناچاربود که برود منزلش ومن تنها ماندم . بنابراین من که وحشت داشتم غریبه ای را به محل کارم راه دهم ، با نگرانی به نجاره تلفن کردم وخواهش کردم که نیآید ، اوکه کارخودش را خوب بلد بود وفروشنده خوبی هم بود، با اصرارگفت : من درراه هستم ومرا دررو، دربایستی قرارداد وآمد ، وقتی آمد وکابینت ها را دید ، گفت: اینها ارزش تعمیرات ندارند وبهتراست که بایشان سفارش کابینت چوبی وجدید بدهیم، وقتی قیمت را گفت : وحشت کردم ، چطورمیتوانستم مبلغ دویست هزارتومان بابت کابینت های جدید پرداخت نمایم ؟ ولی ایشان گفتند : اشکالی ندارد ، اگرپول ندارید بصورت قسطی هم اینکاررا میتوانید انجام دهید ، درحالیکه خیلی خوشحال شده بودم ،گفتم : اگریک ماه نتوانیم قسط شما را پرداخت نمائیم چه میشود؟ ایشان گفتند : هیچ مانعی ندارد ، ماه بعد میتوانید آن را پرداخت کنید ، به نظرآدم منصف وخوبی می آمد ، تصمیم گرفتم که سفارش دهم وایشان شروع به اندازه گیری کردند .

یکماه بعد ، کابینت ها حاضربود ند ،آنها بایستی خارج ازساعات کاری برای نصب کابینت ها می آمدند ، وحشت داشتم که خدایا کمکم کن که مشکلی پیش نیآید ، ازطرفی هم نگران پرداخت هزینه های آنها بودم . نصب کابینت ها دوهفته ای طول کشید واو، باتفاق کارگرانشان خارج ازساعات کاری می آمدند وکارمیکردند .

درحین نصب کابینت ها ، پیشنهادهای جالبی برای بازسازی اطراف محل کارم میدادند، منهم با نگرانی میگفتم ، طرحهای شما جالبه ، ولی مشکل ما هم بی پولی است ، درآمد خوبی هم نداریم ، ایشان میگفتند ، نگران نباشید خدا بزرگ است ، برکت خداوند مثل رگباباران شروع به باریدن کرده بود ومن که قوت قلب واعتماد به نفس پیدا کرده بودم ،هردفعه یک قسمت ازآپارتمان را بازسازی میکردم ، وبصورت قسطی هم صورت حسابها را پرداخت میکردم .

شش ماهی بود که تعمیرات ساختمان را شروع کرده بودیم که مطلع شدم این آقا خانواده مذهبی وخوبی دارند که وضع مالی بسیارخوبی هم دارند ، یک روزمادرایشان تلفن کردند ومن ومنشی ام را به باغ وویلایی که دراطراف تهران داشتند، دعوت کردند، من که شنیده بودم آنها بسیاربا ایمان ومذهبی هستند، دعوتشان را پذیرفتم . بعد به باغ آنها رفتیم ، خانواده بسیارمومن وخوبی بودند، ودوتا دخترداشتند که یکی ازآنها دوره ی دکترای فیزیک را میگذراند، ویکی دیگرشوهرودوبچه داشت . آنها تعداد چهاردستگاه ویلای دوبلکس دراوشان داشتند، که هرکدامش متعلق به یکی ازآنها بود ، درواقع تماما به اسم پدرشان بود، که ظاهرا قولش را به بچه هایش داده بود . تا مدتها به آنها نگفته بودم که مجرد هستم، وبرایشان همان قصه ی تکراری وقدیمی را که ، همسرم دوتا زن دارد ودرشهرستان هستند وما با هم اختلاف داریم را تعریف کرده بودم . به این ترتیب رفت وآمد ما شروع شده بود، ومن جایی را نداشتم که آنها را دعوت کنم ومجبوربودم که برستوران برویم ، گاهی هم من غذا درست میکردم، وبمنزل آنها میبردم . درحالیکه با آنها، دوستان صمیمی شده بودیم، ولی من همچنان راز، زندگی ام را مخفی میکردم ، واقعیتش این بود که طلاق برایم ننگ بود وخجالت میکشیدم که عین زندگی ام را برای آنها تعریف کنم وشاید مورد قضاوت غلط آنها قراربگیرم . بهمین دلیل تقریبا ازهمه مخفی میکردم ، بغیرازدوستانی که ازقبل داشتم وهمه چیزرا میدانستند . حتی یکشب

بمادرشوهرسابقم تلفن کردم وماجرا رابرایش تعریف کردم وخواستم که اوبا نجاره صحبت کند ووانمود کند که حرفهای من درست بوده است وهمسرم درمشهد میباشد . یک روزهم قبل ازآنکه همسرسابقم به مشهد نقل مکان کند ، وقتی ازدست همسایه هایم کلافه شده بودم، وگوشه وکنار،حرفهایی می شنیدم، به همسر،شوهرم تلفن کردم وازاوخواستم که کمکم کند ، اوهم با مادرشوهرم وبچه ها پش بعد ازساعت کاری ام آمدند، وآلبوم عروسی خودشان را هم بعنوان مدرک آورده بودند، که باتفاق برویم منزل مدیرساختمان واوبا چشمانش ببیند که همه چیزدرست است، ودروغی گفته نشده ، خب ، راه حل دیگری به نظرمان نمیرسید، که ازحق خودم بتوانم دفاع کنم، وبا گرفتاریهای تحمیلی، درگوشه ای ازاین دنیا، با شرافت، کاروزندگی کنم . برایم عجیب بود که حتی دیگران با فضولی های ذاتیشان نمیتوانند این زندگی را هم بمن ببینند، ودائما با حسادتهایشان برایم مشکل درست میکردند .

تعمیرات محل کارم سه سال طول کشید، تمامی آپارتمانم را بنوعی ، تغییرداده بودم وتعمیرات کرده بودم، فقط آن را نکوبیده بودم که ازنو بسازم ، ازلوله کشی آب ، برق کاری، کف ، چوب کاری ، حیاط سازی ، همه جا نوسازی وبازسازی شده بود . کلا تبدیل شده بود به یک آپارتمان بسیارلوکس اروپایی ، نوساز، با آلاچیقی که وسط حیاطی که فقط متعلق به ملک من بود، ساخته بودم، زیبایی ساختمان با گلهای رزویاس ،دراطراف آن بسیارچشمگیرشده بود . کف حیاط را با موزائیک های نووزیبا، زیباترکرده بودم ، دورتا دورحیاط را چراغ نصب کرده بودم . درفاصله ی سه سال، مبلغ ده میلیون تومان هزینه کرده بودم، که بگفته ی خیلی ها درآن زمان میشد با این مبلغ یک آپارتمان نوخرید .همه ی اطرافیانم بمن میگفتند : که این آقا دارد سوء استفاده میکند وسرتورا کلاه میگذارد . من هم خودم متوجه شده بودم، که همه چیزرا چند برابربا من حساب میکنند ، ولی بخاطراعتمادی که به ایشان پیدا کرده بودم ، راضی بودم ، که حتی گرانترازحد معمول هزینه کنم ، ولی خاطرم جمع باشد . برای من پیدا کردن دوستان خوبی مثل اووخانواده اش بسیار، بسیاربا ارزش بود ، دراین فاصله هم کارگری پیدا کرده بودم که خانمی با شخصیت وبا تجربه ای بود که درمنزل یکی ازدوستان خوبم کارمیکرد وحدود پنجاه وچند سالش بود.اوهم که ازطریق دوستم درجریان زندگی ام قرارگرفته بود ، شبها اکثرا درکنارمن میماند وبا هم گپی میزدیم وضمنا باعث شده بود که تا حد زیادی هم ازتنهایی بیرون بیایم . اوزن بسیاروفاداری بود، که مشکلات منومیدانست ، اوکم کم برایم یک مادرمهربان شده بود که بنوعی جای خالی مادرم را برایم پرمیکرد . ما همدیگررا خیلی دوست داشتیم ، اوکه بیماری قلبی مرا میدانست، اجازه نمیداد خسته شوم ، خدماتی که اوبمن کرده است ، هرگزفراموش نمیکنم ، مثل مادری دلسوز، برای من ومشکلاتم دل می سوزاند . بعد ازتعمیرات آپارتمانم ، خواهرم ازآلمان آمد وبه من تلفن کرد وبا گریه، خواست که منوببیند . من که هرگزعادت نداشتم، کسی را برنجانم وناراحت کنم، نتوانستم بگویم نه ! اورا دعوت کردم که بیآید ومرا ببیند . برادرم وخانواده اش راهم دعوت کردم، وبا هاجرخانم کلی غذا پختیم ومیزبسیارقشنگی هم برایشان چیدیم . خواهرم که خودش را آماده کرده بود، تا با خفت وخواری من مواجه شود، وکاملا بی اطلاع ازفیض خداوند که مثل رگبارباران بزندگی ام باریده بود ، زنگ زد وباتفاق یکی ازدوستانش که میهماندارهواپیما بود، وارد آپارتمان من شدند ... وقتی وارد شدند ، فقط سنگ کوب نکرد ، کاملا برای همه ما محسوس بود که شوک شده بود، ونمیتوانست حرف بزند، گفت : عجب ! نمیدانستم این تعمیرات را انجام داده ای ! ازکجا آورده ای ؟! آیا شوهرسابقت کمکت کرده است ؟ توکه با دست خالی به ایران برگشتی ! چه شده ؟ هاجرخانم گفت : خانم جان ماشاء... بگوئید . خانم جان ، خانم من نان قلبشان را می خورند . هاجرخانم به اومیگفت: حالا بفرمائید وبنشینید ، ولی اوهمینطوردورتا دورآپارتمان میگشت و ابرازتعجب میکرد ، بعد که چای را جلویش گذاشتیم، شروع کرد به گفتن اینکه حتما کارهای خلاف کرده ای که توانسته ای با دست خالی اینجا را بسازی ، آنقدرگیرداد ،که بعد ازکمترازنیم ساعت دعوایمان شد، و بدوستش گفت: برویم ، من تحمل اینجا را ندارم ، درحالی

که داشت دیوانه میشد ، وهمینطورکه ازدرب بیرون میرفت گفت : الهی که ازتنهایی اینجا بمیری وجنازه ات کرم بزند، وهمسایه ها ازبوی تعفن ، متوجه شوند که تومرده ای ، حرفهای اوورفتارش برای من تازگی نداشت . ولی برای هاجرخانم خیلی عجیب بود ،که یک خواهرچطورممکنه که این حرفها را بزند ، گفتم دیدی ؟ حالا باورت شد که من چه میگفتم؟ به برادرم تلفن کردم که آیا شما می آئید ؟ اوگفت : نه ،برای اینکه توخیلی حرفها پشت سرما زده ای، ما هم نمی آئیم، درصورتیکه من کلامی درمورد آنها حرف نزده بودم، هاجرخانم که ازتعجب شاخ درآورده بود، میگفت : اگربا چشمهای خودم ندیده بودم، باورنمیکردم ، باورم نمیشود که یک آدم اینقدرحسود وپلید باشد ، ولی اوبود وهست . روزبعد، روزجمعه بود ، ما هم تمام غذاها را با هاجرخانم برداشتیم ،وبه باغ دوستمان بردیم، که با آنها بخوریم . یکباردیگردچاردل شکستگی شده وسرخوردگی شده بودم ، دیگه برایم مسلم شده بود ،که نبایستی با این خواهرحرف بزنم ، نباید هیچگونه ارتباطی با اوداشته باشم . درحالی که هق، هق گریه میکردم ، به هاجرخانم گفتم : خواهش میکنم ، اگرمن مردم، اجازه نده که اوبرسرمزارم بیآید ،این هم گذشت . روزگارهمچنان میگذشت ومن بخشی ازدرآمدم را که بسیارهم عالی بود، خرج اورخیریه میکردم . لطف و فیض خداوند شامل حالم شده بود اجرخانم نقش مادرم را بازی میکرد . خانواده حاج آقاهم نقش خواهروبرادرهای منوداشتند، تنها کسانی بودند که روزگارم را با آنها میگذراندم . دیگه آنها همه چیزرا میدانستند وارزش بیشتری ازقبل برایم قائل بودند . شوهریکی ازدوستانم که کارهای موافقت اصولی کارخانه ی همسرسابقم را انجام داده بود ، سرطان خون گرفت وبعد ازچند ماه فوت کرد . دوستم میگفت: که همسرسابقت به پاس دوستی وزحماتی که شوهرم برایش کشیده بود، حتی یک تلفن نکرده که به من وبچه هایم تسلیت بگوید . من که معنی ومفهوم بیوه بودن را چشیده بودم ،به اوخیلی میرسیدم واکثراوقات اوبه محل کارمن می آمد ، گاهی اوقات هم من بخانه ی آنها میرفتم، وشب درآنجا می خوابیدم . ارث بسیارزیادی به اورسیده بود که هردوی ما ازاین بابت بسیارخوشحال بودیم ،که اومجبورنخواهد شد سختیهای بی پولی را با وجود سه پسربچه اش بکشد ، ما با هم گپ میزدیم وبیاد ایام قدیم حسرت میخوردیم . ایامی که آنها به ویلای ما می آمدند، ومشغول ساختن ویلاهای چهارقلوها بودیم . بخاطر(پیس میکر) باطری که درقلبم بود، گاهی بایستی به بیمارستان میرفتم ، تا آن را تنظیم میکردند . گاهی هم به دلیل فشارهای عصبی در بخش سی ، سی ، یو، بستری میشدم . با گرفتاریهای بیماری قلبی ... سایه مرگ را دریک قدمی خودم میدیدم . عملا سلامتی ام را هم از دست داده بودم . دکترمعالجم عقیده داشت، که براثرفشارهای پی در پی، دچاراین بیماری شده بودم . امید چندانی به زندگی وزنده بودنم نداشتم . دکترها گفته بودند، که تا آخرعمرم بایستی این باطری درقلبم باشد، وامکان بیرون آوردنش غیرممکن است . یک باطری بزرگ درزیرپوستم درقسمت بالای سینه ی راستم عملا باعث شده بود که خیلی ازکارها ی روزانه ام را نتوانم انجام دهم ، خیلی ازورزش ها هم برایم ممنوع شده بود . زندگی ام درکاروترجمه ی کتابهای ،مربوط به کارم خلاصه شده بود ، ازهمه بدم می آمد، وبنوعی هرکسی نیشی زده بود ورفته بود . انگارخدا مرا برای توی سری خوردن آفریده بود ، انگارهمه ،عقده های درونشان را روی سرمن خالی میکردند . احساس بیکسی وتنهایی بعد ازحدود هفت سال که ازجدایی ام میگذشت ،خیلی اذیتم میکرد . ولی ترس ودلهره اززندگی مشترک مانع ازدواج مجددم میشد . جرات نمیکردم انگشت دستم را باردیگردریک سوراخ مار، مشابه فروکنم . تنهایی ها را به زندگی ،مشترک ترجیح میدادم. نمیتوانستم اززندگی گذشته ام فاصله بگیرم ، مثل موریانه بجانم افتاده بود ووجودم را میخورد. بعد ازگذشت هفت سال هنوزنمیتوانستم ، باورکنم چطورزندگی ام ، عمرم ، جوانی ام ، رویاهایم ، عشقم ، به گناه بی گناهی ازبین رفته بود . آخربا کدامین گناه ،محکوم به این همه درد ورنج بودم ؟! مرتبا اخباری اززندگی همسرسابقم بگوشم میرسید ، که اوروزبه روزپولدارترویولدارترمیشود . دیگه کارخانه دومش هم حسابی راه افتاده بود وکسی را بازی

نمیگرفت ، حق وحقوق من وسهم پانزده درصدی را هم که با گرفتن امضا درزیرنامه ی دیکته شده ای ، پس گرفته بود . مرتبا می شنیدم که با همسرش دعوا دارد ودیگراو را هم قد وقواره ی خودش نمی بیند ، مرتبا برای کسب اطلاعات اززندگی آنها با بعضی ازافراد خانواده اش درارتباط بودم ، وگزارشاتی را میگرفتم . نمیتوانستم بی خبرباشم ،وندانم که چه میکند ، میخواستم بدانم آیا با وجود داشتن یک پسرویک دختر، مشکلاتش حل شده ، خوشحال وراضی است؟ ولی متاسفانه خبرها اززندگی خصوصی اش غم انگیزبود ، تا حدی که دیگرحتی با همدیگرحرف هم نمیزدند ، ودرحاشیه روزنامه ها برای هم یادداشت مینوشتند . گاهی هم حسادت وغصه ودردهایی که اززخمهای متعفنی که ازآن زندگی بربدنم بجای مانده بود، وادارم میکرد، که بخواهم اززندگی آنها مطلع شوم . هرگزقصد گرفتن انتقام ازآنها را نداشتم ، وهمه چیزرا صددرصد به دستان خداوند سپرده بودم . شاید اگراوبا من درارتباط وتماس تلفنی بود، کنجکاویهایم تمام میشد ودلیلی برای کند وکاش ، درزندگی اونمیکردم . دلم برایش خیلی تنگ شده بود وآرزوی دیدن خودش وفرزندانش را داشتم ، آخرچرا بایستی آن ارتباط فامیلی ودوستی ، بی ریا هم بین ما قطع میشد ؟!هیچکس نبود که جواب این سئوال مرا بدهد . فخری میگفت ،حالا بنشین وببین که انتقام ترا، چطورخداوند ازآنها خواهد گرفت ، ولی من فکرمیکردم ،حتی خداوند با پولدارها خوب است ورفیق . چرا که نه تنها تقاصی درکارنبود ، بلکه پولدارو پولدارترمیشدند . خبرهای جدیدی ازآنها درمورد خرید خانه درآلمان وامریکا وساختن پاساژوبرج وبارو، را می شنیدم ...آشتی با آنها برایم درحد آرزوشده بود، وتمامی توانم را میگذاشتم که این اتفاق بیافتد ،ولی آنها بد جوری قهرکرده بودند، وبهیچ عنوان حاضرنبودند که اسم مرا بیاورند.. گاهی فکرمیکردم که میخواهند حتی اسم مرا ازگذشته ی زندگی شان هم پاک کنند، تا کسی درجریانش قرارنگیرد، مطمئن بودم که اوحتی به آینده ی، زندگی مشترک بچه هایش هم فکرمیکند، وبرایش نقشه میکشد . حتی به شوهرفخری گفته بود، که بمن پیغام دهد ، که برایش مرده ام وبایستی فکرکنم که اوهم وقتی ازمن جدا شد ه ، خدای نا کرده مرده است !! آخرچرا؟! نمیتوانستم قبول کنم کسی که عاشق من بود، وبارها بخاطرنازایی من ومسئله طلاقمان نزد دوستانمان گریه کرده بود ، بتواند تا این حد ازمن متنفرشده باشد . اوبدوستانمان گفته بود، این طرزرفتارش بخاطرزندگی وآینده ی خود من است، که بروم دنبال تشکیل زندگی دوباره وازدواج کنم ... خدا میداند ! من نمیدانم دمب خروس را بایستی قبول کنم ویا قسم حضرت عباس را!! هاجرخانم مرتبا بمن میگفت : خانم جان شما باید حتما ازدواج کنید، ادامه دادن این وضعیت نمیتواند برای شما دائمی باشد وتا زمانی هم که دیگران مطلع نباشند، شما مجرد هستید، نمیتوانید همسرخوبی پیدا کنید ، ولی من مصرا میگفتم : که ممکن نیست دوباره ازدواج کنم ... واقعا تصمیم به ازدواج مجدد وپذیرفتن ریسک ازدواج دراین سن وسال ، برایم غیرممکن شده بود . تا اینکه سالگرد فوت همسر، دوستم بود که من هم بایستی به آنجا میرفتم ، بعد ازانجام مراسم، خواهردوستم بمن گفت : شما نمیخواهید ازدواج کنید وازاین وضعیت خودتان را نجات دهید ؟ حدود ده سالی است که شما رنگ آسایش وامنیت خاطررا ندیده اید ، و بنظرمن، الان دیگه وقتش رسیده وشاید هم کمی دیرشده باشد که خودتان را نجات دهید وازدواج کنید . گفتم، نجات ، فقط ازآن خداوند است ، چطوریک مرد میتواند بعنوان یک شوهر،مرا نجات دهد؟! نجات ازچه؟! من گفتم: نخیر، ابدا. من احتیاج به نجات انسانی که خودش نیازبه نجات دارد، ندارم ، راستش با وضعیت قلبی ام ، سن وسالم دیگرحوصله ندارم دوباره ازصفرشروع کنم . او با خنده گفت : اگرتغییرعقیده دادید بمن خبردهید، چون برادردوستم که استاد زبان انگلیسی است، وموزیسین هم هست ، قصد ازدواج مجدد دارد واتفاقا اوهم ده سالی است که ازهمسرش جدا شده است . اویک پسرهم دارد که با همسرسابقش زندگی میکند، وگمان نمیکنم بچه ی دیگری هم بخواهد. خندیدم وگفتم نه ! آن شب تمام شد وزندگی تنهایی، دوباره با مشکلاتش شروع شد . روزبعد برای هاجرخانم تعریف میکردم که چنین چیزهایی شنیدم، واوگفت : ای خانم جان ، چرا قبول نمی کنید ؟ بهتره

که این شانس را بخودتان بدهید وحداقل این آقا را ببینید ، بعد بگوئید نه، شاید آدم خوبی باشد، وبتواند شما را خوشبخت کند ، بازهم گفتم نه ، میترسم . دیگرقدرت وتحمل درد ورنج ، زندگی مشترک را ندارم .. نه ، نه ! اصلا . یک روزبعد ازظهرجمعه ، خیلی خسته وغمگین کنج محل کارم ، تک وتنها نشسته بودم، وبه سرنوشت تلخم ، فکرمیکردم . صدای قلبم را شنیدم که به من نهیب میزد، تنهایی کافی است . بهتره که ازدواج کنی ، تا به کی میخواهی درکنج این قفس، خودت را زندانی کنی وروزها را بدون امید ، بدون انتظار، بدون آینده ،بدون همدم ، بدون یارویاور، تنها وبی کس وبدون حمایت یک همسربگذرانی ؟! دلم شدیدا برای خودم میسوخت ... تا کی میخواهی به گذشته ات فکرکنی وغصه بخوری ، تا به کی منتظری که معجزه ای اتفاق بیافتد ؟ دلم برای دیدن بچه هایش خیلی تنگ شده بود، وآرزوی دیدنشان را داشتم ، مثل غریقی شده بودم که برای نجات خودش ، دست به هرجلبرگی می اندازد، تا شاید نجات پیدا کند ، فقط میخواستم با آنها ارتباطی درحد یک فامیل ویا دوست خوب داشته باشم ، شدیدا نیازبه حمایت ،همسرسابقم را احساس میکردم . غافل ازاینکه دیگرهمسرسابقم ، حاضربه برقراری هیچگونه ارتباطی با من نبود، وتمامی فکروذکرش پول بود، ودرکنارش اگروقتی برایش باقی میماند، با بچه هایی که یک عمرآرزویشان را داشت ، بگذراند . به گفته ی خودش دیگرمن برایش مرده بودم ، حتی به منشی های شرکت وکارخانه ی تهران هم گفته بود، بهیچ عنوان ، آمدنش را بمن خبرندهند .. جای زخمهایی که درزندگی ام خورده بودم ، به شدت میسوخت . هیچ مرهمی پیدا نمیکردم که بتواند حتی آرامشی نسبی به آنها بدهد . فقط تلفنهایی که به خواهرشوهرسابقم میزدم ، میتوانست برای مدتی راضی ام کند . انصافا اوهم علی الرغم تمام تذکراتی که ازداداش جونش، مبنی براینکه نبایستی با من درارتباط باشد ، گرفته بود، ولی دلش نمی آمد بگوید خداحافظ ... دلم شورمیزد ، انگارپروانه ای دردلم بالا وپائین میشد، حالت تهوع داشتم ، بی اراده گوشی تلفن را برداشتم وبخواهردوستم تلفن کردم ، سلام ، چطورید ؟ من خوبم، پرسیدم احوال دوست موزیسینتان چطوره ؟ اوخندید وگفت ، چه شده ، احوال اورا می پرسید ؟ گفتم : راستش اینطورشده وفکرکردم بد نیست که این آقا را ببینم ،اوگفت، عالیه ! من بدوستم تلفن میکنم وخبرش را به شما میدهم ، بعد ازچند روز، دوستم تلفن کرد وگفت : ببینید ما تصمیم گرفته ایم ، بعد ازظهرجمعه ، با آن آقا، خواهرش ، من وخواهرم به دیدن شما بیائیم؛ وشما همدیگررا ببینید . ما قراری گذاشتیم ، هاجرخانم هم که برای من مادری میکرد ، همه چیزرا تهیه و تدارک دید ومنتظرشدیم که آنها بیایند ، به هاجرخانم گفتم : اگرازاوخوشم آمد تلفن میکنیم که برای شام پیتزا بیاورند، اگرهم خوشم نیامد ، حتی چای هم شما نبرید . ساعات با سرعت سرسام آوری میگذشت وقلب من ، تند وتند میزد که آیا تصمیم درستی گرفته ام ؟ صدای قلبم را میتوانستم بشنوم ، مثل دخترنچه هایی که برایشان خواستگارمی آمد قراربود برای من هم خواستگاربیاید، خیلی نگران ومصطرب بودم ، بالاخره زنگ درب بصدا درآمد وآنها یکی ، یکی وارد شدند ، آخرین نفری که وارد شد آقای مورد نظربود ... با یک دسته گل مریم سفید که یک شاخه گل رزقرمزوسط آنها بود، نه تنها ازاوخوشم نیامد ، بلکه خیلی هم بدم آمد ، گفتم: نه ، نه ، هیچکس نمیتوانست فضای خالی قلب مرا اشغال کند ، نه! دوستم آمد داخل آشپزخانه وپرسید : چطوره ؟ گفتم نه ، نمیتوانم ، خیلی بدم آمد ه وقتی ایشان صحبت میکردند، رغبت نمیکردم که حتی نگاهش کنم ، فکرمیکردم به عشقم دارم خیانت میکنم ، با بی اعتنایی کاری کردم که آنها خیلی سریع بروند . اوگفت : شما خیلی با سلیقه هستید ، خانه ی خیلی قشنگی دارید . روزبعد بمن تلفن کرد، اتفاقا روزتعطیل بود ومن گوشی تلفن را برنداشتم واوروی منشی ، تلفنی پیغام گذاشت که من میدانم شما آنجاهستید ، خواهش میکنم گوشی را بردارید ، درست میگفت، من آنجا بودم ، ولی دوست نداشتم به تلفن اوپاسخ دهم، گفت ، خواهش میکنم گوشی را بردارید ، ولی من برنداشتم . بعد ازیکربع دوباره تلفن کرد وگفت : خواهش میکنم گوشی را بردارید ، من با شما کاردارم ، لطفا گوشی را بردارید . دوباره تلفن کرد وگفت : این بی ادبی است که جواب تلفن مرا نمی دهید،

گوشی را بردارید، وبگوئید که نه من قصد ازدواج کردن ندارم . رینگ ، رینگ ... درهمین موقع پاسخگوی تلفن قطع شد، ومن یکدفعه دلم برایش سوخت که یک موقع گمان نکند من تلفنش را قطع کرده ام، ودلش بشکند ، چون واقعا من اینکاررا نکرده بودم ، دچارعذاب وجدان شده بودم ، راست گفته بود، چرا من گوشی را برنداشته بودم که بگویم من قصد ازدواج ندارم . من با خودم واحساساتم مسئله داشتم نه با او،من که اصلا اورا نمیشناختم ، چرا بایستی یک انسان تحصیلکرده وخانواده داررا بخاطرمشکلات، خودم برنجانم ؟ مگردیوانه هستم ؟ خیلی ناراحت شده بودم . روزبعد به دوستم تلفن کردم وشماره تلفن اورا ازش گرفتم که حداقل اگرقصد ازدواج کردن ندارم دلش را نشکسته باشم وتا این حد بی تربیتی نکرده باشم . من میخواستم به اوبگویم که من تلفنش را قطع نکرده بودم، همین . به شماره تلفن اوزنگ زدم ولی گفتند : ایشان روزقبل ازاینجا رفته اند ، دلم خیلی میسوخت ، به نظرم آدم مظلومی آمده بود، که نبایستی دلش را شکست . بخواهرش تلفن کردم وخواهش کردم که به اوبگوید، با من تماس بگیرد . داستان را برای خواهرش تعریف کردم وگفتم، من میخواهم غذرخواهی کنم وبگویم که من تلفن را قطع نکرده ام . او روزبعد با من تماس گرفت ، وقتی توضیح دادم ، خیلی خوشحال شده بود که من تلفنش را قطع نکرده ام . طفلکی حسابی توی ذوقش خورده بود وغرورش شکسته شده بود . من اجازه نداشتم که غرورکسی را به بازی بگیرم، ویا بکسی توهین کنم ، درمورد ازدواج سئوال کرد ومن گفتم، می دانید من اصلا قصد ازدواج کردن ندارم . اوگفت : خواهش میکنم اجازه بدهید که شما را ببینم ، براتون توضیح بدهم که من چرا مجرد شده ام . من گفتم، من راستش اصلا ازشما خوشم نیامده واصولا ازمردهای لاغرخوشم نمی آید. اوخندید وگفت ، خب ، غذا بیشترمیخورم که چاق شوم . من گفتم : خواهش میکنم دیگرهم به اینجا تلفن نکنید ، ولی اواصلا به حرف من ، اعتنایی نکرد ومجددا رینگ ... رینگ ... رینگ ...رینگ... رینگ ...رینگ... ای بابا من نمیخواهم ازدواج کنم ، زنگ نزنید . او نمیدانست که من با خودم مسئله دارم ، بخاطرنوع زندگی خودم هست که ازهمه مردها بدم میآید . گفت، خواهش میکنم اجازه بدهید من شما را فقط یکباردیگرببینم، وبراتون توضیح بدهم. ای بابا...من نمیخواهم شما داستان زندگیتان را برایم تعریف کنید ، باندازه کافی خودم کشیده ام ، دیگرحاضرنیستم به بلاهایی که توبه سرزنت آورده ای ، گوش دهم ، بمن چه ...انگارشیطان دورسرم پر، پرمیکرد ، پرسیدم خب جنابعالی ، چکاره هستید ؟ من .... منزلتان کجاست ؟ اوگفت : راستش من تازه اسباب کشی کرده ام وهنوزجایی ندارم ودرجستجوی خانه هستم. ماشین چه دارید؟ ماشین ؟! بله ماشین ؟! من ماشینم را تازگی فروخته ام ...محل کارتون کجاست ؟! من تازگی استعفاء داده ام ، تصمیم دارم ازایران بروم ، برای ویزای آلمان اقدام کرده ام، ولی موفق نشده ام ، ولی هرطورشده بایستی ازایران بروم . ادامه داد ،اگرشما با من ازدواج نکنید، خودم را می کشم ،چون تمام سنگهایم به تاریکی خورده است .شما آخرین تلاش من هستید . گفت : من دربرنامه طلاقم همه چیزم را ازدست داده ام ، خواهش میکنم اجازه بدهید من یکباردیگه شما را ببینم وبرایتان توضیح دهم، چطورهمسرم مرا ازهستی ، ساقط کرده است وبعد هم رفته ازدواج کرده است ... گفتم ،ببخشید ، نه فعلا نه .اوگفت : من یک پسردارم که با مادرش زندگی میکند ، من لیسانسیه ی زبان انگلیسی هستم، من استاد موءسسات فلان وفلان بوده ام ... من گفتم : خیلی متاسف شدم که درجریان قسمتی از زندگی شما قرارگرفتم، ولی متاسفانه من هیچ کاری نمیتوانم برای شما انجام دهم. رینگ...رینگ...رینگ ... رینگ...ازکجا تلفن میکنید ؟ ازمنزل دوستم، خیلی دلم برایش میسوخت ، یک نفردیگررا پیدا کرده بودم که انگارازمن بیچاره تراست . یاد خودم وگرفتاریهای بعد ازطلاقم افتادم ! خب من خانه ای داشتم وهنری که توانسته بودم خودم را جمع وجورکنم ، ولی انگاراوحتی همین حداقل را هم نداشته است . خیلی دلم براش سوخته بود وفکرمیکردم زندگی اش ، دست کمی اززندگی من نداشته است ونیا به کمک دارد . اولین باری بود که میخواستم به کسی درشرایط اوکمک کنم . هاجرخانم : خانم جان چی شد ؟ هیچ

چی، اینم که به تور، ما خورده ازخودم بدبخت تره، هاجرخانم گفت : خانم جان بروید با اوصحبت کنید ، چه صحبتی ؟! من با یک آدم فقیرترازخودم که ازدواج نمیکنم ، دوباره بدبختی ؟ دوباره تحمل مشکلات جدید ؟ نه . نه . جواب مردم را چه بدهم ؟ بعد ازده سال تحمل بدبختی ، حالا با کسی ازدواج کنم که نه کاری دارد و نه باری...؟! نه ...نه... خواهردوستم تلفن کرد وگفت : خواهش میکنم بیشتربه این مسئله فکرکنید ، اویک مرد تحصیل کرده وخانواده دار است ، اوبسیاراصیل وخوب است، فقط درزندگی گذشته اش مثل خود شما بد شانسی آورده است ، آیا بی پولی به نظرشما جرم است ؟ آیا شما که همسرسابق تان پولداربود، توانست خوشبختتان کند؟ پس پول خوشبختی نمی آورد . شاید اوکه فقیراست، ولی بخاطراصالتش بتواند شما را خوشبخت کند . گفتم : اگرشوهرخوبی بود، چرا نتوانسته است همسرسابقش را با یک بچه خوشبخت کند ؟ خواهردوستم گفت : اومسائلی دارد که خودش بایستی برایتان درموردش توضیح دهد، بخدا پشیمان میشوید. من این خانواده را ازبچگی می شناسم ، آنها خیلی اصیل وخوب هستند . دوستم گفت، درجدایی ازهمسرش ، زنش مقصربوده است وکاری انجام داده است ،که این بنده خدا را درمقابل یک عمل انجام شده قرارگرفته بوده است . گفتم : نه ... نه ...اصلا نمیشه . رینگ ... رینگ...او بود وگفت، خواهش میکنم فقط یکباراجازه بدهید من شما را ببینم ، فقط یکبار، میخواهم با شما درد دل کنم . ای بابا هاجرخانم این دیگه کیه ؟! دست بردارنیست... *او گفت، میشود من فقط شما را بعنوان یک دوست فقط یکساعت درپارک ... ببینم ؟هاجرخانم، دراین سن وسال ودومیلیون تومان جواهردردستم ، آقا* درپارک ، مثل بچه های پانزده ساله میخواهد مرا ببیند ، آنقدرپول ندارد که برای اولین بارکه ازمن دعوت میکند، حداقل دریک رستوران دعوت کند ، انگارحتی فکرش را هم نکرده است که یک جای آبرومند دعوتم کند ودرمورد زندگی اش صحبت کند ، نه داخل پارک ! برایم خیلی برخورنده بود ، به دوستم تلفن کردم وگفتم ، خواستگاری، که جنابعالی فرستاده اید، درپارک قرارملاقات گذاشته است ، چطوربخودش اجازه داده که با جیب خالی ، بخواستگاری بیآید ؟! بیاد اولین باری افتاده بودم که همسرسابقم با چه عزت واحترامی دربیست وچهارسالگی ام من وبرادرم را به یکی ازرستورانهای خیابان ولیعصردعوت کرده بود .حالا درچهل وچند سالگی ام ،این آقا خجالت نکشیده وبمن میگوید بیائید درپارک شما را ببینم! اول کار، یک پوئن منفی گرفته بود. هاجرخانم گفت : خانم جان حالا که عسل نیستید شما را بخورد، بروید ببینید چه میخواهد بگوید . گفتم ، باشد الهی بامید تومیرویم درپارک ... وقتی او را در پارک دیدم ، دلم برایش مجددا سوخت ، بنظرمی آمد خیلی زجرکشیده است ، خیلی پژمرده وناراحت بود ، غرورش کاملا خرد شده بود ، مطمئن بودم که خودش هم نبایستی ازاینکه درشرایطی است که نتوانسته است مرا به رستوران دعوت کند، ناراحت است . اوبا یک دنیا شرمند گی که کاملا میشد درچهره اش دید ، شروع کرد که ، من بیست ویک ساله بودم که ازدواج کردم . حالا...دلم برایش سوخته بود، به نظرم انسان قابل ترحمی آمده بود . مستأ صل شده بود ، بگفته ی خودش اگرراست بگوید ، همه چیزش را ازدست داده بود . ازهستی ساقط شده بود، ولی یک انسان تحصیلکرده وبا خانواده بود .احساس کردم که شدیدا قصد خود کشی دارد ، به پوچی مطلق رسیده بود، بی پناه ترازمن بود . وقتی ازاوجدا شدم ، آنچنان احسس ترحم ودلسوزی نسبت به اوپیدا کرده بودم که تصمیم گرفتم یک مدتی مثل دوتا دوست باهم معاشرت کنیم ، ازدواج هم فراموش شود ، اونیازبه کمک داشت وانگارقرعه بنام من اصابت کرده بود . خب ، من هم درآمد خوبی داشتم که بتوانم کمکش کنم ودستش را بگیرم . وقتی قسمتی اززندگی اش را برایم تعریف کرد وگفت ،که زمین خورده است، خیلی ناراحت شدم . چند روزبعد دوباره تلفن کرد وبه پارک رفتیم ، یک هفته گذشت ، احساس میکردم وجود من باعث شده بود که دیگه درمورد خودکشی حرف نزند. ازخودم سئوال میکردم، چرا بایستی یک آدم فهمیده وخوبی، مثل اواینقدربدبخت شده باشد ، آیا معتاد است ؟! منوبیاد داستانهای صادق هدایت می انداخت . با خودم دچارکلنجارشده بودم . نمیدانستم چکارکنم . تک وتنها .

هیچکس نبود که باهاش مشورت کنم . ازطرفی دوست داشتم که خدمتی هم درحق اوانجام دهم.
چطورمیتوانستم ازکنارانسانی که به من پناه آورده بود بی تفاوت بگذرم ؟ شاید واقعا راست
میگفت ومن تنها شانس اوباشم ، بخودم میگفتم، اگراوخودکشی کند، آیا من گناه کارنخواهم
بود؟ بدوستم تلفن کردم وبا اومشورت کردم . گفت: نه ! نه ! دوباره دارید اشتباه میکنید،
دلتون هم نسوزد ،مگرشما ناجی بشریت هستید که همیشه با دل سوختنتان کاردست خودتان
میدهید ؟ نه ، مبادا چنین اشتباهی کنید . مگرکسی دلش برای شما سوخت که شما دلتان برای
این غریبه می سوزد ؟ مبادا دوباره خودتان را درمشکلات بیاندازید . به خواهرشوهرسابقم که
رفیقم شده بود، تلفن کردم ، اوگفت : نه، زن چنین مردی با این مشخصاتی که ایشان دارد نشو،
من میترسم که برایت مشکلات جدیدی بوجود بیآید. اوگفت، این ازدواج فایده ندارد ، بعد ادامه
داد که : با داداش وخانمش وبچه ها ، رفته بودیم پارک ، داداش یاد توافتاده بودوهمینطورکه
اشگ ازگوشه ی چشمش می آمد به خانمش گفت، چرا کاری کردی که اوازاین زندگی برود ؟
آیا دراین زندگی جایی برای اونبود ؟! چرا این بلا را سرش آوردی ؟ میگفت ، زنه گفته من که
نگفتم طلاقش بدهی، گفتم خانه هایمان را ازهم جدا کن . ای بابا ، بعد ازمرگ سهراب ونوش
دارو..! دیگرچه فایده ای دارد ؟! شما حتی حاضرنیستید مرا ببینید ، ولی ازآنجائیکه جنس
خرابش را هم می شناختم، مطمئن بودم که به همسرسابقم نمی گویدکه من درچه مشکلاتی
هستم . آنها ضمن اینکه وانمود میکردند با من دوست هستند، ولی عمیقا قصد خیری درمورد
من نداشتند . برادری درامریکاداشتم ، که تشویقش کرده بودم بدلیل کارخوبی که داشت ،به
ایران پول بفرستد ومن برایش درحسابش بگذارم، تابتواند خانه ای درتهران بخرد، اومرتبا
مبالغ درشتی میفرستاد ومن بلافاصله به بانک میرفتم ودرحسابش میگذاشتم وقبض بانک
رابرایش سریعا فکس میکردم که خیالش آسوده باشد، پولش درحسابش است تا به این ترتیب
تشویق شود مجددا پول بفرستد .اوهم مشکلات خاص خودش را درزندگی متحمل شده بود ومن
دلم میخواست اگرکمکی ازدستم برمی آ ید، برایش انجام دهم . بخصوص اززمانی که برادرم
سیاووش، بعد ازگرفتن دکترا دررشته ساختمان واستادی ، دردانشگاه فلورتن، لس آنجلس
وافتتاح دفترساختمانی اش، براثرسکته قلبی فوت کرده بود ، اوخیلی تنها وغمگین شده بود .
یکی ازدفعاتی که اومبلغ پانصدهزارتومان فرستاده بود ومن برایش چک بانکی باسمش گرفته
بودم که بحسابش بگذارم، وقتی قصد داشتم که چک رابرایش فکس کنم ، چک درماشین فکس
گیرکرد !! من که دستگاه فکسم را تازه خریده بودم وروش بازکردن آنرا بلد نبودم، ازشدت
ترس ودلهره داشتم قالب تهی میکردم ، که خدایا ، نکنه چک پاره شود ، حالامن چطورباید
ثابت میکردم که چک پاره شده؟ خیلی نگران بودم ، تمام بدنم میلرزید، هاجرخانم درب دستگاه
رابازکرد، وچک را بیرون آورد . بالاخره با این دردسرها من توانسته بودم، سیزده میلیون
تومان برایش پس اندازکنم ، که اوبتواند صاحب خانه شود .تصمیم گرفته بودم که درمورد
موضوعی که پیش آمده ، به برادرم تلفن کنم وببینم نظرش چیه؟ فکرمیکردم ، با توجه به
زحماتی که من برایش متحمل شده بودم، حتما کمکم خواهد کرد .بعد ازاینکه برادرم را
درجریان گذاشتم ، گفت : خب ، این که این آقا پول ندارد مهم نیست ، تودرزندگی قبلی ات پول
داشتی، ولی خوشبخت نبودی ، خوشبختی درپول نیست، اگرآدم خوبی است ، کافی است . گفتم
، من نمیدانم که خوبه یا نه ! ظاهرا بد به نظرنمیرسد، اوگفت، نگران مسائل مالی نباش، من
کمکت میکنم . فکرکرده بود که من دروغ میگویم ، یک هفته هم نشده که این مسئله پیش آمده ،
چون چندین باربمن گفت : شما قبلا همدیگررا می شناختید ؟ ای بابا هیچکس معنی صداقت را
باورنمیکند، چرامن باید به شما دروغ بگویم ؟ گفتم، هاجرخانم فایده ندارد ، من نمیتوا نم
ازدواج کنم . من نمیتوانم دوباره بدبختی را تحمل کنم ، تازه دارد مسائلم حل میشود وبه این
سبک زندگی عادت کرده ام . رینگ ... رینگ .... وحالاروزششم است ، گفت : من دلم خیلی
برای شما تنگ شده ، ودیگرنمیتوانم تا ساعت فلان صبرکنم ، اگرمیشود زودتربیائید پارک ،
من که خوب میدانستم، این دل تنگی بخاطراحتیاج است وبعد از گذشت شش روزازاین آشنایی،

نمیتواند یک دل تنگی واقعی باشد ، گفتم : بسیارخوب ، می آیم. هدفم این بود که با بازگوکردن مشکلاتش برای من بعنوان یک دوست ،سبک شودوآرامش بگیرد ...خب ، انگارمعامله ی خوبی شروع شده بود ، من تصمیم گرفته بودم که سرویس بدهم،اوهم تصمیم گرفته بود که سرویس بگیرد ...

فصل یازدهم

روز هفتم آشنایی

با خودم خیلی حرف زده بودم یک احساس درونی موظفم میکرد که بهش کمک کنم ، ولی چطور؟! خیلی انسان زجرکشیده ومستأ صلی به نظرمیرسید ، گمان میکردم نیازبه کمک دارد. درطول ده سالی که گویا ازجدایی اش، گذشته بود ، میگفت : صدمات زیادی ازنظرروحی خرده است وبه نظرمیرسید ، وضعیت نگران کننده ای دارد . نه خانه ای ، نه کاشانه ای ،نه کاری، ولی بمن چه ارتباطی دارد .

این دعا را زیرلب میخواندم :

ای خدا ، من روحیه خود را نباخته ام واعتماد خود را ازدست نداده ام . من سرود خواهم خواند وتورا ستایش خواهم کرد . کلام خدا میفرماید :

خداوند را سپاس باد ! ای بندگان خداوند ، نام اورا ستایش کنید ! ازطلوع آفتاب تا غروب آن، نام خداوند را ستایش کنید ! اوازآسمان برزمین نظرمی افکند تا شخص فروتن وفقیررا از خاک بلند کند وسرافرازنماید واورا درردیف بزرگان قوم خویش قراردهد . خداوند با بخشیدن فرزندان به زن نازا اورا خوشحال وسرافرازمی سازد . خداوند را سپاس باد !

زندگی اومنوبیاد دوران سخت جدایی ام می اندازد، ولی نهایتا با کمک خداوند ، توانسته بودم خودم را بازیابی کنم. بنا برگفته ی خودش همه چیزش را بخاطربچه اش، به همسرش بخشیده وخودش دست خالی مانده بود . گاهی هم میگفت: بخاطرفقر، همسرم بمن خیانت کرده وبا نزدیکترین دوستمان که ارتباط خانوادگی داشته ایم، رفته وازدواج کرده ، میگفت: تا سالهای سال ازخیانت همسرم آشفته بودم وقرص های اعصاب میخوردم، بنا براظهارنظرخودش، مثل اینکه مدام اطوی داغ برپشت کمرش میگذاشتند .ازشنیدن داستان جدائی اش با همسرش، بسیارعصبانی وناراحت شده بودم وهضمش برایم خیلی سخت بود ،یکی ازدلائل این همه خسارات مالی وروحی که به اوخورده بود ،همین شوک عظیمی بوده که همه چیزاین مرد را بهم ریخته بود . میگفت: بعد ازاین شوک ، تبدیل به انسان دیگری شده است که قادرنیست خودش را آرام سازد وسروسامانی به زندگی اش بدهد . ازخواهرش خواسته بود، که مدتی را با اومادرشان زندگی کند، ولی گویا خواهرش موافقت نکرده بوده ، خواهربزرگترش هم همسربرادرزن سابقش میباشد که درآنجا هم نمیتوانسته دوام بیاورد .

اوتعریف میکرد : درزمان جدایی، دادگاه حضا نت فرزندش را به اوداده بود ه است ، ولی بعد ازگذشت چند ماه ، یک روز،پسرش پوستریک گربه را با بچه هایش به اونشان میدهد، ومیگوید : بابا ببین تمامی بچه گربه ها هم با مادرشان زندگی میکنند، پس چرا من بایستی با پدرم زندگی کنم؟ اومیگفت : وقتی بچه چهارساله ام این حرف را بمن زد ، قلبم به درد آمد، وازاوسئوال کردم، آیا توهم دوست داری با مادرت زندگی کنی ؟ اوگفت : بله من دوست دارم، بیشتربا مادرم باشم، ولی ترا هم خیلی دوست دارم ،دل این مرد با حرف فرزندش شکسته شده بود وبلافاصله ،علی الرغم خشم شدیدی که ازهمسرسابقش داشته ، تصمیم میگیرد ، بچه را به اوبرگرداند، ازشنیدن این قصه واقعا پشتم لرزید . همان زمان تصمیم گرفتم ،گذشته اورا جبران کنم واگرتوانستم، تن به ازدواج مجدد هم بدهم ، اونسبت به تمامی زنها بدبین شده بود وگمان میکرد، ماهیت خیانت وزنا کردن درذات تمام زنها میباشد .

احساس قهرمانی میکردم وانگارمسئول بازسازی زندگی اوشده ام !ازقضا مردی هم که با مادراین بچه ازدواج کرده بود، مشکل نازایی داشت وهمسرش هم گویا بخاطرازدواج مجدد،شوهرش خودسوزی کرده بوده !!! عجب فاجعه ای ...

ازشنیدن این داستان خیلی متأثرشده بودم وازخداوندا میپرسیدم چرا به کسانی بچه میدهی که لیاقت آنرا ندارند ؟! به بعضی ها مثل من هم بچه نمی دهی تا زندگیشان دست خوش توفان قراربگیرد ؟! همیشه وقتی چنین ماجراهایی را درقالب قصه میخواندم ، گمان میکردم فقط یک قصه است ، ولی هم اکنون رودررو با واقعیتهای آن مواجه شده بودم .
ازخداوند ، خواستم که کمکم کند تا بتوانم برای حل مشکلات این مرد وافسردگی اش راه حلی پیدا کنم . یکی نبود که بگوید آخه توچکاره هستی که احساس قهرمانی میکنی ؟!مشکلات خودم را فراموش کرده بودم وبرای این مرد غصه میخوردم، میگفت : هیچ راهی برایش نمانده وشدیدا بفکرازبین بردن خودش بود ،آخه این چه حرفی بود که بمن زده بود ؟ اوبیشتراحتیاج به حمایت معنوی داشت. به نظرمیرسید که همسرش زندگی اورا متلاشی کرده بود وبا ازدواجش با دوست خانوادگی شان ضربه ی جانکاهی به این مرد زده بود که بعد ازسالیان سال نتوانسته است خمرش را صاف کند وزندگی اش را ازنوبسازد ... ازخودم سئوال میکردم چرا بایستی مردی به این خوبی وبا شخصیتی زندگیش دست خوش توفان شده باشد؟! با تخصصی که داشت، میتوانست درهرساعت چند صد هزارتومان درآمد داشته باشد . اونویسنده ی خوبی بود که کتاب ومقاله هایی، به زبانهای فارسی وانگلیسی نوشته بود . آهنگسازخوبی بود که میتوانست سازهای مختلفی را هم آموزش دهد وباین ترتیب درآمد خوبی داشته باشد . اومترجم چیره دستی بود، که میتوانست ازاین راه هم درآمدی ایجاد کند ، تنها مسئله ومشکلش افسردگی وسرخوردگی اش بود، که مانع ازانجام هرگونه فعالیتی درزندگی اش شده بود .
برای من تصمیم گیری بسیارسختی بودکه بتوانم تن به این ازدواج بدهم وبا یک بیمار، زندگی مشترکی را شروع کنم . واقعا به چشم یک بیماربه اونگاه میکردم ودلم میخواست بتوانم کمکش کنم ، ولی با شغل حساسی که داشتم مقدورنبود که بدون اینکه ازدواج کنیم با ایشان درارتباط باشم . ضمن اینکه بقدری نسبت به همه ی زنها بدبین وحساس شده بود که این خود مشکل بزرگی بود که میتوانست برایم دردسرهای تازه ای ایجاد کند .
راه دیگری وجود نداشت که بتوانم بعنوان یک زن بیوه ، با یک مرد ارتباط سالمی داشته باشم.مطمئن بودم که حتما خیلی سریع تمامی زندگی ام ، تحت الشعاع این مسئله قرارخواهد گرفت ، هیچ راهی جزازدواج کردن با اونبود ، درسته که من هم خیلی تنها بودم وشدیدا به یک مونس احتیاج داشتم ، ولی بایستی خیلی مراقب میبودم وشدیدا هم ازریسمان سفید وسیاه میترسیدم، زطرفی هم اویک پسرداشت وبچه ی دیگری هم نمیخواست واین نکته ی حائزاهمیتی بود .
گاها فکرمیکردم اگرپسرش را ببینم، حتما میتوانم اورا دوست داشته باشم ،شاید بتواند جای خالی اش را دردلم پرکند ،شاید بتواند فرزند خوبی برایم باشد وروزهای پیریم، دادرسم باشد . ضمن اینکه نمیخواستم با مردی ازدواج کنم که قدرت مالی اش ضعیف باشد تا باردیگر، زیرچرخ دنده های زندگی خرد شوم . زندگی تثبیت شده وخوبی داشتم که حاضرنبودم آنرا بهم بریزم ، ولی اومرا بحال خودم رها نمیکرد ومدام تلفنی درد دل میکرد ، درحقیقت من دچاروحشت شده بودم که مبادا اصراربیش ازحدش ، نقشه ای برای چندرغازم باشد .البته میدانستم که خیلی هم اشتباه فکرنمیکردم ، چون دلیل دیگری نداشت که مرا انتخاب کرده باشد. آیا اگرمن هم وضعیتی مثل خودش داشتم، بازهم مایل بود که ازدواج کند ؟ قطعاً خیر. مسلما درمرزپنجاه سالگی ، نمیتوانست دریک نگاه عاشق شده باشد ، خوب میدانستم که نیازش باعث اصرارش میباشد ...
خداوندا ، به من فهم وحکمت بده تا با تمام دل شریعت تورا نگاه دارم . مرا درراه خودت هدایت کن ، زیرا راه تورا دوست دارم . دل مرا بسوی احکامت مایل ساز، نه بسوی حرص وطمع ! مگذاربه آنچه بی ارزش است توجه کنم . مرا با کلامت احیا کن ! طبق وعده ای که

به من داده ای عمل کن . همان وعده ای که توبه مطیعان خود می دهی ! ترسی را که ازرسوا شدن دارم ،ازمن بگیر. احکام تونیکوست ! خداوندا ، مشتاق احکام توهستم ! ای خدای عادل ، جان مرا تازه ساز !

صدمات زیادی که درزندگی خورده بودم،درس عبرتی شده بود که با حکمت به زندگی آینده ام نگاه کنم وتصمیماتی را که میگیرم کمتربراساس احساساتم وبیشتربرمبنای منطق استوارباشد.

اومیگفت : ازهمه چیزبدم آمده ومیخواهم به سرزمینی بروم که خاطرات تلخ درآن نداشته باشم وبتوانم زندگی ام را باردیگرازصفرشروع کنم . اومیگفت: بخودش آنقدرایمان واعتماد دارد که اگرازایران برودمیتواند موفق شود وباردیگربخودش واطرافیانش ثابت کند که آری ، اومیتواند. قبل ازملاقاتش با من هم تصمیم گرفته بود که ازایران برود،گویا تلاشهای زیادی هم کرده بود، ولی من چه گناهی کرده ام ؟ چرا من بایستی زندگی ام را ازصفرشروع کنم ؟ مشکل من نیست اگراودرزندگی مشترکش با شکست مواجه شده وتصمیم گرفته است ازایران برود،بهتره که برود دنبال کس دیگری که با رفتن ازایران موافق است واوهم بنوعی قصدفرارازخودش را دارد ،به نظرمن این فرارازخودش بود وهرکجا که برود آسمان همین رنگ است .

ای خداوند ، توهمه چیزمن هستی ، به همین سبب است که گفته ام مطیع کلامت خواهم بود . با تمام دل خود طالب رضامندی تومی باشم . طبق وعده ات برمن رحم فرما ! درباره زندگی خود بسیاراندیشیدم وبسوی توآمدم تا ازاحکام توپیروی کنم . با شتاب آمدم تا اوامرتورا اجرا کنم . بدکاران کوشیدند مرا به گناه بکشانند ، اما من احکام تورا فراموش نکردم . درنیمه های شب برمی خیزم تا تورا بسبب داوری عادلانه ات ستایش کنم . من دوست همه کسانی هستم که تورا گرامی می دارند ودستوراتت را انجام می دهند . ای خداوند ، زمین ازرحمت توپراست! احکام خود را به من بیاموز .

خداوندا چرا این فرد را برسرراه من گذاشته ای؟ آیا بازهم این یک امتحان است ؟ خداوندا چقدرامتحان ؟! دریک هفته ،این بنده ی خدا آنچنان فکروذکرمرا بخودش وگرفتاریهایش اشغال کرده بود که نمیتوانستم ، بگویم خداحافظ وبی تفاوت ازکنارش بگذرم .

خداوندا ایکاش هدف ونقشه ات را بمن آشکارمی ساختی، من مطمئن هستم که توبهترین نقشه ها رابرای بندگانت داری ،خداوندا توازرازدرونم آگاهی،پس مرا به راه خودم رها نکن وهرآنچه را که خواست توست با دل جان انجام خواهم داد.

درتمام اعماق قلبم احساس میکردم، بایستی به اوکمک کنم با وجود اینکه خوب میدانستم من کسی نیستم که بخواهم راهی باشم ، ولی خوب میدانستم که وسیله ای شده ام برای اجرای خواست ونقشه ی خداوند .

خداوندا اگراین نقشه ی توست ، بگذارکه من دردستان توباشم وهرکاری که سبب خیروصلاح من است وتوراضی به انجام آن هستی ، انجام بده . خداوندا خودم را دربست بتومی سپارم وازتومیخواهم که مرا به راهی هدایت کنی که تومیخواهی . خداوندا من ظاهرافراد رامی بینم وقضاوت میکنم ، ولی توازذات آنها مطلع هستی ، چون توخودت اورا آفریده ای . ای خدا مرا به راهت هدایت کن . من راضی به رضای توهستم . خداوندا ، همانگونه که وعده دادی ، بر بنده ات احسان فرموده ای . حکمت وقضاوت صحیح را به من یاد ده ، زیرا به احکام تو ایمان دارم . پیش ازاینکه تومرا تنبیه کنی، من گمراه بودم ، اما اینک پیروکلام توهستم . تونیک هستی ونیکی می کنی ! احکام خود را به من بیاموز! متکبران ، دروغها درباره من میگویند ، اما من ازصمیم قلب مطیع اوامرتوهستم، آنها ازفرط تن پروری عقل وشعورخود را ازدست داده اند ، اما من ازاحکام تولذت میبرم . تومرا تنبیه کردی واین به نفع من تمام شد ، زیرا باعث شد کلام تورا بیاموزم . کلام تو برای من ازتمام زروسیم دنیا با ارزشتراست .

خداوندا توخوب میدانی که من درزندگی ام چه کشیده ام ومتحمل چه دردها ورنجها شده ام ، پس خوب میدانی خیروصلاح من چه میباشد . خداوندا خودم را بتومی سپارم ، خودت این جوان را نجات بده ومرا هم ازبلا تکلیفی بیرون بیاور .
خداوندا توخوب میدانی که من پس ازاین، کشش وتحمل مشکلات جدید را ندارم. خداوندا درعالم خواب وررویا ویا دربیداری خودت بمن بگوچکارکنم، تنها دوست من توهستی . خدایا خودت کمکم کن ودراین راه برای من جای پشیمانی نگذار .
با نام ویاد تو به جلومیروم وازتومیخواهم که حامی وپشتیبان من باشی ،الهی به امید تو .
بعدازرازونیازبا خداوند،احساس سبک بالی میکردم ومطمئن بودم اومثل یک پدرمهربان ودلسوزمراقبم خواهد بود .
تصمیم گرفته بودم برایش تعریف کنم که چه مشکلات عدیده ای درزندگی مشترکم وشغلی ام داشته ام وپس ازاین قادربه تحمل هیچگونه ناملایمتی نخواهم بود واگردرزندگی مشترک آینده ام مشکلی پیش بیاید ، مطمئن باش که متحمل آن نخواهم شد ....
گفت : مطمئن باشید که ازطرف من هرگزبه شما آسیبی نخواهد رسید . گفت : من با درآمد شما هرگزکاری نخواهم داشت . چطورمیخواست با درآمد من کاری نداشته باشد؟ درحالی که من میبایستی بارزندگی مشترک را متحمل میشدم ، گفت، من به شما قول میدهم که گذشته ی تاریک وپردرد ورنج قبلی تان را جبران خواهم کرد ومطمئن هستم شما هم تنها کسی هستید که میتوانید مرا خوشبخت کنید . گفت : من فقط سیگارمیکشم، این را هم بخاطرشما همین الان می اندازم دوروقول میدهم که بعد ازاین هرگزسیگارهم نکشم.
همین طورکه درپارک قدم میزدیم وصحبت میکردیم ، نیروی عجیبی درخودم احساس میکردم. هیچ نگرانی ودلواپسی نداشتم وترسی هم ازریسمانهای سفید وسیاه نداشتم ...
گمان میکردم میتوانم کوه را جا بجا کنم ، خداوندا این چه احساس قهرمانی است که بمن داده ای ؟ خداوندا کمکم کن ، دردرونم با خدا صحبت میکردم وصدای آن مرد را نمی شنیدم که چه میگوید ، فقط متوجه بودم لبهایش تکان میخورد ، تصمیم گیری مشکلی بود .
بالاخره درآنشب کذائی ، اوبله ی ازدواج را ازمن گرفت وبا خیال آسوده ازمن جدا شد ورفت .
وقتی بخانه رسیدم پیام خاله ام را روی پیغام گیرتلفنم شنیدم که ازمن خواسته بود تا با اوتماس بگیرم . وقتی تلفن کردم اوگفت شب قبل خواب مادرم را دیده است که یک پاکت مشکل گشا دردستش بوده وتقسیم میکرده ، میگفت وقتی سهم مرا داد ، یکمرتبه دوعدد انگشتردرآن دیدم که اسم خداوند روی آنها حک شده بود ، میگفت همینطورکه به انگشترها نگاه میکردم ، مادرت گفت اینها را به دخترم بده ... باورم نمیشد!! ازتعجب داشتم شاخ درمی آوردم ! متوجه شده بودم که این خواب تصادفی نبوده وپیامی ازطرف خدا برای هردوی ما درآن وجود دارد که نبایستی نگران ودلواپس این ازدواج باشیم .
ازشنیدن این خواب ، رعشه براندامم افتاده بود وکل ماجرا را برای خاله ام تعریف کردم، واوگفت : تعبیراین خواب این است ، که مطمئن باش ، پیمان این ازدواج ، درآسمان بسته شده است واین مرد خوب، همسرومرد آینده ی توست که با اوبه آرامش خواهی رسید ، گفت : مادرت هم ازاین مسئله بسیارخوشحال بود ، بعد ازشنیدن این خواب ، تصمیم خودم را همان لحظه به خاله ام اعلام کردم .

فصل دوازدهم

شروعی دوباره

حالا دیگه من اصرارداشتم زودترازدواج کنیم ، به یک آدم دیگری مبدل شده بودم ، نگرانش بودم ودلم میخواست ازساندویچ خوردن نجاتش دهم .
دراولین باری که اورا دیدم ، خواب خاله ام را برایش تعریف کردم ، اوهم مثل من بسیارهیجان زده شده بودومیگفت : حالا با دل گرمی دیگری میرویم که این پیمان را امضاً کنیم.نمیدانم چرا عجله داشتم ؟ نمیدانم چرا دیگرمن میگفتم زود باشیم ، مگرمن همان آدم یک هفته قبل نیستم ؟ چه شده بود ؟ چه چیزی تغییرکرده بود ؟ انگاربا دیدن خواب خاله ام شجاع شده بودم .
لاتاری کی برنده شده بود؟ خیلی عجیب بود ،اومیگفت ، صبرکن تا جائی را اجاره کنیم وبعد ازدواج کنیم ، اومنتظربود که حداقل پسرش را دعوت کند وقبل ازازدواج ،اومرا ببیند .
اوده باربه منزل پسرش تلفن کرد ، ولی گویا مادرش اورا مخفی میکرد و پیغامهای پدرش را به اونمیدادواوهم با پدرش تماس نمیگرفت .
بالاخره پسرش تماس نگرفت وپدرش تصمیم گرفت که ازدواج کنیم . پدرش میگفت : من دراین ده سال گذشته ،هروقت تصمیم گرفته ام که با کسی ازدواج کنم ، اول اورا به پسرم نشان داده ام ،میخواهم رضایت اورا هم جلب کنم . با برادرم درامریکا تماس گرفتم واورا درجریان ماوقع گذاشتم ،اوگفت : به تهران می آیم وخانه ای میخرم وبه شما میدهم که درآن زندگی کنید .
برادرم گفت، درزندگی قبلی ات همه چیزداشته ای، ولی خوشبخت نبوده ای، پول نبایستی ملاک تصمیم گیری توباشد . اگرفکرمیکنی انسان خوبی است، حتما ازدواج کن وازتنهایی بیا بیرون . من به برادرم گفتم ،که اواستاد زبان، یکی ازدانشکده ها بوده است که کارش را ازدست داده است ،به برادرم گفتم که اوبخاطربلائی که همسرش برسرش آورده است دچارافسرد گی شده وشغلش را هم ازدست داده است. درواقع من متوجه شده بودم که اودرمقابل مشکلات زندگی شکسته است وشدیدا نیازبه کمک دارد، ولی ازطرفی هم مطمئن بودم که اومیتواند باردیگرموفق شود. اویک آدم بدون تخصص وبیسواد نبود که نتواند مجددا روی پاهای خودش بایستد ،اوفقط نیازبه حمایت یک زن خوب ورفیق داشت تا باردیگرخود ،گمشده اش را پیدا کند... میگویند، پشت سرهرمردموفق یک زن خوب ایستاده است .
فکرمیکردم یک نیروی خیلی قوی، با الهاماتش، منوبطرف راهی سوق میدهد که ازآن بی اطلاع هستم وهرچه سریعترمیخواستم باعقل ، انسانیم آن را کشف کنم . کمترازیک هفته ی بعدما باتفاق برادرش که استاد دانشگاه شهید بهشتی بود، وسه نفردیگرازدوستانمان به دفترخانه ای رفتیم ورسما پیمان ازدواجمان را امضاء کردیم . بدون مهریه ، بدون جشن ومیهمانی، بدون هیچ مراسمی خاص ، فقط با اصراراو، من یک حلقه ی بسیارساده ولی شیک خریدم ...
هیچکدام ازما ، کسی را نداشتیم، که حداقل یک میهمانی کوچک وجلسه معارفه ای برایمان تشکیل بدهند . هردوی ما تنها بودیم ومتعلق به خانواده های نا مهربان وبی مسئولیت ، اوبه یکی ازبرادرانش این خبررا داده بود، ولی اوگفته بود، چون من قبلا با تومشکلات حل نشده ای دارم، بهتراست اول بیایی ومشکلاتمان را حل کنیم وبعد اگرخواستم، به محضرمی آیم که شاهد عقد توباشم . وقتی این مسئله را برای من تعریف کرد ،خیلی تعجب کردم . بقول خودش ما فقط درشناسنامه هایمان با هم خواهروبرادرهستیم.. تصمیم گرفتیم تا زمانی که جایی را برای سکونتمان تهیه میکنیم به هتل برویم .

بعدازکمترازدوهفته برادرم به تهران آمد ودرجستجوی آپارتمانی بودیم که بنا برقولی که بمن داده بود ، برای خودش خریداری نماید، ولی ما بتوانیم درآن ساکن شویم . درآن زمان برادرم توانسته بود، فقط سیزده میلیون تومان توسط من پس اندازکند. درسال 1397 نمیتوانست با این مبلغ آپارتمانی را که من دوست داشتم بخرد، هرکجا که میرفتیم حداقل بایستی چهل میلیون تومان پرد خت میکردیم .
تمامی نگرانیهایی که ازآنها فرارکرده بودم، مجددا با پوست وگوشتم لمس میکردم . وضعیت دوباره برگشته بود به وضعیت قبلی که داشتم ، با یک نفردیگرویک بچه ،که درست بود که با ما زندگی نمیکرد، ولی بایستی پدرش تمامی مخارج اورا تامین میکرد .
این وضعیت حدود شش ماه طول کشید . برادرم تصمیم گرفت آپارتمان سه اطاق خوابه و بسیارشیکی را که من پسندیده بودم به مبلغ چهل میلیون وپانصد هزارتومان بخرد .
برادرم گفت : من مطمئن هستم که خداوند برکت ، کارخیری را که برای شما انجام داده ام، به من خواهد داد . درست بود که برادرم آپارتمان را برای خودش خریده بود، ولی همین که بدون دریافت هیچگونه اجاره بهاء ، آنرا بما واگذارمیکرد، قابل تقدیربود . ما به آژانس مورد نظررفتیم وبعد ازصحبتهای فراوان صحت ملک موافقت کرد که مبلغی را که برادرم داشت ، بپذیرد ودرطول یکسال آن را تسویه حساب کند . برادرم درامریکا صاحب کارگاه بسیار پردرآمدی بود وتوانست کمترازیکسال کل مبلغ ملک را تسویه حساب نماید.
اوکه بعد ازدوبارازدواج ناموفق ، درحالیکه سه دخترزیبا وخوب هم دارد،ولی هرکدامشان دنبال زندگی خودشان هستند واوبایستی به تنهائی زندگی میکرد. من مرتبا تشویقش میکردم که ازدواج مجدد کند وازاین تنهائیها بیرون بیاید . همیشه فکرمیکنم تنها ، زندگی کردن برای آقایان بسیارمشکلترازخانمها است ونگران احوالش بودم ودوست داشتم دوباره با یک ازدواج خوب وسنجیده ، سروسامانی بگیرد .
درواقع بسیارنگرانش بودم ودلم نمیخواست درسن پنجاه وچند سالگی تنها باشد . ازلطفی که خداوند درحق ما کرده بود، بسیارخوشحال بودیم . برادرم هم خوشحال بود که توانسته بود ملکی درتهران بخرد .
همسرم با پس اندازی که داشت ، مرتبا برای پسرش خرجی میفرستاد وهزینه تحصیلش را میداد وهزینه های سیگاروایاب وذهاب خودش را تامین میکرد . مرتبا هم به جستجوی کاری مناسب با تخصصی که داشت ،تلاش میکرد، تا اینکه مجددا توانست دریکی ازموءسسات زبان تهران بصورت نیمه وقت استخدام شود . بنابراین تمامی مخارج زندگی برروی دوش من بود، ومثل یک مرد، دوزنه ، بایستی مخارج محل کارم را هم تأمین میکردم . گاها احساس میکردم ادامه ی این وضع برایم بس دشوار است وتوان وکشش آنرا درخودم نمیدیدم .
بعد ازدوازده تا سیزده ساعت کارسختی که داشتم، وقتی با قابلمه های غذا که درمحل کارم پخته بودم، با آژانس بخانه میرسیدم، اوحتی حاضرنبود تا طبقه ی پائین بیآید وحداقل درحمل آنها شریک شود ، وقتی هم اعتراض میکردم ،داد وفریادش به هوا میرفت . ازاینکه مورد سوءاستفاده های اوقرارگرفته بودم ، عذاب میکشیدم وازکرده ی خودم پشیمان شده بودم .
ازاینکه نقش یک شوهررا درزندگی ام داشتم ، ازخودم بدم می آمد ودلم میخواست من هم بتوانم مثل تمامی زنان خوشبختی که دراطرافم می دیدم ، زن باشم واززن بودنم لذت ببرم . با یک قلب مریض که با باطری کارمیکرد، مدام تشنج واضطراب هم داشتم .. اوحاضرنبود دراین زندگی، کوچکترین مسئولیتی بپذیرد! حداقل، فکرنمیکرد اگرازنظرمالی دستش تنگ است، ازنظرمعنوی جبران کند .. هیچ چیز! قیمت ماست کرده بود وجان خودش را خلاص !
ازبعد ازازدواجمان سروکله ی پسرش هم پیدا شده بود ،اولین باری که اورا دیدم، یک عدد سکه ی نیم پهلوی بعنوان کادو، بهش دادم . چندی نگذشته بود، که مبلغ پنج هزارتومان به او دادم تا برایم مثل کفشی را که پوشیده بود بخرد ، ولی بعد ازگذشت چند ماه ازشوهرم خواستم که ازاوسئوال کند، پس کفش من چه شد ؟! با کمال نا باوری گفته بود ، مادرم، پول نداشت

وپول شما را ازمن گرفت ! خیلی تعجب کرده بودم، که این چه مادری است که حاضرشده چنین کاربی ارزشی را انجام دهد وبرای شخصیت خودش ارزشی قائل نباشد! بعوض اینکه به فرزندش درس امانت داری وپذیرش مسئولیت داشتن را آموزش دهد ، دست به کاری غیراخلاقی زده بود . اگرمن بجای آن مادر،بودم ، ترجیح میدادم که ازگرسنگی وبی پولی بمیرم ، ولی چنین عمل زشتی را مرتکب نشوم .. کم کم فرزندش عادت کرده بود، که تمامی تعطیلات آخرهفته را بخانه ما بیآیدوبا پدرش باشد، من هم نهایت محبت را به اومیکردم وتلاشم این بود که با ماخوش باشد، ولی احساس میکردم، هربارکه بخانه ی ما می آید، ازوسائل جدیدی که خریده بودم سرشماری میکند . هروقت ازپدرش تقاضائی میکرد واومیگفت فعلا برایم مقدورنمیباشد ،بلافاصله میگفت : چطورداريد که فلان چیزرا بخرید، ولی برای من پول ندارید ؟! من ناچارمیشدم که توضیح دهم، عزیزم من خریده ام نه پدرت ... اوتمام مدت تلاش میکرد که بعد ازتعطیلات ، وقتی ما عازم محل کارمان بودیم به هرنحوی که شده ، تنها بماند، ولی من ازهمسرم خواسته بودم که برای امنیت خودش وخانه وزندگی خودمان این را نپذیرد وبخواهد که اوهم بمنزل خودشان برود . شاید ترسی را که ازتنها ماندن اوداشتم بدلیل حرفی بود که خواهرشوهرم که خانم دائی اش بود بمن گفته بود : بالاخره اویک روز، خانه وزندگی شما را به آتش میکشاند ... ولی من باورم نمیشد که منظورش چیست ؟ درآنزمان گمان کرده بودم ، منظورش واقعا آتش زدن با کبریت است !!غافل ازاینکه منظوردیگری درپس سخنان اوبود که من متوجه اش نشده بودم ...

وقتی ما به ملک برادرم نقل مکان کردیم، هیچ وسیله ی زندگی نداشتیم ومن بایستی تمامی آنها را بصورت قسطی خریداری میکردم . ده سال ازجدایی ام با همسرقبلی ام گذشته بود ، ولی گاها با خواهرشوهرسابقم درتماس تلفنی بودیم وباهم درد ودل میکردیم . تمامی اطرافیانم ازاینکه ازدواج مناسبی نکرده بودم مرا سرزنش میکردند. بعد ازچند ماه که ازخرید آپارتمان برادرم میگذشت، اوتلفن کرد وگفت : بقیه پول آپارتمان حاضراست ومیتوانی به صاحب ملک تلفن کنی که سندش را آماده کند، تا من به ایران بیآیم وبا اوتسویه حساب نمایم .

کمترازیکسال برادرم توانسته بود، سند ملکش را بگیرد ومن هم توانسته بودم ، یک زندگی کامل درست کنم ، خدا را شکرهمه چیزبه بهترین شکل موجود ، تهیه شده بود وکم وکسری نداشتیم ، ولی متاسفانه همسرم ازملکی که خریده بودیم انتقاد میکرد وخوشحال وراضی به نظرنمی آمد . مرتبا ازنقاشی ساختمان ومحله ی آن که درظرفبود وازهمسایه ها شکایت داشت وبنوعی مرا زجرمیداد . بخاطراین همه ناسپاسی اش ، مدام جروبحث میکردیم وبرایم عجیب بود که چطورمیتواند بجای شکروقدردانی مدام ابرازنارضایتی کند !!

چند شاگرد خصوصی گرفته بودکه درمنزل ، به آنها درس انگلیسی میداد وهرروزاعصاب منوبنوعی خردمیکرد. هرروزبگونه ای با کارهایش زجرم میداد ، هیچگونه عشق وعلاقه ای نسبت بمن وزندگی ام نداشت وانگارصرفا آمده بود که سرویس بگیرد ...اوحاضربقبول هیچگونه مسئولیتی درزندگی نبود . روزی صدباربخودم میگفتم چه غلطی کرده ام که نه راه پس دارم ونه راه پیش .

قبل ازازدواجم فکرمیکردم با محبتی که درحقش انجام داده ام ،هرگزمرا ناراحت نخواهد کرد. گمان میکردم، اگرازنظرمالی برایش مقدورنیست که وظایف شوهربودن را اجراء کند ، حداقل تا آخرعمرش با اعمالش ومحبتهایش قدرمرا خواهد دانست ... ولی انگارتماما رویائی بیش نبود وبقول معروف ، خر،مراد را سوارشده بود ومی تازانید .. من که میخواستم باران ببارد ، سیل آمده بود .

خیلی زود متوجه شده بودم که اوتنها افسردگی ندارد ، بلکه به نظرمی آمد بسیارازخود راضی وبی مسئولیت هم هست، انسان پرمدعا وازخود راضی بود که به تصورش تمام مردم بد بودند ودراشتباه ، ازهمه ایراد میگرفت وهیچکس را قبول نداشت . انگارفقط خودش تافته ی جدا بافته ای بود که نظیرش یافت نمیشود . ولی بازهم اورا می بخشیدم وبحساب مشکلاتش، گذشته

اش وبیماری اش میگذاشتم . بعد ازیکسال که درمنزل برادرم ، بدون پرداخت دیناری اجاره بهاء زندگی میکردیم، توانستم یک ماشین رنو ، صفرکیلومترخریداری کنم وزیرپای آقا بگذارم، که لطف کنند وحداقل زحمت بکشند مرا بخانه برسانند ، ولی این ماشین شده بود بلای جان خودم ، نه تنها خوشحال وراضی نبود، بلکه ازاینکه قراربود مرا به محل کارم ببرد وبیاورد هزاربارغرمیزدوازماشین ایراد میگرفت که این آشغال را چرا خریده ای ؟ با بغض به اومیگفتم، آخه همین آشغال،صفرکیلومتربهترازکنارخیابان ایستادن وسوارماشین های سواری مزخرف شدن نیست؟ بالاخره آنقدرغرزد که ناچارشدم آن را با یک ونیم میلیون تومان ضرربعد ازچند ماه بفروشم وبجای آن یک ماشین پراید دست دوم بخرم . نهایتا هم آقا لطف کردند ومبلغ سیصدهزارتومان ازآن را بمن پرداخت کردند .
کم کم برادرم هوس کرده بود مجددا ازدواج کند وازمن خواسته بود که دخترشایسته ای را برایش پیدا کنم تا اوبه تهران بیاید وبرای سومین بارازدوا ج کند . خب ، گرچه مسئولیت سنگینی بود که برای چنین آدمی به خواستگاری بروم وریش گروبگذارم ، ولی ازآنجائیکه برادرم بود ومحبتی هم بما داشت ، دلم نمیخواست نسبت به تقاضایش بی اعتنایی کنم . وقتی این موضوع را با شاگردانم درمیان گذاشتم، یکی ازآنها دخترخانمی را که حدود سی سال داشت ودریکی ازشهرهای شمال با مادرش زندگی میکرد، به من پیشنهاد کرد. من قرارگذاشتم که ایشان را ببینم وبا برادرم هم درموردش صحبت کنم ، بعد ازاینکه ایشان را دیدم ،بنظرم آمد که دخترساده وخوبی است که برای برادرم هم مناسب میباشد. البته بهردوی آنها گفته بودم که من فقط وفقط یک معرف هستم وهیچگونه مسئولیت دیگری را نمی پذیرم ، بهتراست تحقیقات لازم وکافی را هرکدامتان مستقلا انجام دهید ،آنها هم صد درصد با نظرمن موافقت کردند .
وقتی برادرم را درجریان گذاشتم اوتصمیم گرفت به ایران بیآید ودخترخانم را ببیند . بعد ازآن مدتها با یکدیگرتلفنی درارتباط بودند وصحبت میکردند . آنها بعد ازیکی دوبارملاقات ، تصمیم گرفته بودند که هرچه سریعترازدواج کنند. بعد ازمدتی برای خواستگاری باتفاق برادرم به شمال رفتیم، آنها وضع مالی خوبی نداشتند ، ولی انسانهای شریف وتحصیلکرده ای بودند .
یک روزبرادرم ازآمریکا تلفن کرد وگفت : دخترخانم خواسته تا آپارتمانی را که شما درآن زندگی میکنید به عنوان مهریه به اسمش کنم ، من بلافاصله مخالفت کردم وگفتم، با توجه باینکه اختلاف سنی شما بالاست ودراینجا هم بعضی ازدخترها با مردانی پولدارمثل شما ازدواج میکنند،تا مهریه های سنگین داشته باشند وبعد هم طلاق بگیرند وبروند ، اصلا صلاح نیست این کاررا انجام دهید ، برادرم که عاشق شده بود ، گفت : نخیراین دختر فرق میکند ومن فکرنمیکنم اوبه این دلیل مهریه خواسته باشد . ضمن اینکه چه کسی مهریه را داده وچه کسی گرفته است ؟! به برادرم گفتم که شدیدا دراشتباه هستی ، مهریه را هم میگیرند وهم میدهند. برادرم اصولا عادت داشت همیشه با حرف دیگران مخالفت کند، طبق معمول هم سازمخالف کوک کرده بود ومن گفتم میل خودتان است .
برادرم با بی حکمتی ، عین نظریه مرا کف دستان دخترخانم گذاشته بود واورا برعلیه من شورانده بود . یک روزمجددا برادرم به من تلفن کرد وگفت : دخترخانم میخواهد مراسم عروسی من دریک هتل بزرگ باشد ، به برادرم گفتم : میل خودتان است ، ولی ما که کسی را نداریم دعوت کنیم ، آنها هم که به نظرنمیرسد خیلی تابع تشریفات باشند . برادرم ازمن خواهش کرد با اوتماس بگیرم واورا وادارکنم مراسم را درآپارتمان ما بگیرند . وقتی به دخترخانم درشمال تلفن کردم ، مادرش گوشی را برداشت وبعد ازسلام واحوالپرسی، گفت : عروسی را بایستی درهتل بگیرید ، چون برادرشما میخواهد با سن بالا، با یک دختربچه ازدواج کند .
ازاوخواستم که گوشی را به عروس خانم بدهد ، وقتی عروس خانم گوشی را گرفتند ، قبل ازاینکه زبانم را بازکنم ، گفتند : مراسم عروسی ومهریه ی من فقط به شوهرم ومن ارتبا ط دارد، وشما اجازه ندارید دخالت کنید، من که شوک شده بودم ، به اوگفتم، قصد دخالت کردن نداشتم ، فقط میخواستم عین پیغام برادرم را به شما بدهم . بعد ازآنروزازبرادرم خواستم

بیشترازاین مرا درگیراین مسئله نکند ... چند روزبعد برادرم که ترسیده بود ، مبادا بعد ازاین من همکاری نکنم وبه عروسی هم نروم، با خواهرم درآلمان تماس گرفته بود وازاوخواسته بود که برای انجام مراسم با هزینه ی اوبه تهران بیاید ... ضمنا عروس خانم هم خانمی را که ازشاگردانم بود وایشان را بمن معرفی کرده بود، به محل کارم فرستاده بود ، فرشته با آوردن یک دسته گل ازطرف عروس خانم، شروع به عذرخواهی کردن کردند ، من هم طبق معمول که همه را می بخشم، آنها را نیزبخشیدم وقول همکاری ومساعدت دادم . دو، سه ما ه بعد ، برادرم به تهران آمد وآنها درآپارتمان ما مراسم جشن عروسی شان را گرفتند، من هم هرکاری که ازدستم برمی آمد، برایشان انجام دادم . برادرم مرتبا برای دیدن همسرش به ایران می آمد وبعد ازنه ما ه آنها برای گرفتن اقامت خانم ، به دبی رفتند . کاراقامت عروس خانم هم درست شد وعازم امریکا شدند . عروس خانم بعد ازاینکه به امریکا رفته بود، با من بد شده بود، نه تنها بمن تلفن نمیکرد، حتی وقتی به برادرم تلفن میکردم ومیخواستم با عروس خانم صحبت کنم ، برادرم به نوعی بهانه می آورد که دستش بند است ونمیتواند صحبت کند . این طرزرفتاربرایم خیلی عجیب بود، گمان میکردم، شاید بدلیل اینکه حامله شده است مضطرب است وحوصله حرف زدن با من را ندارد ، ولی گویا هنوزهم بخاطرمهریه وبقیه قضایا ناراحت بود ودلخوری داشت . بعد اززایمانش هم به نظرمی آمد با من بدترشده بود ، هروقت که تلفن میکردم با اوصحبت کنم برادرم میگفت : بچه اش روی پاهایش خواب است ونمیتواند حرف بزند ! برادرم چند ماه یکباربه تهران می آمد وما بایستی به فرودگاه میرفتیم واورا به خانه ی خودش که ما درآن ساکن بودیم ، می آوردیم . اززمانی که همسرم مطلع میشد ، برادرم قصد آمدن به تهران را دارد ،غرغرمیکرد که مگرمن راننده ی برادرشما هستم ؟ میگفت ، اگراین ساختمان متعلق به اوست ولی خانه ی من است ، با شرمساری خیلی زود محبتی را که من وبرادرم درحقش کرده بودیم، فراموش کرده بود وچشم دیدن هیچکدام ازما را هم نداشت . اومیگفت، بمن چه که به فرودگاه بروم ! اگر تومیخواهی،خودت آژانس بگیروبروفرودگاه . اوانسان بسیارحسود وکینه ای بود که اگربالاترین محبتهای دنیا را هم کسی باومیکرد، قدرنمیدانست وسپاسگزارنبود . خیلی زود متوجه شده بودم آلت دست اوواقع شده ام وقصدش ازاین ازدواج فقط سوءاستفاده بوده وهدفی بغیرازگذراندن زندگیش را نداشته است . بارها وبارها با خواهرش صحبت کردم،اومیگفت، دقیقا حق با شماست،ولی چه فایده داشت . متاسفانه این طرزرفتار،جزیی ازشخصیت اوبود . تمامی اطرافیانش ازخواهروبرادرگرفته تا دوست وآشنا ازاوگله مند بودند وگلایه هایی برای گفتن داشتند که اوایل بمن برمیخورد ، ولی کم کم متوجه شده بودم که حق با آنهاست . مثلا برادربزرگترش میگفت ، اونه یک همسرخوب است . نه یک برادرخوب ، ونه یک پدرخوب ،نه دایی ویا عموی خوبی است . من ازاین ازدواج خیلی زود پشیمان شده بودم ، ولی ازحرف مردم میترسیدم وجدایی مجدد برایم خیلی سخت شده بود، اوهم که انگارمتوجه ی نقطه ضعف من شده بود ومیدانست ازدواج دومم بوده وازحرف مردم میترسم ونگران لطمه خوردن به شخصیت شغلیم بودم ، اصلا برایش مهم نبود که من ازازدواجمان پشیمان شده ام ودوست ندارم آنرا ادامه دهم ... حاضربه قبول هیچ مسئولیتی دراین زندگی مشترک نبود وانگارکه من وظیفه ام شده که به ایشان سرویس دهم وایشان هم درمقابلش بی حرمتی وبی عدالتی کند ، اوکاملا بی خیالی را طی میکرد . اعصابم داغون شده بود . درپایان وقت کاری ام ، درمحل کارم برایش کلاس انگلیسی گذاشته بودم ، چند نفری هم شاگرد داشت که تمامی آنها فامیلهایش بودند ، ازجمله دختربرادرش، که وقتی متوجه شدم ازاوهم شهریه گرفته ، ازتعجب نزدیک بود شاخ دربیاورم ، آخه مگرچنین چیزی ممکن است ؟! چطورممکن است عمو، ازبرادرزاده ی خودش برای یاد دادن زبان انگلیسی پول بگیرد ؟ خب خیلی چیزها دررفتارهای اومیدیدم که برایم غیرقابل تصوربود وقبلا هرگزدرزندگی ام ندیده بودم . تازه متوجه شده بودم که اختلاف عقیده وسلیقه بسیاری داریم که خوشایند من نبودند . گاها فکرمیکردم ، شاید اشکال ازمن است که بعد ازده سال جدائی ،دیگه

تحمل هیچ مردی را نداشتم وشاکی شده بودم . ولی مطمئن بودم که حتی اگرچنین هم میبود ، اوبایستی با نهایت احترام وادب ومحبت ،مرا تصحیح میکرد . محبت میتوانست مرا آرام کندوبه زندگی امیدوارم سازد . تنها چیزی که باعث شده بود ازدواج کنم کمبود محبت بود، آن هم ازطرف مردی که باصطلاح همسرم بود ...
یک روزکه دیگه خیلی خسته شده بودم به اوگفتم : من میخواهم ازتوجدا شوم، بعد ازکلی مشاجره، اوبا حمله بطرفم وفشردن گلویم نزدیک بود خفه ام کند ، این کارش برایم خیلی گران تمام شده بود وبلافاصله وقتی به محل کارم رفتم، به پدریکی ازشاگردانم که وکیل بود تلفن کردم وازاوتقاضای کمک نمودم ، بعد هم به توصیه ی اوبه پزشگی قانونی رفتم . قرارشد درب خانه را قفل کنم واورا راه ندهم ... ولی اوبا لات بازی ولگد زدن به درب کرکره ای آپارتمان ، وایجاد سروصدا باعث شد که من به دوستش وخواهرش تلفن کنم وازآنها بخواهم که بمنزل ما بیایند . وقتی آنها آمدند، درب را بازکردم وآنها با اوبداخل آپارتمان آمدند ، دوستش وقتی حرفهای مرا شنید، کاملا به من حق داد وکلی اورا نصیحت کرد که توبایستی زندگی سابقت را بخاطربیاوری وقدراین زن واین زندگی را بدانی ... این کشمکش ها گاه گاهی ادامه داشت وباعث دلشکستگی من میشد . متاسفانه اوهمسردوم من بود وبایستی تحمل میکردم که مجددا کاربه جدایی وبی آبرویی نرسد . محکوم بودم این زندگی لعنتی را تحمل کنم ودم نزنم.
تمام مدت صحبت ازجدایی بود. میگفت: چرا با خواهرشوهرقبلی ات تماس داری ؟ بخاطرهمین موضوع درحضورخواهرش دعواها بپا میکرد. اونمیتوانست احساس ووضعیت مرا درک کند ، یک عمربا آنها زندگی کرده بودم ونمیتوانستم بگویم خدا حافظ . ضمن اینکه هنوزهم آنقدرکه میتوانستم روی معرفت آنها حساب کنم، روی همسرم اصلا نمیتوانستم حساب کنم وازآنجائیکه زندگی ام را با اونا پایدارومتزلزل میدیدم ، سعی داشتم آنها را برای روزمبادا برای خودم حفظ نمایم . درسته که آنها مراخیلی اذیت کرده بودند، ولی من همه چیزرا فراموش کرده بودم وبه خوبی های آنها فکرمیکردم وبهیچ عنوان کینه ای ازآنها بدل نداشتم . ضمن اینکه خودم باومیگفتم که با سوری تماس داشته ام ، ولی اوبجای قدردانی ازاینهمه صداقت ،با من دعوا میکرد وبهانه میگرفت که توهنوزهمسرسابقت را دوست داری وبزندگی گذشته ات فکرمیکنی ، ولی فکرنمیکرد اگراینطوراست که میگوید ، چرا تلاش نمیکند که جای پای خودش را دراین زندگی محکم کند ؟ چرا اندکی عشق ومحبت ، احساس مسئولیت ، همدلی ، هم یاری ، صداقت ، ایجاد نمیکند ؟! اواندک آسایشی را که بعد ازسالها زجروتنهایی بدست آورده بودم، ازمن گرفته بود ومنوحتی ازخودم هم متنفرکرده بود . یک روزبرحسب تصادف درکانال تلویزیون امریکا که ازماهواره پخش میشد، وکیلی درمورد گرین کارت امریکا صحبت وتبلیغ میکرد . تصمیم گرفتم که با اوتماس بگیرم واقداماتی را جهت رفتن ازایران انجام دهم . گمان میکردم، شاید با رفتنمان، مشکلات حل شود ویا به نوعی کمتر گردد . غافل ازاینکه به هرکجا که روی آسمان همین رنگ است . روزبعد با وکیل تماس گرفتم واقدامات اولیه را شروع کردم، ازبرادرم هم خواستم دراین راه بما کمک معنوی کند وکارهای اداری که ممکن بود پیش بیاید برایمان انجام دهد .
قراربراین شده بود که مبلغ سه هزاردلاردرابتدا برای انجام کاربحساب وکیل واریزنمایم . بنابراین ازبرادرم خواستم که این پول را به ایشان پرداخت نماید ومن هم معادلش را بحسابش درتهران واریزنمایم . بعد هم با پرداخت مبلغ یک ونیم میلیون تومان برای ترجمه ی کلیه مدارکم وهزینه ی پست (دی – اچ – ال) کاررا بصورت جدی دنبال میکردم . مرتبا خط ارتباطی من با وکیلم برقراربود، ومدارکی را که نیازپیدا میکرد به دفعات با (دی –اچ –ال) برایش میفرستادم . شوهرم هم بدون انجام هیچگونه کمکی فقط روزشماری میکرد که کارهای اقامتمان سریعتردرست شود واوبه آرزویش برسد .
مرتبا مرا برای مهاجرت ، شست وشومغزی میداد، حتی فکرش را هم نمیکرد که چگونه وبا کدام پول بایستی مهاجرت کنیم ؟! ازطریق بعضی ازشاگردانم مطلع شده بودم که درهندوستان

شخصی هست که کارهای عجیبی انجام میدهد، فکرکردم که بهتراست برای دیدن اوبه آنجا برویم وباین وسیله هم ماشینم را ازدست اووغرغرهایش نجات دهم . بهمین دلیل تصمیم گرفتیم که ماشین را بفروشیم وبرای تمدد اعصاب هم که شده ، سه هفته ای را به هندوستان برویم وآقای سایبابا را هم که خیلی وصفش را شنیده بودیم ، ببینیم .
وقتی به بمبئی رسیدیم ، یکراست به جایگاهی که گمان میکردیم میتوانند آدرس سایبابا را بما بدهند رفتیم . بالاخره پرسان ، پرسان به شهری که اودرآنجا معبد وهتل های بسیارارزانی برای بازدید کنندگانش داشت رفتیم . ایام کریسمس بود وجمعیت انبوهی درآنجا برای دیدن او ازکشورهای مختلف آمده بودند . محله ی بسیار، بسیارآرامی بود . افرادی که برای دیدن اوآمده بودند، خیلی قبولش داشتند وقصه های فراوانی برای بازگوکردن داشتند ، من که خیلی دلم گرفته بود، مدام گریه میکردم ودردلم ازاومیخواستم برایم دعا کند . بقدری مستأ صل ونا امید شده بودم که هرکس هرجا ویا هرکسی را می شناخت بمن معرفی میکردبه آنجا میرفتم تا شاید راه حلی پیدا کنم وبه آرامش درونم برسم ...
غافل ازاین که دراکثرمواقع، دستهای شیطان درکاراست . شدیدا بدنبال واسطه ای میگشتم که برایم نزد خداوند شفاعت کند ، غافل ازاینکه خداوند نیازبه واسطه ندارد . من شخصا میتوانستم دست نیازم را فقط به طرف اوکه یکتا است . قادرمتعال است . دانای مطلق است . توانای مطلق است . درازکنم وخودم مستقیما با اووارد درد دل وراز ونیازشوم . نجات، فقط دردستان توانا وپرقدرت اوست . نه درمعابد هندوها ودعا نویسها ... جهالت ونادانی گاها باعث دردسرهایی میشوند که شاید غیرقابل جبران باشند .
یک روزوقتی برای دیدن مراسم نیایش آنها رفته بودیم ،خیلی گریه میکردم ودردلم مرتبا با خدا رازونیازمیکردم وازاوکه خالق کل هستی وکائنات است میخواستم که با من آشتی کند . ازاومیخواستم که گناهان من ویا گناهان پدرومادرم را ببخشد وبیش ازاین مرا تنبیه نکند . ازاو میخواستم دستهای توانمندش را درازکند ودستها ی کوچک ورنجورمرا بگیرد . ناگهان دعا ی حضرت سلیمان بیادم افتاد که میگوید :
برای هرچیزی که درزیرآسمان انجام می گیرد ، زمان معینی وجود دارد : زمانی برای تولد، زمانی برای کاشتن ،زمانی برای کشتن ، زمانی برای شفا دادن ، زمانی برای خراب کردن ، زمانی برای ساختن . زمانی برای گریه ، زمانی برای رقص . زمانی برای دورریختن سنگها، زمانی برای جمع کردن سنگها ، زمانی برای درآغوش گرفتن ، زمانی برای اجتناب ازدر آغوش گرفتن . زمانی برای به دست آوردن ، زمانی برای ازدست دادن ، زمانی برای نگه داشتن ، زمانی برای دورانداختن . زمانی برای پاره کردن ، زمانی برای دوختن . زمانی برای سکوت ، زمانی برای گفتن . زمانی برای محبت ، زمانی برای نفرت . زمانی برای جنگ ، زمانی برای صلح . آدمی اززحمتی که می کشد چه نفعی می برد ؟ من درباره کارهایی که خداوند بردوش انسان نهاده است تا انجام دهد ، اندیشیدم . ودیدم که خداوند برای هر کاری زمان مناسبی مقررکرده است . همچنین ، اودردل انسان اشتیاق به درک ابدیت را نهاده است ، اما انسان قادرنیست کارخدا را از ابتدا تا انتها درک کند .
یک زن خوب چه کسی میتواند پیدا کند ؟ ارزش اوازجواهرات هم بیشتراست ! اومورد اعتماد شوهرش می باشد ونمی گذارد شوهرش به چیزی محتاج شود . درتمام روزهای زندگی به شوهرش خوبی خواهد کرد ، نه بدی . پشم وکتان می گیرد وبا دستهای خود آنها را می ریسد . اوبرای تهیه خوراک ، مانند کشتیهای بازرگانان به راه های دورمی رود. قبل از روشن شدن هوا ، بیدارمی شود وبرای خانواده اش خوراک آماده می کند ودستورات لازم را به کنیزانش می دهد . او قوی وپرکاراست . به امورخرید و فروش رسیدگی می نماید . شبها تا دیروقت درخانه کارمی کند . با دستهای خود نخ می ریسد و پارچه می بافد . اودست ودل بازاست وبه فقرا کمک می کند . اوزنی است قوی وبا وقاروازآینده نمی ترسد . سخنانش پرازحکمت ونصایحش محبت آمیز است . اوتنبلی نمی کند . بلکه به احتیاجات خانواده اش رسیدگی می

نماید . زیبایی فریبنده وناپایدار است ، اما زنی که خدا ترس باشد قابل ستایش است . خداوند به کسانی که اورا خشنود می سازند حکمت ، دانش وشادی می بخشد، ولی به گناهکاران زحمت اندوختن مال را می دهد تا آنچه را اندوختند به کسانی بدهند که خدا را خشنود می سازند . این زحمت نیزمانند دویدن بدنبال باد ، بیهوده است .

همان شب با چشمانی گریان ودلی پردرد به خواب رفتم. درخواب پیامبری نورانی را دیدم که دردرب معبد ایستاده بود وبا لبخندی برلبانش به من نگاه میکرد. گویی میگفت : دخترم چرا راهت را گم کرده ای ؟! درمعبد هندوها چکارمیکنی ؟ توخدا را داری پس چرا گریانی ؟! ایمانت کجا رفته ؟!اینجا چکارمی کنی ؟! خداوند ترا دوست دارد . توبه کن وازگناهانت به نزد خدا برگرد ... انگاراومیگفت ،گریان نباش خداوند، ندای قلب ترا شنیده است . گفت به خداوند ایمان بیاورتا گناهانت بخشوده شود . میگفت شما میتوانید بنام من ، هرچیزی ازخدا درخواست کنید ومن آن را به شما خواهم داد . اومیگفت : شما که بخدا ایمان دارید، به من نیزایمان داشته باشید . اوگفت ، من خودم را فقط به کسانی نشان میدهم که مرا دوست میدارند وهرچه می گویم اطاعت می کنند . گفت اگرکسی مرا دوست نداشته باشد، کلام مرا اطاعت نخواهد کرد.

درحالی که ازآن مرد خدا وخودم خجالت میکشیدم ،جوابی برای گفتن نداشتم . انگارهرچه اتفاق می افتد ازپیش تعیین شده وانسان خاکی نمی تواند با خدای قادرمطلق مجادله کند. هرچه بیشترمجادله کند ، بیهودگی سخنانش آشکارترمی شود وهیچ سودی عایدش نمی گردد. کیست که بداند دراین عمرکوتاه وبیهوده که همچون سایه گذرا است، چه چیزبرای انسان خوب است؟ وکیست که بداند درآینده درزیراین آسمان چه اتفاقی خواهد افتاد ؟ نیکنامی ازبهترین عطرها نیزخوشبوتراست . روزمرگ ازروزتولد بهتراست . رفتن به خانه ای که در آن عزاداری می کنند ، بهترازرفتن به خانه ای است که درآن جشن برپاست . زیرا زندگان باید همیشه این را به یاد داشته باشند که روزی خواهند مرد . غم ازخنده بهتراست ، زیرا هرچند صورت را غمگین می کند اما باعث صفای دل می گردد. کسی که دائم به فکرخوشگذرانی است ، نادان است ، شخص دانا به مرگ می اندیشد . انسان باید ازخداوند بترسد واحکام اورا نگاه دارد ، زیرا تمام وظیفه ی اوهمین است . خدا هرعمل خوب یا بد ما را ، حتی اگردرخفا نیزانجام شود ، داوری خواهد کرد .

بعد ازسه هفته به تهران برگشتیم. کمی حال وروزم بهترشده بود . انگارسه هفته استراحت کردن درایام کریسمس برایم بسیارمفید واقع شده بود . حتی درمعبد بودا ها وهندوها هم زرق وبرق ونورچراغهایی که به مناسبت ایام کریسمس وبرای شریک شدن درشادی مسیحیان جهان آزین بسته بودند به چشم میخورد . سه هفته ای را با آرامش روح وروان ودورازنا آرامی های زندگی درتهران ، سپری کرده بود یم ، سرحال ومتحول شده برگشته بودم .

بخودم میگفتم : درباره فردای خود با غرورصحبت نکن ، زیرا نمی دانی چه پیش خواهد آمد.

با وکیلم تماس گرفتم ، اوگفت : نزدیک یکسال است من روی پرونده شما کارمیکنم ،حالا به جایی رسیده است که شما بایستی جایی را بصورت صوری به عنوان محل کار، به اداره اقامت معرفی کنید تا من بتوانم پروژه شما را ادامه دهم .

با برادرم دراین مورد صحبت کردم وموافقت اورا گرفتم ، برادرم بمن قول داد یک اطاق از دفترکارخودش را بعنوان دفترکارمن به آنها معرفی نماید . وکیلم بعد ازیکماه تلفن کرد وگفت : مدارکی برای ویزای ما آماده کرده است که نیازاست یک نفربدون وابستگی فامیلی با شما وبا اسمی متفاوت آن را امضاء کند، تحت این عنوان که مرا بعنوان معاون خودش دعوت بکارنماید. با برادرم موضوع را درمیان گذاشتم واوقبول کرد که همسرش اینکاررا برای من انجام دهد . بعد ازیکماه امروزوفردا کردنهای برادرم ، مجددا با وکیلم تماس گرفتم تا سئوال کنم بعد ازامضأ خانم برادرم چه مدت طول خواهد کشید تا ویزای ما آماده گردد ؟

اوگفت : شما بایستی مبلغ هزاردلاردیگربمن بدهید تا پرونده را به جلو بیاندازم. درآن صورت شما میتوانید یکماه دیگربرای مصاحبه به یک کشورثالث بروید وبعد ازانجام مراحل قانونی ،

ویزای (ان ، وان) شما آماده خواهدشد ،ازاینکه داشتم به هدف نزدیک میشدم بسیارخوشحال بودم . تمام هم وغمم رفتن به امریکا شده بود، تمامی انرژی ام را روی این مسئله گذاشته بودم، وقتی با برادرم تماس گرفتم که اورا درجریان بگذارم، با کمال نا باوری وتعجب گفت : متاسفانه خانمم مدارک شما را امضا نمیکند، من هم حقیقتش مایل نیستم اواینکاررا انجام دهد، چون برای من مسئولیت دارد... مثل اینکه دنیا روی سرم خراب شده بود وباورم نمیشد!! اوگفت : راستش همسرتوآدم نمک نشناسی است ومن حاضرنیستم بیشترازاین به اوسرویس بدهم . تواگردوست داری جوراورا بکشی خود دانی ، ولی من نیستم . اوگفت : گمان نکن که دوروزدیگرکه کارهای اقامتش را درست کردی ازتوقدردانی خواهد کرد ، اگر بجایی هم برسد خواهد گفت، خواستی نکنی یا اینکه لیاقتهای خودم بود ه است . شاید حق با برادرم بود ، ولی من چه گناهی کرده بودم، من چرا بایستی تقاص نا سپاسیهای اورا میدادم ؟ ولی برادرم هم که مسئولیت نداشت مرتبا بمن سرویس دهد ، اوهم ازرفتارهای همسرم عاجزشده بود ودلش نمیخواست بیشترازاین به اوخدمت کند . برادرم میگفت، توتوقعاتی را که بایستی ازهمسرت داشته باشی، ازمن داری . چرا چنین شوهری کردی که یک عمربه اوکولی بدهی ؟ بمن مربوط نیست ...اویادش رفته بود که خودش مرا تشویق به این ازدواج کرده بود .

خوب یکباردیگرگزنکرده پاره کرده بودم . دوباره با دستان خودم دردسردرست کرده بودم . با دوستم (بدری) درسانفرانسیسکوتماس گرفتم ،اوکه زمان ازدواج من وهمسرم درتهران بود وکم وبیش درجریان نحوه ی زندگی من قرارگرفته بود ، گفت : من اینکاررا برای توانجام میدهم ، فقط تلفن برادرت را بمن بده تا با اوتماس بگیرم ومدارکت را بخواهم برایم پست کند . بعد ازیک هفته دوستم تلفن کرد وگفت ،با برادرت تماس گرفته ام ، ولی متأسفانه اوبمن گفته است که ببینید من اگرجای شما بودم اینکاررا انجام نمیدادم ،انجام اینکاربرای شما مسئولیت دارد . گرفتاریهای بیمه ومالیات و... دوستم می گوید ، ولی من فلانی را خوب می شناسم وآدم بسیاردقیقی است وگمان نمیکنم کاری کند که برای من مشکلی بوجود بیآید . برادرم به اومیگوید :خوب میل خودتون، من که برادرهستم امضاء نکرده ام ، پس مطمئن باشید اگرموضوعی نبود حتما امضاء میکردم . بعد هم ادامه میدهد اگراوشوهری کرده است که نمیتواند تأمینش کند به من وشما چه ارتباطی دارد ؟ تمام دنیا بایستی بسیج شوند که شوهراورا حمایت کنند ؟

دوستم به اومیگوید : حالا من بایستی با همسرم دراینمورد صحبت کنم . دوستم بعد ازیک هفته تلفن کرد وگفت : راستش ما هم ترسیده ایم امضاء کنیم...

گوشی تلفن را که گذاشتم ، ازشدت نا امیدی وسرخوردگی احساس سرگیجه وحالت تهوع بهم دست داده بود. من آدم سا لمی نبودم که بتوانم اینهمه استرس وناراحتی را تحمل کنم ،حمل آنها یک تنه برایم خیلی جان گدازبود .

کلام خدا میگوید :

عاقل باش وبرای به چنگ آوردن ثروت ، خودت را خسته نکن ، زیرا ثروت ناپایداراست ومانند عقاب می پرد وناپدید می شود . خب اینجا هم سرم به سنگ خورده بود حالا چکارکنم؟ به وکیلم تلفن کردم وماجرا را تعریف کردم ... اوگفت : اینطورکه برادرتان گفته است ،نیست. اگرمسئله ای پیش بیاید مسئولیتش با من است که وکیل این پرونده هستم ، شما مطمئن باشیدهیچ مشکل قانونی دراینراه وجود ندارد ومن درماه چندین وچند پرونده برای گرفتن همین نوع ویزا دارم . اوگفت : من کسی را می شناسم که هزاردلارمیگیرد ومدارک را امضاء میکند ، شما اگرخواستید روی این موضوع فکرکنید وبمن اطلاع دهید، تا کارتان را ادامه دهم. باخودم فکرمیکردم حالا گیرم که کارمان درست شد، بایستی به منزل برادرم برویم که اوعدم رضایتش رااعلام کرده بود وبغیرازاوکسی را درامریکا نداشتیم . بنابراین پرونده بلاتکلیف ماند وتمامی مخارجی را که متحمل شده بودم ازبین رفته بود . برای همسرم اصلا مهم نبود که من چه کشیدم وچطورشد، اونه سرمایه گذاری مالی کرده بود ونه معنوی ،هیچ چیزازدست

نداده بود که برایش متأثرباشد . ازاین طرزبرخورد اوبیشترعذاب میکشیدم . با صبروشکیبایی انتظارخداوند را میکشیدم . وضعیت قلبم روزبروزبدترمیشد . خب خیلی طبیعی بود،خیلی شانس آورده بودم که تا آن تاریخ زنده بودم، بایستی با این همه مشکلات واسترس سالها پیش مرده باشم . باطری که درزیرپوستم درقسمت راست بالای قفسه سینه ام داشتم ، درحال پاره کردن پوست وبیرون آمدن بود، زمانش رسیده بود که آنرا تعویض کنم ، ولی چطور؟ با کدامین امکانات ؟ حداقل ماهی یکی ، دوباربرای کنترل قلبم به بیمارستان دی میرفتم وکلی هزینه میکردم . دکترها گفته بودند تا آخرعمرم این پیس میکرواین باطری بایستی درقلبم بمانند وهیچ راهی برای بیرون آوردن آنها وجود ندارد . دکترمتخصص قلب بمن گفته بود که بیرون آوردن این پیس میکر(ضربان ساز) مساوی است با مرگم . برادرم میگفت : داماد سرخونه آورده ای ،خدا را شکرهم ازمن سالم تربود وهم قوی تر، ولی افسردگی را کرده بود بهانه وحاضربهیچگونه همکاری دراین زندگی به اصطلاح مشترک نبود . هربارکه برادرم به تهران می آمد، یا بمن پول میداد ویا ما را به رستوران میبرد، طفلکی نه تنها باری بردوش ما نبود ، بلکه کمک حالمان هم بود .

یک روزخواهرم ازآلمان تلفن کرد وگفت : همانطورکه برای برادرت ، زن پیدا کرده ای برای پسرمن هم یک دخترخوب پیدا کن که به ایران بیائیم وازدواج کند . خواهرم گفت : ترا بخدا این کاررا برای پسرم انجام بده ، آرزودارم ازدواج اورا ببینم ،حالا نزدیک بیست وهفت سالش شده وباید با کارخوبی که دارد حتما ازدواج کند .

یکباردیگرمن احمق شدم ودلم سوخت وگفتم، بسیارخوب من تحقیق میکنم ببینم آیا میتوانم دختر خوبی را به اومعرفی کنم، بعد ازپرس وجووتحقیق ، دخترخانواده داروخوشگلی را که فقط نوزده سال داشت، برای ازدواج با پسرخواهرم درنظرگرفتیم . خواهرم وپسرش به تهران آمدند ودرآپارتمان ما مستقرشدند، بعد ازرفتن به چند جای مختلف برای خواستگاری ، نهایتا این دختری را که بسیاربا شخصیت بود را پسندیدند . پدردخترک مهندس بود وبسیاربا شرف وبا آبرو،آنها قبول کردند که مراسم عقد کنان را درمنزل خودشان بگیرند، ولی مراسم عروسی درآلمان برگزارشود .

وقتی به خرید طلاوجواهرات ولباس عروسی میرفتند به خواهرم گفتم، بهتراست اول تکلیف مهریه را روشن کنید ،پسرخواهرم ازمن سئوال کرد نظرشما چیه ؟ چون من درآلمان بزرگ شده ام واصلا نمیدانم مهریه یعنی چه؟! وقتی درمورد مهریه برایش توضیح دادم، گفت: نه ، من بهیچ عنوان مهریه نمی گذارم واگرآنها میخواهند دخترشان را به من بدهند، اگرنه میل خودشان است ومن اصراری ندارم . خواهرم با پدردختر صحبت کرد وآنها پذیرفتند که دخترشان مهریه نداشته باشد ، انگارعشق رفتن بخارج ازکشورهمه را کورکرده بود.

بعد آنها به خرید رفتن ادامه دادند . خواهرم یک ست گردن بند،انگشتر،گوشواره که متعلق بخودش بود را برای عروس خانم درنظرگرفته بود ، وقتی آنها را بمن نشان داد به اوگفتم ، بهتراست آنها را به طلا فروشی بدهید تا برایتان جلا دهند ، ضمنا متوجه شدم که قفل دستبند هم شکسته است، باوگفتم : به نظرمن بهتراست اینها را بفروشید ویک ست نوخریداری نمائید. بعد درحالیکه عازم محل کارم بودم آنها را روی میز نهارخوری گذاشتم وگفتم ، یادت باشد که حتما حداقل قفل آن را درست کنید، بعد هم رفتم سرکار، به نصفه های پله ها رسیده بودم که یادم افتاد گازرا خاموش نکرده ام، برگشتم وگازرا خاموش کردم وسریع رفتم بیرون .

شب وقتی خسته وکوفته ازمحل کارم برگشتم ،دیدم پسرهمسرم هم برای دیدن آنها به منزل ما آمده است وهمه جمع هستند . خواهرم بمن گفت : خب طلاهای عروس را پس بده ! من اول فکر کردم شوخی میکند، پرسیدم چه گفتی ؟! گفت طلاهای عروس را که برداشته ای پس بده، یک دفعه متوجه شدم همگی با تعجب بمن نگاه میکنند، پرسیدم کدام طلاها ؟! خواهرم گفت: همان طلاهایی را که صبح بهت نشان دادم وتوآنها را برداشته ای !.. گفتم چی ! من برداشته ام؟!! آپارتمانمان دورسرم می چرخید ... چی ؟! مگرمن آنها را همین جا نگذاشتم ورفتم ؟! او

وپسرش گفتند ، درسته ولی بعد شما به بهانه اینکه گازرا خاموش کنید برگشتید وآنها را برداشتید ،پرسیدم ، شوخی میکنید ؟ گفتند نه جدی میگوئیم ...طلاها نیست وتوآنها را برداشته ای ...درحضورپسرشانزده ساله ی شوهرم، خدای من آنها دیوانه شده اند ؟ نمیدانستم چه بگویم!گفتم درطول زندگیتان با من چند بارتا بحال سابقه دزدی داشته ام که این باردیگرم باشد؟ من آنها را برداشته ام ؟ بفرمائید که قیمت آنها چقدراست ؟ دسته چکم را آماده کردم ، اوگفت : هشتصد هزارتومان قیمت دارد، قبل ازاینکه شروع کنم به نوشتن چک، شوهرم گفت : بهتره که همه جا را بگردید، شاید یک جا گذاشته اید یادتان رفته است . خواهرم گفت : نه خیرآقا من همه جا را گشته ام ، مطمئن هستم که آنها را اوبرداشته است ، پسرخواهرم ازروی صندلی که نشسته بود برخاست وگفت : مامان پاشوازاین خانه که مطمئن نیست ومال آدم را برمیدارند، برویم هتل ... بعد رفت داخل اطاقی که به آنها داده بودیم، تا لباسهایش را بردارد وبرود . شوهرم وپسرش بدنبال اوداخل اطاق رفتند .

شوهرم به اوگفته بود : بیا قبل ازاینکه شما به هتل بروید، با همدیگراینجا را بگردیم ، پسره گفته بود : باشد ولی مادرم دروغ نمیگوید، شوهرم گفته بود : بیا بگردیم بعد پسرخواهرم درب کیف مسافرتی مادرش را بازکرده بود ویکمرتبه دیده بود که طلاها داخل آن کیف وروی تمامی وسائل است . یکمرتبه آنها بیرون آمدند ودرحالی که پسرک گوشه ی طلاها را گرفته بود به مادرش میگفت: مامان خانم اینها چیه ؟! خجالت نمیکشید که بخاله تهمت زدید ؟

خواهرم که خوب میدانست اینکارها را برای خراب کردن من درحضورهمسرم وپسرش کرده است ویکباردیگرنقشه ی شومش برعلیه خودش تمام شده بود ، داشت سنکوب میکرد ، من هم که سرم گیج میرفت وداشتم می مردم ، زدم زیرگریه .. اینها دستمزد خوبی هایی است که من به شما کرده ام ؟! آنها دوباره بهانه ای برای گریه کردن بمن داده بودند ...

خواهرم گفت : حالا که اینطورشد ما اصلا این ازدواج را بهم میزنیم ومیرویم ، خجالت هم نمیکشید ، انگاردخترمنوداشت میگرفت که تهدید میکرد عروسی را بهم میزنیم . شوهرم گفت: خانم آخه خانواده عروس وآن دختر بیچاره چه گناهی کرده اند ؟!

خلاصه خانواده عروس تلفن کردند وهمگی ما را برای شام دعوت کردند ، من با دلی پرخون دعوت آنها را پذیرفتم، فقط به خاطرخودشان ... من متعهد شده بودم که تمامی تزئینات سفره ی عقدشان را درست کنم وآنها هم قرارمراسم را برای هفته ی بعد گذاشتند . باتفاق دوستم که درجریان تمامی ماوقع قرارگرفته بود ، برای تهیه وخرید لوازم سفره عقد به خیابان منوچهری رفتیم . یک هفته طول کشید تا توانستیم یک سفره عقد بسیارجالب برای آنها درست کنیم .

روزعقد فرا رسید وقبل ازخواندن خطبه ی عقد، آقا ازداماد سئوال کرد ، مهریه عروس خانم چقدراست؟! داماد گفت : هیچ چی ! میهمانها ،عمه ها وعموهای عروس شوکه شده بودند . بعد آقا، ازداماد خواست که تغییرعقیده دهد وچند عدد سکه به عنوان شوگون این پیوند درنظربگیرد . مراسم شلوغ شد . خواهرم ، داماد ، عروس وخانواده عروس به اطاقی رفتند ودرحالی که مادرعروس اشگ میریخت ، میگفت : خواهش میکنم حداقل یک سکه ، مهریه کنید، که ما جلوی خانواده شوهرم بی آبرونشویم ، خواهرم هم با خودخواهی وسنگ دلی میگفت : نه ،غیرممکن است ما ازاول گفته ایم که مهریه نمیکنیم وحالا هم اگرنمیخواهید همین جا مراسم را بهم میزنیم، انگارکه داشت پرتقال میخرید !!! باورم نمیشد که یک انسان بتواند تا این حد وقیح وسنگ دل باشد . پدرعروس میگفت : آخه اینطورکه نمیشود ! مراسم را بهم بزنید، ما جلوی مردم آبروداریم . داماد هم میگفت : نه من حتی یک سکه هم مهریه نمیکنم . من هم ازدست خودم عصبانی بودم که چرا این معرفی را انجام داده ام . خودم را لعنت میکردم . خیلی ناراحت شده بودم . دردلم میگفتم : ای بی لیاقتها ، شما را چه به داشتن چنین دختر،خانم وبا شخصیتی ، شما بایستی یکی ازدخترهای خارجی را بگیرید که نه اصالت دارند ونه فرهنگ ، ونه نجابت ، شما لیاقت دختراصیل ایرانی را ندارید . خون خونم را میخورد . بالاخره خانواده ی بیچاره عروس راضی شدند که حرف ، حرف آنها باشد ، تمامی خرج

مراسم را هم پدرعروس داده بود ، درحالی که عروس بیچاره زارمیزد، پدرومادرش را قانع کرد که مهریه نمی خواهد ، انگاراوبا آرزوی رفتن بخارج ازکشور، تن به این خفت وخواری داده بود ودرمقابل خانواده اش ایستاد وگفت ، من مهریه نمیخواهم ...
شام ،بسیارمفصل وخوبی تهیه وتدارک دیده بودند . بعد ازشام وقتی که برادربیچاره ی عروس کیک چند طبقه را حمل میکرد که بجایگاهش ببرد وعروس وداماد آنرا ببرند ، ازشدت ناراحتی وعصبانیتی که درمراسم عقدکنان به اووارد شده بود ، پایش به فرشی که کف اطاق پهن بود گیرکرد وبا سرروی زمین افتاد وکیک متلاشی گردید ... وای ، عجب اتفاق بدی، عروسی هست وکیکش .. حالا باید به عروس بیچاره چه میگفتیم ؟!!
بالاخره من قسمتهایی ازکیک را که با زمین تماس نداشت ، جمع کردم ودربشقابها ریختم وبین میهمانان سروکردیم . میهمانها هم که ازماجرا خبرنداشتند تعجب کرده بودند، چرا قبل ازبرش کیک ازآن عکس نگرفتند ؟! چرا درحضورمیهمانان برش داده نشد ه ؟ چرا بجای برشهای زیبای کیک، باین روش سرومیکنند؟ وشاید ده ها چرای دیگرکه درذهن آنها مطرح بوده است.
خواهرم وخانواده عروس چهارصبح روزبعد برای بدرقه ی داماد به فرودگاه رفتند، ما هم بمنزل برگشتیم . روزبعد پدرعروس بمن تلفن کرد وگفت : ازشما که با خیرخواهی وحسن نیت، این معرفی را انجام داده بودید وما هم فقط بخاطرشخصیت شما وهمسرتان موافقت کردیم که آنها برای خواستگاری بیایند ،توقع نداشتیم که بخواهرتان وداماد یاد بدهید که این برنامه ها را درجشن عروسی دخترمن انجام دهند وباعث آبروریزی خانواده ی ما شوند ... من که تقریبا آمادگی چنین تلفنی را بخودم داده بودم ، علی الرغم میل باطنی ام تمامی ماجرا را برای او تعریف کردم واعلام نمودم که ازاینکه این معرفی را انجام داده ام بسیارشرمنده وپشیمان هستم، به شما هم پیشنهاد میکنم تا بیشترازاین صدمه نخورده اید ، بفکرچاره ای اساسی باشید.
ولی درکمال نا باوری پدرعروس گفت: نخیرشما چون عصبانی هستید این حرف را میزنید. داماد پسربسیارخوبی است وما اورا دوست داریم وتا آخرش هم می ایستیم . خب من خوشحال شدم ازاینکه بعد ازآن هیچ مسئولیتی نخواهم داشت وحرفهای خودم را به آنها زده بودم .
بنابراین خودشان میدانند وسرنوشت دخترشان . داماد، بعروس وخانواده ی اوقول داده بود که به محض ورودش به آلمان برای بردن همسرش اقدام خواهد کرد.اوگفته بود، برای تمامی شما دعوت نامه خواهم فرستاد که به آلمان بیائید ودرجشن عروسی دخترتان شرکت کنید وشاهد خوشبخت شدن اوباشید .
اما ماهها گذشته بود وعروس مرتبا به محل کارمن می آمد ومیگفت : خاله جون ،شوهرم ، با من اصلا تماس نمیگیرد وازهرسه باری هم که من به اوتلفن میکنم دوبارش را میگوید: من کاردارم وگوشی را میگذارد، میگفت : مرتبا برایش کادومیفرستم، ولی اوحتی تشکرهم نمیکند.
ازشنیدن این حرفها دلم بدرد آمده بود وگفتم ، من که به پدرتان همه چیزرا گفته بودم ، ولی او نخواست که قبول کند وتصمیمی قاطع بگیرد . حالا هم خیلی دیرنشده ، بهتره که تصمیمی جدی بگیرید . دخترک بیچاره تعدادی عکسهای بزرگ وبسیارزیبا با لباسهای مختلف گرفته بود وبرای شوهرش فرستاده بود، ولی اوحتی تلفن نکرده بوده که بگوید عکسهایت رسیده است. یک روزبعد ازظهروقتی خسته وغمگین ازسرکاربرگشته بودم، برادرم تلفن کرد وگفت: من یک خبرخوب ویک خبربد برای تودارم ، خبرخوب این است که من وهمسرم تصمیم گرفته ایم به ایران بیائیم زندگی کنیم ، خانمم امریکا را دوست ندارد ومیگوید، ازآپارتمانی که شما درآن ساکن هستید خاطره دارد ودوست دارد به تهران بیائیم وخودمان درآنجا ساکن شویم.
برادرم گفت : بقول خواهرمان اگرشما پول ندارید جایی را اجاره کنید مشکل من نیست . بقول خواهرم بمن چه که جور، بی پولی شوهرتورا بکشم . خب خدا به خواهرم خیربدهد که دست ازسرمن برنمیدارد وازراه دورونزدیک باعث عذاب ودردسرمن میشود . خیلی تعجب میکنم چرا اوبایستی تا این حد با من دشمنی داشته باشد ؟! من یادم نمی آید کاربدی درحق آنها انجام داده باشم ، چرا چشم دیدن مرا ندارد وتلاش درنابودیم میکند ؟

بعد هم ادامه داد که خبربد هم این است که اگرمیشود خانه مرا تخلیه کنید .؟! من که احساس میکردم کابوس می بینم اطاق دورسرم شروع به چرخیدن کرد . بسیارخوب عزیزم ما آپارتمان شما را خالی میکنیم . اشکا لی ندارد حق با شما وخواهرم است ، ولی شما بگوئید که چه مدت مهلت داریم ؟

اوگفت دوماه !... آخه من دردوماه چطورمیتوانستم درتهران خانه پیدا کنم ؟! ولی بحثی با او نکردم چرا که متوجه شده بودم خواهرم باردیگرحسادت، چشمهایش را کورکرده ، بعد ازسالها به تهران آمده بود ودیده بود من دوباره ازدواج کرده ام ویک آپارتمان خیلی بزرگ با اسباب واثاثیه مدرن وبسیارشیک دارم ، بابت آن هم اجاره ای پرداخت نمیکنم ، ناراحت شده بود . بنابراین اول تصمیم گرفته بود با زدن تهمت دزدی، زندگی من وشوهرم را بهم بریزد . بعد که موفق نشده بود وخودش لورفته بود، تصمیم میگیرد مرا نزد خانواده عروس که میگفتند، بخاطرشخصیت شما وشوهرتون دخترمان را به آنها داده ایم ، خراب کند ، ولی بازهم موفق نشده بود ، نهایتا به برادرم تلفن کرده بود وموفق شده بود ذهن اورا برعلیه ما بشوراند .

حالا باید دید که دردرازمدت برنده واقعی کیست ؟! گوشی تلفن راکه گذاشتم به همسرم گفتم، گاومان زائیده است ، بایستی اینجا را تخلیه کنیم .

گفت : بهتر، اززیربارمنت خلاص میشویم . گفتم : تخلیه میکنیم ؟ ولی هیچ فکرکردی که کجامیرویم ؟ گفت خب مگرقبلا کجا بوده ایم ؟ مگرهمیشه خانه ی برادرتوبوده ایم ؟ ما هم خدایی داریم همیشه که اینطورنمی ماند، دوماه فرصت داشتیم که ملک را تخلیه کنیم . دیگر هیچ راهی نداشتیم هیچ راهی . جفاها ازجاهای مختلف، احساس خطر، بیماری قلبی ، ناتوانی جسمی ، تخلیه ملک ، خب بایستی یک فکردرست وحسابی میکردیم . برادرم مدام ازامریکا تلفن میکرد ومیپرسید دنبال جا رفته اید ؟ تأخیرنکنید ، ما میخواهیم برگردیم . میگفت بقول خواهرم سه ساله مجانی نشسته اید، حالا دیگرآنقدرامکانات دارید که بروید وخودتان جایی را رهن کنید. شوهرخواهربزرگم، درتماس تلفنی که داشتیم بمن میگفت : خواهرت حتی درمنزل ما گفته، برادربیچاره ام چه گناهی کرده آپارتمانش را آنها مجانی نشسته اند . میگفت : من گفته ام ،خب خواهروبرادرهستند، چه اشکالی دارد ؟ ! خواهرم جواب داده بوده که اگرپول ندارند بروند جنوب شهرزندگی کنند ... من عادت داشتم که اوهمیشه خنجرش را ازپشت، درکمرم فروکند،به خودم میگفتم این نیز بگذرد .

جان من وشوهرم ازتهدیدات واذیت وآزارهایشان درعذاب بود ، وضعیت قلبی ام به مرحله خیلی حادی رسیده بود ، حتی نفس کشیدن برایم سخت شده بود . قطع امید دکترها ،خطرجانی، احتمال مرگ ،عمل جراحی مجدد، کلسترول بالا،قند بالا ،استرس، کارکردن را برایم مشکل کرده بودند . درحالی که تمامی کارم با دست راستم بود، احساس میکردم درحال ازکارافتادن است. همکاری داشتم که برایم مثل مادرعزیزومهربان بود، اوخیلی نگرانم بود ومرتبا دل داریم میداد ومیگفت: مطمئن باشید همه چیزبه نفع شما تغییرخواهد کرد وزمستان میرود وروسیاهی به ذغال میماند ، اوزن با تجربه وبسیارخوبی بود که کمترازمن درزندگی اش سختی نکشیده بود ، ولی اعتمادش را بخداوند ازدست نداده بود وبا ایمانش زندگی میکرد .

خب توکل بخدای بزرگ ،خدایا بامید تو.

میفرماید: آنانی که قصد جانم را دارند ، برایم دام می گذارند وکسانی که درصدد آزارم هستند ، به مرگ تهدیدم می کنند وتمام روزعلیه من نقشه می کشند ! من همچون شخص کری هستم که نمی تواند بشنود ، مانند شخص لالی هستم که نمی تواند سخن بگوید . مثل کسی هستم که بسبب کری قادرنیست پاسخ دهد .ای خداوند ، امیدوارم ویقین دارم که توبه من پاسخ خواهی داد . نگذاردشمنانم به نا کامی من بخندند ووقتی می افتم خود را برترازمن بدانند ، نزدیک است ازپای درآیم ، این بیماری دایم مرا عذاب می دهد . من به گناهانم اعتراف می کنم وازکردارخود غمگین وپشیمانم . دشمنانم سالم ونیرومند هستند . کسانی که ازمن نفرت دارند

بسیارند . آنها خوبی مرا با بدی پاسخ می دهند ، با من مخالفت می ورزند زیرا من کوشش می کنم کارنیک انجام دهم .
خداوندا ، ما را تنها نگذار، ای خدای من ، ازمن دورمباش . ای خداوند ، تو نجات دهنده من هستی ، به کمکم بشتاب ! روزها به سرعت برق میگذشت، وبه تاریخی که برادرم برای تخلیه ی ملکش تعیین کرده بود، نزدیک ونزدیک ترمیشدیم . شب وروزفکرمیکردیم که چکارکنیم .
همسرم میگفت : ما بایستی بموقع خانه ی اورا تحویلش دهیم . درهمین گیرودداربودیم که تصمیم گرفتیم فعلا هرطورشده راه حلی برای بیماری قلبی ام پیدا کنیم، یک مرتبه به فکرم رسید که شروع کنم به فروش وسائل واسباب واثاثیه ام تا شاید باین ترتیب هم ملک تخلیه شود وهم اینکه مبلغی برای عمل جراحی احتمالی ودرمان بیماری قلبی ام ، آماده نمائیم . حداقل حسنش این بود که خانه ی برادرم باین ترتیب تخلیه میشد ... ضمن اینکه بعد ازآن هم نمیتوانستیم آپارتمانی به بزرگی آن داشته باشیم وبه ناچار بایستی وسائل کمتری میداشتیم .
آگهی نوشتم ودرمحل کارم چسباندم ... کمترازدوهفته توانستم تمامی وسائلم را حدودا بقیمت بیست میلیون تومان بفروشم ... همسرم تعجب کرده بود که درطول مدت چهارسال توانسته بودم این همه وسیله تهیه کنم ، وازاینکه توانسته بودم آنها را گاها دو، سه برابرقیمت خریداری شده بفروشم ، بسیارخوشحال بود .
برادرم مرتبا پیگیری میکرد که ما چکارمیکنیم ،ازاینکه مطلع شد ه بود که وسائل زندگیمان را میفروشیم ،تعجب زده بود .ولی آیا ما چاره ی دیگری هم داشتیم ؟ بهرترتیب بایستی خانه اوتخلیه میشد وجایی هم نبود که وسائلمان را بتوانیم انبارکنیم . همسرم دگرگون شده بود ومثل کسی بود که تازه ازخواب بیدارشده باشد ، بموقع ملک تخلیه شده بود وآماده ی تحویل بود .
یکهفته قبل ازاینکه کلید را تحویل دهیم وازآن آپارتمان برویم ، برادرم به برادربزرگترم، ماموریت داده بود که وارد آپارتمان شود وکارنقاشی وتعمیرات ملک را شروع کند .
یک روزساعت هشت صبح بود که منوچهرباتفاق دونفرکارگرنقاش ووسائل کار، زنگ زدند ووارد ساختمان ما شدند ! آنها حتی قبلا با ما هماهنگ نکرده بودند که درآن روزقصد دارند برای تعمیرات ونقاشی آپارتمان بیایند ! آنها بدون مقدمه شروع کردند به کندن درب ودیوار... گرد وخاک بود که توی هوا بلند میشد ... ما هنوزلباسهایمان ومقداری خرده ریزه داشتیم که درآنجا بود، ضمن اینکه هنوز تصمیم نگرفته بودیم برای خوابیدن به کجا برویم . همسرم که خیلی عصبانی شده بود به آنها گفت : بابا جون ، زن من بیمارقلبی است وشما اجازه ندارید این همه گرد وخاک بلند کنید ، می بینید که ما ملک را تخلیه کرده ایم ودو، سه روزدیگرازاینجا میرویم ، بعد شما میتوانید با خیال راحت برای انجام کارهایتان بیائید .
منوچهرگفت : به بخشید من مامورومعذورهستم وبایستی همین امروزاینکاررا انجام دهم .
گوشی تلفن را برداشتم وبه برادرم درامریکا تلفن کردم ،آخه این چه وضعیتی است که برای ما ساخته اید؟ مگرما به شما اطلاع نداده ایم که ملک را تخلیه کرده ایم ؟ دوروزدیگرهم صبرمیکردید تا ما لباسهایمان را برداریم بعد تعمیرات را شروع میکردید، شما که میدانید ما چوب حراج به زندگیمان زده ایم وتا چند روزدیگرهم ازاینجا خواهیم رفت ، مطمئن باشید حتی اگردرخیابان بخوابیم دراینجا نخواهیم ماند ، چرا این کاررا میکنید ؟ من ناراحتی قلبی دارم وگرد وغباربرایم خوب نیست، دارم خفه میشوم آیا ترسیده اید که ما ملک را تخلیه نکنیم؟!
برادرم با منوچهرصحبت کرد وازاوخواست که دو،سه روزدیگرهم دست نگهدارد ... درحالی که زارمیزدم، خدا وند را فریاد میزدم وآرزوی مرگم را میکردم ...کارم را تعطیل کرده بودم وبهمه گفته بودم که میخواهیم ازاینجا برویم ...حالامقداری پول با فروش وسائل آماده کرده بودیم که بدون کارکردن هم میتوانستیم تا مدتی امورا تمان را بگذرانیم ، به ساختمان محل کارم نقل مکان کردیم وچوب حراج را هم به وسائل آنجا زدم ... دیگربرایم مهم نبود چه خواهد شد. قصد داشتم که همه چیزرا خراب کنم، بهم بریزم، نابود کنم، چون مطمئن بودم خداوند حتما نقشه های بهتری برای ما خواهد داشت .

کلام خدا میفرماید :

دشمنانم مانند سگ ، دورمرا گرفته اند . مردم بدکاروشرورمرا احاطه نموده اند . ای خداوند، ازمن دورمشو، ای قوت من ، به یاری من بشتاب ! جانم را ازدم شمشیربرهان . جان عزیز مرا ازدست بدکاران نجات ده . مرا ازدهان این شیران برهان ، مرا ازشاخهای این گاوان وحشی نجات ده . کارهای شگفت انگیزتورا برای برادران خود تعریف خواهم کرد. درمیان جماعت خواهم ایستاد وتورا ستایش خواهم کرد . ای قوم خدا ، اورا سپاس گوئید ! اوفقیران را فراموش نمی کند ومصیبت آنها را ندیده نمی گیرد ، روی خود را ازآنها برنمی گرداند ، بلکه دعای آنها را می شنود وآن را اجابت میکند .

اگرخداوند با من است ، محتاج به هیچ چیزنخواهم بود . دربرابرچشمان دشمنانم سفره ای برای من می گسترانی، ازمن همچون مهمانی عزیزپذیرایی می کنی وجامم را لبریزمی سازی. اطمینان دارم که درطول عمرخود ، نیکویی ورحمت تو، ای خداوند ، همراه من خواهد بود ومن تا ابددرخانه توساکن خواهم شد . ای خداوند ،رازدل خود را با تودرمیان می گذارم،خدایا، من برتوتوکل دارم، پس نگذارشرمنده شوم ودشمنانم با دیدن بدبختی من شادی کنند . بلی ، آنانی که به توامیدوارند هرگزسرافکنده نخواهند شد ، اما کسانی که بیجهت ازاوامرتوسرپیچی می کنند خوا رخواهند شد .

ای خداوند ، راه خود را به من نشان ده واحکام خود را به من بیاموز . راستی خود را به من تعلیم ده ومرا هدایت فرما ، زیرا تونجات دهنده ی من هستی ومن همیشه به توامیدواربوده ام .

فصل سیزدهم

مهاجرت به نا کجا آباد

بروزمشکلات جدید ، وضعیت قلبی ام را بهم ریخته بود . همه چیزازحالت طبیعی خارج شده بود وهیچ راهی بغیرازکوچ کردن نداشتیم ، تصمیم گرفتیم ویزای یکی ازکشورهای اروپایی را تهیه کنیم ومهاجرت کنیم . بعد ازبررسیهایی که انجام دادیم ،نهایتا با کسی که کارش گرفتن ویزا بود قرارملاقات گذاشتیم . بعد ازصحبتهای مفصل دراین زمینه، قرارشد مبلغ بیست میلیون تومان پول نقد به اوپرداخت نمائیم . البته اوآدم منصفی به نظرمی آمد که خودش پیشنهاد کرد بعد ازگرفتن ویزا ونشا ن دادن آن درپاسپورتهایمان وجه را نقدا دریافت خواهد کرد .
یک نگرانی دیگربه نگرانیهایم افزوده شده بود، شب وروزخواب نداشتیم وفکروخیال میکردیم که چه خواهد شد وچه آینده ای درانتظارما ن خواهد بود .
دو هفته طول کشید تا بما خبردادند که ویزاهایمان آماده است. باورمان نمیشد که راست بگویند ، وقتی جلوی درب بانک قرارگذاشتیم ،تمام بدنم میلرزید وخیال میکردم یک ویزای قلابی برای ما درپاسپورتهایمان زده اند وحالامیخواهند کلی پول بگیرند وبروند ، وقتی سرساعت مقرربا همسرم به وعده گاه رفتیم،اوپاسپورتها رادرحالی که دردستهایش محکم نگهداشته بود، گفت، این هم ویزاهای شما، همسرم گفت ،خب ما چطوربایستی مطمئن باشیم که اینها واقعی است ؟ اوکه بنظرنمیرسید قصد تقلب داشته باشد، گفت: بسیارخوب با هم به سفارت میرویم ومن با شما می آیم تا شما بتوانید درحضورمن ویزاهایتان را چک کنید ، وقتی گفتند درست است ، پول را بمن بدهید ، پیشنهاد بسیارعادلانه ای کرده بود که ما هم میتوانستیم با خیال راحت عازم شویم .
ازاینکه موفق بدریافت ویزاهایمان شده بودیم بسیارخوشحال بودیم وازاین بابت خدا را شکرمیکردیم ، روزهای بسیارسختی بود،جلای وطن کردن ، بیماری وهزاران مشکلی که میتوانست این تصمیم گیری را خدشه دارکند وبرای ما دردسرهای جدید ایجاد نماید .
این سومین باربود که دست سرنوشت مرا وادارکرده بود زندگی ام را به تاراج بدهم . خوش قلبی هایم همیشه برایم مشکل سازشده بود ، ایکاش بجای این قلب گوشتی یک قلب سنگی داشتم که این همه خسارت مالی ومعنوی نمیخوردم . شوهرم مثل یک سنگ بود ،هیچگونه محبتی نسبت به من نداشت ،تمامی کارهایی که درزندگی انجام میدادم انگاروظیفه ام بود وظیفه اوهم بی تفاوتی ، بی محبتی ، بی مسئولیتی وخود خواهی هایش بود .
هروقت اعتراض میکردم ، میگفت : خواستی ازدواج نکنی من که ازاول بتوگفته بودم هیچ چیزندارم، توهم قبول کردی ،درست میگفت . ولی نگفته بود که محبت هم ندارد. نگفته بود بی تفاوت وبی خیال هم هست ، نه گفته بود سنگ دل هم هست ،کاملا فراموش کرده بود تحت چه شرایط بغرنجی قرارداشت وآرزویش بود تا با من ازدواج کند .
من برای خودم درایران اسم ورسمی داشتم ودرکارم اولین بودم ، من مفت بدست نیاورده بودم که مفت هم ازدست بدهم . بیست سال برای کارم وموسسه ام زحمت کشیده بودم وخون دل خورده بودم وحالا همه چیزم را یکجا با یک ازدواج غلط ازدست داده بودم . نا خواسته راهی، دیاری شده بودم که سرابی بیش نبود ...
عاشق کارم بودم،عاشق کشورم بودم ،عاشق هویت ایرانی ام بودم ، عاشق خاطراتم بودم ، اگراین ازدواج غلط را انجام نمیدادم قلبم هم بهم نمیریخت . مثل یک شاهزاده زندگی میکردم ، صدها شاگرد داشتم که میشد رویشان حساب کرد ، دارای ارزش واحترامی بی نظیربودم .
روزی همسردوستش که برای گذراندن دوران کارآموزی به موسسه ی من می آمد، گفت،

توهمسرت را نمی شناسی، اوانسان سرخورده ای است که چون خودش را نمیتواند بالا بکشد ، تصمیم دارد تورا پائین بکشد ... آن روزخیلی متوجه نشدم چه حرف پرارزشی زده بود . شاید خیلی هم ازحرفش خوشم نیامد ، ولی امروزکه این کتاب را مینویسم معتقد شده ام بایستی حرف اورا با آب طلا مینوشتم ودرقاب میگذاشتم ، اودقیقا چنین نقشه ی شومی برای من داشت تا شاید بتواند انتقام همسرش را ازمن بگیرد ، وموفق هم شد.. . بیاد این ضرب المثل افتاده بودم که میگویند : گناه کرد دربلخ آهنگری ، زشوشترزدند گردن مسگری !
هیچ راهی بغیرازکوچ کردن نداشتیم . اذیت وآزارهای اطرافیان وبیماری قلبی ام مرا را به پایان خط رسانده بود وکاملا بریده بودم ، خوشبختی این نیست که مردم ازبیرون به زندگی ات نگاه کنند وبگویند به ،به ، خوشبختی آن است که دردلت احساس رضایت وشادی کنی وآرامش روح وروان داشته باشی .
اگرزندگی درخارج ازایران را دوست داشتم، زمانی که بیست ساله بودم درامریکا میماندم . با دلی پرخون وناخواسته ،وارد بازی شده بودم که برد وباختش معلوم نبود . بایستی چمدانهایمان را می بستیم وکوچ میکردیم، ولی بکجا ؟ شاید ازخودم میخواستم فرارکنم . با دلی شکسته وروحی افسرده بدون خدا حافظی ازاطرافیانم راهی سفرشدیم . فقط یکی ازدوستانم درجریان بود که ما به کجا میرویم وچرا میرویم ، ازاوهم خواستم که هیچوقت آدرس وتلفن ما را به خواهروبرادرهایم ندهد ،بعد ازاین نمیخواستم خواهروبرادری داشته باشم .
اگرخواهروبرادرهای مهربانی داشتم که با من یکدل ویکصدا بودند، ازروی ناچاری وازبی کسی ، گول انسانهای اطرافم رانمیخوردم . بی مهریهای آنها وتنهایی های مطلقم بود که ازچاله درآمده بودم ودرچاه سقوط کرده بودم ... وقتی خودم واستعدادها ولیاقتهایم را با زنان خوشبختی که پای دوتا مرغ را هم نمیتوانند بازکنند، مقایسه میکردم، دلم برای خودم میسوخت وبحال خودم وبدبختی هایی که دست سرنوشت وتقدیربرایم رقم زده بود اشگ حسرت وندامت میریختم . به گناه بی گناهی وجرم نازایی ، بایستی این همه بلا سرم می آمد ومورد سوءاستفاده دیگران قرارمیگرفتم . آخرچرا ؟ شاید این آخرین باری بود که آسمان زیبای تهران را میدیدم .
اشگ ریزان وبه ناچارترک وطن کردیم ... البته شوهرم خیلی خوشحال بود که بقیمت ازدست رفتن تمامی زندگی وکاربیست ساله ی من، توانسته بود بخواسته هایش برسد، وبرایش مهم نبود این رفتن به چه قیمتی برای من تمام شده است ، شاید اگراوانسان شاکری بود وقدراین همه ایثاروگذشت را میدانست، تا این حد غصه دارنبودم ،ولی افسوس که هرچه میکشم ازخودخواهی ها وناسپاسی های اوست . بعد ازگذراندن هزاران خطرودرد سر، توانستیم به کشورموعود برسیم .
وقتی به مقصد رسیدیم ،بقدری مریض بودم که بلافاصله با آمبولانس به بیمارستان منتقل شدم . دوهفته روی تخت بیمارستان ، غریب وتنها ولال افتاده بودم . گاهی همسرم می آمد ونیم ساعتی با زوروضرب فقط برای انجام وظیفه می ماند ومیرفت . بعد ازمرخص شدن ازبیمارستان به شهرستان رفتیم وناچارشدیم درآنجا درمانم را شروع کنم وبه بیمارستان مراجعه نمایم . (شری) خانم مترجم بسیارمهربان ونازنینی بود که بصورت رایگان بمن کمک میکرد که بدکتروبیمارستان بروم . بعد ازویزیتهای مکررتوسط دکترعمومی ، به دکترمتخصص قلب وعروق معرفی شدم تا شش ماه بعد برای بررسیهای دقیق ترمجددا به بیمارستان مراجعه نمایم .
بعد ازیک سری بررسیها ی دقیق ، وقت عمل جراحی به من دادند که باطری موجود در(پیس میکر) ضربان سازرا عوض کنند . درشهرستانی که ما زندگی میکردیم ، مردمش بسیارنژاد پرست بودند ومرتبا خانه های خارجی ها را به آتش میکشیدند وباعث اذیت وآزارشان می شدند که ماهم مستثنی نبودیم ومزاحمتهایی ،بخصوص برای من ایجاد میکردند .
دوبار، وقتی عازم کالج بودم سگهایشان را بجانم انداخته بودند که ضربان قلبم خیلی بالا رفته بود وازشدت ترس داشتم سنگ کوب میکردم . یکی ازاین دفعات هم وقتی با همسرم راه

میرفتیم ، دوقلاده سگ بزرگ بما حمله کردند ، درحالی که پشت اومخفی شده بودم، با کاراته ولگد به طرف آنها حمله میکرد .جنگ وحشتناکی بین شوهرم وسگها درگرفته بود ، ناگهان صاحب سگها که متوجه شده بود، هرآن ممکن است سگهایش بلایی به سرما بیاورند آنها را صدا کرد وما را رها کردند ورفتند . ازقرارمثل اینکه ما بدترین شهررا انتخاب کرده بودیم، درآنجا انگارمردمش تماما معتادوالکلی بودند،انگارهیچکس درآن شهرکارنمیکرد. مفت میخوردند ومفت زندگی میکردند،دولت هم به آنها حقوق بیکاری میداد وخانه های مجانی هم داشتند که زندگی کنند . متأسفانه این یکی ازاشکالات کشورهای مرفه غربی است که بعضی ازمردم ازآزادی ورفاه بیش ازاندازه سوءاستفاده میکنند . ازصبح تا شب مردها با لهجه های دهاتی آبجوبدست کنارخیابانها نشسته بودند ومشغول اذیت وآزارخارجی ها بودند .

انگارتنها سرگرمی آنها همین بود که خارجیها را اذیت کنند ولذت ببرند . خانه های آنها را آتش بزنند ویا سگ بجانشان بیاندازند ، متأسفانه پلیس هم کاری ازدستش برنمی آمد . ضمن اینکه اگریک فرد خارجی ازآنها به پلیس شکایت میکرد ، وقتی آزاد میشدند بدترمیکردند ویا اینکه دوستا نشان غیبت آنها را جبران میکردند وبلاهای بیشتری به سرشان می آوردند .

آنها گمان میکردند هرخارجی که درکشورشان زندگی میکند پناهنده است وازدولت پول میگیرد،میگفتند:خارجیها سهم ما را ازدولتمان میگیرندومالیاتهایی را که ما پرداخت میکنیم دولت به پناهنده ها میدهد ، البته بعدها متوجه شدیم که حق با آنها بوده است .

یک روزوارد ساختمانهای پناهنده ها شده بودند وبچه ی نوزاد یک افغانی بیچاره را ازپنجره طبقه سوم به پائین پرتاب کرده بودند که بچه ی بیچاره مرده بود . اخبارتلویزیونها هم این صحنه را نشان داد ند ، ولی متأسفانه این خبررسانی هم نتوانسته بود که چیزی را عوض کند .

ما بدلیل نداشتن پول کافی ،نمیتوانستیم ازآن شهرکوچک ومزخرف به شهربزرگتروبهتری که حداقل ، آرامش نسبی داشته باشیم کوچ کنیم .

من درخانه ، بنوعی مورد آزاروادیتهای شوهرم بودم ودربیرون ازخانه هم بنوع دیگری. ازوقتی که بخارج آمده بودیم همسرم حتی جاهایی که میهمانی ویا جشن بود به تنهایی میرفت ومیگفت، توکه مریضی ونمی آیی ! نا خودآگاه بیاد زندگی قبلی ام می افتادم ویادم می آمد حداقل درآن زندگی با تمام سختیهایش ، همسرسابقم احساس مسئولیت میکرد . گاهی با خودم فکرمیکردم آیا اگرخدا به من یک بچه داده بود زندگی من اینطورمیشد ؟ ازکجا به کجا رسیده بودم ! تنها دلخوشی ام این بود که با ایران تماس بگیرم وبا دوستانم گپی بزنم ، شوهرم دریک دفترکامپیوتری ، کاری پیدا کرده بود که چندرغازی به اومیدادند واومیتوانست سیگاربخرد وبرای پسرش پولی بفرستد . گاها دربعضی ازمکالمات تلفنی که با دوستانم درایران داشتم ، آنها ازبیشترپولدارشدن همسرسابقم برایم تعریف میکردند، از بنزهای درزرورق پیچیده شده ای که اوبرای خودش وهمسرش خریداری کرده بود وبرجها وکارخانه های جدیدی که ساخته بود ،سخن میگفتند، من هم جزآه کشیدن برای بدبختیهای خودم چیزی برای گفتن نداشتم .

انگاربدم نمی آمد که این حرفها را بشنوم ، مایل بودم زندگی آنها را دنبال کنم ودرجریان قراربگیرم بعد ازرفتن من چه اتفاقاتی درزندگی آنها افتاده است . بعضی ازدوستانم ازاختلافات شدید بین آنها حرف میزدند ،ازکتک کاریهایی که منجربه شکسته شدن بینی زن بدبخت شده بوده ، ازشنیدن این خبرها خوشحال نمیشدم ، ولی فکرمیکردم اینهم پول وثروت که برای آنها نتوانسته است آرامش خیال ودوستی ومروت بیاورد . اشکال این است که بعضی ازآدمها خدا را فراموش کرده اند ویا اصلا اورا نمی شناسند . اگرکمی خدا، ترسی دروجودشان بود، دست به جنایات نامرئی نمی زدند . دراوج بدبختی های خودم برای آنها هم دعا میکردم ، مطمئن بودم آنها هرگزباورشان نمیشود که برایشان دعا میکنم ، ازخدا میخواستم که با دل آنها صحبت کند وقلبهای سنگی شان را به قلبهای گوشتی وبا محبتی متبدل سازد تا این همه کینه ودشمنی ونامهربانی ودیگرآزاری را کناربگذارند وکمی هم به اطرافیانشان توجه کنند وحق وحقوق پایمال شده ی آنها را برگردانند وانصاف را درزندگی خصوصی وزندگی اجتماعی شان

رعایت کنند . فقط کارخداوند است که همه ی ما را ازاین همه بی عدالتی وگناه واسارتهای گوناگون نجات دهد .

ازبیمارستان برایم نامه ای فرستاده بودند که برای یکسال بعد ، وقت عمل جراحی داده بودند. دراین فاصله درکالج ثبت نام کرده بودم وبه کلاس زبان وکلاسهای مرتبط به رشته های مورد علاقه ام میرفتم . همسرم ضمن اینکه کاری داشت که با آن مشغول بود، بصورت داوطلبانه هم درسازمانهای مختلف به خارجی ها زبان انگلیسی آموزش میداد ومدارک آنها را ترجمه میکرد.

با اینکه دکترها امید چندانی به عمل جراحی ام ند اشتند ، ولی خودم بسیارامیدواربودم وبه فعالیتهای روزمره ام میرسیدم ودرپی کسب علم ودانش میکوشیدم تا بدینوسیله هم با بیماری ام مبارزه نمایم وهم اینکه اوقاتم را با بطالت وافکاربیهوده وپوسیده مسموم نگردانم .

بالاخره روزموعود سررسید وبرای انجام عمل جراحی قلبم به بیمارستان رفتیم ، وقتی دکترجراحم را دیدم ، اواینطورشروع کرد که شما سه انتخاب دارید ، اول اینکه ما فقط قسمتی را که باطری پیس میکروجود دارد بشکافیم وآنرا عوض کنیم . دوم اینکه قفسه سینه را بشکافیم وکلا پیس میکررا عوض کنیم ، انتخاب سوم هم دراطاق عمل ممکن است با آن مواجه شویم که شما بایستی رضایت کتبی برای انجام آنرا بما بدهید .

گفتم : من انتخاب اول را ترجیح میدهم، یعنی اینکه فقط باطری عوض شود ،ضمنا ازدکترم خواستم که درصورت امکان بدون انجام بیهوشی کامل وفقط با بی حسی موضعی این عمل را برایم انجام دهند . گفت با اینکه خیلی دردناک است ، ولی من همان کاری را انجام خواهم داد که تو، راغب هستی .

سپس آنها کارهای لازم را برای شروع عمل جراحی آغازکردند ،بعد ازگرفتن عکس رادیولوژی ازقفسه سینه ام، راهی اطاق عمل گردیدم ودرپشت درب اطاق جراحی درحالی که منتظرجراحم بودیم که اجازه ی ورود ما را به آنجا صادرنماید، او آمد وگفت : متاسفانه مشکلی درعکس دیده شده که آنها نمیتوانند عمل جراحی را شروع کنند وازما خواست که مجددا به بخش مربوطه برگردیم تا او بیاید وتوضیح دهد !! خیلی ترسیده بودم وفکرمیکردم چه مشکلی ممکن است پیش آمده باشد که اوقبلا آنرا تشخیص نداده بوده است !!

بعد ازنیم ساعت دلشوره ونگرانی ،بالاخره اوآمد وگفت : سیمی که باطری را به داخل قلب میبرد وبه پیس میکروصل میباشد، دروسط قفسه سینه پاره شده. بنابراین امروزما قادربه انجام این عمل نخواهیم بود،لازم است شما مرخص شوید ومنتظرباشید تا تاریخ جدیدی را برای عمل بزرگتری برایتان تعیین نمائیم . متاسفانه بایستی مدت طولانی را مجددا صبروتحمل میکردم، تا وقت بعدی تعیین گردد .

شوهرم که به خانه برگشته بود ، مجددا به بیمارستان مراجعه کرد تا مرا به خانه ببرد، اوهم مثل من خسته ونگران بود ، نمیدانست عاقبت این عمل جراحی دراین دیارغربت چه خواهد شد . خب این هم قسمتی اززندگی پردرد ورنج من بود که اگرغیرازاین اتفاق می افتاد تعجب میکردم . شش ماه بعد برای رفتن به اطاق عمل صبر کردم تا بالاخره روزموعود مجددا فرا رسید وهمان مسیرقبلی را برای آماده شدن جراحی ، طی کردم .گفته بودند که این عمل فقط سی دقیقه طول خواهد کشید . ازآنجائیکه تقاضا کرده بودم که بدون بیهوشی کامل عملم را انجام نمایند ،درطول عمل شاهد چگونگی بیرون آوردن باطری وپیس میکر، ازدرون قلبم بودم.نزدیک به سه ساعت بود که دکتربا دستیارش تلاش میکرد ند آنها را ازداخل قلبم بیرون بیاورند . تاب وتحملم تمام شده بود ، تمام چهارستون بدنم تکان میخورد ، حالت تهوع وحشتناکی داشتم ، شدیدا احساس تشنگی میکردم ،ازآنها تقاضای آب کردم، ولی گفتند، نمیتوانی آب بخوری وبا یک پنبه ی آغشته شده به دارویی که شبیه روغن زیتون بود ، به لبهای خشک شده ام میمالیدند تا رفع تشنگی ام ازبین برود، ولی این کارآنها بیشترحالت تهوع

بمن میداد، درحقیقت بنوعی مانع ادامه کاردکترشده بودم ، تحمل آن وضعیت بمدت سه ساعت برایم غیرقابل تحمل شده بود ، بهمین دلیل دکترتصمیم گرفت عمل جراحی را متوقف نماید .
نمیدانم چرا متوجه شده بودم که اشکالی پیش آمده ،درآن وضعیت نگران شوهر بیچاره ام بودم که پشت درب اطاق عمل چقدرمیتوانست نگران باشد ، بجای نیم ساعت حدود سه ساعت ونیم عمل طول کشیده بود . مرا به بخش سی، سی، یو، برگردانیدند،شوهرم بسیارمضطرب وغمگین بود، اوگفت ، چند باربا لگد میخواستم درب اطاق عمل را بازکنم وبیایم داخل وببینم چه بلایی برسرتوآمده است . گویا مرتبا ازمسئولین اطاق عمل میپرسیده چرا اینقدرتاخیردارند؟
صبح روزبعد، وقتی دکتربه اتفاق مترجم وارد اطاق شدند . دکترگفت : متأسفانه روزقبل ما خیلی تلاش کردیم که پیس میکررا ازداخل قلبت بیرون بیاوریم، ولی تلاش بیفایده بود، چون پیس میکردرقلب سالیان سال مانده بود وبه نوعی گیرکرده بود ، ما هم ناچار شدیم برای بیرون آوردن آن ، ازسیخ ضخیم تری استفاده کنیم ، ولی متاسفانه وقتی تلاش میکردیم که پیس میکر، گیرکرده را بیرون بکشیم ، سیخ درپیس میکرقفل شد وازنیمه راه شکست . بنابراین درحال حاضریک سیخ نوک تیزهم درقلب شما وجود دارد که هرلحظه ممکن است دیواره ی قلب را پاره کند، خب همانطورکه میدانید درخارج ازایران دکترموظف است که بیماررا درجریان واقعیات بیماریش قراردهد ، حتی اگرشنیدن واقعیتها خیلی خوشایند ش نباشند .
اوادامه داد، پس به این ترتیب ما بایستی عمل دومی را دوهفته دیگرروی شما انجام دهیم ،درحالیکه نفسم به شمارش افتاده بود، ازشدت درد وناراحتی نزدیک بود سنگ کوب کنم ، آخرچرا ؟! گفتم : نه ، من دیگه عمل بعدی را انجام نخواهم داد، حتی اگرانجام ندادن آن منجربه مرگم شود،دکترگفت : عمل دوم باید انجام شود، چون وجود آن سیخ تیزدرقلب شما بسیارخطرناک است ، ازنظرپزشگی ما باید این عمل را انجام دهیم حتی اگرمنجربه مرگ شما شود . دکتردرحالی که شانه هایش را بالا می انداخت خدا حافظی کرد ورفت ، مترجم گریه اش گرفته بود ومیگفت : شما دربهترین بیمارستان قلب اروپا هستید ومطمئن باشید آنها این عمل را براحتی برای شما انجام خواهند داد، ولی اگرآن را انجام ندهید خواهید مرد، من بهیچ عنوان ازنظرروحی وجسمی آمادگی انجام عمل بعدی را نداشتم .
بعد ازدو،روزبا دردی شدید ازبیمارستان مرخص شدم ، طرف راست بدنم کاملا خم شده بود، وازشدت درد نمیتوانستم بدنم را صاف نگه دارم ... به خاله ام تلفن کردم واورا درجریان گذاشتم، اوهم مثل من نظرش این بود که زیربارعمل مجدد نروم .
ازآنجائیکه ازایران بدون خدا حافظی ازاطرافیانم بیرون آمده بودم، دچارخلاء روحی شده بودم وشدیدا نیازمند حضورخواهروبرادرانم بودم ودلم برایشان تنگ شده بود ودوست داشتم که بنوعی آنها را درجریان وضعیت روحی وجسمی ام قراردهم . فکرمیکردم اگرازدنیا بروم ، چقدرآنها ازاینکه درلحظات پایانی عمرم با من نبوده اند ، دچارعذاب وجدان وناراحتی خواهند شد ؟ فکرمیکردم که خیلی دوستشان دارم وتمام کوتاهی هایی که درمورد من کرده بودند بخشیده ام وبا فراق بال خواهم رفت ...
شوهرم درچندروزی که بیمارستان بودم، فقط بعد ازظهرها سری بمن میزد وحداکثرنیم ساعت درکنارم میماند ومیرفت . خیلی دلم شکسته شده بود ووقتی میدیدم که ازساعت نه صبح بستگان بیماران به بیمارستان می آمدند وهمسرانشان تا پایان وقت ملاقات درکنارشان می مانند وآنها را نازونوازش میکردند ودلداری میدادند ،حسرت میخوردم که من چرا دراین دیارغربت ولال برروی تخت بیمارستان ،با مرگ دست وپنجه نرم میکنم وحتی ازاین نازونوازشها هم محروم هستم ؟ حتی زبان بلد نبودم که بتوانم با هم اطاقی هایم ارتباط برقرارکنم . درحالیکه تک وتنها مثل یک زندانی درگوشه ی تختم کزمیکردم ، روزهای پایان عمرم را لحظه شماری میکردم .
هیچکس را نداشتم که بملاقاتم بیاید ویا حداقل تلفن کند . شوهرم بیماری افسردگی اش را بهانه میکرد ومیگفت، نمیتوانم دربیمارستان بمانم وفضای آن را تحمل کنم ، اوحتی درآن شرایط هم

خودخواهیهایش را کنارنمیگذاشت وفقط بفکرخودش بود ومن هیچ فضائی دردرون قلبش نداشتم.
اومیرفت تا با دوستانی که داشت خودش را سرگرم کند ومن میماندم با یک خرواردرد ونگرانی که هیچکس نبود مرهمی برای آنها باشد . گذشته ی هولناک ودردناکم را مرورمیکردم وحسرت ایامی را میخوردم که به گناه بی گناهی ، مجازات شده بودم .
نمیدانم تا بحال کسی به شما گفته است ،فقط دو، سه درصد شانس زنده بودن دارید ؟! آیا میتوانید تصورکنید یعنی چه ؟! هرچقدربه عمل جراحی دومم نزدیکترمیشدم، بیشترنیازبه این عمل را احساس میکردم ، تصمیم خودم را گرفته بودم وبایستی این عمل را انجام میدادم .
علاوه برریسکی که داشت ، درد وحشتناکش را چطورمیتوانستم تحمل کنم؟ برای مردن ، روز شماری میکردم ، حتی اگرنمیخواستم بمیرم !
روزعمل با همسرم به بیمارستان رفتیم ، ولی مطابق معمول اومنتظرنشد که دکتربیاید ، به داخل حیاط بیمارستان رفته بود تا سیگاری بکشد وبرگردد ، ولی دراین فاصله دکترآمد ومن هم مترجمی نداشتم . دکترمجددا گفت : دراین عملی که فردا صبح برایت انجام میشود فقط دو، سه درصد میتوانی زنده باشی! ولی با قدرتی عجیب خندیدم وگفتم، آقای دکترولی مطمئن باشید که من نود ونه درصد زنده ازاطاق عمل بیرون خواهم آمد، نمیدانم چه کسی بجای من این حرف را زده بود ؟ من که مطمئن بودم می میرم ! چطورچنین چیزی را به دکترگفته بودم ؟!
دکترخندید وبرروی تخت نشست وگفت : خب ،شما دکترهستید ؟! گفتم : نه دکترنیستم ولی من این باربا خداوند، به اطاق عمل میروم، اومجددا خندید وگفت : خب ،پس من به اطاق عمل نمی آیم ، توهم با خداوندت بروو عملت را انجام بده .
گفتم : ولی آقای دکتر، خدا وندازدستان شما بعنوان وسیله استفاده میکند ومرا شفا خواهد داد.
مجددا خندید وگفت : خب ،پس صبح دراطاق عمل می بینمت .
وقتی شوهرم به اطاقم برگشت، برایش ماجرا را تعریف کردم ،اومرا بوسید وگفت، من هم فردا صبح قبل ازاینکه به اطاق عمل بروی می آیم ! اورفت ومن ماندم وخدا... تنهای ، تنها ، سایه مرگ را میدیدم .
این دعا را خواندم :
(ای خداوند ، تا به کی مرا فراموش می کنی ؟ تا به کی ، روی خود را ازمن برمی گردانی تا به کی افکارم مرا آزاردهند وهرروزدلم ازغم پرشود ؟ تا به کی دشمن برمن پیروزباشد؟ ای خداوند من ،برمن نظرکن ودعای مرا اجابت فرما ، نگذارنورزندگی ام خاموش شود . نگذاربه خواب مرگ فرووروم ودشمن ازشکست من شاد شده ، بگوید : براوپیروزشدم . من به رحمت توایمان دارم ودلم ازنجات توشاد می شود . دروصف توای خداوند خواهم سرائید زیرا به من خوبی کرده ای .)
ناگهان بمن الهام شد که : بلند شووپرده ی دورتختت را بکش ومجددا به تختخواب برگرد .
شروع کردم به گریه کردن، درحالی که زارمیزدم با تمام نیرووقدرتم گفتم : ای عیسی مسیح من نمیدانم توکی هستی؟ولی میدانم قدرتت بی نظیراست . شفای بیماری ام را دراین دیارغربت بمن عطاء بفرما . به بی کسی من رحم کن . به زجرهایی که درزندگی کشیده ام رحم بفرما . تومرده ها را زنده میکردی ، کورها را بینا میکردی . کران ولالان را شفا میدادی .لنگان را خرامان میکردی ،پس مرا هم شفا بده . پس مرا هم زنده کن . مرا هم ازمرگ نجات بده . ای مسیح جان به دادم برس . نگذاربمیرم . نجاتم بده . نمیخواهم بمیرم . میخواهم زنده باشم .
ناگهان الهام شد که چشمهایت را ببند وآنها را بهیچ عنوان بازنکن . چشمهایم را بستم ، یک مرتبه دیدم یک نوربسیار، بسیارقوی وبزرگ با صدایی شبیه وزیدن بادی تند وارد بدنم شد .
تمام بدنم داغ شده بود، ازشدت گرما بدنم خیس عرق شده بود . احساس میکردم وارد استخری ازآب داغ شده بودم . تمام بدنم میسوخت . داغ ، داغ ، داغ شده بود م . همان صدای الهام آمیزبمن گفت : بدون اینکه چشمهایت را بازکنی به سمت دیگربدنت برگرد . من هم اطاعت

کردم ،مجددا همان گرمای آتش . همان عرق کردن شدید . بعد بمن الهام شد که حالا میتوانی چشمهایت را بازکنی، وقتی چشمهایم را بازکردم ، تمام بدنم بی حس شده بود . حال عجیبی داشتم. مثل اینکه روحم ازبدنم جدا شده بود وبه جسدم که روی تختخواب افتاده بود، نگاه میکرد . مطمئن بودم که اینبارخداوند، به کمکم آمده ومرا با ایمانم شفا داده است . بعد پرستارآمد وتعدادی قرص بمن داد . نمیدانم کی بخواب رفتم ، با صدای پرستارکه مرا صدا میکرد، بیدارشدم . آنها آمده بودند که مرا به اطاق عمل ببرند . درراهروهای باریک وطولانی زیرزمین، بیمارستان که گویی شبیه قبرستان وتونل وحشت بود، درحالی که روی تخت درازکشیده بودم ، تک وتنها راهی اطاق عمل بودم، وارد اطاقی شدیم که قبل ازاطاق عمل وجود داشت ، تعدادی دکتربیهوشی وپرستاربا لباسهای مخصوص وکمی هم ترسناک منتظرمن بودند ، یکی ازآنها شروع کرد با من به صحبت کردن که اسمت چیه ؟ چند ساله هستی ؟ من هم مرتبا ازاوسئوال میکردم آیا حالا میخواهید مرا بیهوش کنید ؟ واومیگفت ،هروقت خواستم تورا بیهوش کنم بهت میگویم ، نه ،این آمپول برای این است که ریلکس شوی . بعد با لوله ای خرطومی شکل که یک سرآن شبیه ماسک بود ،بطرف من آمد وگفت، الان میخواهم ترا بیهوش کنم ، بعد پرسید اگرمردی، چه کسی برای دعا خواندن برایت بیاید ؟ ! قبل ازاینکه جواب اورا بدهم بیهوش شده بودم . بعد ازسه ساعت که گویا ازبیهوشی ام گذشته بود ، با صدای دکتربیهوشی که اسمم را صدا میکرد بهوش آمدم ،ولی مجددا ازهوش رفتم ، وقتی چشمم را بازکردم دراطاق ویژه مخصوص بیماران قلبی بعدازعمل جراحی بودم . دکترجراح وهمسرم را دیدم که بالای سرم صحبت میکردند ،کم وبیش متوجه شدم که عمل بخوبی انجام شده است ومن هم زنده هستم ...

باورم نمیشد که خداوند مرا شفا داده است ، ولی مرتبا اورا سپاس میگفتم . صبح روزبعد دکترم برای ویزیتم آمد ومترجمم هم همراه اوبود . بلافاصله به دکترم گفتم : دیدید که من زنده مانده ام؟ اوخندید وگفت ،بله ایمانت به خدا تورا نجات داده است . گفت : ما وقتی ترا بیهوش کردیم وقلب را دیدیم متوجه شدیم که پیس میکروآن سیخ لعنتی ، بصورت شل وافتاده درقلب هستند، بهمین دلیل تصمیم گرفتیم که بدون شکستن قفسه سینه ، اززیرسینه راست ، وارد قلب شویم وآنها را به بیرون بکشیم ، درحین انجام این عمل متوجه شدیم آنها کاملا لق شده اند ودرجای قبلی نیستند ، گفت : عمل بخوبی انجام شد ، ولی یک تکه ازپیس میکرکه حدودنیم سانت است، درزیراستخوان ، قفسه سینه ات ، باقیمانده ،که برای بیرون آوردن آن بایستی آنجا را میشکافتیم، ولی ازآنجائیکه باقیماندن آن هیچگونه مشکلی بوجود نخواهد آورد، آنرا رها کرده ایم ..

برایم مهم نبود که چه چیزی درحین عمل جراحی درقفسه سینه ام باقیمانده است ، فقط این مهم بود که ایمانم به خداوند مرا ازمرگ حتمی نجات داده بود ، کاملا رها شده وآزاد احساس نجات یافتن میکردم . شکرخدا که همیشه درتنگناها بفریاد م رسیده بود .

ای خداوند، توهمه چیزمن هستی ! تومال وثروت من هستی ! زندگی من دردستهای تواست آنچه به من بخشیده ای ، عالی است ومن ازآن لذت می برم .

خداوند را شکرمی کنم که مرا راهنمایی می کند وحتی شب هنگام نیز مرا تعلیم می دهد . خدا همیشه با من است ! اودرکنارمن است وهیچ چیزنمی تواند مرا بلرزاند . پس من درامان خواهم ماند وقلب ووجودم ازشادی لبریزخواهند شد ، زیرا تومرا درچنگال مرگ رها نخواهی کرد وکسی را که دوستش داری نخواهی گذاشت ازبین برود . ای خداوند ، ای قوت من ، تورا دوست دارم ! مرگ ، مرا درچنگال خود گرفتارکرده بود وموجهای ویرانگرش مرا فروگرفته بود .مرگ برای من دام نهاده بود تا مرا به کام خود بکشد . اما من دراین پریشانی بسوی خداوند فریاد برآوردم . وازخدایم کمک خواستم . فریاد من به گوش اورسید واوازخانه مقدسش ناله مرا شنید .

دکترم میگفت : درطول شش ماه گذشته بارها وبارها ما با شماره تلفنهای بیمارستانی که شما داده بودید ، با مطب دکترجراح ومتخصص قلب شما درایران تماس گرفته ایم وازاوتوضیح خواسته ایم که بگوید چرا دریک قلب سالم پیس میکرگذاشته است ؟ ولی اوجواب نداده وبا ما تماس نگرفته است .اودرحالی که پرونده پزشگی مرا به همسرم نشان میداد ، میگفت : ببینید چند بارما فکس، ایی میل وتلفن زده ایم وعلت آنرا جویا شده ایم ،حتی ازاوخواسته ایم که فیلم قلب شما را قبل ازعمل جراحی شما برای ما بفرستند، ولی اوجواب نداده است .
دکترجراحم گفت : دکترشما درایران مقصراست، اویک قلب سالم را بدون علت سوراخ کرده وپیس میکرگذاشته است ، ولی ماهیچ دلیلی پیدا نکردیم که قلب شما نیازبه پیس میکرداشته باشد . آنها نمیدانستند که قلب من وقتی درایران بودم نیازبه پیس میکرداشت ودکترم درایران اشتباه نکرده بود ، بلکه خداوند مرا معجزه وارشفا داده بود ، قبول این معجزه برای یک آدم بی ایمان سخت بود ، مهم نیست که اودکترباشد یا نه !
درحالی که دربیمارستان بودم شوهرم بمن تلفن کرد وگفت : من میخواهم با یکی ازدوستانم به شهردیگری بروم ، خیلی تعجب نکردم که اودرآن وضعیت وخیم رها یم کند وبدنبال سرگرمی خودش برود ، اوهمیشه همینطوربی مسئولانه وبیرحمانه برخورد کرده بود ومن عادت کرده بودم ، برای اوخیلی فرقی نمیکرد که دراین فاصله من بمیرم یا زنده بمانم ، بیماری من به نفع اوتمام شده بود وپرونده ما دروزارت کشورمورد بررسی قرارداشت که بما اقامت بدهند یا نه .
پس بعد ازاین به نظراوخیلی هم لازم نبود که من زنده بمانم ، کاراقامتی اودردست بررسی بود واین چیزی بود که اومیخواست وبخاطرش هم ازدواج کرده بود ، بعد ازآن ،کاری با من نداشت . بقول خواهرم ازروزازدواجش ،همچونردبانی ،برای بالاکشیدن خودش ، ازمن استفاده کرده بود وباصطلاح من نردبان ترقی اوشده بودم .
بارها اوبخاطرپسرش با من دعوا کرده بود که چرا کاراقامتمان عقب افتاده واونمیتواند اورا قبل ازاینکه به سن نوزده سالگی برسد واززیرحمایت پدرش بیرون بیاید ، به این کشوربیاورد.
انگارمن مامورااداره ی اقامت بودم ویا اینکه من ازآنها خواسته بودم که کارمان درست نشود!
جالب است که همین آقا پسرکه اونگرانش بود زمان ازدواج ما بالاخره بعد ازده بارتلفن پدرش برای دیدن من نیامد . همین آقا پسرزندگی کردن با مادرش وشوهراورا ترجیح داده بود وبغیرازمواقعی که پول احتیاج داشت ، خیلی هم تمایلی به دیدن پدرش نداشت .
چند روزبعد ازرفتن همسرم به شهردیگری ، تنها تروعصبانی ترازقبل درکنج بیمارستان مانده بودم وهم اطاقیهایم مرتبا سئوال میکردند که چرا همسرت به عیادتت نمی آید ؟! برای پرسنل بیمارستان هم سئوال برانگیزبود که حتی همسرم هم چند روزی است که نیامده !!
با اینکه اورا خیلی خوب می شناختم ،ولی تا این حد ش برایم غیرقابل قبول بود وزجرمیکشیدم. وقتی دکتربرگه ی مرخص شدنم را امضأ کرد، به برادرزاده اش که درشهردیگری زندگی میکرد تلفن کردم وگفتم، میشود من به خانه ی شما بیآیم ؟ چون شوهرم نیست وبا دوستانش رفته مسافرت ،اوگفت : نه ! برای اینکه شما بیماری عفونی دارید ومن میترسم بچه ام هم بگیرد! خیلی تعجب کرده بودم که این گزارش غلط را چه کسی به او داده است ؟ کدام بیماری عفونی ؟ مگرنه اینکه من جراحی قلب کرده ام ؟! ولی وضعیتم مساعد نبود که با اوبحث کنم ویا حداقل بپرسم این گزارش بی اساس را شما ازکجا گرفته اید ؟فقط فکرکردم که ای بابا ، انگارازاینها کلا آبی گرم نخواهد شد ...گویا به شوهرم تلفن کرده بود وگفته بود، بهتره که شما برگردید به شهرتان، چون فلانی مرخص شده است . بعد شوهرم تلفن کرد وگفت : من تا شب برمی گردم ، ولی چرا به آنها تلفن کرده ای وگفته ای که من نیستم؟
خب ، مرد حسابی اگرکارت اشتباه بوده که قصد پنهان کردنش را داری ؟ چرا انجامش دادی ؟
من بایستی چکارمیکردم ؟ اوحتی نمیخواست دیگران بدانند که درچنین شرایطی همسرش را گذاشته ورفته دنبال کارهای خودش، درسته که اوهم دچارمشکلات افسردگی شده بود ، ولی شرایط بیماری ،مرا بیش ازحد معمول حساس کرده بود. بالاخره بعد ازسه روزازبیمارستان

مرخص شدم ، وقتی با آمبولانس بخانه برگشتم، بوی تعفن سطل آشغال تمام خانه را پرکرده بود ، انگاردرمدتی که من بیمارستان بودم ، حتی یکبارهم کیسه ی زباله را بیرون نیانداخته بود ومنتظرمانده بود که من برگردم وآنرا بیرون بیاندازم !! هیچ چیزدرآن خانه برای خوردن پیدا نمیشد،وهیچ پیش بینی برای برگشتن من نکرده بود ، نه نظافتی ، نه غذائی ، نه آب میوه ای، نه عشقی،نه مسئولیتی ،نه مهربانی ، نه یک تختخواب تمیزومرتب ،هیچ چیز!! با یک قلب پاره ، پاره ، چطورمیتوانستم درآن فضای خالی ازمحبت زنده بمانم ؟ بوی نم ونا ورطوبت تمامی اطاق ما را پرکرده بود،بیشتراحساس خفگی کرده بودم ، نفس کم آورده بودم ونیازشدیدی به اکسیژن داشتم ،بخاطرنا امنی آنجا ،حتی نمیتوانستم درب ساختمان را بازکنم وبروم بیرون تا نفسی تازه گردانم!! فکرمیکردم ایکاش دربیمارستان می ماند م ، ازمواجه شدن با چنین شرایطی دچارترس ووحشت شده بودم . هیچکس درخانه نبود، بوی مرگ می آمد،تا پاسی ازشب با درد ونگرانی ووحشت منتظرآمدنش بودم ، حتی تلفن هم نداشتم که اگراتفاقی برایم افتاد ،بتوانم به آمبولانس تلفن بزنم . بالاخره بی پروا وطلبکار، که چرا به خواهرزاده اش تلفن کرده ام ، آمد . فکرمیکردم شاید اگربرادرزاده اش تلفن نکرده بود ، همچنان خیال داشت همانجا چند روزی بماند .

اودوستی داشت که پسربسیارخوب ومهربانی بود، وقتی درجریان مرخص شدن من قرارگرفته بود، بخانه ما آمد وبرای من غذا پخت وبه همسرم هم یاد داد که با مریض چگونه بایستی رفتارکرد . بنظرمیرسید همسرم ازاینکه بهبود یافته بودم ، خیلی هم خوشحال نیست ، او رختخوابش را ازمن جدا کرده بود وروی تختخواب خوابیده بود وکتاب میخواند ،من هم برروی زمین نمناک ورطوبت زده ،درحالی که نفسهایم به شمارش افتاده بود، به سختی میتوانستم حرکت کنم. انگارخودش را به کری زده بود واعتنایی نمیکرد ...تا اینکه خداوند، باردیگرنیرویی بمن داد وازجا بلند شدم وخودم به آمبولانس تلفن کردم وآنها آمدند ومرا به تنهایی ، به بیمارستان بردند ، اوهمچنان درخانه ماند وبه استراحتش پرداخت . ازبیرحمی وسنگ دلی های اودچارحالت تهوع شده بودم، باورم نمیشد کسی را که بهش محبت کرده بودم، چنین رفتارنا جوانمردانه وخشونت باری با من داشته باشد وجواب خوبی هایم را با بدی بدهد. خب ، این نیزبگذرد...

جای عملم بشدت عفونت کرده بود وبوی تعفن آن را خودم هم احساس میکردم . درد، عفونت وگاهی خونریزی ازجای عملم ازعوارض عمل جراحی ام بود ، درحالی که بشدت میترسیدم، درآن روستای وحشتناک که اکثراهالی اش معتاد وجانی وضد خارجی ها بودند تنها باشم ، شوهرم اکثرا مرا تنها میگذاشت ومیرفت . ترجیح میدادم بیشتراوقاتم را تا بهبودی کامل دربیمارستان باشم، بهمین دلیل هرچند روزیکباربه آمبولانس تلفن میکردم وآنها می آمدند ومرا به سی سی یو میبردند ... یک روزکه درخانه تنها بودم ،یک مرتبه متوجه شدم که اززیرسینه ام ، درجای بخیه ها ، خون وچرک جاری است ، با دستپاچگی درحالی که تلفنی هم نداشتم به این طرف وآن طرف اطاق میرفتم وزارمیزدم وعیسی مسیح را صدا میکردم ، خونریزی بقدری زیاد بود که تمامی لباسم وکف اطاق خونی شده بود . مطمئن بودم که نخواهم مرد وخداوند برایم کمک خواهد فرستاد .

یکمرتبه دیدم یک نفردرب را میزند ، درحالی که میترسیدم درب را بازکنم ،ازپشت درب پرسیدم چه کسی است ؟ صدای معلمم را شنیدم که گفت ،من سندرا هستم ، آمده ام احوالت را بپرسم ... وقتی درب را بازکردم ، اوازوضعیت خون آلود من دچارترس شده بود وبلافاصله به آمبولانس تلفن کرد وآنها آمدند ومرا به بیمارستان منتقل کردند ...

چند روزی را مجددا دربیمارستان بودم ووقتی بخانه منتقل شدم هرروزپرستاری برای تعویض پانسمانم می آمد ، مدتی نگذشته بود که ریه هایم آب آورده بود وخون آبه های عمل جراحی درآنها جمع شده بود ند . نفس کشیدن را برایم دشوارکرده بود ومثل غریقی بودم،که درحال خفه شدن است ، مجددا به بیمارستان منتقل شدم وچند روزی را برای عمل خالی کردن ریه

هایم بستری شدم . دکتر، ژاپنی که قراربود آب، ریه هایم را تخلیه کند، گفت، همسرت میتواند گوشه این اطاق بنشیند ، دکتردرحالی که مرا نشانده بود، پشت قفسه سینه ام را جایی که ریه ها قراردارند بی حس کرد وسوزنی بسیاربلند که به شلنگ وسطلی وصل بود، به ریه هایم وارد کرد، درحالی که مایع داخل ریه ها را خارج میکرد، به همسرم میگفت : نگاه کنید چقدرمایعات داخل ریه اش بوده ، تعجب میکنم که اوچطورمیتوانسته است نفس بکشد!.
تقریبا سطل نصفه شده بود، احساس میکردم ازحالت خفگی نجات پیدا کرده ام ومیتوانم نفس بکشم ، مجددا چندروزی را دربیمارستان بستری بودم . بعد ازعکسبرداری از ریه هایم ، مجددا دکترگفت : هنوزمقداری مایع درریه ها وجود دارد که مجددا بایستی تخلیه شوند ، لازم بودکه دربیمارستان بمانم ومجددا عمل تخلیه را انجام دهم ، روزبعد که مجددا عکسی از ریه هایم برداشتند، دکترگفت : باعث تعجب است که مایع خود بخود دفع شده وریه ها کاملا پاک است . دکترم خندید وگفت : حتما میخواهی بگویی که خدا برایت دوباره معجزه کرده است ، بله درست حدس زده بود ، خداوند دوباره برایم معجزه کرده بود . شکر
من با اطمینان صد درصد گفتم بله ، مطمئن باشید که اینها تماما معجزات عیسی مسیح است که یکی بعد ازدیگری درزندگی من اتفاق می افتد ، گفتم : شماهم ایمانتان را تقویت کنید تا طعم شیرین وجود خدای یکتا را درزندگیتان بچشید وشاهد معجزات درزندگیتان باشید ، اوخندید ورفت . شاید اوفکرمیکرد من خیلی خدا ، خدا میکنم پس حتما دیوانه هستم ، فکراوبرایم مهم نبود ، آرزوداشتم که اوهم خدا را بشناسد ومزه ی ایمان را درزندگی اش بچشد .
اتفاقی که دربیمارستان برای من افتاده بود ، میتوانستم برعلیه بیمارستان شکایت کنم وپول زیادی ازآنها بگیرم ، ولی ما حتی لحظه ای هم به این مسئله فکر نکردیم که میشود اینکاررا انجام داد ، آنها بما کمک کردند تا توانستیم اقامتمان را بگیریم .
یک روزخاله ام ازکانادا تلفن کرد وگفت : همسر،برادربزرگم که باعث عذاب ما شده بود تا آپارتمان برادردیگرم را تخلیه کنیم ، طلاق گرفته ورفته با مرد دیگری ازدوا ج کرده است، ازقراردودخترویک پسراوهم به طرف مادرشان رفته بوده اند ، خاله ام میگفت : برادرم ورشکسته شده وتمامی سوپرمارکت ، خانه وزندگی اش را هم ازدست داده است ، شاید این هم دلیلی بوده که خانواده اش اورا ترک کرده اند ، ازشنیدن این خبرها بسیارناراحت شدم ، من آنها را بخشیده بودم وازاینکه اتفاقات بدی درزندگی آنها رخ داده بود ، بسیارناراحت شدم وبرایشان دعا کردم . ازروزخروجم ازایران آنها یی را که باعث فرارما شده بودند، بخشیده بودم وبرایشان دعای برکت وفیض میکردم ، نمیدانم به هرترتیب خواست خداوند برای زندگی آنها این بوده است .
من که بدون خدا حافظی ایران را تر ک کرده بودم، تلاش کردم برادرم را پیدا کنم . وقتی به او تلفن کردم ، کلی به درد ودلهایش گوش کردم ، اوبسیارفقیرشده بود ، طوری که حتی نیازبه نان شبش داشت ! باورم نمیشد که آنهمه مال وثروت درمدتی کوتاه وکمترازسه سالی که من ایران را ترک کرده بودم ازبین رفته باشد . اومیگفت : نزدیک سه سال است که ازبچه هایش خبرندارد وآنها هم نمی آیند که احوال پدرپیرشان را که شصت وچند ساله شده است بپرسند . خیلی تعجب میکردم ، برای همه آنها به دعا کردن وتقاضا ی فیض وبرکت ازخدا ادامه دادم. ضمنا شنیدم بچه ی برادردیگرم هم که ما درخانه اوزندگی میکردیم، بعد ازگذشت هفت سال که ازتاریخ تولدش میگذشت ، متأسفانه هنوزقادربه حرف زدن نمیباشد . از شنیدن این ماجرا پشتم لرزید وباخود فکرکردم آیا اینها نشانه هایی ازگوشزدهای خداوند به ما انسانها نمیباشد ؟ خداوندا ما را با فیض ورحمت خودت ببخش ونجات بده .
بالاخره من وشوهرم موفق شدیم بعدازسالها، اقامت کشوری را که درآن زندگی میکنیم را بگیریم . درحال حاضرتمامی بهداشت ودرمان من دراین کشوربصورت رایگان انجام میشود. ازآنجائیکه قند خون بالا دارم ،ازطرف بیمه ی درمانی کارتی بمن داده اند که تمامی داروهایم را هم میتوانم مجانا دریافت نمایم . همسرم استعدادهای شایانی ازخودش نشان داده وبعد

ازگذراندن یک دوره ی دوساله توانسته است با توجه به سی وپنج سال سابقه ی تدریسش درایران در یکی ازکالجهای بسیارخوب مشغول بتدریس شود . اوبا مدارک تحصیلی اش وسابقه ی کارش درامرترجمه ی زبان انگلیسی ، همچنین توانسته است به عنوان مترجم رسمی انگستان ، به عضویت کانون زبان دانان اروپا درآید . خدا را شکراودراین مملکت بسیارخوش درخشیده وجایگاه وهویت رسمی وشغلی بسیارخوبی دارد که من ازاین بابت برایش خیلی خوشحال هستم .
گاها وقتی زندگی گذشته ام را مرورمیکنم وبه یاد متلک های همسرسابقم میافتم ، که میگفت: من آنقدرمخارج درمان نازایی ترا داده ام خسته شده ام ، بروویک نفردیگررا پیدا کن ... دلم می شکست وخدا را صدا میزدم ، حالا آرزوداشتم که اوبود ومیدید که خدا وضعیت تثبیت شده ای برایم تدارک دیده است که هرگزازاین بابت منتی برسرم نخواهد گذاشت ومهرومحبت او بدون انتظاروتوقع است . خدا را شکرمیکنم برای تمامی نیکوئیهایش ومحبت خالصانه اش .
اومانند پدری دلسوز، تمام احتیاجات مرا رفع کرده است ودیگرمحتاج به هیچ چیزوهیچکس نخواهم بود . خدای حی ، خدای قدرتمند وتوانا که ناله های مرا می شنید ، حرفهای آن مرد را هم می شنید ، هم اکنون با قدرتش ، با مهربانیهایش ، با نیکویی هایش ، هم بیماری قلبی مرا شفا داد ه وهم اینکه ازمرگ حتمی نجاتم داده ودرکنارم ایستاده است .
خدا را شکرکه صدای دعاهای ما را می شنود وبه آنها پاسخ می دهد . خدا را شکرمیکنم که مرا درآغوش پرمهرش گرفته وحمایت وهدایتم میکند . هم اکنون با فیض وبرکت خداوند، توانسته ام کمپانی ام را به ثبت برسانم وکماکان مشغول بکارباشم . ما درحال حاضر هفت سال است که دراروپا کاروزندگی میکنیم ، اخیرا توانسته ایم یک آپارتمان کوچک وقشنگ دواطاق خوابه با وام بانکی بخریم ، درست است که کماکان با همسرم مشکلاتی داریم وگاها سایه زندگی قبلی او، ومن باعث ایجاد مشکلاتی درزندگی ما میشود، ولی زندگی برای من درس عبرتی بوده است که قدرسلامتی وموقعیتهایی را که خداوند برایم مهیا میکند را بدانم تا اورا خدمت کنم وبرای مسائل پوچ وبی اهمیت، این دنیا ی فانی ،غصه نخورم وازادامه ی راهم که خدمت بخداوند است دلسرد ونا امید نشوم . سه تا ازکتابهایی را که یک عمرآرزوی چاپ آنها را داشتم، چاپ کرده ام وتوسط ناشردریکصد وچهل سایت فروش کتاب ،برروی اینترنت قراردارد . برای چاپ این کتابها مبلغ هشت هزارپوند ازبانک وام گرفته ام که بایستی ماهیانه مبلغ حدود دویست پوند قسط پرداخت نمایم . خواهرزاده همسرم که آنها را برایم صفحه بندی کرده است. متاسفانه برای تحویل اصل نوشتها واصل کتابها ، مشکلات عدیده ای برایم ایجاد نمود ونهایتاً هم اصل کتابها را بمن نداد . بهمین دلیل ناچارشدم با پرداخت مخارج اضافه، برای طراحی جلد کتابها که اشکالاتی داشت واوحاضربه اصلاحش نبود، مجددا هزینه نمایم ! باید بگویم که این نیزبگذرد..
بارها وبارها برای گرفتن کتابهایم که هزینه های آنها را هم پیشا پیش پرداخت کرده بودم، عذابم داد ونمیدانستم مشکلش با من درکجاست ؟! مبلغی را هم که برای درست کردن سایت اینترنتی به او پرداخت کرده بودم ،بمن عودت نداد وسایت را هم باسم خواهرش گرفته بود وبعد ازکلی جنگ اعصاب ، بالاخره مشکلم با او حل نشد وناچارشدم به شخص دیگری مجددا با پرداخت وجهی ، بخواهم که سایتم را طراحی وثبت کند . واقعا گاهی که به این مسائل ومشکلاتی که دیگران بدون دلیل ، برای من ایجاد کرده اند فکرمیکنم ، عقلم بهیچ جا قد نمیدهد وجزدعا کردن برای شفای این چنین افراد کاردیگری ازدستم برنمی آید ...
هرگزمتوجه نشدم این همه دشمنی برای چیست ؟! شوهرم کاملاً خودش را کنارکشیده بود ومیگفت، بمن مربوط نیست، خودت میدانی با آنها، میگفت خواستی با اوکارنکنی !اونه تنها درصدد حل مشکل برنمی آمد ،بلکه درمقابل آنها برعلیه من ایستاده بود .. همسرم شخصیت پیچیده ومرموزی داشت که هرگزنتوانستم به رازدرونش پی ببرم . اوهمه چیزش را ازمن مخفی میکرد واجازه نمیداد که حتی درحد یک دوست اورا بشناسم !! همسربودن پیشکش او.

بزرگترین سئوالی که همیشه درزندگی مشترکم با اوداشتم ، این بود که چرا اینهمه مخفی کاری میکند وبهیچ عنوان اجازه نمیدهد که من درحد یک همسرکه برایش بسیارهم ایثاروفداکاری کرده بودم وحق وحقوق خودم میدانستم که سرازکارش دربیاورم ودوستانش را بشناسم ویا محل کارش را یاد بگیرم ...برای چیست ؟! اونه تنها هیچگونه حساب بانکی مشترکی با من نداشت ، بلکه حتی وقتی درحضورمن میخواست ازکارت بانکش استفاده کند ، تلاش میکرد که رمزآنرا حقیقتا مانند یک غریبه ی رهگذرازمن مخفی کند !! معاشرتهایش را همیشه مخفی میکرد وهیچوقت مرا به کنسرتها ، میهمانیها ، جشن های شب یلدا ویا هرجائی که جمعی ازدوستانش بودند نمیبرد ومرموزانه ارتباطاتش را با اطرافیانش ازمن مخفی میکرد .
اززمانی که شروع به نوشتن کتابهایم کردم ، همیشه آرزوی ترجمه ی آنها را به زبان انگلیسی داشتم ، بارها وبارها ازهمسرم خواسته بودم که آنها را برایم ترجمه کند ،ولی اوهمیشه مثل یک غریبه ، گفته بود، اگرمیخواهی اینکاررا برایت انجام دهم، بایستی اول ، یک قرارداد با من بنویسی که فروش تمام کتابهایت ،مادام العمربا من نصف خواهد شد!یکی نبود که به او بگوید آقای محترم ، آیا درطول چهارده سال زندگی مثلا مشترک ، آیا من هم برای خدماتی که مجانا به شما ارائه نموده ام ، قراردادی نوشته ام ؟! ازشدت تعجب نزدیک بود که شاخ دربیاورم وسئوال کردم ،چرا بایستی اینکاررا انجام دهم ؟ اگرشما میخواهی ترجمه کنی ، فقط میتوانی حق الترجمه ی کتابی را که ترجمه خواهی کرد بگیری، ضمن اینکه اگرمن خیلی انسان باگذشتی باشم ، فقط بدلیل اینکه همسرم هستی وفکرمیکنم راه دوری نخواهد رفت وازاین جیب به آن جیب گذاشتن است ، میتوانم درفروش همان کتابی که ترجمه خواهی کرد با توشریک شوم . انتظارات وارتباطات اوبا من مثل یک غریبه بود ، درحالیکه هیچ غریبه ای هم درطول عمرم،چنین برخوردهای غیرمنطقی ویکطرفه وناعادلانه ای ،با من نداشته است.همیشه اینطورمواقع بود که بیاد همسرسابقم می افتادم ومیلیونها بارتحسینش میکردم ومیگفتم خدایا این کجاست واوکجا بود ؟؟ زندگی با همسرم مثل یک جاده ی یکطرفه است که همیشه هم ازطرف من میرود ، ازاین جاده ی یکطرفه ی احساسی ، مالی ، بیزارشده ام ، درحقیقت میتوانم بگویم ازخودم واین همه گذشت وایثاروبدنبال باد دویدن بیزارشده ام ... ادامه ی این زندگی حقیقتا دویدن بدنبال باد است وبس ! سرمایه گذاری کردن دراین زندگی ، یعنی حماقت محض . بارها وبارها بوجود خودم واصالتم افتخارکرده بودم که چطوربعنوان یک زن، معرفت واقعی یک مرد را همیشه درحق اوانجام داده بودم وازصفرمطلق توانسته بودم اورا به بالاترین استاندارد زندگی رسانده باشم . اونه تنها با ناسپاسی جواب مرا میداد، بلکه وظایف یک شوهررا هم نمیدانست ویا تجاهل میکرد . بعد ازآنکه آب پاکی را بدست من ریخته بود ودرحقیقت نمیخواست که کتابهای مرا ترجمه کند ،یک کتاب مثل کتابهای من ازشخص دیگری که بنوعی میتوانست رقیب من باشد ، گرفته است وبا دریافت مبلغ بسیارناچیزی ، مشغول ترجمه ی آن میباشد! درتعجبم که چطورتقاضای نوشتن قرارداد برای سهیم شدن درفروش کتابهای ایشان را پیشنهاد نکرده است ! چرا که انسان ابلهه ای مثل من تابحال به تورش نخورده ، ایکاش اودراین زندگی آنقدرمنصف بود که با خودخواهی هایش فقط به فکرمنافع مالی ومعنوی خودش نبود وگاهی فقط برای لحظه ای خودش را بجای من میگذاشت، تا درآنصورت بتواند بیشتروبهترسخاوتمندی مرا ببیند .
کاملا برایم مسلم شده بود که اوبهیچ عنوان ازموفقیت ها وپیشرفتهای من خوشحال نمیشود وگاها تلاش میکند که آنها را متوقف نماید . حتی بارها وبارها دیده بودم که وقتی لغت انگلیسی را غلط میگویم ،عمدا مرا تصحیح نمیکند وکاملا برایم مسلم شده بود که نمیخواهد من هم بتوانم خیلی سریع انگلیسی را درحدی یاد بگیرم که بتوانم مجددا حرکتهای عجیب وغریب انجام دهم.تنها تلاشش این بود که بتوانم هرطورشده ،سرمایه گذاری کنم ! ولی من که به زندگی مشترکم هیچگونه اعتمادی نداشتم ، تصمیم گرفته بودم که حتی به قیمت متوقف شدن خودم ،تا

زمانیکه دراین زندگی مشترک هستم ، بهیچ عنوان مرتکب اشتباهی نشوم که پشیمانی سودی نداشت ...

بقول برادرم درایران شیربوده ام ودراین دیارغربت تبدیل به موش شده ام ... برادرم میگفت: چرا رفتی ؟ چرا خودت را بدبخت کردی ؟ حالا تا دیرترنشده برگرد ودوباره ازصفرشروع کن ! صفر؟ بازهم صفر؟ چند باردرطول سی سال ، **بجرم نازایی** وبه گناه بی گناهی بایستی زندگی ا م را ازصفرشروع کنم ؟! چند بار؟! چندباربجرم ترحم به دیگران بایستی زندگی ام را ازصفرشروع کنم ؟ اگردلم برای همسرسابقم نسوخته بود ، اگربه بچه های اورحم نکرده بودم، اگرمن هم مثل آنها با بیرحمی برخوردکرده بودم ، شاید وضعیتم بهترازحالابود . با دلسوزی وبسیارمظلومانه ازحق وحقوقم درزندگی قبلی ام گذشته بودم وآنرا دودستی تحویل زن دیگری داده بودم که آمده بود بچه داربشود ، پولی بگیرد وبرود ... ولی من را بیرون کردند . وقتی گذشته ام را مرورمیکنم ،جای پای ، حماقتهایم را درکارنامه ی زندگی ام می بینم . آخرین حماقتی که درمورد همسرم انجام داده بودم، این بود که بعد ازدوبارکه پسرش تقاضای ویزا کرده بود وباو نداده بودند ، یکبارهم همسرم به دادگاه رفته بود وبازهم به پسرش ویزا نداده بودند، درهشتم جولای ۲۰۰۸ وقتی دادگاه دیگری داشت ، تصمیم گرفتم،درحالیکه مرخصی نداشتم، به این دادگاه بروم وبعنوان نا مادری حضورپیدا کردم ، قاضی دادگاه خانمی پاکستانی بود که وقتی حضوریک مادرناتنی را دردادگاه دید ، تحت تاثیرقرارگرفت وبه اوویزا داد. بعد ازآن روزرئیسم ازمن عصبانی شده بود که چرا محل کارم را ترک کرده ام وبدادگاه رفته ام ، ولی برای من خوشحالی همسرم مهم بود . علی الرغم بی محبتی ها ی او، نمیتوانستم ازکنارمشکلات دیگران ، بخصوص اطرافیانم بی تفاوت بگذرم .عیسی مسیح میفرماید : هرکس به یکطرف صورتت سیلی زد طرف دیگرت را هم بگیرکه بزند ... هرکس عبایت را گرفت قبایت را هم به او بده ودرصدد پس گرفتن آن نباش ... چند روزدردعا وروزه بودم که باوویزا بدهند ...

امروزدوازدهم سپتامبر 2008 است وپسرش به کشوری که درآن زندگی میکنیم می آید ، خب ما بسیارخوشحال هستیم که بالاخره موفق شده بود ویزایش را بگیرد وبیاید . درحالی که منتظرورود اودرفرودگاه بودیم ، تلفن موبایل همسرم زنگ زد ومأموراداره اقامت پشت خط بود وازاوسئوال کرد آیا منتظرکسی هستید ؟ همسرم گفت : بله منتظرپسرم هستم ، اوسئوال کرد چرا قبلا دوبارتقاضای ویزایش رد شده است ؟ چرا تقاضای شما یکباردردادگاه رد شده است ؟ همسرم گفت : نمیدانم ! اوسئوال کرد چرا یکباربه دادگاه رفته اید وباوویزا نداده اند ؟ همسرم گفت، مدارکم کامل نبوده است ، اوسئوال کرد درحالی که تقاضای ویزای سه هفته ای کرده است چرا بلیط برگشتش برای شش ماه دیگراست ؟ همسرم گفت، به پیشنهاد آژانسی که ازآن بلیط خریده است این تاریخ را گرفته ،چه حرف ابلهانه ای ! یعنی چه ؟ مگرآژانس اجازه دارد تاریخ برگشت برای کسی تعیین کند ؟ مأموراداره اقامت گفت، یعنی ایشان ممکن است تا پایان ویزایش بماند ؟ شوهرم گفت، فکرنمیکنم چون باید به دانشگاه برود . اوگفت، بسیارخب چند سئوال دیگرهم هست که دوباره زنگ میزنم وسئوال میکنم . بعد ازنیم ساعت پسرش آمد ، با لباسی بسیارنامرتب ، ریش نتراشیده ، موهای سیخ سیخی بطرف بالا ویک شلوارجین که وسط پای آن هم پاره بود ... بسیارچهره ی نا آراسته ، من ازخودم خجالت کشیدم که منتظرچنین قیافه وشخصیتی بودم . تمامی اتفاقاتی که برایش افتاده بود، قبلا پیش بینی کرده بودم وتلفنی باوگفته بودم، خیلی مواظب باش چون ممکن است چنین سئوالاتی ازتوپرسیده شود، ولی اونه تنها تشکرنکرده بود ، بلکه به همسرم زنگ زده بود وشکایت کرده بود که فلانی برای اینکه مرا بترساند ، این حرفها را بمن گفته است . همسرم درحالی که گوشی تلفن بدستش بود با فریاد به من میگفت: چرا این حرفها را به بچه ام (پسربیست وچهارساله) زده ای که بترسد ؟! خب حالا آیا همسرم دچارشرمندگی نشده است که حق با من بوده، ولی

هیچکدامشان عذرخواهی نکردند، حتی بروی خودشان هم نیاوردند ... وپسرک نا مرتب ، بجای اظهارناراحتی گفت، اگریک سئوال دیگرمیپرسید با مشت میزدم توی دهانش ! همانجا بخودم گفتم ،این دیگه کیه ؟! شوهرم مثل اینکه اینها را نه میدید ونه می شنید ویا اینکه خودش را عمدا به کری وکوری زده بود که بچه اش ،ناراحت نشود ... اگرفرزند من بود همانجا میزدم توی دهانش که پسرک ابله ، اولا این چه طرزآمدن است، دوما : مودب با ش ودرست صحبت کن، ویا حداقل کمی اخم میکردم که اوحساب کارخودش را بکند . یاد بیست وچهارسالگی خودم افتاده بودم که نه تنها بچه نبودم ، بلکه سالها بود که روی پاهای خودم بودم ودرشرف ازدواج کردن هم بودم ...

بعدازگذشت چند روزکه ازورودش به این کشورمیگذشت ، متوجه شدم درعالم هپروت زندگی میکند وافکاروعملکردهایش بهیچ عنوان با سن وسالش هماهنگی ندارد ، مثلا اوکه ویزای شش ماهه ی کشورما را گرفته بود ، میگفت : تصمیم گرفته ام همین جا بمانم ، من برایش توضیح دادم که توبایستی حداکثربعد ازاتمام ویزایت به ایران برگردی ، برای اوتوضیح دادم همانطورکه میدانی، دوباراقدام برای گرفتن ویزا کرده ای وجواب منفی بوده است ، بعد ما ناچارشدیم با پرداخت هزینه ی گزاف به وکیل ، به دادگاه برویم وازطریق دادگاه برای توویزا بگیریم ، اگرتودرپایان اتمام ویزایت برنگردی، پلیس اداره اقامت می آید وتورا به فرودگاه میبرد ، اوکه تصورکرده بود من بعنوان نامادری این حرفها را ازخودم میگویم که اودراین کشورنماند، ناگهان آنچنان عکس العملی نشان داد که ازگفته خودم پشیمان شدم ، ولی برویش نیاوردم که چرا چنین برخورد زشت وزننده ای با من که بجای مادراوهستم دارد، ازاینکه واقعیتها را برایش توضیح داده بودم خوشحال نشده بود ودرهمین جا گویا تصمیم میگیرد، ازمن انتقام بگیرد . شب هنگام وقتی همسرم ازکار، بخانه مراجعت نمود، متوجه شدم که دورازچشم من اورا درجریان بخشی ازصحبتهایم گذاشته است ،البته بنوعی که خودش ازآنها برداشت کرده بود، وقتی درجریان قرارگرفتم، قلبم شکست وازاینکه میدیدم تمامی حسن نیت مرا زیرسئوال برده است ، بسیارغمگین وافسرده شدم ، ولی بازهم بروی اونیاوردم وسه نفری باتفاق همسرم وارد بحث شدیم ، درهمین موقع اوبا بی ادبی وحالتی لات مآبانه ازسرجایش بلند شد وگفت، حیف که مهمان هستم والا ... بعد ازدرب خانه رفت بیرون وبشدت درب را پشت سرش بهم کوبید...! چند دقیقه بعد همسرم بدنبال اوبخیابان رفت ، من که ازشدت عصبانیت تمامی بدنم میلرزید، مجددا بخاطرحماقتهای خودم دچارشوک شده بودم، بعد ازگذشت یکساعت آنها بخانه برگشتند، ولی من بخاطراحترام به همسرم میزشام را آماده کردم وازآنها خواستم که بنشینند وشام بخورند . اوبا کمال پررویی وانگارنه انگارکه چه حرکت زشتی ازخودش نشان داده است، شامش را خورد وبدون تشکرازسرمیزبلند شد وگفت: بابا راستی، مامانم کلاس رقص عربی میرود ولباس مخصوصش را هم خریده است ، مامانم خودش را خیلی لاغرکرده وخیلی هم خوشگلترشده است ، بعد هم به اطاقش رفت ،شوهرم هم دنبال اورفت ، درحالی که من متوجه شده بودم ، نوارهای سی دی که مربوط به میهمانیهای مادرش که مشغول رقص عربی بوده است باهم نگاه میکردند، بازهم مدارا کردم وعکس العملی نشان ندادم، ولی وقتی شنیدم که بعد ازدوساعت که آنها فیلمها را نگاه میکردند شوهرم کنجکاوانه سئوال میکند که این کیه ؟ اون کیه ؟ وبا حسرت وآه وناله ، به فیلمها نگاه میکند، اورا صدا کردم ، متأسفانه دیدم مردی که مدتهای مدید بود سیگارکشیدن را ترک کرده بود ، با سیگاری دردست ازاطاق بیرون آمد ... به اوگفتم : آیا تمامی این کارها با برنامه ریزی ازتهران ، انجام نشده است ؟ چه دلیلی دارد که ایشان این فیلمها را برای توآورده است ؟ ضمنا آیا تودوست داری که من هم بنشینم وفیلمهای همسرسابقم را تماشا کنم وآه وناله سردهم ؟! اوکه حرفی برای گفتن نداشت سکوت کرد ومن درحالی که عصبانی شده بودم گفتم، اگریکباردیگردراین خانه، شاهد این فتنه گریها باشم ، آنوقت من میدانم با تووپسرت ...تاصبح نخوابیده بودم وبسیارعصبانی وتحت فشاربود م ، بدلیل سکته قلبی که ماه قبل دراتوبوس کرده بودم ، دوران مرخصی استعلاجی ام

را میگذراندم وبه سرکارنمیرفتم، صبح وقتی بیدارشدم ،با بی اعتنایی به مسائل شب قبل مشغول انجام کارهای خودم شدم وباردیگرفرصتی باودادم . وقتی برای خرید میخواستم بیرون بروم ازاوهم خواستم اگرمایل است میتواند با من بیاید . .. تمامی وسائل منزل را بسته بندی کرده بودیم وعازم نقل مکان به آپارتمان جدیدمان بودیم ، تصمیم گرفته بودم که مسائل را فراموش کنم وبا اوقاتی خوش به خانه جدید برویم ... یک هفته بعد، بالاخره تاریخ اسباب کشی فرا رسید ومن با حال مریضی که داشتم ، کلی به باربرها کمک میکردم وپسرک بدون احساس خجالت ویا کوچکترین حس مسئولیتی ، ازاین اطاق به آن اطاق قدم میزد وتوی دست وپای همه می لولید ... برایم خیلی جای تعجب بود که پدرش چرا هیچگونه تذکری باونمیداد وتلاش میکرد کارهای اوعصبانیش نکند . درحالیکه خون خونم را میخورد ودلم میخواست ازدست اوسرم را بدیواربزنم ، فکرمیکردم مادرش انگارهیچ چیزباوآموزش نداده است ، انسانی بی تربیت که نه طرزغذا خوردنش را بلد بود ونه چیزهای دیگررا ، کاملا بی تفاوت وبی مسئولیت بارآمده بود .

تنها چیزی که یاد گرفته است اسم خواننده های پاپ وتماشای آخرین فیلم هایی که روی اکران آمده است . آخه هیچکس نیست به اوبگوید، پدرجان این که نشد زندگی .

واردآپارتمان جدید که شدیم احساس کردم دچارفشاردندان شده است وازفرط حسادت ونارحتی چهره اش کاملا دگرگون شده بود . روزبعد وقتی شروع به چیدن دکوراسیون آپارتمان کردم اوگفت : من بایستی بگویم این را کجا بگذارید وآن را کجا نگذارید ! من به خنده گفتم : ولی تومیهمان هستی ومن بایستی تصمیم بگیرم وسائلم را کجا بگذارم ، اوگفت : نخیرمن میهمان نیستم ونیامده ام که بروم، من آمده ام که درخانه پدرم بمانم . من مطابق معمول کوتاه آمدم واجازه دادم که درمورد اطاق مهمان خواست اوانجام شود ، ولی تعجب میکردم که چرا شوهرم یک کلمه نمی گوید که دکوراسیون خانه مربوط به خانم خانه است وحتی من هم دخالت نمیکنم ؟ درحالی که حسادت ازچهره اش میبارید ، باحالتی ازبغض وبد ذاتی میگفت : سانت، سانت این خانه زیرکنترل ونظرشماست ، پس من چی ؟! من که ازهمه جا بی خبربودم ، با خودم فکرمیکردم مگرمیشود آدم به پدرش حسادت کند ؟ غافل ازاینکه اوبه من حسادت میکند، نه به پدرش، اومثل اینکه آمده است که طلب هایش را ازمن بگیرد ...این مسئله هم تمام شد وناچاربودم به سرکارم برگردم ، درحالی که با اوعازم بیرون بودم وقصد داشتم راه اتوبوس را نشانش بدهم، وقتی ازکنارنانوایی گذشتیم، گفتم، عزیزم میشود وقتی خواستی به خانه برگردی چند نان بخری ؟ چون درساعت هشت شب که من ازسرکارم برمیگردم آنها تعطیل هستند، اوگفت: بسیارخوب من خواهم خرید . بعد به ایستگاه اتوبوس رسیدیم وبه اونشان دادم که چطوربایستی به خیابان مورد نظرش برود وبعد هم بخانه برگردد . بعد ، ازهمدیگرخداحافظی کردیم ورفتیم . درطول مدتی که بیرون بود ، چهارمرتبه به اوتلفن کردم وسئوال کردم که آیا همه چیزخوب است ومشکلی ندارد؟ وقتی بخانه رسیدم ساعت هشت شب بود وازاودرحضورهمسرم سئوال کردم، آیا نان خریده ای؟ اوباکمال بی ادبی گفت ،چون شما گفته بودید نخریدم ... من ازشدت عصبانیت داشتم شاخ درمی آوردم . پسره ی بی ادب ، بخاطرشکم خودت وپدرت میبایستی نان بخری، نه من ... این انگارتنها مسئولیتی بود که درطول عمرش کسی به اوسپرده بود که آنرا هم انجام نداده بود ، درهمین موقع شوهرم دستم را گرفت ومرا ازاطاق بیرون انداخت وبا هوارگفت، میشود توبا این بچه ، کاری نداشته باشی؟ میشود به او، خرده فرمایش ندهی ؟ من گفتم ، یعنی چه؟ مگرمن کلفت توهستم که با من اینطوررفتارمیکنی ؟غلط کرده که نان نخریده، بعد هم بی ادبی وگستاخی میکند وتوازش دفاع میکنی ! یکمرتبه شوهرم که ازشدت عصبانیت فریادمیزد، گلدان بزرگ کریستالی را که روی میزبود، بلند کرد وگفت، اگریک کلمه دیگرحرف بزنی این گلدان را میزنم توی سرت ! من که دیگه تمام بدنم میلرزید، گفتم: بزن ،من هم میدانم با تووپسرت چکارکنم ، درحالی که بغض گلویم را گرفته بود خودم را کنترل میکردم که گریه نکنم . برایم خیلی گران تمام شده بود که

جلوی یک بچه ی نادان، با من چنین رفتاری بکند . کسی که از دین وایمان حرف میزند، چطورمیتواند چنین رفتاری با همسرش داشته باشد ؟ دمب خروس را باورکنم یا قسم حضرت عباس را ؟! من به سیم آخرزده بودم وشوهرم میدانست که کاردارد بجاهای باریک میکشد . واقعا آماده بودم که اگرگلدان را بطرفم پرتاب کرد به پلیس تلفن بکنم . اینجا ایران نیست که مرد بتواند با ایجاد رعب ووحشت درخانه ، سالاری کند . دراین مملکت سالار، زن است وخوب میدانست که بعد ازآمدن پلیس، بایستی خودش وپسرش خانه را ترک میکردند وپلیس هم ازآنها تعهد میگرفت که تا چند کیلومتری این خانه نبایستی ظاهرشوند ، درغیراینصورت دستگیرخواهند شد . ضمن اینکه برای پسرش هم خیلی بد میشد که ازگرد راه نرسیده کارش به پلیس کشیده شود . بهمین دلیل شوهرم کوتاه آمد وگفت ، بنشینیم وصحبت کنیم . پسره ی نادان، میگفت : نخیرمن صحبتی ندارم ، خب ، میدانست که درغیاب من تا چه حد پدرش را برعلیه من شورانیده است وحرفی برای گفتن نداشت ، ولی من اصرارداشتم که عقده های دلم را بگویم ، من سئوال کردم برای چه نان نخریده ای ؟ چرا من که ده باربه توتلفن کردم واحوالت را پرسیدم ، نگفتی نان نمی خری ؟ چون میخواستی دعوا براه بیاندازی ؟ ازروزی که آمده ای قصدت این بوده ، ولی من با خانمی گذشت کرده ام وبه روی خودم نیاورده ام . یکمرتبه اوتمامی مکنونات قلبی اش را که آزارش میداد ونمیدانست چطوربایستی بیانشان کند ، بیرون ریخت ودرکمال تعجب، من وپدرش گفت : اینجا خانه ی پدرمن است وتوبایستی بروی بیرون! گفتم چی ؟ من بروم بیرون ؟ گفت : بله اینجا را پدرم خریده است وتوهیچ پولی نداده ای ومیخواهی خوش بحالت شود؟ پدرم ازتوخواسته است که یک وصیت نامه بنویسی که اگرپدرم مرد ،سهم اورا به من بدهی وتوگفته ای که نمی نویسم ! اینجا خانه ی پدرم است ومن هم بچه اوهستم ، زن هم کسی نیست، بچه مهم است ... درحالیکه تازه متوجه شده بودم تمامی دسته گلها را همسرم به آب داده است ، ازشدت ناراحتی وعصبانیت داشتم سکته میکردم . گفتم :اولا حرف زیادی بزنی همین الان زنگ میزنم پلیس بیاید ودمب خودت وپدرت را بگیرد وازاین خانه بیاندازد بیرون . دوما ترا چه به این غلطهای اضافی ؟ سوما : اینجا همه چیزبین زن وشوهرمشترک است وتوومادرت هم ازحسادت دق کنید وبمیرید ...اوگفت: ولی من این قانون را قبول ندارم . گفتم : توکی هستی که قانون را قبول داشته باشی ویا نداشته باشی . گورت را گم کن وبه همان خراب شده ای که درشهران است برگرد ... گفت : پدرم بمیرد تومیخواهی صاحب همه چیزبشوی، گفتم : برای پدرت وتومتاسفم که درحضورپدرزنده ات بعد ازهفت سال آمده ای وطلب ارث ومیراث میکنی ، مثل اینکه یادت رفته وقتی با پدرت ازدواج کردم بغیرازیک کارتن کتاب ، چیزدیگری نداشت . یادت رفته که سالها خرجش را میدادم ؟ توآن موقع کجا بودی ؟ چون شوهرمادرت وضع مالی اش خوب بود، ترجیح میدادی با آنها باشی واحوال پدرت را هم نمی پرسیدی ، ضمنا یادت رفته که به تمام دوستانت گفته بودی پدرت ، شوهرعمه ات است که به مدرسه ات می آید واحوالت را می پرسد؟ ... یادت می آید که مادرت به پدرت خیانت کرد ؟ بخاطرفقرپدرت اورا ول کرد ورفت با دوست خانواد گی پدرت ازدواج کرد؟ یادت می آید که زن آن مرد بیچاره خودش را آتش زد ومرد ؟ حالا برای من پدرپیدا کرده ای وبخودت اجازه میدهی که فیلم های مادرت را به شوهرمن نشان دهی؟ مادرت بخودش اجازه میدهد که دوساعت تلفنی با شوهرمن صحبت کند ؟ ده ساله که جور، توپدرت را میکشم، تودرسختیهای ما کجا بودی ؟ حالا که من باعث شده ام پدرت ازفقروبدبختی نجات پیدا کند تومدعی من شده ای ؟ آن وقتی که تمامی زندگیم را فروختم وازدست امثال تو فرارکردیم، توکجا بودی ؟ یادت می آید که حتی پدرت بهت گفت با ما بیا وتوگفتی ،نه من مادرم را ترجیح میدهم؟ آنوقتی که من درديارغربت گوشه ی تخت بیمارستان با قلبی پاره پاره افتاده بودم وبه همین دلیل بما اقامت دادند توکجا بودی ؟ آن وقتی را که پدرت وظیفه ی شوهربودنش را انجام نمیداد ومن را درسختی نگه داشته بود که پول ودیعه ی این خانه را پس

اندازکند ویا برای جنابعالی پول بفرستد ، آن وقتی که من با تن مریضم ، کارمیکردم ونصف حقوقم را دراین خانه میریختم ، تو ومادرت کجا بودید ؟!!!
ازآن روزبه بعد ما با هم صحبت نمیکنیم وشوهرم اطاق خوابش را ازمن جدا کرده است . من هم صبحانه اورا که همیشه با قرص های ویتامین برایش آماده میکردم ، آماده نمیکنم .
بعد ازآن ، شوهرم هم طرف اواست ونه تنها توی دهنش نزد ومحبت هایی را که من درحقش کرده بودم ، بخاطرنیاورد ، بلکه خرجی خانه را که بمن میداد ، قطع کرده است وخودش وپسرش برای خوردن غذا به رستوران میروند . مرتبا به شب شعروسینما وگردش وخوش گذرانی میروند وبه من هم می خندند ، آنها عمدا برنامه هایی اجراء میکنند که باعث آزاروانیت من شوند ، مثلا لبه ی توالت فرنگی ادرارمیکنند تا وقتی من وارد توالت میشوم ، ناچارباشم ، اول ادرارآنها را تمیزکنم ، عمدا خانه را نا مرتب میکنند که ازدیدن آنها زجربکشم. چند روزپیش وقتی درب ماشین رختشویی را بازکردم ، دیدم پسرک تمامی جورابها ولباسهای کثیف وبوگندویش را روی لباسهای من ریخته ،طوری که بوی تعفن جوراب وپا داخل ماشین را پرکرده بود ، بقدری عصبانی شدم که دستکش بدست کردم وآنها را داخل کیسه نایلونی انداختم وروی تختخوابش گذاشتم ، بعد هم به همسرم هم یک نامه نوشتم که به پسربیست وچهارساله ات ادب یاد بده وبه پرس که با اجازه ی چه کسی چنین کاربی ادبانه ای را انجام داده است ؟ مگرمن کلفت اوهستم ؟ داخل اتوبوس بودم وبطرف کارم میرفتم وبحرکات آنها فکرمیکردم وحرص میخوردم، شوهرم تلفن کرد وآنچه فحش وحرف بد، پدرومادرکه لایق خودش وپسرش بود بمن داد، که توبه چه حقی لباسهای بچه را درنایلون ریخته ای وروی تختخوابش گذاشته ای ؟ گفتم ، اوغلط بیجا کرده که لباسهای بوگندویش را روی لباسهای من ریخته است . کلی باهم دوباره تلفنی دعوا کردیم ومن گوشی تلفن را قطع کردم . آنها عمدا این کارها را میکنند که کاسه صبرمرا لبریز کنند ومن آن کاری را انجام دهم که نبایستی انجام دهم . پسرک مثل بختک روی زندگی ما افتاده ومرتبا مرا آزارمیدهد . بوی گند عرق بدنش وجورابهای کثیفش فضای خانه را متعفن کرده است . با آلرژی که دارم، مرتبا سرفه های خشک وناجورمیکنم ، ازصبح تا شب هم دراطاق کنار، اطاق خواب من برای کارهایش چوب اره میکند وآرامشم را کاملا گرفته است . همسرم که روی حقوق خودش ومن برای خرید آپارتمانمان وام بانکی گرفته است ، بتمامی خواسته هایش رسیده وتصمیم دارد پسرش را اینجا نگهدارد ووبال گردن من کند . اوبا ناعدالتی درحالی که چشم دیدن هیچ یک ازفامیل ودوستان مرا ندارد وحاضرنیست، حتی یک روزبه آنها سرویس دهد، مرتبا خواهرش، دوستش وحالا هم پسرش را دعوت میکند که بیایند ومن درخدمتشان باشم . مثالی هست که میگویند: احترام مسجد را متولی آن نگه میدارد .آنها بدون درنظرگرفتن حق وحقوق من دراین زندگی مشترک، درحال کشیدن نقشه های مختلف هستندکه بالاخره راهی پیدا کنند که پسرک بتواند دراینجا بماند . پسرک میگفت : من میخواهم پاسپورت اینجا را بگیرم وبعد مادرم را هم بیاورم... آنها با هم برعلیه من متحد شده اند ونقشه میکشند ، ولی من مطمئن هستم که نقشه هایشان، نقش برآب خواهد شد .
مطمئن هستم آرزوی پسرک این است که مجددا پدرومادرش بعد ازسیزده سال جدایی وطلاق ، بهم دیگربرگردند وطبق گفته ی خودش زندگی مشترک سه نفره ، خوبی داشته باشند . با تمام دلخوریهایم ، کماکان آشپزی میکنم ودل رحیم ومهربانم حاضرنمیشود مقابله به مثل نمایم ، ولی بقول خواهرشوهرم اجازه نخواهم داد یکباردیگرقربانی دست آنها شوم .
امروزصبح وقتی داخل توالت شدم ، با صحنه مشمئزه کننده ای مواجه گردیدم ، پسرک نفهم، سیفون توالت را نکشیده بود وبا حوله های حمامم ، خودش را تمیز کرده بود ، ازمشاهده ی این صحنه، تمام بدنم شروع بلرزیدن کرد ودرحالی که زارمیزدم ، به شوهرم تلفن کردم وروی موبایلش پیغام گذاشتم که پسرش چطورکله ی خودش را درتوالت جا گذاشته است ،ولی اوبا من تماس نگرفت وناچارشدم چند پیغام دیگرهم برایش بگذارم . داشتم دیوانه میشدم واو

همچنان جواب نمیداد وتوجهی به تلفنهای من نمیکرد . بهیچ عنوان نمیتوانستم اینکاراورا تحمل کنم وهرچقدربیشترمیگذشت ، عصبانی ترمیشدم . بالاخره ازمحل کارم موفق شدم با اوتلفنی صحبت کنم ، ولی اوبا بیرحمی ، تمامی گناهان را بگردن من انداخت وازپسرش دفاع کرد ، با عصبانیت وقتی بمنزل رسیدم ، بخاطرهمین مسئله با همسرم درگیرشدیم . اودرحالی که بمن فحاشی میکرد، دودستم را گرفته بود ومی پیچانید ومرا تهدید میکرد ، پسرش هم زشت ترین فحش را که لایق مادرش بود بمن داد . آنها راه دیگری بغیرازتلفن کردن به پلیس برایم باقی نگذاشته بودند ، ناچارا به پلیس تلفن کردم ، پلیس گفت: درب اطاق خوابت را ببند وبیرون نیا، تاوقتی ما به آنجا بیائیم . بعد سه نفرپلیس به منزل ما آمدند ودونفروارد اطاق خواب من شدند و شروع به پرس وجو کردند ، یک پلیس هم با شوهرم وپسرش صحبت میکرد . وقتی من عین ماجرا را برای آنها توضیح دادم ازمن سئوال کردند، آیا میخواهی شوهرت را دستگیرکنیم ؟ گفتم : خیر، ولی میخواهم که پسرش را ازاین کشوربیرون کنید . آنها گفتند: بخاطراینکه میهمان این کشوراست وهنوزهم ویزا دارد ، نمیتوانیم اینکاررا انجام دهیم، ولی به اداره اقامت گزارش خواهیم کرد . درهمین موقع پلیسی که با آنها صحبت میکرد، دوپلیس دیگررا صدا زد وبعد ازمدتی آنها به اطاق من برگشتند وگفتند : آنها داستان متفاوتی را تعریف کرده اند وچون دونفرهستند وتویک نفرهستی وشاهدی نداری ، ما نمیتوانیم حرفهایت را قبول کنیم ....! پلیس ها رفتند وپسرک به پشت درب اطاق خواب من آمد وگفت : این هم ازپلیس ، دیگرچه میخواهی بکنی ؟ من ازاوتوقعی نداشتم که چرا نمک نشناس است وبی ادبی میکند ، تمام گلایه ام ازباصطلاح همسرم بود که هرگزبرایم همسری نکرده بود وحالا حرکات ورفتارش مزیت برعلت شده بود ونمیتوانستم بیشترازاین اورا وپسرش را تحمل کنم . خیابان ،یکطرفه ی زندگی ما به بن بست رسیده بود وبغیرازدورزدن راهی برایم نگذاشته بودند . پسربیست وپنج ساله ای که طرزغذا خوردنش را هم بلد نیست ،جورابهایش را آنقدرعوض نمیکند، که بوی تعفن آن تمام خانه را برداشته است وبخاطرآسمم مرتبا سرفه های وحشتناک میکنم ، با حمام رفتن قهراست وبه نظافتش توجهی نمیکند ، وقتی هم به حمام میرود ، خودش را فقط با صابون ودست میشوید ومیگوید : عادت ندارم لیف بزنم ، بعد هم با بوی عرق بدنش ، روی آن ادوکلن میزند که بوی تعفن مشمئزه کننده ای میگیرد وحال مرا بهم میزند . چندین بارازهمسرم خواسته ام که چیزهایی را که سالها پیش مادرش میبایستی آموزشش میداد ، گوشزد کند . ولی انگارنرود میخ آهنی درسنگ . من مطمئن بودم ،کسی که بخواهد شمع دیگران خاموش شود تا شمع خودش روش بماند ، حتما بایستی بداند که شمع خودش هم خاموش خواهد شد .

همسرم شدیدا سعی درتخریب شخصیت من داشت وبهرکس که میرسید ، میگفت بیماری، روانی دارم ودروغگو هستم ، تا شاید به این وسیله بتواند کارهای نا مسئولانه ی خودش را توجیه کند وبه این ترتیب دیگران گلایه های مرا که احتمالا میتوانستم درمورد اوبزنم ، بحساب دروغگویی وبیماری ام بگذارند ... غافل ازاینکه قضاوت دیگران بهیچ عنوان برای من ارزش واعتباری نداشت ونمیتوانست تغییری درزندگی نکبت باری که اووپسرش برایم ساخته بودند ایجاد نماید.

وقتی تلفنی با برادرم صحبت کرده بود ،گفته بود ، به پلیس گفته است که همسرم بیماری روانی دارد وگزارش دروغ به شما داده است . همچنین ازقول پلیس گفته بود، اگریکباردیگرمن به آنها تلفن کنم واطلاعات دروغ گزارش نمایم ، مرا دستگیرخواهند کرد... هرروزکه میگذشت ، دشمنی هایش بیشتروبیشترمیشد ومیگفت باید خانه ام را باسمم کنی ، والا نمیگذارم آب خوش ازگلویت پائین برود .

با تشویق برادرم که نگران وضعیت قلبی ام بود وعقیده داشت که همسرم برعلیه من میکوشد ، فراررا برقرارترجیح دادم وبه منزل یکی ازشاگردانم که درشهرستان زندگی میکرد ، گریختم. وقتی به شهردوستم رسیدم ، اوبه استقبالم درایستگاه قطارآمده بود ، ولی ترجیح دادم ، قبل ازاینکه بخانه ی او برویم ، بدکترمراجعه کنم تا وضعیت قلبی ام را که به نظربسیاربدخیم شده

بود بررسی نماید . فقط یکماه ازسکته ی قلبی ام دراتوبوس میگذشت واین همه فشارروحی وروانی بمن وارد کرده بودند .
دوستم خانه ی بسیارقشنگ وخیلی بزرگی دارد که توانسته است یک اطاق کامل با سرویس بهداشتی دراختیارمن بگذارد . مریم ومحسن ، زن وشوهرخیلی خوب ومهربانی هستند که دوپسربچه نازنین هم دارند . امروزمدت شش روزاست که درمنزل آنها هستم ونهایت لطف ومهربانی ومیهمان دوستی را درحق من انجام داده اند ...امروزبا سازمانی که مخصوص حمایت ازفدائیان خشونت های خانگی است ، تماس گرفتم وتمامی ماجرا را برایشان تعریف کردم ، قرار براین شد که آنها بزودی امکانات یک زندگی را بمن بدهند وبرایم وکیل مجانی بگیرندتا قانونا بتوانم حق وحقوقم را ازهمسرم پس بگیرم واقدام به طلاق نمایم . خانم مددکاری که با من صحبت میکرد ، گفت : چون آپارتمانی را که همسرم ومن اخیرا خریداری کرده ایم بصورت مشترک میباشد ومن هم درآن سهم دارم ، بایستی توسط وکیل راهنمائی شوم ،تا مبادا اشتباها مرتکب خطائی شوم که به ضررخودم تمام شود .
بعد به پیت تلفن کردم وازاوکه بخوبی ما را می شناسد تقاضای کمک کردم .او مرد خدا است واززمانی که ما وارد این کشورشده ایم کمک های شایانی بما نموده است ...
درحقیقت این من نبودم که این مشکلات را بوجود آورده بودم ، بلکه همسرم وپسرش برای من ایجاد مشکلات کرده اند ومرا وادارنموده اند که خانه وکاروزندگیم را بگذارم وفرارکنم .
همیشه میدانستم ،همسرم فقط ازروی استیصال وبخاطراحتیاجاتش با من ازدواج کرده است، وخوب میدانستم که بالاخره یک روزوقتی نیازش برآورده شود، با بدترین وجه ممکن مرا ازخانه وزندگیم بیرون خواهد کرد ودستمزدم را خواهد داد .
اگراویک سرسوزن برای زحماتی که من دراین زندگی برایش متحمل شده ام ارزش قائل بود ویا قدرمحبتهای مرا میدانست، هرگزبا پسرش برعلیه من همکاری نمیکرد ...
من بهیچ عنوان شوک نیستم که اوچرا این کارها را با من میکند، چون اورا بغیرازاین نمی شناختم ! با دوست بسیارمهربانی که می شناسم تلفنی تماس گرفتم وتقاضای کمک کردم ، اوقول داد تمامی سعی خودش را خواهد کرد تا من بتوانم به شهرخودم برگردم وازکمکهای دولتی وخانه های دولتی استفاده نمایم .
اومیگفت: اگربه شهرما بیایی من بتوامکانات زندگی خواهم داد ، ولی متأسفانه من آن شهررا دوست ندارم وکارم ودکترم وتمام دوستانم درشهری هستند که درآن زندگی میکنم ،با خودم فکرمیکنم چرا من بایستی بخاطربچه ی او، خانه وزندگی وکارم را ترک کنم ؟ چرا اوپسرش را به تهران نمی فرستد ؟ خیلی تعجب میکنم ! پدری که هرگزپدری نکرده است حالا دربیست وپنج سالگی پسرش ، تصمیم گرفته است پدرباشد ، آنهم بقیمت نابود کردن زندگی من !
اودرپنجاه وشش سالگی وبعد ازبیست سال جدایی ازهمسرش ، یادش افتاده ، که پسری هم دارد وبایستی جبران مافات کند ، آن هم بقیمت نابودی زندگی خودش ومن !! جبران مافات برای انسان نمک نشناسی که من بخاطرش هفت سال تلاش کردم که ویزا بگیرد ونزد ما بیاید . به عنوان یک زن پدر،به دادگاه رفتم ، شوهرم را تشویق میکردم که برایش پول بفرستد ، مرتبا برایش کادومیخریدیم ومیفرستادیم، حداقل هفت سالی که دراین مملکت زندگی میکنیم، گذشتهای زیادی کرده ام که همسرم بتواند برایش پول وکادوبفرستد . من ازفدا کاریها یم درحق اوپشیمان نیستم،چون درحقیقت برای خشنودی خداوند انجام داده ام . هرکس که درجریان حوادث اخیرقرارمیگیرد، با تعجب سئوال میکند آخرچرا ؟! اگرمن درزندگی پدرش نبودم، اگرمن ازحقم بعنوان یک همسروشریک زندگی ، نمیگذشتم ، اوهرگزنمیتوانست کمک مالی به پسرش بکند . درحقیقت این من بودم که باعث شده بودم همسرم درشرایطی قراربگیرد که بتواند سری درسرها بلند کند وموفق شود ، ولی نه تنها هیچ جا اسمی ازمن نبود ، بلکه بعد ازسالها ، بجای تشکروقدردانی ، طلبکارهم شده اند ... اشکالی ندارد ، من هرکاری که کرده ام ، فقط وفقط بخاطرخوشایند خداوند بوده وازاوهم انتظارکمک ومحبت دارم .

امروزروزنهم است که درمنزل دوستم هستم ودلم خیلی گرفته ، ازاین همه زحمت بی نتیجه ای که دراین زندگی کشیده ام ،دچارسرخوردگی شده ام ، وقتی با اوازدواج کردم بمن گفت : مطمئن باش هرگزازطرف من بتوخسارتی نخواهد رسید، ولی بعد ازگذشت ده سال سوء استفاده های مختلف ،امروزبه بدترین وجهی پاسخم را داده است . دوستانم تعجب میکنند که چرا اوتلفن نکرده ! حداقلش این بود که به آنها تلفن میکرد وازوضعیت سلامتی من با خبرمیشد. دوستی ، میگفت : اوبا من صحبت کرده وخیلی نگران توبوده است وداستانی که برای من تعریف کرده ، بسیارمتفاوت است با داستانی که توبرای من گفته ای ؟ خب اوبهمه گفته است من بیماری روانی دارم واووپسرش را اذیت کرده ام ، این درحالی است که هنوزمچ دستم بخاطراینکه آن را پیچانده است ، ورم دارد ودرد میکند .
اونبایستی مچ مرا می پیچانید ، بایستی آن را قطع میکرد ، دستی که نمک ندارد بایستی قطعش میکرد ... امروزازمحل کارم نامه ای دریافت کردم که ما نمیتوانیم بیشترازاین غیبت تورا تحمل کنیم وبهتراست استعفاء بدهی ، گفته بودند ، مدارکت را به اداره ی بیکاری خواهیم فرستاد . طبق نظردکترمعالجم ، بایستی یکماه دیگراستراحت داشته باشم ، انگاربدم نیآمد که استعفاء دهم وموافقت کردم ، ولی چطورمیبایستی بدهی های بانک وقبض های تلفن وموبایلم را پرداخت میکردم ؟! البته شک ندارم که خداوند روزی، موجوداتش را میرساند ومن مطمئن هستم حتما خیریتی درکاراست . ازخودم سئوال میکردم آیا برای همسرم فرقی هم میکند که من درچه شرایطی باشم؟ آیا اصلا برایش مهم است که چه سختی هایی ممکن است برایم پیش بیآید؟ جواب خودم را میدهم که ، نه ، برای اواصلا مهم نیست، من زنده ویا مرده باشم ، بیماریا سالم باشم، اوپس ازاین بامن کاری ندارد ! ازطریق من به تمامی اهداف زمینی اش رسیده است، حال وجود من درزندگی اوضرورتی ندارد . ولی بخودم میگویم این نیزبگذرد وباردیگرگذرپوست به دباغخانه خواهد افتاد ...
درحال حاضرتمامی هم وغم او، پسرش شده ، که بتواند وضعیتی برایش دراین کشوردرست کند. ولی آیا میشود خدا را هم گول زد ؟ با دلی پرازدرد وروحی افسرده ، تنی رنجورونحیف ، قلبی بیماروشکسته، فردا صبح بیاری خداوند عازم شهرم هستم وناچارا بایستی به همان خانه ی لعنتی که آنها هستند وارد شوم . فریبا که ازشاگردانم بوده ودرحال حاضردرتورنتو،زندگی میکند، مرتبا تماس تلفنی میگیرد وبسیارنگران وضعیت جسمی وروحی ام است . دوستان بسیارخوبی دارم که بخش خالی زندگی ام را همیشه با محبتهایشان پرکرده اند . چند شب قبل وقتی با برادرشوهرم درایران ،تماس تلفنی داشتم اوبا منطق خودش میگفت : آخراین چه حرکتی است که شوهرت انجام داده است ؟ بالاخره هرکسی آسایش وآرامش خودش را درزندگی اش میخواهد واگربرادرمن، عاشق پسرش شده وقصد دارد به اوسرویس دهد ، بتوچه ارتباطی دارد، میتواند برای اوجایی را تهیه کند که به حق وحقوق شما هم لطمه نخورد.
میگفت: کاملا حق با شماست وبرادرم که همسرشماست با خود خواهی همیشگی اش برصدد آزاروانیت شما برآمده است . خب نظراو، این بود که بچه های طلاق نمیتوانند بهترازاین هم باشند ... ولی این مشکل من نیست . وقتی من با همسرم ازدواج کردم، ده سال بود ازهمسرش جدا شده بود ، اوخوب میدانست که من زندگی قبلی ام را که درآن همه چیزبغیرازبچه بود ، بهمین دلیل ازدست داده بودم وخسارات سنگین روحی وجسمی هم متحمل گردیده بودم . چرا بایستی مجددا بچه ، عامل نا آرامی زندگی من باشد ؟! روزیکشنبه بعدازظهر، وقتی با خستگی، پنج ساعت مسافرت ازشهری به شهردیگر، به منزل وارد شدم، درکمال نا باوری دیدم که اطاق خوابم را به انباری تبدیل کرده است ، کمد لباسهایم را جابجا کرده بود وجلوی دربش یک قاب رادیاتورگذاشته بود وهرچه آشغال داشت روی تختخوابم ریخته بود! عجب ! خیالش راحت شده بود که من رفتم وحتما دوباره به آن زندگی برنمیگردم وخانه ی خودم را که چهارسال پیش، فقط دوازده میلیون تومان مبلمان ازایران برایش وارد کرده ام، میگذارم برای اووپسرش که بمن هم بخندند . وقتی وارد خانه ام شدم اومشغول صحبت تلفنی با برادرش بود

وبه محض دیدن من به برادرش گفت ، ما فکرمیکردیم بعد ازاین یک نفس راحت خواهیم کشید، ولی دوباره سروکله اش پیدا شده ، مجددا شاهد بی محلی وبی احترامی های پدروپسربودم . آنها انگارعمدا تبانی کرده بودند که مرا شکنجه روحی وروانی کنند تا بهدفشان برسند . فقط خداوند میداند که این مرد پنجاه وشش ساله به اتفاق فرزندش چه زندگی تلخ ودردناکی برای من ساخته است ،اصلا نمیتوانم باورکنم! کسی که کوچکترین عاطفه ای درهیچ زمینه ای دراوسراغ ندارم ، بخاطرپسرش این ادا واطوارها را ازخودش دربیاورد ، فکرمیکردم او برای پسرش پدری نکرده که حالا پدرشده ، مطمئن هستم بالاخره ماه درپس ابرپنهان نخواهد ماند ومن خیلی زود به اصل قضیه پی خواهم برد . وقتی ازش پرسیدم برای چه اطاق مرا به انباری تبدیل کرده ای ؟ گفت : خانه ی خودم است ، هرکاری که دوست دارم انجام میدهم ... عجب !! روزسه شنبه 2008/10/28 به بانک مراجعه کردم واعلام نمودم که بعلت بیماری ، کارم را ازدست داده ام ونمیتوانم قسط آپارتمانی را که اخیرا خریده ایم باضافه قسط وام شخصی وقسط های کارت اعتباری ام را پرداخت نمایم . آنها گفتند: بیمه ی بانک ، قسط هایت را پرداخت خواهد کرد وبرای دریافت حقوق بیماری هم بایستی ازطریق اداره ی کار، اقدام کنی . گفتند، ولی قبل ازاینها ، بایستی با دکترخانوادگی ات ورئیس سابقت تماس بگیری وازآنها برای ما استعلام بیاوری که بیمارهستی وقادربه کارکردن نمی باشی ، قرارشد که طی نامه ای نتیجه اقداماتشان را بمن اعلام نمایند ، درحالی که ازشدت بیماری قلبی وسرگیجه براحتی نمیتوانستم راه بروم، ازاینکه راه امیدی خداوند نشانم داده بود، خوشحال بطرف خانه براه افتادم. روزهای بسیارسخت وبدی را سپری میکنم ،خیلی ها برایم مشغول دعا هستند. من نمیتوانم سردربیاورم که به چه منظوری این حرفها را زده است، ولی با شناختی که ازاودارم مطمئن هستم که کاسه ای زیرنیم کاسه دارد وهدفش جوسازی برعلیه من است . بخودم میگفتم اگرخدا با من است چه کسی میتواند برعلیه من باشد؟ امروزجمعه 2008/10/31 است ، با خاله ام درکانادا تماس گرفتم وبا اومشکلاتم را درمیان گذاشتم وکلی گپ زدیم . وقتی شوهرم ازکاربرگشت ، درحالی که یک برگه دردستش بود، بطرف من آمد وگفت: تکلیفت را با این اخطارها روشن کن والا بیا برویم پیش وکیل وخانه را باسم من بکن ویا اینکه من آپارتمان را میگذارم برای فروش ! پرسیدم کدام اخطارها ؟ گفت: همین قسط آپارتمان وبقیه خرج کردهای آن ... خب ، خیلی خوب متوجه شدم که دعوا سرلحاف ملا نصرالدین ست ... خداوند نیکومهربان قبل ازبرنامه ریزیهای او،مرا برآن داشته بود که برای قسط هایم اقدام کنم ، والانمیدانم با نقشه ی وسیع ایشان چه باید میکردم ... گفتم: نگران نباش من اقدام کرده ام که بیکارشده ام ودولت اینها را پرداخت خواهد کرد . درحالی که احساس میکردم درحال سکته بود ، گفت ، چطوری ؟ برایش همه چیزرا توضیح دادم واوگفت: ولی من بخاطراینکه بایستی ماهیانه مبلغ دویست پوند پول بیمه میدادم، برای آپارتمان بیمه نخریده ام ، توچگونه توانسته ای چنین اقدامی انجام دهی ؟ گفتم: بالاخره نمیدانم ، منتظرنامه بانک هستم ... اوشدیدا سرجنگ ودعوا داشت که من کوتاه آمدم . پسرش که دوروزاست با محمد (یکی از همکاران پدرش) به گشت وگذارمیرود، امروزهم مثل دیروز، ازصبح خانه نبود ووقتی آمد، بازهم با بی تربیتی، نه سلامی ونه علیکی وپشتش را بمن کرد ورفت داخل اطاقش وشوهرم هم بدنبال اووارد اطاق شد ودرب را محکم بست وشروع کردند به حرف زدن وخندیدن ، شاید هم مسخره کردنم ... این برنامه ازدوازدهم سپتامبرشروع شده وحدود دوماه است که ادامه دارد ، آنها شدیدا برعلیه من هستند وآزارم میدهند ، پرواضح است وقتی میدانند که وضعیت قلبی ام بسیاروخیم شده وهرگونه ناراحتی میتواند باعث ایست قلبی ام شود، عمد آنها ازاین همه شرارت چیست ؟!! کاسه ی صبرم لبریزشده است وهیچکس هم نیست که بفریادم برسد . پلیس که بخانه ی ما آمده بود، حرفهای اورا پذیرفته بود وبمن گفت: آنها دونفرهستند ولی توشاهدی نداری ... یعنی اینکه من بایستی چون شاهدی ندارم تحت شکنجه بمانم وبمیرم ؟... به سازمانی که مثلا ازقربانی های جنایات ، خانگی دفاع میکنند، دوهفته ای

است که تلفن کرده ام ،ولی بغیرازسه تلفن بی معنا هیچ کاری برایم انجام نداده اند . با دوستانم ومردان خدا ، که می شناختم مسائلم را درمیان گذاشته ام ، آنها هم عملا کاری انجام نداده اند.. یکی ازآنها که (السترِ) نام دارد بمن تلفن کرد وگفت: همسرت داستان متفاوتی را تعریف میکند ! خب شاید اوهم حق دارد که نتواند تشخیص دهد کدام یک ازما راست میگوئیم. اومیگفت : درجلسه ای که با شوهرت داشتیم اونگران حال توبود ! باوگفتم، ولی اگراوراست میگوید ونگران من است ، چرا بعد ازگذشت ده روزکه با وضعیت بد جسمی ام درمنزل دوستم بوده ام ، هیچگونه تماسی نه با من ونه با دوستانم نگرفته که حتی جویای احوال فیزیکی ام گردد . اوپرسید ، مگردرطول این مدت با توتماس نداشته است ؟ گفتم : نخیر هیچگونه تماسی با من ویا دوستانم نداشته است . امروز 2008/11/1 است وضعیت قلبی ام خیلی بد شده ، نفس کشیدن برایم مشکل گردیده وبه سختی میتوانم راه بروم ، با این حال مدارک ، مهم زندگی ام را جمع کردم وطبق وعده قبلی که با السترداشتم بخانه آنها بردم ... وقتی اومرا باچهره ی رنگ پریده وبی حال دید ، گفت حتما سریعا به دکترفامیلی ات مراجعه کن واورا درجریان ماوقع ووضعیتت بگذار. امشب وقتی اخبارشبکه امریکا را تماشا میکردم ، ازاینکه ازنقض حقوق بشردربعضی جاهای دنیا صحبت میکردند،خنده ام گرفته بود، آنها فقط میتوانند ازحکومتها ، ایراد بگیرند، درحالیکه من دوماه است درناف اروپا درخانه ام، مثل یک زندانی انفرادی زندگی میکنم وبا بیماری قلبی، قند بالا ، کلسترول بالا وسکته قلبی که ماه قبل داشته ام ،شوهرم وپسرش مرا وادارکرده اند، که دراطاق خوابم زندانی باشم ، آنها حتی یک کلمه با من صحبت نمیکنند . غذای کافی برای خانه نمی خرند وخودشان دربیرون غذا میخورند، مرتبا بگردش وتفریح وشب شعرمیروند ، بدون اینکه کلامی با من هم حرف بزنند ویا ازمن هم دعوت کنند که با آنها بروم. وقتی هم درخانه هستند دراطاق دیگری میروندودرب را می بندند وبلند بلند حرف میزنند ومی خندند وروح مرا به بازی میگیرند . کجاست آن حقوق بشری که فقط دررادیووتلویزیون ازآن حرف میزنند ؟! آنها بدترین شکنجه های روحی را بمن میدهند وهیچکس نیست که بحرفم گوش کند! به سازمان قربانی های جرم وجنایت های خانوادگی هم تلفن کردم، ولی بجزشعارچیزی دستگیرم نشده ... به پلیس تلفن کردم واوگفت: چون توشاهدی نداری ، کاری نمیتوانیم انجام دهیم ،بعد ازرفتن آنها پسرشوهرم پشت درب اطاق خواب من آمد وگفت، این هم پلیس ! کدام حقوق بشر؟ ازچه چیزی دفاع میکنید ؟ ازچه چیزی حرف میزنید ؟ من درحال مردن هستم وحقوق بشرکجاست که ببینند ؟ به چه کس دیگری بایستی خبردهم که ده سال است شوهرم دراروپا، ازمن سوء استفاده میکند، شکنجه های روحی وروانی بمن میدهد . کجاست آن حقوق بشری که ازمن دفاع کند وبه این آقا بگوید که من هم درزندگی وخانه ی خودم حق وحقوقی دارم. بمن چه ارتباطی دارد که توپسربیست وپنج ساله ات را برای شش ماه به اینجا آورده ای ودریک آپارتمان خیلی کوچک که درواقع فقط سه اطاق دارد ، وبال گردن من کرده ای . همین دیروزمیگفت ،بایستی نصف بیعانه خانه را که مبلغ بیست هزارپوند است ، باضافه نصف قسط آنرا،باضافه نصف تمامی صورتحسابهای خورد وخوراک وبقیه چیزها را پرداخت کنی ... درغیراینصورت بایستی به من وکالت بدهی که سهمی دراین آپارتمان نداری، وآن را بمن فروخته ای ! اززمانی که قصد خرید آپارتمان را داشت تلاش میکرد که ازمن نامه ای رسمی بگیرد که کل بیعانه را اوپرداخت کرده است ومن حقی درآن ندارم ،که من قبول نکردم واوگفت : پس من هم آپارتمان را نخواهم خرید ، اوخوب میدانست که من شغلم را ازدست داده ام وبعد ازاین قادرنخواهم بود نصف حقوقم را بابت کمک هزینه های زندگی پرداخت کنم . درحالیکه اصلا برایم اهمیت نداشت که او آپارتمان را بخرد یا نه ، گفتم : میل خودت است ، من عین قانون حق وحقوق خودم را مطالبه خواهم کرد ، نه بیش ونه کم . هرآنچه را که قانون بگوید، من انجام خواهم داد . بعد که سنگش به تاریکی خرده بود ،گفت : پس توبیا ویک نامه رسمی بمن بده که اگرمن مردم، سهم مرا به پسرم بدهی ،بازهم من ممانعت کردم وگفتم : بازهم من تابع قانون هستم وهرآنچه را که قانون بگوید انجام

خواهم داد . اگر قانونا پسرت حقی دارد ، مطمئن باش آن را خواهد گرفت واگرهم حقی ندارد، چرا بایستی این نامه را بتوبدهم ؟! مبلغ بیست هزارپوندی را که برای ودیعه ی آپارتمان داده بود بنظرش خیلی زیاد می آمد وبهرشکلی که شده بود تلاش میکرد نصف آنرا ازمن بگیرد . ولی هرگزدرمورد طلبهای من دراین زندگی ، نه فکرمیکرد ونه سخنی بزبان می آورد ونه اینکه خودش را مدیون میدانست ... انگارهرهزینه ای که من انجام داده بودم وظیفه ام بوده ووظیفه ی اوهم ناسپاسی وعدم تعهداتش به همسرش وزندگی مشترکش بوده است . بعد ازآن اومرا بارها تهدید کرد که نمیگذارم آب خوش ازگلویت پائین برود وزندگی را برایت سیاه وتاریک حواهم کرد ،ازآن به بعد هم واقعا همین کاررا کرده است.حالا هم با همکاری دستیارش ، شب وروزمرا زجروشکنجه میدهند . مثلا وقتی خواب هستم ، به دفعات به اطاقهای مختلف وتوالت میروند ودربها را به شدت بهم میکوبند که من یک مترازخواب می پرم وتمام بدنم خیس عرق میگردد وضربان قلبم بشدت میزند .خداوند میفرماید : ازکسی که ظلم را بپذیرد وآنرا مثل لباس به تن کند متنفرهستم . فقط دعا میکنم نمیرم وبتوانم حقم را ازتو، یکی بگیرم ، دردلم میگفتم که به توفرصت نخواهم داد تا بیش ازاین ازمن سوءاستفاده کنی . فرصت نخواهم داد فرزندت را هم به اینجا ودرخانه ی من بیاوری، که بلای جون من باشید ... مطمئن هستم آنها مرا به ضرب چاقویا شلیک گلوله نخواهند کشت ، بلکه با زندانی کردنم وزجردادنهای روحی وروانی ام، بتدریج مرا خواهند کشت . شوهرم خوب میداند من چه بیماریهایی دارم وهرلحظه ممکن است نفسم بالا نیاید، ولی با بیرحمی مشغول آزاروانیتم است ، با بیرحمی برسرم داد وفریاد میزند. مرتبا تهدیدم میکند ومیگوید: کاری باهات میکنم که مرغان هوا بحالت گریه کنند وبا پای خودت ازاین خانه بروی . پسرش که همدست اواست ، مرتبا به مادرش تلفن میکند وازاودرس میگیرد، ووضعیت زندگی ما را گزارش میدهد . امروزتلفنی ، به مادرش میگفت: نتیجه ای را که میخواستم گرفته ام ، خب حتما مریض کردن من وهمدست شدن با پدرش برعلیه من، نتیجه ای است که اوگرفته است . همسرم با بی حکمتی ، نمیداند که پسرش سفیرشوم ، مادرش است که فقط وفقط برای انتقال گرفتن ازاوبه زندگی ما آمده است تا آشوب براه بیاندازد وبقول خودش به نتیجه ی مطلوبش برسد ... توکل صد درصدم بخداوند است ، مطمئن هستم هردوی آنها تحت سلطه شیطان هستند . کارهای آنها دراین دوماه، بغیرازکارهای شیطانی نبوده است ...عمق فاجعه وشکنجه های روانی را که بمن میدهند زبانم قادربه بیانشان نمیباشد . برادرم میگفت : تا تورا نکشته اند، ازآن خانه بروبیرون، کجا بروم ؟ بخاطرهمین مسائل وترک کارم، شغلم را هم ازدست داده ام . درحال حاضرمثلا بمدت یکماه دکتربرایم مرخصی استعلاجی نوشته است ، ولی انگاروقتی کارمیکردم ، حداقل چند ساعتی را که درمحل کارم بودم ، آسایش وآرامش داشتم . برادرم میگفت: مگرپول نداری؟ خودت بروو هرآنچه را که میخواهی بخروبخور، دلم نیامد که بگویم نخیرپول ندارم . نمیخواستم اورا بیشترازاین ناراحت وغمگین کنم ، طفلکی ازراه دورچکارمیتواند برای من انجام دهد ؟ اونمیدانست که شوهرم هیچ چیزنمیخرد وازطرف کلیسا برایم غذا وپول می آورند. حتی اگردرخواب هم چنین کابوسی را میدیدم ، سکته میکردم . کجاست همسرقبلی ام که میگفت مثل دخترش مرا دوست دارد، کجاست که ببیند دست سرنوشت ، بخاطرخودخواهی های اوبا من چه کرده وچه روزگاری را دراین دیارغربت ، سپری میکنم. بخودم میگفتم ایکاش قادربودم زمان را به عقب برگردانم تا اشتباهاتی را که کرده بودم جبران کنم . امروزیکشنبه 2008/11/2 است وازخودم واشتباهاتی که مکررا برعلیه خودم انجام داده بودم بسیارعصبانی ودلگیرهستم . تصمیم گیریهای احساسی واحمقانه ای که باعث شده بود مثلا تن به این ازدواج بدهم واین همه بلا ومصیبت برسرم بیاید وقشنگترین روزهای جوانی وزندگی ام را برباد فنا بدهد . به مادر، پسرک تلفن کردم واورا درجریان شرارتهای فرزندش قراردادم وخواستم که به اوگوشزد کند که اگربه این شرارتها ادامه دهد ، عکس العمل تندی ازجانب من سرخواهد زد که فکرنمیکنم به نفع اوباشد، با وجودیکه خوب میدانستم فرزندش عروسک خیمه

شب بازی است که نخ هایش دردست اوست ، وازراه دورکنترلش میکند ، ولی زنک منکرهمه چیزشد وگفت ، اولین باراست که مطلع میشود، مشکلاتی درآنجا پیش آمده است .دانستن ویا ندانستن اوبرایم اصلامهم نبود ،میخواستم که همانطورکه خانواده ی همسرم درجریان ماوقع هستند، اوهم بداند چه تحفه ای پرورش داده است . زنک گفت: تمامی حرفهای شما را تند وتند دارم یاد داشت میکنم که با همسرت وپسرم صحبت کنم . میگفت : وقتی همسرت دراولین سفری که به ایران آمده بود ،وبعد ازهفت سال پسرش را میدید، بمن تلفن کرد وگفت : دست تووشوهرت درد نکند که چنین دسته گلی را پرورش داده اید ... میگفت: گفته بود ، حالا متوجه شده ام که توبهترین زن دنیا بودی وهستی . چون هیچ کس کارهایی را که توانجام داده ای انجام نمیداد ، ازشنیدن این حرفها مغزم سوت کشیده بود که منظورت کدام بهترین است ؟ پس داستان خیانتهایت را که همه ی اطرافیانت برایم تعریف کرده بودند چه بوده؟ ولی بروی خودم نیاوردم وگفتم چه خوب !! من که خوب میدانستم اوبخیال باطل خودش قصدش ناراحت کردن وتحریک من برعلیه همسرم است ، چیزی نگفتم ، چون جواب ابلهان، خاموشی است . من چه کسی باشم که بخواهم دیگران را قضاوت کنم ویا برایشان هورا بکشم.زنک میگفت: من به پسرم تلفن خواهم کرد وازاومیخواهم که برای کارهایش توضیح دهد. ضمنا اگرآنها دوباره به شما توهین کردند، بگوئید که فلانی گفته ، تمام آنها برای من باشد ... عجب حرفی میزند، اگرشوهرمن، برای من که همسرش هستم وعمری باوخدمت نموده ام، ارزشی قائل نیست، چطورمیتواند برای توکه با فضاحت ازاوجدا شده ای ارزشی قائل باشد ؟!دوشنبه 2008/11/3 امروززنک تلفن کرد وبا پسرک صحبت کرد واین آقای بیست وپنج ساله با زرنگی تمام گفت : باشد بعدا دراینمورد صحبت میکنیم، بدلیل بودن من درمنزل نخواست سربحث را بازکند ... بعد خانم دوباره بمن تلفن کردند وگفتند: من میخواستم بگویم که قبل از صحبت کردن با پسرم چند سئوال برایم مطرح است که قصد دارم، ازشما بپرسم وبعد قضاوت کنم ... من گفتم : تلفن نکرده بودم که شما را به قضاوت کردن دعوت کنم ، بلکه میخواستم که اطلاعاتی درمورد پسرتان داشته باشید که چطورروزگارما را سیاه کرده است ، درحدی که کارم را هم ازدست داده ام ومثل جنازه درخانه افتاده ام ... اومیگفت : من به پسرم گفته بودم وقتی توپنج ماه درخارج ماندی ، من هم خواهم آمد ! عجب ! برای خودشان برنامه ها ریخته اند، ومن ازهمه جا بی خبربوده ام ... درصحنه ی دعوایی که با پسرش داشتم، اوبمن زشترین حرف را زد که گفتم ، مادرت است که تووپدرت را ول کرد ه وبدنبال دلش رفته است ، دراین لحظه شوهرم گفت، میزنم توی دهانت که دندانها یت خرد شود ! عجب ! من که ازهمه چیزبی اطلاع بوده ام ، توخودت این داستانها را راست ویا دروغ برای من تعریف کرده ای ، پس بزن توی دهان خودت ... پس آقا ، هنوزهم نسبت بایشان حساسیت دارند ، ولی حرف درشتی را که پسرش به من زد با بی اعتنایی ازآن میگذرد!! کم کم دارم مطمئن میشوم که کاسه ای زیرنیم کاسه است وهمگی باهم برنامه های وسیعی برعلیه من طراحی کرده اند .غروب همین روزوقتی وارد اطاق خوابم شدم، یک دسته گل روی میزتوالتم بود، که پسره بدستورمادرش برای من خریده بود، خیلی تعجب کردم! که نه یادداشت عذرخواهی با آن بود ونه چیزدیگری ...منتظرشدم تا همسرم بخانه آمد . بعد ازاوسئوال کردم، به نظرجنابعالی معنی اینکارچیه ؟ اوبا تعجب گفت : من چه میدانم ! بسیارخوب، پس تودرجریان نیستی که چه کسی کنترل راه دورپسرت را دردست دارد ؟ 2008/11/4 امروزصبح رفتم مرکزکاریابی وتقاضای دریافت حقوق بیکاری کردم، وقتی بخانه برگشتم ، تعدادی فرم ازطرف بیمه ی بانکم آمده بود که بایستی آنها را برای رئیسم ودکترم میبردم تا آنها را پرکنند وبعد برایشان ارسال نمایم .امروزبه محل کارهمسرم تلفن کردم وقصد داشتم با رئیس اوکه یک خانم ایرانی است صحبت کنم وبگویم، به چه اجازه ای وبا چه شناختی ازمن ، همسرم را برعلیه من راهنمایی میکند، وطبق گفته شوهرم آنها قصد دارند برعلیه من اقدام قانونی انجام دهند ، ولی همسرم مانع شده است ! میخواستم ازاوسئوال کنم ،بغیرازیکبارکه بخانه ما دعوت شدید ونهایت محبت وپذیرایی را ازطرف من دیدید،

مگرشناخت دیگری هم ازمن دارید؟ بنا برگفته های شوهرم، برای من خط ونشان میکشید ! میخواستم بگویم مشکلات داخلی زندگی ما به شما چه ارتباطی دارد ؟! ولی متأسفانه اوبا من صحبت نکرد وعین پیغامی را که من به اوداده بودم، کف دست همسرم گذاشته بود ... بعد ازظهر،وقتی همسرم بخانه آمد، مجددا توپش پربود وبا داد وهواروتهدید به طرف من یورش برد که به چه حقی ، به محل کارمن تلفن کرده ای ؟ بعد ازاینکه برایش توضیح دادم، بمن وپسرش گفت: ازاین تاریخ به بعد، من که یکی ازرأسهای این مثلث خانوادگی هستم،خودم را کنارمیکشم وهیچکدام ازشما اجازه ندارید که پشت سرنفردیگربمن حرف بزند . ضمنا روابط شما بمن ارتباطی ندارد ، پسرش که به نظرمن انسان تربیت نشده ای بود که درسن بیست وچهارسالگی مثل بچه های ده ساله فکرمیکرد ، گوشی تلفن را برداشت وبمادرش گزارش داد وبعد مادرش ازاوخواست که با همسرم صحبت کند . همسرم گوشی تلفن را گرفت وگفت: من تلفن را روی پخش میگذارم که صدای شما را همه بشنوند . همسرسابقش شروع کرد به شکایت کردن ازمن که برای چه ، خانم شما برای پسرمن غذا درست نمیکند ؟ دوباره خودش گفت : شاید اگرمن هم بجای ایشان بودم درست نمیکردم ! برای چه شما به پسرمن پول توی جیبی نمیدهید ؟ برای چه پسرمن روزها بایستی تنها با آن خانم درآپارتمان بماند ؟ پسرمرا بفرستید ، برگردد من نمیخواهم که اوبیشترازاین درآنجا بماند وزجربکشد ...همسرم هم میگفت شما اگرگله ای ازمن دارید بگوئید اما من جوابگوی مشکلات دیگران نیستم واگرمیخواهید که اوبرگردد ،خب اشکالی ندارد برگردد...اگرما انسانها حیطه های خود را بشناسیم درآنصورت است که به حریم ها، وحد وحدودهای دیگران هم احترام میگذاریم. دیوارهای محافظتی زندگی مرا همسرم بایستی میساخت که کسی نتواند ازآن سواستفاده کند، ولی متاسفانه همسرم نه تنها هیچگونه دیوارمحافظتی برای این زندگی نساخته بود، بلکه به نظرمیرسید که دائم سعی برشکستن حریم شخصی زندگی من دارد ومن بایستی یاد می گرفتم که چه وقت بایستی بله بگویم وچه وقت بایستی نه بگویم . درحالیکه دردرون خودم خسته بودم وباطری ام کاملا تمام شده بود ، به نیازهای دیگران میرسیدم وازاینکه بگویم نه ، احساس گناه میکردم . بهمین دلیل این خانم بخودش اجازه داده بود که ازمن توقع داشته باشد تا بیش ازحد توانم به پسرش که بغیرازبی ادبی وشرارت چیزی ازش ندیده بودم ، خدمت کنم . اومیگفت : چرا شما که پسرتان را دعوت کرده اید خرجش نمیکنید ؟چرا به اوپول بیشتری نمی دهید که بتواند خرید کند ؟حالا میدیدم که همسرم سلب مسئولیت کرده وکاری را که بایستی دوماه پیش انجام میداد امروزانجام داده است . بنابراین تصمیم گرفتم که بعد ازتلفن اوبا پسرک صحبت کنم وباوبگویم که یکی ازدرسهایی را که دراین دوماه توبایستی گرفته باشی این است که بدانی به حریم خصوصی دیگران بایستی احترام بگذاری وحد وحدودها را رعایت کنی . تمامی تنش ها وخستگی ها را درزندگی ام حس میکردم ومیدانستم که مقدارزیادی هم تعارفات وفرهنگ ایرانی است که به آنها دامن زده است . برداشتهای اشتباه اوباعث شده بود که حیطه های خودش را نشناسد وباعث بروزاشکالات زیادی درزندگی ما گردد ، دراین لحظه اوزد زیرگریه وبغلش کردم وگفتم، قصد ناراحت کردن تورا نداشتم وبرای آمدنت به اینجا هرآنچه را که ازدستم برمی آمد، انجام داده ام . همانطورکه مادرت هم گفت ،نوک تیزپیکان من متوجه پدرت است که این مشکلات را آگاهانه بوجود آورده تا ازآب گل آلود ماهی بگیرد ، من مطمئن بودم که اونه تنها نتوانسته بود ماهی صید کند، بلکه قلب مرا هم شکسته بود وکل زندگی مشترکمان را زیرسئوال برده بود وزندگی مرا وخودش را آگاهانه ویا شاید هم نا آگاهانه بطرف نابودی سوق داده بود . بعد ازآن روز، روابط من وپسرش بحالت تقریبا عادی برگشته بود، ولی کماکان همسرم دنبال گرفتن مدرک برای مبلغ بیست هزارپوندی است که برای پیش پرداخت آپارتمان داده است، تمامی تلاشش را گذاشته است که به عناوین مختلف این رسید را ازمن بگیرد... با چند وکیل تماس گرفتم ومسئله را با آنها درمیان گذاشتم، ولی آنها با تأکید گفتند: که اوقصد سوء استفاده ازاین رسید را دارد ومن بهیچ عنوان ، نبایستی چنین مدرکی را بدست اوبدهم وازحق

وحقوق قانونی خودم صرف نظرکنم . آنها میگفتند، حتی اگراین آپارتمان فقط به اسم اوهم می بود ، درصورت طلاق وجدا شدن ، قانونا نصف آن وهرآنچه را که او دارد بمن تعلق میداشت.
همسرم بعد ازچند روزدندان درد شدید ، امروزموفق شد که آنرا بکشد .
همسرم وفرزندش قصد دارند که به یکی ازشهرهای شمال کشورکه دوستی درآنجا دارد بروند، وچند روزی را درآنجا بمانند ،ازصبح که ازخواب بیدارشد، مجددا سرجنگ ودعوا داشت ومیگفت : باید حساب وکتابت را ازمن جدا کنی ، ازاین خانه بروی بیرون وخانه دولتی بگیری، من خیلی خوب میدانم که اگراینکاررا هم انجام بدهم ، بعد ازمدتی با کلک به من برخواهد گشت تا ازمزایای دولتی که شامل حال من خواهد شد، استفاده کند، برای اینکه فقط وفقط به پول می اندیشد وتمامی تلاشش را برای سواستفاده دیگری ازمن صرف میکند .
من که بشدت قلبم شکسته است ،مطمئن بودم که آنها به این سفرنخواهند رفت وخداوند باردیگراورا تنبیه خواهد کرد.روزشنبه صبح ساعت شش ازخواب بیدارشدند وعازم سفرگردیدند ، بازهم ندای قلبم میگفت : حادثه ای درکمین است وآنها نخواهند رفت ...
دوساعتی ازرفتنشان گذشته بودکه همسرم تلفن کرد وگفت: ماشینم خراب شده وروی کامیون است وما درحال برگشتن هستیم ! بعد که بخانه آمدند تعریف کرد که چگونه ماشین نو، دروسط اتوبان جوش آورده وعلامت ایست بما داده است ، ناچارشده بود شصت وپنج پوند به تاکسی وپانصد پوند، برای تعمیرماشین پرداخت نماید . خیلی تعجب کرده بودم وبه ندای قلبم برای چندمین بارایمان آورده بودم . من که شب وروزولحظات زندگی ام را با یاد خداوند سپری میکنم ودرراه اوقدم برمیدارم وازکلامش اطاعت میکنم، مطمئنا بایستی فرقی با آنها که ازخدا بی خبرهستند داشته باشم ... شکربرای اینکه جواب دعاهایم را میگیرم وخداوند را درکنارم احساس میکنم ... برایش دعا کردم که خداوند چشم وگوشش را بازکند تا بتواند ببیند بلاها یی که برسرش می آید نتیجه ی اعمال خودش است . روزی همسرسابقم بمن گفت : انسان هرچه که میکشد ازقلب سیاه خودش میکشد ... شاید حق با او بود ، خدا میداند .
من به منزل یکی ازدوستانم دعوت داشتم وتا غروب با هم بودیم وبه وکیلی تلفن کردیم وماجرا را با اودرمیان گذاشتیم، اونیزگفت ، شما بهیچ عنوان مدرکی برعلیه خودتان به همسرتان ندهید ومطمئن باشید که اوقصد سوء استفاده ازآن را دارد تا برعلیه شما استفاده کند وملکتون را ازچنگتون درآورد . اوگفت: همسرتان بهیچ عنوان نمیتواند آپارتمانی را که روی آن وتقریبا تمام آن، ازبانک وام گرفته است، به اسم پسرش بکند ویا اینکه وصیتی دراین مورد برای پسرش داشته باشد ، برای اینکه این ملک تا زمانی که اقساط آن تمام نشده است متعلق به بانک است .
امروزمن این مسئله را با همسرم درمیان گذاشتم ، اوگفت: میدانم که اینطوراست ، ولی من میخواهم آپارتمانم را که دوماه پیش خریده ام ، بفروشم وتوهم بایستی رضایت دهی... من باوگفتم من چنین رضایتی نمیدهم وتومیتوانی سه دانگ خودت را بفروشی ومن سهم خودم را نخواهم فروخت وبا توجه باینکه من وارثی ندارم ، آن را بعد ازمرگم بخیریه خواهم بخشید.
اومیگفت: توبیا بیست هزارپوندی را که من گذاشته ام، بمن بده وسهم مرا بخر... من گفتم: بسیارخوب ملک را بگذاربرای فروش ومن تصمیم میگیرم که آیا بخرم یا نه ... واوبا غیض ومرد رند ی خاص خودش گفت : زرنگی؟ حالا که قیمت ملک پائین آمده وارزش پول من ازبین رفته است ودرواقع بیست هزارپوند من شده دوهزارپوند، میخواهی آن را بتوبفروشم ؟ گفتم : اولا که من نمی خواهم بخرم، دوما معلومه که شما اگرفروشنده باشی ، بایستی آنرا حتی بمن هم به نرخ روزبفروشی نه به قیمتی که خریده ای ! البته اوخودش اینها را خیلی خوب میداند ، ولی متوجه شدم که نقشه ی اوبرای گرفتن رسید ، بیست هزارپوند این بوده که آن را به دادگاه ببرد ونصف ملک را ازمن بگیرد ...ایمان دارم که تمام نقشه هایش توسط خداوند نقش برآب خواهد شد . با رندی میگوید: آره توکاسب هستی و... بنابراین متوجه شدم که رسید برای ارث رسیدن به پسرش وبقیه دعوا ها همگی آگاهانه ورندانه بوده است ، اودلش نه برای

من که ده سال برایش خرج کرده ام ونه برای پسرش که بیست سال قبل اورا با خودخواهی رها کرده است، میسوزد .

پسرش با من درد دل میکرد ومیگفت: مرا به سینما برده وگفته ، پول بلیطت را خودت بایستی بدهی ... میگفت: قول داده بوده که هفته ای بیست وپنج پوند بمن بدهد، ولی فقط هفته ای ده پوند داده است، میگفت: به کنسرتی که با هم رفته بودیم؛ گفته ، پول بلیط خودت ومن را پرداخت کن، چون من که نمیخواستم به کنسرت بیایم! البته من درستی ویا نادرستی حرفهای فرزندش را نمیتوانم تائید کنم . البته اوحتی دراین مدت بصورت غیرقانونی، تعدادی تابلوی معرق ساخته وفروخته است وتوانسته است مبلغ چهارصد پوند داشته باشد باضافه ی پولهای توجیبی که هفتگی میگرفته است . شاید پدرش ازاوخواسته بود که ازهمین درآمدش ،خرجهای بالا را پرداخت نماید ... بعدها که نظیراینگونه حرفها را پشت سرپدرش به عموها وعمه هایش وبقیه ی فامیل درایران گفته بود وبگوش پدرش رسیده بود ،شوهرم میگفت ،من فقط قصدم این بوده که ازاومرد بسازم وکمی حس مسئولیت پیدا کند .

یکروزوقتی همسرم خیلی رسید ، رسید میکرد ، باوگفتم بسیارخوب ، هروقت تورسیدی مبنی براینکه مدت چهارسال منزل برادرمن زندگی میکردیم وتودیناری پول اجاره بهاء نداده ای . رسیدی بابت اینکه من مبلغ دوازده میلیون تومان برای خرید ووارد کردن مبلمان ووسائل خانه به این کشورپرداخت کرده ام . رسیدی مبنی براینکه که مدت چهارسال دیناری بابت هزینه های زندگی بمن پرداخت نکرده ای ومیهمان من بوده ای ... رسیدی بابت اینکه مبلغ ده میلیون تومان برای گرفتن گرین کارت امریکا هزینه کرده ام ، رسیدی هم بدهی که مبلغ بیست میلیون تومان برای ویزای این کشورهزینه کرده ام ، باضافه ی رسیدهای دیگری برای سوء استفاده هایی که درطول اینمدت ازمن کرده ای ... هروقت این رسیدها را بمن دادی ، من هم رسیدی بتوخواهم داد که ودیعه ی خانه را توداده ای . روزها با اسارت وشکنجه های روحی وروانی که همسرم وپسرش بمن میدهند، میگذرد ، ولی من کماکان بدنبال مزایای دولتی وبرنامه ی طلاقم میدوم وحاضربه ادامه ی زندگی با چنین رفتارهای ناجوانمردانه ای نیستم .متاسفانه بعد ازسه هفته دوندگی ،امروزازسازمان مربوطه نامه ای دریافت کردم که چون مثلا همسر،دارم واودارای شغل تمام وقت وحقوق خوب میباشدوضمنا خانه هم دارم ، بهیچ عنوان هیچگونه مزایای دولتی بمن تعلق نخواهد گرفت ...بخاله بزرگم که همیشه بهترین دوست من بوده ودرکانادا زندگی میکند ،تلفن کردم وازاو راهنمایی خواستم، ولی متاسفانه اوهم مثل من دچارسردرگمی شده بود ونتوانست قاطعانه تصمیمی ویا نظری درمورد زندگی من اعلام کند، ولی مصرا میگفت که هیچگونه رسیدی به اونده ، کما اینکه وکیلم هم میگوید، اینکاررا نبایستی انجام دهی . چند روز قبل همسرم بمن گفت: من بعد ازاین قادربه پرداخت مخارج زندگی نیستم وتوبایستی فکری برای خودت بکنی ، گفتم : من طلاق نمیگیرم ،اگرتومیخواهی خودت اقدام کن، اوفریاد میزد که اگرتواقدام کنی، چون بیکارهستی ،هزینه ی وکیل ودادگاه را دولت میدهد، ولی اگرمن اقدام کنم بایستی پول بدهم ! عجب ! توی دلم گفتم : ازدواجت مجانی تمام شده وحالا میخواهی طلاقت هم مجانی تمام شود ؟ نه، ممکن نیست هرکس طلاق میخواهد خودش اقدام کند ... درحضورپسرش فریاد میزد که چرا نمی فهمی رختخوابم را ازت جدا کرده ام، نمی خواهم باهات زندگی کنم ! دوستت ندارم، برودنبال کارت ! باچه زبانی باید بگویم ؟! اگرتونروی من میروم ! هنوزباورم نمیشود که چنین کاری را کرده باشد ؟ گیج وگنگ به این طرف وآن طرف میروم، مرتباً ازبانک اخطارونامه می آید که بایستی قسط هایم را پرداخت کنم . قبض تلفن، قبض موبایل، حتی پول ندارم که بلیط اتوبوس بخرم ... فقط تا سوم ژانویه بلیط اتوبوس دارم ونمیدانم بعد ازآن چکارکنم ؟! ازخاله ام خواستم که به همسرسابقم تلفن کند وازاوبرایم کمک مالی بگیرد ، ولی متاسفانه اوجوابی نداده بود وگفته بود من شماره تلفن شما را دارم وبعدا باهاتون تماس میگیرم ، چون مشغول رانندگی هستم ونمیتوانم با تلفن صحبت کنم ... ولی متاسفانه اوهرگزبخاله ام تلفن نکرده بود . برادرم میگفت:

توچرا بخارج رفتی؟ توبرای خودت بهترین موقعیت وبهترین درآمد را داشتی،درایران شیربودی ودرآنجا تبدیل به موش شده ای ! روزبروزدرحال تنزل کردن هستی، برگرد ودوباره کاروزندگیت را درتهران شروع کن !اما یکی نبود که باوبگوید چگونه؟ با کدام حمایت ؟ اتفاقاً چند ماه پیش چنین تصمیمی را داشتم ، ولی همسایه ها اجازه ندادند که مجددا درملک مسکونی ،موسسه ام را ازنوتاسیس کنم !! با کدامین حمایتها میتوانستم مجددا درآن کشورکارکنم؟
بالاخره بعد ازچهارماه، همسرم متوجه ی بی نزاکتی ها، بی مسئولیتی ها ،خودخواهی ها وتحریکات همسرسابقش توسط پسرش ، شد وبعد ازدعوای مفصلی که با اوداشت ، روزبعد بلیط برگشتش را به تهران گرفت واورا روانه کرد .
امروز ۲۴/۱۲/۲۰۰۸ است وخدا را شکرکه اوراهی شد . نفس راحتی کشیده بودم وحالا میتوانستم درآرامش وبدون فشارهای مضاعف ، برای زندگی ام نقشه بکشم وتصمیم بگیرم .
برادرم حدود یکساعت با من تلفنی صحبت کرد ومدام ازمن خواهش میکرد که تا جانم را هم ازدست نداده ام ازاین زندگی لعنتی خارج شوم ، اومیگفت : ما که ازشروع این زندگی شاهد فداکاریهای توبوده ایم واین مسائل ازهیچ کس پوشیده نیست، اوبا ناجوانمردی، تورا بخاک سیاه نشانده وبهت خیانت کرده است . میگفتند: اولیاقت داشتن زنی مثل تورا ندارد، چرا نشسته ای وتحمل میکنی ؟ چرا ؟ توبیماری قلبی داری وهرلحظه با یکی ازاین فشارها ممکن است بمیری ویا سکته کنی وفلج شوی ! چرا طلاقت را نمیگیری ؟ آخرچرا ؟ میگفت :همه درتعجب هستند که آستانه ی تحملت تا کجاست ؟ حق کاملاً با اوست آخرچرا ؟..هرروزصبح ، پستچی حداقل دواخطاریه ازبانک می آورد، بابت هرصورتحسابی که بانک دریافت میکند ودرحسابم موجودی نیست ، مبلغ 35 پوند هم جریمه به بدهی هایم می افزاید که بهره ی بانکی هم به آنها افزوده خواهد شد، دیگربریده ام ونمیدانم بایستی چکارکنم ! خودم را به درب ودیوارمیکوبم که راه حلی پیدا کنم،ولی عقلم قفل شده وبجایی نمیرسم . تنها ترازهمیشه بایستی یک تنه بارمشکلات را بدوش ضعیف وناتوانم بکشم ، اداره بیکاری میگوید: چون رسماً شوهر،داری واوکاری تمام وقت دارد وحقوق خوب هم میگیرد، هیچگونه مزایای بیماری ویا بیکاری بتوتعلق نخواهدگرفت . آخرکدام شوهر؟! شوهری که ازروزشروع ازدواج بخاطرافسردگی اش ، من جورش را میکشیدم وحالا که دستش به جیبش میرود، تا اینحد بیرحم وسنگ دل ازآب درآمده است؟ شوهری که تا سه ماه پیش که کارمیکردم وبخشی ازهزینه های زندگی را تامین میکردم، تا اوبتواند با حقوق ماهیانه ی چهارهزارپوندی ا ش برای خودش وپسرش پس انداز کند ، خوب بودم ؟! شوهری که درطول ده سالی که ازازدواجمان میگذرد، اولین باراست که خرج خورد وخوراک مرا میدهد وازشدت ناراحتی به مرزسکته رسیده است؟ شوهری که درطول عمرازدواجش با من ، نفهمیده که زن خرج هم دارد ؟ شوهری که زندگی دانگی با من دارد، شوهری که وقتی من غذا ویا آب میخورم مدام میگوید ، مثل جاروبرقی هستی ؟!! حالا برایش بسیارسنگین است که یک لقمه نان بخورونمیربمن میدهد، باورکنید که فقط یک لقمه ی بخورونمیراست نه بیشتر... آن را هم از ترس قانون ودولت انجام میدهد والا اینکاررا هم نمیکرد . با صراحت میگویم که حتی ازچند روزدیگرکه اعتبارکارت اتوبوسم تمام میشود ، پولی نخواهم داشت که بتوانم با آن بلیط اتوبوس خریداری نمایم . خاله ام میگوید توداری با قاتل خودت زندگی میکنی ..
شرایط بسیاربسیاردشواری دارم . هرگزدرطول عمرم نه تنها خودم چنین شرایطی را تجربه نکرده بودم ، بلکه کارگرهایم هم با وجود من ، هرگزچنین شرایطی نداشته اند . اوبسیاربیرحم وپست است ، باورم نمیشود که یک مرد آن هم ازنوع ایرانیش، تا این حد رذالت داشته باشد ، این نزول مالی وشخصیتی ، برایم غیرقابل توصیف وغیرقابل باوراست، ولی خودم را نباخته ام ودرخداوند آرامش دارم وهمین آرامش باعث عذاب بیشتراوشده است .

امشب شب سال نومسیحی است وفردا شب وارد سال ۲۰۰۹ میشویم ... شب تاریخی درطول عمرم میباشد که گمان نمیکنم هرگزبتوانم آن را فراموش کنم ، با قلبی که اخیراً تشخیص داده شده سوراخ است وسمت راست آن هفت ونیم سانتیمتر، بزرگ شده است وبا قند خون بالا، دست بگریبان مرگ وکشتی گرفتن با مشکلات مطرح شده هستم .

حسرت روزهای برباد رفته ام را میخورم ،حسرت روزهای جوانی ام را که با بی عقلی های خودم بربادش دادم ویا بهتراست بگویم که بربادش دادند ... حسرت پولهای کلانی را که ساختم وبا مهربانیهای الکی وغیرمنطقی ازبین بردم وخرج یک مشت ناجوانمرد وازخدا بی خبرکردم. امروزدیگرهیچ کس دوروبرم نیست ! آنهایی را که خدمت مالی ومعنوی میکردم . آنهایی را که دستهایشان را گرفتم وازرمین بلندشان کردم ! زنگ تلفن من دیگرهرگزبصدا درنخواهد آمد!دیگرمنتظرتلفن هیچکس نیستم!دیگرکسی نیست که دلش برایم بسوزد! دیگرکسی نگرانم نیست ! پسرشوهرم میگفت : مادرم میگوید، درزندگی با اوهم همینطوربوده است ؟! میگفت: رفتارهای پدرم خساست نیست بلکه پستی است ! دردرگیری لفظی که با هم داشتند به پدرش گفت ازتومتنفرهستم وخیلی خوشحالم که مادرم بتوخیانت کرده است !بمن میگفت شما عجب تحملی دارید که رفتارهای رباط مانند اورا میتوانید با صبوری تحمل کنید! اوازهمسر،مادرش تعریف میکرد ومیگفت: اودرحین فقر، مرد بسیارسخاوتمندی است که تمامی درآمدش را به مادرم میدهد تا هزینه های زندگی را تامین کند ...اوعقیده داشت خانمها اموراقتصدی خانه را بهترازآقایان میتوانند اداره کنند وبهمین دلیل هم دایی محسن (شوهرمادرش) این اختیاررا بمادرم داده است .

میگفت : زوقتی که زندگی شما وپدرم را ازنزدیک مشاهده نموده ام ، بخاطرزندگی ام با مادرم ودایی محسن ، خیلی خدا را شکرمیکنم . میگفت : بیست سال است که اومثل یک پدردلسوزومهربان، بمن محبت کرده ومخارج زندگی ام را تامین کرده است .

میگفت: تمامی تلاش دایی محسن اینه که وقتی ازسرکاربرمیگردد، باعث شادی مادرم ومن شود وبعناوین مختلف سعی میکند با کمک کردن درکارهای روزمره ی خانه بمادرم ،بنوعی ازاوتشکروقدردانی کند . رفتارهای پدرش با من باعث شده بود که اوتمام مدت، زندگی ما را با زندگی دایی محسن ومادرش مقایسه کند وخدا را ازاین بابت شکرنماید ... مادرش هرروزبه اوتلفن میکرد وحداقل یکساعت وحداکثردوساعت تلفنی، تمامی گزارشات زندگی ما را ازاومیگرفت . شاید این سفربرای مادرش آرامشی بود ، برای ازدست رفتن زندگی قبلی اش وکشف دلائلی، توسط پسرش برای ترک خانه وکاشانه ای که با پدرش داشته است .

شاید کشف واثبات همین دلائل بود که بعد ازبیست وچهارسال توانست مادرش را ازگناه خیانت به پدرش تبرئه کند، وبا تحاقو وپررویی که ازمختصات جوانان این نسل است بگوید، هربچه دیگری هم بجای من بود ازتومتنفربود وخیلی خوشحالم که مادرم بتوخیانت کرده است! درحالی که ازشوهرم واعمالش متنفروعصبانی بودم ، ولی دلم برایش خیلی میسوخت . اواگربه هرکس بدی کرده، اگردرحق من ظلم کرده، اگروظیفه شوهربودنش را هرگزادا نکرده، ولی ازوقتی که با من ازدواج کرده است ،شاهد هستم هرآنچه که درتوان داشته است برای تو، نیم وجبی انجام داده . درطول هفت سال زندگی درغربت ، تمامی هم وغمش توبوده ای. فقط یک هدف داشته وآن هم آوردن توباینجا بوده است . اگرخودش نخورده ،ولی برای تو فرستاده ، اگرخودش زجروسختی تحمل کرده ، ولی باعث خوشی توشده ونگذاشته آرزوی چیزی بدلت بماند . درحد توانش هرآنچه را که میتوانسته برایت انجام داده است وحالا بجای قدردانی وتشکرازچنین پدری ، چطورتوانستی توی رویش نگاه کنی وچنین حرف سنگینی را به اوبزنی؟ ازموهای سفید وچین های صورت اوخجالت نکشیدی ؟ هنوزمهرویزایت خشک نشده ! بابت همین ویزا حدود ده میلیون تومان برایت هزینه کرده است ... خجالت نمیکشی دربیست وچهار،پنج سالگی، ول، ول میگردی ودستت توی جیب پدرت است؟ خجالت نمیکشی بجای قدردانی ازپدرت ، چنین جمله ای را بزبان می آوری ؟! آخراسم تو را میشود آدم

گذاشت؟ تو برای پدرومادرت چه شاهکاری کرده ای؟ انسان بی مسئولیت ووقیح وآویزانی که جزء بی ادبی، هنری ندارد . اگرپسرمن بودی بعد ازاین ،هرگزکاری برایت انجام نمیدادم . حیف نان ! درتمامی طول مدتی که ازازدواج من وپدرت میگذرد ، ازخودش ومن زده وهزینه های زندگی ترا تامین کرده است وحالا دائی محسن ، دائی محسن میکنی ؟؟ چه کسی هزینه های تحصیلت را میداد ؟ چه کسی هزینه های گفتاردرمانی ات را میداد ؟ چه کسی هزینه های خوراک وپوشاکت را میداد ؟ چه کسی هزینه های کلاسهای خصوصی ات را میداد ؟ چه کسی برایت دوچرخه وموبایل وگیتارمیخرید ؟ آیا اوکسی بغیرازپدرت بود ؟!! برو وسریع ازگناهانت توبه کن وازپدرپیرت غذرخواهی نما که باعث شکستن قلبش شده ای .

خب ،برای من ازروزهای اول ورودش مشخص بود که برای انتقام جویی ازپدرش وتخریب زندگی اوبه اینجا آمده وهدف دیگری هم ندارد . حقیقتا مثل عروسک خیمه شب بازی بود که نخ هایش دردستهای مادرش بود وبا ارسال گزارشات لحظه به لحظه ی زندگی ما ، درسهای جدید میگرفت وعمل میکرد . درحقیقت ماموریت شوم داشت . دریکی ازمکالمات تلفنی اش با مادرش، شنیدم که میگفت: به نتیجه ای که میخواستم رسیده ام ؟! روزبعد وقتی مادرش تلفن کرد ازاو پرسیدم ،منظورپسرت ازاین جمله چه بود ؟ چه نتیجه ای گرفته است ؟! اوکه فکرمیکرد با دسته ی کورها طرف است، با وقاحت منکرشنیدن چنین حرفی شد ، ولی خوشحال بودم که متوجه اش کرده بودم دستشان را خوانده ام ...

حرفی که به پدرش زد نتیجه بیست وچهارسال سمپاشی مادرش بودکه بقول همسرم ،خیانت خودش را ماله مالی کند ... چطورمیشود پسری درمقابل انتقادهای پدرش بگوید، تونمیتوانی مرا درست کنی چون خودت درست نیستی ؟! آیا هدف دیگری بجزتخریب زندگی ما درپس این سفرمیتواند وجود داشته باشد ؟ بعد ازهفت سال دربدری وتحمل سختی ها ،توانسته بودیم آپارتمانی بخریم وبقول معروف سرهایمان را با دل شاد وخیالی آسوده برزمین بگذاریم وبگوئیم خدایا شکرت ، ولی نه تنها اومهلت داشتن این آسودگی خیال را ازما دزدیده بود ، بلکه اززمان ورودش ، جوسنگین وفضای تاریکی را برخانه ی ما حاکم کرده بود .

کنترل زبان واعمالمان را نداشتیم ،درحدی که تمامی اطرافیانمان هم متوجه این وضعیت شده بودند . توفانی ازمشکلات ، دردها ومرض ها ، بیکاری ، بی پولی ، اختلافات ، دعواها با خودش آورده بود . درسته که ما هم مثل تمامی زن وشوهرها با هم اختلاف سلیقه وعقیده داشته ایم وهرگززندگی عاشقانه وصددرصدی نداشته ایم، ولی دشمن یکدیگرهم نبوده ایم . با آمدن اودشمنی بین من وهمسرم بحدی رسیده بود که تمامی تلاشمان را برای بی آبروکردن یکدیگرمیکردیم وکوچکترین ملاحظه ای هم نداشتیم .

وضعیت زندگی ما بمرحله بسیارخطرناکی رسیده بود، که من شب وروزدعا میکردم ومناجات میخواندم که هرچه زودتر، شرش ازسرمان کم شود وبه ایران برگردد... با شواهد موجود به نظرمیرسید شیطان ازطریق اووارد عمل شده بود .

هدف شیطان دزدیدن ، تخریب وصدمه زدن است . زندگی چهارماهه ای را که اوبا ما داشت، برای من یک کابوس وحشتناک است که نظیرش را هرگزدرزندگی ام ندیده ام . اوتوانسته بود همسرم راجذب خودش کند وباهمکاری ودستیاری یکدیگر ،بدترین شکنجه های روحی وروانی را بمن بدهند . تنها با خواندن کلام خدا ، توانسته بودم خودم را روی پاهایم حفظ کنم . نهایتاً اوتوانسته بود همه چیزم را ازمن بگیرد ... ازروزبیست وچهارم دسامبرکه خوشبختانه به ایران برگشته است، آرامش نسبی براین خانه برقرارشده ومن توانسته ام بعد ازگذشت چهارماه راحت بخوابم .

مطمئن هستم بقیه مشکلات هم با فیض وبرکات خداوند حل خواهد شد، وزندگی من ازقبل هم بهترخواهد شد . من روحیه خودم را نباخته ام ومرتباً بخودم میگویم، اگرخدا با من است چه کسی میتواند برعلیه من باشد ؟! وقتی شوهرم ازفرودگاه برگشت ، چمدانش را برداشت وکوبید جلوی من که چرا سعی کردی قفل چمدان مرا بازکنی ؟! ازتعجب نزدیک بود شاخ دربیاورم !

چی ؟ من میخواستم قفل چمدان ترا بازکنم ؟ چرا ؟! گفت بله، بله نگاه کن قفلش خراب شده ودیگه بازنمیشود ! گفتم اشکالی نداره اگرمطمئن هستی به پلیس تلفن کن وبگوکه چنین اتفاقی افتاده وآنها انگشت نگاری میکنندواگراثرانگشت من روی آن بود، هرکاری که خواستی بکن. ولی اگراینطورنبود، آنوقت من بجرم تهمت ناروا که عادت توست ومرتباً اینکاررا میکنی، قانوناً خدمتت خواهم رسید . شب کریسمس بدری(دوستم) ازامریکا تلفن کرد ووقتی درجریان بدبختی های من قرارگرفت،گفت : درسته که ما هم وضیعت اقتصادی بسیاربدی دراینجا داریم، ولی با استفاده ازکارت اعتباری ام برایت بلیط میفرستم تا باینجا بیا یی که هم تمدد اعصاب کنی وهم برای اقامت دراینجا مطالعه کنی ،ازاوخواستم که اگرمیشود،شوهرم را که احساس میکردم بیماراست ، نیزباخودم به سانفرانسیسکو ببرم ، اوهم با کمال میل وخوشحالی پذیرفت وخودش تلفنی ازاونیزدعوت کرد . بعد ازبرادرم خواستم که دوهزارپوند برایم بعنوان قرض بفرستد تا بتوانم مشکلاتم را حل کنم وبه امریکا هم بروم ، اوهم که طفلکی همیشه مرا حمایت کرده است، بلافاصله مبلغ دوهزارپوند برایم فرستاد وگفت ،هروقت که داشتی پس بده واصلا دربازپرداختش هم عجله نکن .

امروزروزاول سال نومسیحی ۲۰۰۹ است وکیفش را آورد وبمن گفت : نگاه کن تو،سعی داشته ای قفل این را بشکنی ومدارک مرا برداری ! یک مرتبه بیادم آمد که قسمتی ازدستگیره زیپ آن را وقتی پسرش دراینجا بود، درآشپزخانه پیدا کرده بودم وبه شوهرم داده بودم وپرسیده بودم که این چیه ؟! اوهم آن را ازمن گرفته بود ونگفته بود که مربوط به کیفش ست. آن مسئله را به اویادآوری کردم وپرسیدم ،چرا همان روزکه آن را پیدا کردم وبهت دادم، پیگیری نکردی ؟ برووازپلیس کمک بگیر، مطمئن باش اگرراست میگویی وکسی سعی داشته کیفت را بازکند، قطعاً پسرت بوده که یا هدفش برداشتن مداركت بوده ویا خراب کردن من !. به اوگفتم ، چرا ازپلیس کمک نمی گیری ؟ چرا یکباربرای همیشه سعی نمی کنی پسری را که بتوگفت ازت متنفراست ! پسری که بهت گفت توهیچ کاری برایش انجام نداده ای ! پسری که بهت گفت، توخودت درست نیستی که بخواهی مرا درست کنی ! پسری که بهت گفت: خوشحالم که مادرم بهت خیانت کرده ، را بشناسی ؟ مطمئن باش که من چنین کاری را نکرده ام وحتی چنین فکری هم که بخواهم آزاری بتوبرسانم، حتی لحظه ای هم به ذهنم نرسیده است . اگرراست میگویی وکسی خواسته قفل چمدان ویا کیفت را بشکند ومدارکت را بردارد برووازپلیس کمک بگیرواثرانگشت اورا روی آنها پیدا کن ..... با خودم میگفتم : هردم ازاین باغ بری میرسد تازه ترازتازه ای میرسد !

بقول ارمیءِ نبی، کسانی که هرگزآزارشان نداده بودم ، دشمن من شدند ومرا همچون پرنده ای به دام انداخته اند. آنها مرا درچاه افکندند وسرچاه را با سنگ پوشاندند . آب ازسرم گذشت وفکرکردم مرگم حتمی است . اما ای خداوند، وقتی ازعمق چاه نام تورا خواندم صدایم را شنیدی وبه ناله هایم توجه کردی . آری هنگامی که تورا خواندم به کمکم آمدی وگفتی نترس ! ای خداوند ، تو به دادم رسیدی وجانم را ازمرگ رهایی بخشیدی . ای خداوند، توظلمی را که به من کرده اند دیده ای، پس داوری کن وداد مرا بستان . دیده ای که چگونه ایشان دشمن من شده وتوطئه ها برضد من چیده اند . ای خداوند تودیده ای که چگونه به من اهانت کرده وعلیه من نقشه کشیده اند . توازتمام آنچه که مخالفانم هرروزدرباره من می گویند ونقشه هایی که می کشند با خبری . پس آنها را به سزای اعمالشان برسان .

امروزدوم ژانویه است ومجدداً ازبانک اخطارگرفتم که بابت هرپرداخت مبلغ سی وپنج پوند باضافه بهره بانکی جریمه خواهم شد . صورتحساب تلفن آمد با مبلغ بیست وپنج پوند جریمه دیرکرد آن، اومی بیند من درحال سکته هستم، ولی با سنگ دلی حاضربه انجام کوچکترین کمکی نیست وفشاررا برروی من بیشتروبیشترمیکند .

شرایط زندگی ام بقدری سخت شده که نمیتوانم ادامه دهم . شواهد نشان میدهد که بیماری افسردگی اوتبدیل به بیماری روانی شده است . مدام درحال تغییروسائل آپارتمان است

وکارهایی را انجام میدهد که باعث عذاب روحی من شود . مثلاً چند بارمرا وا دارکرد که میزنهارخوری به آن سنگینی را ازاین اطاق به آن اطاق ببریم، ونهایتاً آنرا دراطاق خواب من گذاشته واطاق خواب خودش را هم جدا کرده است ! نصف شب دیشب به بهانه سرما ، دوباره رختخوابش را به داخل سالن برد وبا ایجاد سروصدا مانع ازخوابیدن من گردید ،طوری که تا حالا که ساعت چهارصبح است نتوانسته ام بخوابم وتصمیم گرفتم این بدبختیها را بنویسم تا شاید برای تو،خواننده عزیزدرس عبرتی باشدکه درزندگی ات بهیچ کس جزبخودت رحم نکنی، تا روزی به دامی که برایت چیده اند گرفتارت کنند وبعد ازتباه کردن کل زندگی ات ناچارشوی با خفت وخواری همه چیزرا بگذاری وتتمه جانت را برداری وفراررا برقرارترجیح دهی ....

کم کم دارم به برادرم باقرحق میدهم که مرا تشویق به طلاق گرفتن میکند، اودرست میگوید، گورپدرمردم کرده که دوفردای دیگربخواهند بگویند که من دوباره طلاق گرفته ام ویا چنین وچنان ! مگرالان که دراین آتش بدبختی که با دستهای خودم درست کرده ام ،میسوزم ،کسی یک پوند بمن میدهد ؟ مگرکسی احوالم را میپرسد ؟ مگرکسی میگوید، دوروزبیا خانه ما ،تا بتوانی درآرامش تصمیم بگیری! پس اظهارنظردیگران چه اهمیتی دارد ؟ تا زمانی که اسم نحس او برمن است ،حتی کوچکترین کمکی ازدولت نمیتوانم بگیرم . بهرسازمانی که برای کمک گرفتن مراجعه میکنم میگویند، شوهرداری واوکارتمام وقت دارد ومزایای بیکاری ویا بیماری، بتوتعلق نمیگیرد . آخه کدام شوهر؟ ده سال است که من درجاده ی یکطرفه زندگی با هرجان کندنی بوده گازداده ام وبجلو رفته ام ! دارونداررم را به تباهی داده ، تا بتواند ازمن نردبانی برای ترقی خودش وپسرش بسازد . حالا هم به تمامی اهدافش رسیده است . ده سال تجربه وامتحان برای یکنفرکافی است . نمیدانم منه احمق منتظرچه معجزه ای هستم ؟ تمامی معجزات به نفع اوست.

چاره ای بغیرازرفتن به نزد وکیل وتقاضای جدا زندگی کردن برایم نمانده است . قبل ازاینکه بدهی های بانکی وبقیه صورتحسابهایی که برایم می آید ، مرا به دادگاه ویا زندان بکشاند، ناچاراً بایستی بعد ازتعطیلات اینکاررا انجام دهم وخودم را ازاین چاه عمیق ودهان شیران نجات دهم . دل بیچاره من بارها وبارها شکسته است ، به زندگی با درد خوگرفته ام ودیگردرد را حس نمی کنم، شاید آنرا پذیرفته ام . اما دل شکسته هرگز ساکت نمی ماند . غم ودردی که درکودکی ویا درزندگی وارتباطاتم تجربه کرده ام ،مانند سایه تعقیبم میکنند . آثارآن برانتخاباتم وروشهایی که درپاسخ به زندگی میدهم ،تاثیرگذاشته است . تصویرکم رنگی که درحاشیه زندگی همسرم دارم درسرزمین نا کجا آباد ،تاریکی واندوه گرفتارم کرده است وهیچکس درد مرا نمی فهمد . اگرمردم واطرافیانم مرا با دستی شکسته ببینند، بارها ازم سئوال خواهند کرد که چه اتفاقی برایم افتاده است . اما اگرهرروزمرا با دلی شکسته وروحی مرده ببینند ،حتی یک نفرهم توجهی نخواهد کرد .

حالا که زندگی ام به لبه پرتگاه رسیده است ، باردیگردستان ضعیف وناتوانم را بطرف خداوند درازمیکنم وازاومدد می جویم ... اما سئوالم این است ،آیا خداوند میخواهد چیزی را که سالها پیش خرد شده است شفا دهد ؟ آیا خداوند می خواهد دردی را که ازفرط کهنگی، ریشه اش فراموش شده ، شفا دهد ؟ دیگرفغانی دردرونم باقی نمانده است ، آیا خداوند میخواهد شفایم دهد؟نصایح پوچ وبی محتوای اطرافیان برایم همچون نمک برزخم بازاست . مثل اینکه کسی پایش شکسته باشد وما یک چسب زخم بندی به اوبدهیم وبگوئیم خوب میشوی ؟!

تصمیم گرفتم به ایران بروم وکاری ناتمام را تمام کنم ،شاید هم جای دیگری برای رفتن ندارم. اما درآنجا هم مطمئن هستم، حضورواقعی نخواهم داشت . شاید بتوانم درآن ناکجا آباد تاریکی واندوه دردهایم را مثل آلبوم عکسهای دوران کودکی ام درکمد دیواری به بایگانی بسپارم .

دردعمیقی که دراعماق قلبم لانه کرده است، فقط با مرگ ورفتن به حضورخداوند میتواند آرامش بگیرد... اینجا وآنجا بهانه است وروحم حضوراورا میطلبد .

امروزچهارم ژانویه ۲۰۰۹ است وازساعت شش بعد ازظهرتا هشت شب همسرسابق شوهرم ده بارتلفن های تهدید آمیزکرد ومن تلفنهایش را قطع کردم . خب کاملاً مشخص بود که جادوگریهایش را خداوند باطل کرده بود وتمام تلاش خودش وعروسک خیمه شب بازی اش که اسمش را سفیرشوم گذاشته بودم، مثمرثمرواقع نشده بود وحالا ازشدت ناراحتی، کارش به تهدیدهای تلفنی کشیده شده است . بازهم بایستی مطمئن باشم که اگرخدا با ماست چه کسی میتواند برعلیه ما باشد !؟ شکرکه خداوند جواب دعا ها وروزه های مرا داده است وتیرش به تاریکی خورده است ...

امروزپنجم ژانویه ۲۰۰۹ است ، با فشارهایی که هرروزه شوهرم بمن برای جدا شدن می آورد، بالاخره تصمیم خودم را گرفتم وبرای جدایی ، ولی نه طلاق ازطریق وکیل اقدام کردم .. بعدازآن به شعبه بانکم رفتم وازآنجا با بیمه تماس گرفتم که چرا بعدازدوماه که ازتاریخ تقاضای دریافت حق بیمه ام می گذرد، اقدامی دراین صورت انجام نداده اند ؟! آنها که قبل از تعطیلات کریسمس گفته بودند، دلیلش این بوده که دست خط دکترت را نتوانسته ایم بخوانیم، تقاضا کردم که به دکترم وشعبه بانکی که درآن بودم فکس کنند ... بعد ازنیم ساعت آنها مجدداً فرمهای بیمه را برایم به بانک فکس کردند که بلافاصله به مطب دکترم بردم وبرای نوشتن مجدد آن اقدام نمودم . منشی دکتر، آنها را ازمن قبول نمیکرد ومیگفت: آنها بایستی مستقیماً بخود ما نامه بدهند . بالاخره بعد ازکلی خواهش وتمنا آنها را ازمن پذیرفت وقرارشد، وقتی آماده شدند با من تماس بگیرند. وقتی خسته وناراحت به خانه برگشتم ،همسرسابق شوهرم روی تلفن برایم این چنین پیغام گذاشته بود، ای ترسوی بزدل ، دیدی ترسیدی وبه اراجیف من گوش ندادی!بعد ازگفتن کلی فحش واینکه من ازتوخیلی قویترهستم واین را خودت هم میدانی، گفته بود: پسرمن نام فامیلی شوهرت را یدک میکشد! خانم برادرمن هم فامیلی شوهرت را یدک میکشد ! ولی توچه کسی را داری ؟اگرجرات داری بیا ایران تا ببینی باهات چکارمیکنیم. بالاخره هرچه را که لیاقت خودش وخانواده اش را داشت بمن گفته بود ...

همانطورکه کلام خدا میفرماید: گرچه من یک انسان عادی وضعیف هستم ، اما برای پیروزی درمبارزات روحا نی خود ،ازنقشه ها وروشهای انسانی استفاده نمی کنم . من قلعه های شیطان را با اسلحه نیرومند الهی درهم می کوبم، نه با اسلحه انسانی ودنیوی ! با این سلاح های روحانی ،هرفلسفه پوچ را که برضد خداست ، درهم می شکنیم وهرمانعی را که نمی گذارد مردم به خدا نزدیک شوند را ازمیان برمی داریم ومخالفین را اسیرمی کنیم وبه حضورخدا باز می گردانیم وبه اشخاصی تبدیل می کنیم که قلباً مطیع خداوند باشند ...

امروزنهم ژانویه ۲۰۰۹ است وسه بارپسرشوهرم وهمسرسابقش، بمن تلفن های تهدید آمیززدند ونهایتاً به موبایل شوهرم تلفن کردند وشنیدم که اومیگفت : هرکاری که دوست دارید باهاش بکنید ، اذیتش کنید تا بمیرد ...! میگفت : ازنظرمن بلامانع است ... یکمرتبه دوان ، دوان وتهاجمی بطرف من که دراطاق تلویزیون مشغول تماشای فیلم بودم هجوم آورد ودرحالی که گوشی موبایل بدستش بود، با داد وهوارگفت: چرا حرفهای منوگوش میدهی ؟ قلبم به شدت شروع به تند تند زدن کرد وازترس تمام بدنم شروع به لرزیدن نمود وگفتم ، توآنقدربلند حرف میزنی که احتیاجی به گوش ایستادن من نیست . ضمنا اگرمشغول توطئه چیدن وبدگویی برعلیه من نیستی ازچه نگرانی ؟!

وقتی تلفنش تمام شد وبه اطاق تلویزیون که رختخوابش را درآنجا انداخته است ،برگشت، دوباره تلفن منزل ما زنگ زد وهمسرسابقش فحش میداد وتهدید میکرد! شوهرم که رختخوابش را دراطاق تلویزیون می اندازد ، بمحض اینکه شنید آنها هستند ، رفت زیرلحاف وسرش را کرد زیرآن ، احساس میکردم خوشحاله ! اوبیشترشبیه یک آدم روانی است ! حتماً اگرسالم بود اینکارها را با زنش نمیکرد! شرارت از سررورویش می بارد ! خیلی تعجب میکنم که چطورتوانسته جمعی مردم خدا شناس وخوب را گول بزند وخودش را به آنها نزدیک کند؟! بالاخره امیدوارم یک روزآنها شناخت کافی ازش پیدا کنند . دیگرحتی قادرنیستم برایش دعا

کنم ! فکرمیکنم دعا هم درحقش سازگارنخواهد بود، آب ازسرش گذشته وشدیداً دراسارت است.
درست امروزقبل ازانجام این کارشرارت آمیزش ، با دوستم که درامریکا زندگی میکند صحبت میکردم که تلفن را ازمن گرفت وگفت : برای من ازفلان دانشگاه سانفرانسیسکو که معلم فارسی زبان میخواهند صحبت کنید که ما به آنجا بیائیم .... دوستم ازمن پرسید که تواجازه میدهی که برایش اینکاررا انجام دهم ؟ گفتم مسئله ای نیست ، بخاطرخدا اینکاررا انجام بده ، شاید ازرفتارهای خودش خجا لت بکشد . دوستم گفت :هزینه ی رفت وبرگشت من را به امریکا میدهد، تا بتوانم دو،سه هفته ای را برای استراحت به آنجا بروم ،همسرم بلافاصله وقتی فهمید ،گفت: من هم می آیم ! من هم موافقت کردم وبازهم دلم برایش سوخت ! گرچه اوهمه چیزش را ازمن جدا میدانست وحتی بعد ازسالها هنوزمن نمیدانم آدرس محل کارش کجاست! تمام جشن ها ومیهمانیهایی که همکاران ودوستانش میگذارند، مجردی میرود وانگارنه انگارکه زن دارد!! ولی من بازهم دلم برایش میسوزد وتمامی کارهایش را بحساب بیماری افسردگی اش میگذارم وبرایش دعا میکنم که خداوند شفایش دهد .
ولی بعد ازاین تلفن برای صدمین بارمتوجه شدم که قصدش فقط وفقط سوء استفاده ازامکانات من واطرافیانم است ... اوفقط هدفش این است که مرا با آزارها واذیتش هایش عذاب دهد .
بالاخره به سانفرانسیسکو رفتیم وسه هفته درمنزل دوستم بودیم ، واقعا این اولین باری بود که مدت سه هفته جایی بودیم که بما خیلی خوش گذشت وآنها سنگ تمام گذاشته بودند . به مسافرتهای کوتاه رفتیم وسه روزی هم درکمپینگ بودیم .. تجربه ی بسیاربیاد ماندنی بود وبهمون خیلی خوش گذشت .. مخصوصا وقتی درکمپینگ ،خرسها به چادرمان حمله کرده بودند ومن طبق آموزشی که درکمپ بهمون داده بودند، با زدن یک چکش بریک سینی مسی ، وداد وهوارکشیدن بقیه دوستانم، توانستیم آنها را فراری دهیم !! شاید به جرات بتوانم بگویم این سفرتنها سفری درتمامی زندگی ام بوده است که تا این حد میزبانان ما تلاش برای خوش گذشتنمان کرده بودند وبا عشق ومحبت خالصانه وبی نظیرشان ،مدت سه هفته ازما پذیرائی کرده بودند . شاید حتی اگربمنزل یکی ازاعضا خانواده ام ویا فامیل رفته بودیم ، تا این حد ازلحظات این سفرلذت نبرده بودیم .
یادم می آید چند سال پیش وقتی ازمطب دکترمتخصص قلب بیرون می آمدیم اوبه من وهمسرم گفت : من هم براین باورم که خداوند برای شفاء بیماری تومعجزه کرده است .
اوگفت : تویک مرده ی متحرک بودی ، خداوند ازمرگ نجاتت داده است وزنده هستی .!
خوشحال باش برای این معجزه نجات خداوند، آری من ازمرگ نجات پیدا کرده بودم و خوشحال بودم وخداوند قادرومطلق را سپاس میگفتم .
هرروزه اورا حمد وسپاس میگویم واین دعا را میخوانم :
(خداوندا، تورا ستایش می کنم ، زیرا مرا نجات دادی ونگذاشتی دشمنانم به من بخندند . ای خداوند ، ای خدای من ، وقتی نزد توفریاد برآوردم وکمک طلبیدم ، مرا شفا دادی . مرا ازلب گوربرگرداندی وازچنگال مرگ نجاتم دادی تا نمیرم . ای عزیزان خداوند ، اورا ستایش کنید! نام مقدس خداوند را بستائید ، زیرا غضب اولحظه ای است ، اما رحمت ومحبت اودائمی ! اگر تمام شب نیز اشگ بریزیم ، صبحگاهان بازشادی آغاز میشود .
هنگامی که خوشحال وکامیاب بودم ، به خود گفتم هرگزشکست نخواهم خورد . فکر کردم مانند کوه همیشه پا برجا وپایدارخواهم بود . اما همین که تو،ای خداوند ، روی خود را ازمن برگرداندی ، ترسان وپریشان شدم .
درهرزمانی خداوند را ستایش خواهم کرد ، شکروسپاس اوپیوسته برزبانم جاری خواهد بود . جان من به وجود خداوند فخرمی کند ، اشخاص فروتن وافتاده این را خواهند شنید وخوشحال خواهند شد . بیائید با من عظمت خداوند را اعلام کنید ، بیائید باهم نام اورا ستایش کنیم !

فصل چهاردهم

سفره رنگین خداوند

خب ، تعطیلات تمام شده بود ومن مصرا بدنبال برنامه جدا شدن وطلاق بودم . بوکیلم گفتم که مدت یکسال است که اطاق خوابهای ما جدا است واودراطاق خودش زندگی میکند ومن دراطاق خودم وبا هم هیچ رابطه عاطفی نداریم .
بهمین دلیل وکیلم نامه ای نوشت وبرای اداره بیکاری فرستاد .. بعد ازمدتی آنها چکی بمبلغ هشت صد پوند برایم فرستادند وگفتند: ماهیانه مبلغی بعنوان حقوق بیکاری بتوتعلق میگیرد که بحساب پس اندازت واریزخواهیم کرد . خب این خبرخوبی بود ،ولی وقتی چکم را بحساب گذاشتم وچند روزبعد برای دریافتش مراجعه کردم ، درنهایت تعجب دیدم که بانک ،همه ی آن پول را بابت طلبش (جریمه بدهی هایم) برداشته است !!
بعد ازگذشت یکماه هم نامه ای ازشهرداری دریافت کردم که آنها سهم قسط آپارتمانی را که نصفش به اسم من بود، باضافه هزینه شهرداری را برای من به بانک پرداخت خواهند کرد. ولی متاسفانه حتی این خبرنتوانست همسرم را راضی وخشنود کند ! اوتمام هدفش این بود که سهم مرا ازم پس بگیرد وتمامی ملک باسم خودش باشد!!هرکس که این خبررامی شنید عصبانی میشد ومیگفت : هرطورکه اوحساب کند، نصف این آپارتمان، حق قانونی توست. اوبهیچ عنوان نمیتواند آنرا ازتومطالبه نماید ، ولی اوزیربارنمیرفت ومیگفت : مبلغ بیست هزارپوند ودیعه ی ساختمان را من داده ام ونبایستی نصف آن باسم توباشد !! اوبسیارنا منصفانه فکرمیکرد وامربهش مشتبه شده بود که حق با اوست ...
حتی اگرهزینه هایی را که درمدت دوازده سال برایش متحمل شده بودم، فراموش کنیم ، قوانین این کشورمیگوید : نصف ملک متعلق بمن خواهد بود ، حتی اگرنصف آن قانونا باسم من هم نمی بود، بعد ازطلاق حتما نصف تمامی دارایی اوبمن تعلق میگرفت ، حتی نصف اتومبیلش را بایستی بمن میداد ، ازطرف دیگرهم طبق قوانین ایران ، نصف آن ملک بعنوان مهریه متعلق بمن خواهد بود .
خب ازآنجائیکه من هرگزبدنبال مادیات ومال دنیا نبوده ام ،واقعا برایم اهمیتی نداشت که نصف آپارتمان را داشته باشم یانه ! چیزی که برایم مهم بود ، بیرون رفتن ازآن خانه وزندگی لعنتی بود ، ولی ازطرفی هم میخواستم که اورا متوجه کنم که با ارعاب وتهدید نمیتواند حقم را ازم بگیرد، اوبعناوین مختلف مرا آزارمیداد وباعث ترس ووحشتم میشد ،هرروزبه بهانه ای داد وفریاد راه می انداخت ومیگفت: بابا جون باید ملکم را بمن پس بدهی !! من هم میگفتم : هروقت تو،هزینه هایی که دوازده سال برایت متحمل شده ام پس دادی ،من هم ملکت را که حق قانونی من است بتوپس خواهم داد!!
تا اینکه یکروزوقتی ازبیرون آمدم ، دیدم که یک نامه روی میزم گذاشته است ! وقتی آنرا برداشتم، متوجه شدم که نه عنوان دارد ونه امضا !! ازش پرسیدم این چیه ؟ گفت: نمیدانم !
گفتم : ولی تو این نامه را برایم گذاشته ای ! چندخطی ازآن را که خواندم متوجه شدم که ازطرف همسرسابقش است که با فحش وبد وبیراه شروع کرده است .. خب ازشروع نامه، متوجه شدم که ده تا پانزده صفحه ای که خودش را آزارداده ونوشته است ، جزفحش وتلاش برای تخریب من چیزدیگری نبوده !! آنها بهیچ عنوان قصد نداشتند که مرا بحال خودم رها کنند وبشدت میسوختند وبرای آزارواذیتم تلاش میکردند . همسرم هم مرتبا از گوشه وکنار

میشنید که خانواده اش برایش تعریف میکردند که پسرش ازوقتی به ایران برگشته است ، اورا سکه ی یک پول کرده است ، من که دیگرجای خود داشتم ...
درحضور همسرم نامه را پاره پاره کردم وداخل سطل آشغال ریختم وگفتم : بهشون بگوکه چه بلایی قبل ازخواندن آن بسرش آمد ! باردیگرازدست همسرم عصبانی شده بودم که آخه مگر میشود، تا این حد ناجوانمردی وبی معرفتی ؟ توکه کپی نامه را هم، برای خودت دریافت کرده ای، چطوردلت آمد که آنرا درحالی برای من بگذاری که میدانی طرف راست قلبم، هفت ونیم سانت بزرگ شده ودکترم نامه فرستاده است که اگرتا یکماه دیگرعمل جراحی نکنم ،حتما بزودی خواهم مرد !! آیا میشد ازکناراین همه بی توجهی بسادگی عبورکرد ؟!!
واقعا هنوزکه این کتاب را مینویسم باورم نمیشود که یک انسان چنین عملی ازش سربزند!! البته پوست تن من مثل پوست بدن کرگدن کلفت شده بود ودیگه دردم نمی آمد .. مرتبا با خودم کلنجارمیرفتم که عمل جراحی نکنم ، بشدت میترسیدم ، برادرم مرتبا ازامریکا تلفن میکرد وازمن میخواست که حتما جراحی کنم ، میگفت مگرنه اینکه اگرجراحی نکنی تا دوماه دیگرخواهی مرد ؟ خب ، پس این شانس را بخودت بده که جراحی کنی ، شاید شانس بیاوری وزنده بمانی . حقیقتا درست میگفت وبخاطرحرف اوبود که بدکترم تلفن کردم وبرای عمل جراحی تعویض دریچه ی قلبم اعلام آمادگی نمودم ... روزهای بس دشواری را سپری میکردم ودلم نمیخواست بعد ازمرگم حتی یک سرسوزن ازدارائی ام که چیزی هم نبود به اوبرسد . بهمین دلیل به سفارت ایران مراجعه نمودم ووصیت نامه ای را تنظیم کردم وبرای یگانه فرستادم ...
دلم گرفته بود وهمینطورکه درفیس بوک واینترنت جستجومیکردم تا ازیارانم خداحافظی کنم ، ناگهان چشمم به عکس دخترهمسرسابقم که با برادرش درسوئیس درس میخوانند ،افتاد ، بقدری خوشحال شده بودم که درپوست خودم نمی گنجیدم ، برایش نوشتم عزیزم ، خدا را شکربرای وجودت ، چقدرخوشگل شدی ، قربونت برم ... نوشتم هیجده سال انتظارکشیدم که شماها را یکباردیگرببینم ، ولی موفق نشدم . حالا خیلی خوشحالم که حداقل عکست را درفیس بوک می بینم .
اوبرایم نوشت توبرای چه مرا دوست داری ؟!! نوشتم ، من همه را دوست دارم ، توکه جای خود داری ، بعد ازآن بیش ازده ایمیل فحش وبد وبیراه برایم نوشت ، که توچرا وقتی پدرم با مادرم ازدواج کرده است ، ازپدرم طلاق نگرفته ای ونرفته ای دنبال کارت ؟!!! نوشته بود برای چه سالها درزندگی پدرم ماندی ؟! برای چه با پدرم تلفنی صحبت میکردی ؟ وخیلی چراهای دیگرکه درحوصله ی این کتاب نمی گنجد ... شاید اگرمن درشرایط موجود با زندگی ومرگ سردرگریبان نبودم ، طوردیگری وبا محبت وملایمت بیشتری جوابش را مینوشتم ، ولی متاسفانه ، شرایط بروفق مرادم نبود وبا تندی باوپاسخ دادم .
ازاینکه رد پای سمپاشی های مادرش را بمدت بیست سال برروی افکاراومیدیدم عصبانی شده بودم وفکرمیکردم ،انگارمن یک چیزی هم به این خانواده بدهکارشده ام .... انگارزندگی برباد رفته ام وتقدیم آن به مادرایشان ، کافی نبوده است وبدنبال باقی اش میگردند ...ای سرنوشت نا فرجام این نیزبگذرد ... آنها هم یک روزبزرگ میشوند ودست سرنوشت همه ی آنها را بیداروآگاه خواهد کرد ...
طبق وقت ملاقاتی که دکترم داده بود، بایستی 23 فوریه 2010 به بیمارستان میرفتم وروزبعدش عمل جراحی پیوند دریچه سه لتی قلب میشدم .. اصلا حتی یک درمیلیون هم تصورنمیکردم که همسرم مرا به بیمارستان نبرد ودرچنین وضعیت دشواری ازکمک کردن بمن شانه خالی کند !! قراربراین بود که ساعت دوازده ظهربه بیمارستان بروم تا بتوانم راس ساعت دودربیمارستان باشم . نزدیک ساعت دوازده ازاوپرسیدم ، حاضرشو،که برویم بیمارستان ، ولی درناباوری گفت من نمی آیم ، خودت تاکسی بگیروبرو.. چی ؟! خودم بروم؟! حتی توحاضرنیستی مرا به بیمارستان ببری ؟ گفت : درست شنیدی ،من برای پروستاتم

میخواهم بروم بیمارستان ! باوگفتم ولی تووقت ملاقات نداری !! مگربدون وقت هم میشود رفت ؟ ضمن اینکه حتی اگروقت قبلی هم داشتی ، دراین شرایطی که ممکن است من دیگرازبیمارستان برنگردم، بایستی وقتت را کنسل میکردی ، اما حالابرای اینکه مرا نبری میگویی میخواهی به بیمارستان بروی! تلاشم بیفایده بود . ناچارا به یکی ازدوستانم، تلفن کردم وازاوخواهش کردم که با همسرش این خدمت را برای من انجام دهند ، آنها هم که کم وبیش درجریان اختلافات ما بودند وگاها حتی برای من میوه وغذا هم آورده بودند ، باکمال میل پذیرفتند . تمام طول راه را گریه میکردم ومیگفتم، باورم نمیشود !! آنها هم باورشان نمیشد که یک انسان بتواند تا این درجه اخلاقا تنزل کرده باشد !

وقتی وارد بخش قلب بیمارستان شدم واطاقم را نشانم دادند ولباس خواب برایم آوردند، دوباره زدم زیرگریه ! دلم شکسته بود وترسیده بودم ، ازتنهایی ام وحشت کرده بودم . دوستم فریبا که همسرش، درپارکینگ منتظرش بود ،گفت : من میروم که به محمود بگویم نمیتوانم ترا تنها بگذارم، واوبابچه به خانه برگردد ومن اینجا نزد تومیمانم .. وقتی دکترم آمد ودرحضورفریبا ریسکهای عمل جراحی را برایم توضیح داد بیشتردچاروحشت شده بودم ، دکترم گفت احتمال اینکه درحین عمل جراحی سکته ی مغزی کنی بسیاراست ، احتمال مرگ بسیاراست ، احتمال اینکه دندانهایت درحین عمل جراحی بشکنند ، بسیاراست ، احتمال اینکه سکته ی مغزی باعث شود قسمتی ازبدنت فلج شود بسیاراست . درآن لحظات دشواردوست داشتم که عزیزی درکنارم باشد ووحشت ونگرانیهایم را با اوتقسیم کنم ، آرزوداشتم که همسرم درکنارم بود وبا محبت ودلگرمی بمن کمی آرامش میداد ، ولی متاسفانه هیچکس بغیرازفریبا را که فقط یک دوست جدید بود ،درکنارم نمی دیدم ، با این وصف برای وجودش ازخداوند سپاسگزاربودم .

فریبا آنشب را تا دیروقت دربیمارستان با من ماند .. وقتی همسرش بخانه رسیده بود ،باهمسرم تلفنی صحبت میکند وازاومیخواهد که حداقل ،فردا که روزعمل من است با اوبه بیمارستان بیاید! صبح روزبعد دکترجراحم آمد وتوضیح داد که دریچه ات کاملا ازبین رفته وما بایستی آنرا با دریچه ی خوک ویا دریچه ی فلزی عوض کنیم . نظرت چیست ؟ گفتم :من به شما اعتماد دارم وهرتصمیمی که صلاح دانستید بگیرید .. بعد دکتربیهوشی آمد وتوضیح داد که عمل با ریسک بالاست .. گفتم : ولی مطمئن هستم که شفا را دریافت کرده ام وزنده میمانم تا خداوند را خدمت کنم وانسان خوبی باشم .. با وجود اعتماد صد درصد به خداوند، ولی دچارترس شده بودم ! روزبعد همسرم ومحمود به بیمارستان آمدند وبرایم دعا کردند . مرا آماده کرده بودند که هرلحظه بیایند وبه اطاق عمل ببرند ! درهمین زمان حساس ،همسرم گفت، گرسنه هستم ، محمود برویم پائین چیزی بخوریم . محمود گفت : بگذاروقتی خاله را بردند اطاق عمل برویم چیزی بخوریم ، ولی اواصرارکرد که نه، ما سریع برمیگردیم !! به محض اینکه آنها اطاق را ترک کردند ، ازاطاق عمل آمدند ومرا بردند !! درآن لحظات که طول راه را برای رسیدن به اطاق عمل طی میکردم ، هزاران فکروتصوردرذهنم بود که اگرشوهرم را درکنارم میدیدم ، شاید فرصتی برای فکرکردن به آن اراجیفی که باعث دلهره ام میشد ، نداشتم. با اینکه مطمئن بودم شفا را دریافت کرده ام وزنده خواهم ماند ، ولی دردیارغربت تنها وبیکس، دورازوطن وفامیل ودوستانم داشتم برای یک عمل خیلی مهم به اطاق عمل میرفتم ..

وقتی به اطاق قبل ازاطاق عمل رسیدم ، دکتربیهوشی آمد وکارش را شروع کرد ، درهمین زمان جراحم وارد شد وگفت : شوهرت پشت درب اطاق عمل است وخواسته که سلامش را بتوبرسانم وبگویم که آنها وکلیسا برایت مشغول دعا هستند .. بعد ازآن نمیدانم چه شد ؟ وقتی بهوش آمدم پاره ، پاره روی تخت افتاده بودم وکلی دستگاه وخون وسرم و.. ازگوش وقلب وسرم وپاهایم آویزان بودند .. پرستاری مشغول تمیزکردن بدنم بود . وقتی تقریبا بهوش آمده بودم دیدم که دونفرپرستاردرکنارتختم نشسته اند ومرتبا به دستگاه هایی که بمن وصل بود نگاه میکردند ووضعیت قلب ومغزم را بررسی میکردند .

صبح روزبعد ازعمل ازاطاق ویژه به بخش سی سی یومنتقل شدم ، سه روزی را که دراین بخش بودم ، روزهای بسیارسختی بود وکلیه هایم کارنمیکرد ودکترهایم نگران بودند وپرستارها تلاش میکردند که با تزریق داروهای مختلف بتوانند آنها را فعال کنند . بالاخره با فیض ولطف خداوند ،درحالی که دکترهایم تقریبا نا امید شده بودند ، کلیه هایم، مجددا فعال شدند .

بعد ازآن به بخش قلب منتقلم کردند ووقتی یکی ازدکترهای تیم جراحی برای ویزیت بربالینم آمد ، گفت : میدانید دراطاق عمل برایتان معجزه اتفاق افتاده ؟ گفتم : من که منتظرش بوده ام ولی شما بگوئید چه شده ! اوگفت : دریچه ی فلزی روی میزدکتربود ومن هم یک دریچه ی خوشگل خوک برایتان آماده کرده بودم که روی میزکارجراح بگذارم، تاهرکدام را که صلاح دانست برایتان جایگزین نماید،ولی وقتی کنارمیزجراحی رفتم با نهایت تعجب دیدم که دکتردریچه ی پاره شده ی شما را که اصلا به نظرنمیرسید قابل تعمیرباشد، با انداختن یک حلقه داخل آن ، درحال دوختن میباشد ! میگفت : شما ایمانتان خیلی قوی است ! خداوند را خیلی شکرکردم که یکباردیگرمرا ازمرگ حتمی نجات داده بود ودستان قوی وقدرتمندش را برای شفای بیماری قلبی ام درازکرده بود . ازاینکه دریچه ی خودم را برایم حفظ کرده بودند، بسیارازخداوند سپاسگزاربودم که ناچارنبودم تا آخرعمرم داروی (والفرین) استفاده کنم .

مدت ده روزدربیمارستان بودم وهمسرم که محل کارش بسیاردوربود ، گاهی به بیمارستان می آمدوکمترازنیم ساعت میماند ومیرفت . بالاخره روزهای وحشتناک بیماری را دربیمارستان با قلبی شکسته وپاره پاره گذراندم تا اینکه روزمرخص شدن سررسید وبایستی بخانه میرفتم ، علی الرغم اصرارم که مایل بودم بیشترازاین دربیمارستان بمانم ، آنها قبول نکردند وگفتند فضای بیمارستان آلوده وعفونی است وبهتراست بخانه بروی وبخواهی که همسرت مرخصی بگیرد وده روزدیگرهم دررختخواب باشی . گفتند ده روزآینده هم بسیارپرخطروحساس است . بهیچ عنوا ن نبایستی برخلاف دستورات بالینی که بتوداده ایم کاری انجام دهی . دکترم گفت تا یکماه آینده هم خطرمرگ ترا تهدید خواهد کرد ...

ازهمسرم خواستم که برای مرخص کردنم به بیمارستان بیاید ، ولی مجددا اوبا بی مسئولیتی گفت: ازهمانها بخواه که برایت تاکسی یا آمبولانس بگیرند وبخانه بیایی !!! عجب دل سنگ وبی رحمی ، وقتی به پذیرش گفتم که برایم تاکسی بگیرند، کم مانده بود که ازتعجب شاخ درآورند ؟ آیا هیچکس نیست که بیاید شما را تحویل بگیرد؟! با تاثرگفتم، نه هیچکس نیست وهیچکس را ندارم !

دکترگفته بود که تا یکماه آینده ، هنوزمیتواند خطرمرگ وجود داشته باشد وبایستی بسیارمراقب باشید .. تعطیلات آخرهفته بود ومن خوشحال بودم که اودرمنزل خواهد بود وازمن میتواند پذیرائی کند. خب اوچند روزی را رسیدگی وپذیرایی کرد وغذاهایی را که فریبا می آورد برایم میکشید .. بعد هم رفت سرکارومن وحشت زده ودل شکسته ، تنها ماندم .. حتی بخاطرمن ده روزمرخصی نگرفته بود که مراقبم باشد !! ولی فریبا مرتبا روزی یکبارسرمیزد وبرایم غذا می آورد وخانه ام را تمیزمیکرد ، تا اینکه مجددا جای عملم چرک کرد ودوهفته ای گرفتارش بودم .. هنوزدربستربیماری بودم ودوماهی ازعملم نگذشته بود که دوباره سازش را کوک کرد که برونبال برنامه ی طلاق واینکه خانه ام را پس بده .. واقعا دیگه با یک قلب پاره پاره مجالی برای جنگیدن نداشتم ، ازاوخواستم که فرصتی بدهد که بتوانم راه بروم وازرختخواب بیرون بیایم .. حتما خودم بیشترازاومایل بودم که این زندگی پرازظلم وجنایت را تمام کنم ، بعد ازچند ماه شلان شلان به دفتروکیلم مراجعه کردم وگفتم : همسرم مرتبا مرا تهدید واذیت میکند وزندگی کردن درچنین شرایطی برایم غیرممکن است ،اوهم یک نامه ی تهدید آمیزبه همسرم نوشت که اگریکباردیگروکل مرا اذیت وآزارکنی ، حکم دستگیری ات را بجرم ایذا واذیت صادرمیکنم وباید بدانی که درآنصورت ازپنج سال تا شش سال محکوم به زندان خواهی شد. بعدازدریافت این نامه او مدتها ترسیده بود وسکوت میکرد ومنتظربود که حالم کمی بهترشود .

بعد ازیکسال که دادگاه حکم طلاقمان را صادرکرد . وکیلم گفت: چون نصف مالکیت آپارتمان متعلق بشما میباشد ، میتوانید با هم مثل دونفر غریبه درآنجا زندگی کنید .
همسرم ازآن به بعد مرتبا مرا زجرمیداد که میخواهم آپارتمانم را بفروشم وتوبایستی سهم خودت را هم بمن بدهی .. این حرفها را درحالی میزد که دوسال بود شهرداری اقساط وام خانه را که سهم من بود، پرداخت میکرد واوهم فقط اقساط سهم خودش را پرداخت میکرد .
من همچنان وظیفه زن بودن خودم را علی الرغم بیماری ام انجام میدادم وغذا آماده میکردم وخانه را مرتب میساختم تا اینکه یکروزوقتی ازسرکاربرگشته بود ومن میزنهاررا آماده کرده بودم ، وقتی نشستیم که غذا بخوریم ، یک مرتبه چاقویی را که درزیربشقابش پنهان کرده بود بیرون آورد وگذاشت روی رگ گردنش وگفت : اگرملکم را پس ندهی ،همین الان این کارد را میکنم توی گردنم !!! تمامی بدنم شروع به لرزیدن کرد وازشدت ترس کم مانده بود بمیرم! بعد ازلحظه ای سکوت که زبانم بند آمده بود ، گفتم: بسیارخوب ، اگرپول ازجانت شیرین تراست که میخواهی خودت را بکشی ، پاشووهمین الان برویم ومدارکی را که برای این منظورآماده کرده ای دردفتروکیل وبانک امضا کنم ..
اوهم که ازخدا خواسته بود ، بلافاصله آماده شدیم وابتدا به بانک رفتیم ونامه های بانک را که ازقبل آماده کرده بود امضاکردیم وبعدهم رفتیم دفتروکیل وامضاء دیگری درحضوروکیل انجام دادیم وباین ترتیب ختم قائله را خواندیم !!!!
هنوزبیست وچهارساعت ازانتقال ملک بنامش، نگذشته بود که گفت : خب حالا یک هفته وقت بهت میدهم که ازخانه من بروی بیرون !! دقیقا همان چیزی که برادرم پیش بینی کرده بود .
روزبعد به شهرداری رفتم وداستان را برایشان تعریف کردم . آنها گفتند: شما قانونا اجازه نداشته ای ، عمدا خودت را بی خانه کنی ، بنابراین بهمین دلیل هیچ حقوقی به شما تعلق نخواهد گرفت . درحالی که گریه میکردم تمامی ماجرا را تعریف کردم وآنها گفتند: آیا تا بحال گزارش پلیس گرفته ای ؟ گفتم : بله یکبارپلیس به خانه ما آمده است ..
بعد رئیس شهرداری شماره تلفن همسرم را گرفت وبه اوتلفن کرد وگفت : اولا که ایشان نبایستی خانه اش را به شما می بخشیدوخودش را بی خانه میکرد.. دوما که حتی اگرشما صاحب خانه ی واقعی اوهم می بودید، بایستی یکماه به اوفرصت تخلیه میدادید، نه یک هفته ..
بعد ازاوخواستند که یکماه بمن فرصت تخلیه بدهد تا آنها وقت کافی برای انجام کارهای اداری من داشته باشند ...
بعد ، به دفتروکیلم رفتم واوهم بمن همان داستانی را گفت که شهرداری گفته بود .. مدتها به دفتراومیرفتم وگریه وزاری میکردم که راه حلی برای من پیدا کند واومیگفت: هیچ راهی ندارد چون صاحب خانه بوده ای وخودت را بی خانه کرده ای .. درحالی که شهرداری اقساط بانک ترا میداده وتومشکلی نداشته ای ، چرا بایستی اینکاررا انجام دهی ؟وکیلم میگفت آن کسی که بایستی ازآن خانه میرفت همسرت بود ، نه تو ، میگفت او، هم درسلامت کامل هست وهم اینکه کارتمام وقت ودرآمد خوب دارد، ولی تومریض وبیکاروبی درآمد هستی . هرچقدربه آنها توضیح میدادم که آخه چطورممکنه دونفرکه دشمن هم هستند وطلاق هم گرفته اند، درزیریک سقف با هم زندگی کنند ؟! بالاخره شهرداری مدارک طلاقمان را ازوکیلم گرفت وبعد ازدوندگیهای بسیار،موافقت شد که جایی را اجاره کنم که آنها اجاره اش را پرداخت نمایند. واقعا که خدا را شکرمیکنم برای وجود وکیلم وکارکنان شهرداری که نهایت لطف خودشان را برای کمک بمن انجام دادند .
چند روزی نگذشته بود که همسرم دوباره سازش را کوک کرد که چرا نمیروی دنبال خانه ؟ چرا بی خیال نشسته ای ؟ من میخواهم آپارتمانم را اجاره دهم .. ای داد بیداد من چکارکنم نه سالم هستم که درکوچه ها راه بیافتم ونه اینکه ماشین دارم . اوگفت : میتوانی ازطریق اینترنت کمک بگیری .. دوباره به شهرداری رفتم وآدرس چند سایت را ازآنها گرفتم. ضمنا آنها گفتند: وقتی جایی را پیدا کردی، قرارداد اجاره ات را بیاورتا ما ماهیانه اجاره بهاء اجاره ات را

پرداخت نمائیم .. منتهی گفتند: فقط آپارتمان یک اطاق خوابه بهت تعلق میگیرد.. بنابراین بدنبال آپارتمان یک اطاق خوابه باش ..همسرم میگفت: اگرمهلت تخلیه ات تمام شود ونروی ، ناچارمیشوم که اثاثیه ات را بریزم توی کوچه !! با یکی ازهمسایه هایم دوست شده بودم وازاوکمک گرفتم .. اوهم شماره تلفن یک آژانس را بمن داد . خوشبختانه ازآنجائیکه خداوند مشکل گشاست، وقتی به آژانس تلفن کردم، آنها گفتند: جایی را داریم ومن قرارگذاشتم که با همسرم برویم وآنجا را ببینیم .
مرتبا دعا میکردم که یک آپارتمان خیلی تمیزولوکس با همان قیمتی که شهرداری گفته پیدا کنم. وقتی آپارتمان مورد نظررا دیدیم خیلی پسندیدم وازآنها خواستم که همانجا را برایم اجاره کنند . بالاخره بعد ازانجام مراسم قانونی ودلهره های آن ، توانستم آنجا را اجاره کنم . بعد ازیک هفته یعنی دقیقا آخرین هفته مهلت تخلیه ای که همسرم بمن داده بود ،اسباب کشی کردم وبه آپارتمان جدید نقل مکان نمودم .
هنوزیکهفته ای نگذشته بود که همسرم گفت: من هم درساختمان بغلی تویک آپارتمان اجاره کرده ام که نزدیک هم باشیم !! چی ؟! نزدیک هم باشیم ؟! توکه سایه مرا با تیرمیزدی ؟ خانه اش را اجاره داده بود وبه آپارتمانی درهمسایگی من اسباب کشی کرده بود .. بقول دوستی که میگفت ، اونه طاقت دوری مرا دارد ونه تحمل نزدیکی ام را ..
هنوزیکماهی نبود که به آپارتمان جدید نقل مکان کرده بودم که یک کارت رایگان استفاده ازاتوبوس ومتروبخاطربیماری قلبی ام ازطرف شهرداری برایم فرستادند . بعد ازمدتی هم یک کارت ازطرف تاکسیرانی که زیرپوشش شهرداری بود، دریافت نمودم . قلبم بشدت درد میکرد وزندگی برایم بسیاردشوارشده بود،ولی چاره ای نداشتم وبایستی به این تنهایی عادت میکردم،البته من سالهای سال بود که تنها بودم . خیلی خوشحال بودم وکم کم توانسته بودم وسائلی را که نیازداشتم را بخرم وزندگی بسیارقشنگی را برای خودم فراهم کنم . حالا اوگاه گاهی به آپارتمانم می آمد وازبرکاتی که خداوند برایم میبارانید تعجب میکرد ! خلاء درونم را با کلام خدا واطاعت ازکلامش پرکرده ام وماسکها را ازروی چهره ام برداشته ام . امروزه افراد زیادی هستند که قیافه های خودشان را جراحی پلاستیک میکنند، نه برای اینکه زشت هستند ، بلکه فقط بخاطرپرکردن خلاء درونشان است که تن به این جراحی های پلاستیک میدهند تا به نظرهمه خوب برسند، ولی بازهم راضی وخرسند نمیشوند چون با این جراحی ها نتوانسته اند خلاء درونشان را پرکنند ... بایستی گذشته ای را که به سود من نبوده ونمی خواهم آنرا کناربگذارم ، بدست فراموشی بسپارم .
احساس گناه را که هرروزه مثل یک لباس میپوشیدم واحساس محرومیت را که با خودم حمل میکردم، باعث میشد تا ترس را هم مثل یک لباس به تن کنم ، ترس ازطرد شدن ، ترس ازعدم موفقیت ، ترس ازشکست ،ترس ازبیماری ، بایستی شروعی تازه میکردم وآسیب هایی را که درگذشته بمن رسیده بود برمیداشتم . خداوند شجاعتی را که خودش بمن داده ،باعث میشد تا بتوانم باردیگرزندگی ام را بسازم . خداوند لباسهایی را که به تن من زیبا نبود برداشته است .
خدا بمن قدرت داده تا درمراحل زندگی با لباسهایی تازه که به تنم کرده است وکاملا تغییرم داده است وبا اطاعت ازاحکامش وبخشیدن سایرین ، باردیگرازرمین بلند شوم وزندگی تازه ای را درنام ویاد خداوند وبا ایمان مطلق به اوآغازنمایم ، اوصبح به صبح رحمتهای تازه بمن میدهد .
این خدا نبود که ازمن عصبانی بود ، بلکه این خود من بودم که خودم را مقصرمیدانستم ونمیخواستم لباسهایی را که باعث گرفتاریهایم میشد وشامل : نا بخشودگی ، نا مهربانی ، خشم، عدوت ،کینه وانتقام بود ، ازتن بیرون درآورم ، چون قدرتش را نداشتم . ولی امروز با قدرت خدا توانسته ام این کاررا انجام دهم وازنظرروحانی، لباسهای نووتازه که شامل بخشش ، لذت ، محبت ، عشق ، نیکوکاری میباشد به تن جانم نمایم ودرآرامش خدا زندگی کنم .
افرادی که درقدیم جذامی بودند بایستی لباسهای مختلف به تن میکردند تا آن زخمها را بپوشانند، آرزوی شخص جذامی این بود که بتواند پاک شود وبین مردم حرکت کند . اوآرزو

داشت همان محلی که مردم کارمیکنند کارکند . همان محلی که مردم غذا میخورند غذا بخورد .
جذام یکی ازنشانه های گناه است ، یعنی اینکه احساس بیماری ، کمبود ،وبی ارزشی به انسان میداد . امروزه هم درقلب مردم ، کینه ، خشم ،نابخشودگی ، نا اطاعتی ، دشمنی ،وجود دارد، اینها هم جذام روحی است وباعث شده است ازدیگران دورشوند . بایستی این لباسها را با ایمان به خدا واطاعت کلامش ازتن بیرون کرد ولباسهای نوکه شامل : شادی ، آرامش ، صلح ، عشق ، برکت ، فیض است جایگزین آنها نمود .
کلام خدا میفرماید : دربی را که درآسمان گشوده شود ،هیچکس نمیتواند ببندد . دربی هم که درآسمان بسته شود هیچکس نمیتواند بازکند . خدا را روزی صدهزاربارشکرمیکنم که به ندای قلبم وچشمان گریانم رحم کرده است وفیض وبرکاتش را شامل حالم گردانیده است . ماهیانه ازاداره ی بیکاری حقوق بسیارخوبی دریافت میکنم واجاره ام را هم پرداخت میکنند . هزینه های بیمه ودرمانم هم رایگان است، پس دیگرچه غمی دارم ؟ اوبا حسرت به زندگی من نگاه میکند ومیگوید، کی این اقدامات را انجام داده بودی ؟
کسب خبرکرده ام که بدلیل بیماری ام میتوانم پانزده درصد تخفیف روی کلیه قبض های آب وبرق هم بگیرم. همسرم چندین بارتشویقم کرده بود تا تقاضای ازکارافتادگی بدهم ،ولی مورد قبول اداره کاروبازنشستگی قرارنگرفته بود .
چندی پیش با دخترخانمی که وکیل هست وبرای خرید کتابهایم بمن تلفن کرده بود ، آشنا شدم واوراهنمائی ام کرد که بخاطررد شدن تقاضاهای ازکارافتادگی ام ، تقاضای فرجام خواهی بدهم وبه دادگاه بروم .. من هم ازطریق وکیلم این کاررا انجام دادم .. بعد ازحدود بیش ازشش ماه، برای 16 آگست 2011 برایم وقت دادگاه گذاشتند .
روزموعود به دادگاه رفتم، یک نفردکترعمومی، یک قاضی ویک ماموروزارت کاردردادگاه حضورداشتند، که تمامی مدارک پزشکی من بصورت یک پرونده برای هریک ازآنها آماده شده بود که زیردستشان بود .. قاضی، دونفردیگر، وخودش را معرفی کرد وبعد افزودکه هرکدام ازما سه نفردرارتباط با شغلمان سئوالاتی ازشما میپرسیم که بایستی جواب دهید . من تائید کردم ومنتظرشنیدن سئوالات آنها شدم . دکترسئوالاتی درموردسابقه ی بیماری ام ووضعیت حالم پرسید که من جواب آنها را دادم . بعد ماموروزارت کارسئوالات خودش را مطرح کرد ومن به آنها جواب دادم .. بعد قاضی سئوالاتش را پرسید ، درهمین زمان که حالم خیلی بد شده بود، دکتراعلام کرد که من ختم جلسه را اعلام میکنم ودیگراجازه نمیدهم ازاو سئوالی شود !! سپس قاضی گفت : بیرون منتظرباشید، تا نظریه دادگاه را بهتون اعلام نمائیم . وقتی ازاطاق دادگاه خارج میشدم ، هنوزچند قدمی نرفته بودم که منشی دادگاه بدنبال من آمد وگفت : شما بروید منزل وما طی دوروزآینده نظریه دادگاه را برایتان پست خواهیم کرد .
من با توجه به جوی که دردادگاه ایجاد شده بود، مطمئن بودم که برنده شده ام ونظریه آنها مثبت خواهد بود ..
دقیقا شب تولدم رای دادگاه را برایم فرستادند، که نه تنها باعث تعجب من شده بود ،بلکه باعث تعجب همسرم هم شده بود !! با بالاترین درصد امتیاز، ازکارافتاده شده بودم که نتیجه ی آن داشتن آپارتمان دواطاق خوابه ،اتومبیل صفرکیلومترباهرمارکی که میخواهم، تعویض آن هرسه سال یکبار، پرستاروخیلی مزایای دیگربود! باورم نمیشد که لطف وفیض وبرکات خداوند مثل رگبارباران به زندگی ام میبارد ..
همسرم بسیاربا محبت شده واصراردارد که دوباره با هم زندگی کنیم ! ولی من با اینکه خیلی دلم برایش میسوزد ، ولی حاضرنیستم شرایط وامکاناتی را که خداوند برایم مهیا کرده است ازدست بدهم وباردیگرمرتکب اشتباه فاحشی شوم ،چون بعد ازاین ازنظرسنی وجسمی فرصتی برای جبران اشتباهاتم نخواهد بود . دوری ودوستی بهترین راه است . ضمن اینکه حقیقتا با شرایط فیزیکی ام، قادربه قبول مسئولیت زندگی اونیستم !

درطول اینمدت اوبارها گفته که تصورات اشتباهی درمورد من داشته که دراین مدت متوجه شده ، اوازکرده خودش پشیمان است وتلاش میکند که گذشته اش را جبران نماید ! اومیگوید: قبلا دوستت نداشتم ، ولی هم اکنون خیلی بهت علاقه پیدا کرده ام ! خوب من ازاینکه اوبه نتایج خوبی رسیده ، بسیارخوشحالم وبرایش آرزومیکنم که همیشه درآرامش خداوند باشد وبماند . ولی من بعد ازاین حاضربه ریسک کردن نیستم ونمیخواهم دوباره اشتباه کنم .
ما روابط دوستانه وخوبی با هم داریم ، درهفته چند باربرای خوردن شام ونهاربه منزل من می آید . چند ماه قبل بدلیل گران شدن بنزین به شهرکی درنزدیکی محل کارش نقل مکان کرده است ومجددا تلاش دارد که به شهرمن برگردد ودرکنارمن زندگی کند ...!
حقوق ماهیانه ام افزایش پیدا کرده وخانمی برای کمک به کارهای روزانه ام درهفته سی وپنج ساعت به آپارتمانم خواهد آمد که درکارها ی خانه وخرید کمکم کند . زندگی خوب وراحتی دارم که بهیچ عنوان حاضرنیستم برای خوشایند او، دوباره به آشوب بکشانمش .
مجددا ، هشت ماه قبل برای پسرش دعوتنامه فرستاده بود که به اوویزا نداده بودند واودوباره ازطریق دادگاه ، تقاضای رسیدگی کرده است . درست روزقبل ازاینکه اوبه سفارت مراجعه کند وویزایش را دریافت نماید ،گروهی ازدانشجویان به سفارت انگلستان درتهران حمله کردند وسفارت درایران بسته شد . پسرک هم ناچارا به اتفاق دوستش به ابوظبی رفته است تا ویزایش را دریافت نماید .
خداوند را شکرمیکنم که سفره رنگینی را که وعده اش را به فرزندانش داده است درحضورچشم دشمنانم برایم پهن کرده است که پرازفیض وبرکت اوست . خداوند شبان من است ومحتاج به هیچ چیزدیگرنخواهم بود .
پسرش فردا عازم لندن است وقراراست ،تقاضای اقامت بدهد واگربا پرونده ووضعیتش موافقت کنند ، میتواند برای همیشه ویا برای اقامت موقت دراینجا بماند.
خداوند را شکرمیکنم که ازتمامی دغدغه ها ،رهایم کرده وهمچون پدری دلسوزومهربان زندگی ام را که صددرصد به او تسلیم کرده ام ، دردستان متبارکش گرفته است وبه راه راست هدایتم میکند . خداوند را شکرمیکنم که بدون کینه ، حسادت ، نا بخشودگی ، انتقام ، نا مهربانی درمسیری بسیارآرام وبی دغدغه ،پرازعشق ومحبت ، شادی وسلامتی طی طریق میکنم .

تمامی آنانی را که درطول زندگی ام، به نوعی باعث آزاروآذیتم شده اند را بخشیده ام وبرایشان دعا میکنم تا ازاسارتها آزاد شوند ونجات خداوند را دریافت نمایند . کما اینکه من نیزبا فیض ولطف خداوند، آزاد شده ام ودرصلح وآرامش زندگی میکنم .

(اگرخدا باماست ، چه کسی برعلیه ماست ؟!)

پیام نویسنده :

خداوندا ، نیکویی تودرحق مطیعانت چه عظیم است ! تو، به موقع ، درحضورمردم ، رحمت خود را به آنها نشان خواهی داد . دوستدارانت را ازدام توطئه و زخم زبان درامان می داری و آنها را درسایه حضورت پناه می دهی .
خداوند را سپاس باد ! وقتی این زن خدا ترس، درمحاصره ی نیروهای شریر و تاریکی بود، خدا محبتش را بطرزشگفت انگیزی نشان داد .
خوب است که این کتاب، درس عبرتی باشد برای زندگی تمامی آنانی که به نوعی مورد سوء استفاده های انسان نماها، قرارمیگیرند .
(ای قوم خداوند ، اورا دوست بدارید! خداوند افراد وفاداروامین را حفظ می کند ، اما متکبران را به سزای اعمالشان می رساند . ای همه ی کسانی که به خداوند امید بسته اید ، شجاع وقوی دل باشید !
امید ما به خداوند است . اومدد کارومدافع ماست . اومایه شادی دل ماست . ما به نام مقدس او توکل می کنیم .
خداوندا ، رحمت توبرما باد ، زیرا ما به توامید بسته ایم ! آمین

سیمین آران

www.ingramcontent.com/pod-product-compliance
Lightning Source LLC
Chambersburg PA
CBHW021602280526
45784CB00001BA/460
9781466919716